AUFERBAUER · SCHITOURENPARADIES STEIERMARK

Arti Österreich
(Knie operation)

20.2 - 5.3

1. Wahl : 20. - 24.2.

EAGE

EAGE Conferences by

**EUROPEAN
ASSOCIATION OF
GEOSCIENTISTS &
ENGINEERS**

PO Box 59
3990 DB Houten
The Netherlands

Standerdmolen 10
3995 AA Houten

www.eage.org

Telephone
+31 30 6354066
Telefax
+31 30 6343534
E-mail
eage@eage.org

Mr Albert Kostner
OMV GmbH
Gerasdorferstrasse 151
1210 Vienna
Austria

16 March 2005

Fax: +43 140440 623876

Dear Mr Kostner,

It is with great pleasure that we invite you to attend the

2nd North African/ Mediterranean Petroleum Geosciences Conference Exhibition,

which will be held in Algiers, Algeria, 10 - 13 April 2005.

For the sake of good order, we advise you that in supplying this letter, neither the Association or EAGE Conferences B.V. will accept any obligation to pay any expenses incurred by you.

Yours Sincerely,

A. van Gerwen
Executive Director

ABN-AMRO, Zeist
The Netherlands
swift code
ABNANL 2A
a/c no 44.62.55.300

NatWest, London
United Kingdom
sort code 60-80-05
a/c no 77.07.59.86

VAT
NL8064.72.881.B01
UK674.2690.12

Chamber of Commerce
Utrecht 30122372

Günter und Luise Auferbauer

Schitouren- paradies Steiermark

360 Ziele vom Gletscher bis ins Weinland

2. Auflage mit 30 neuen Touren

:STYRIA

Die Deutsche Bibliothek –
CIP-Einheitsaufnahme
Auferbauer, Günter: Schitourenparadies Steiermark:
360 Ziele vom Gletscher bis ins Weinland /
Günter und Luise Auferbauer. – 2. erw. Aufl. –
Graz ; Wien ; Köln : Verl. Styria, 2001
ISBN 3-222-12608-9

Alle Fotos: Günter Auferbauer
Kartenbearbeitung, Schirouten: Roland Auferbauer

Tourenkärtchen: Maßstab ca. 1:50.000
Vervielfältigt mit Genehmigung des Bundesamtes für
Eich- und Vermessungswesen in Wien, Zl. 70 292/97

© 1997 Verlag Styria Graz Wien Köln
2. erweiterte Auflage 2001

Reproduktion: Reprozentrum Klagenfurt
Druck: Carinthian Bogendruck, Klagenfurt
ISBN 3-222-12608-9

Titelbild:
Auf dem Schrattnerkogel, 2104 m (siehe Tour 86)
Foto: G. Auferbauer

Alle Informationen wurden nach bestem Wissen und
Gewissen ausgearbeitet. Dieser Führer ist nur ein
unverbindlicher Ratgeber;
jede Umsetzung, insbesondere im Gelände,
erfolgt in Eigenverantwortung jedes Anwenders.

Inhalt

Wohin entführt die Winterreise?

Wer zum 2995 Meter Hohen Dachstein aufblickt, teilt sein Interesse nicht selten mit einem internationalen Publikum. Unsere gemeinsame alpine Rundschau gleitet aus der Gletscherregion ostwärts in die Salzkammergutberge und das Tote Gebirge. Jenseits des Pyhrnpasses schließen die Ennstaler Alpen an, womit augenblicklich die Haller Mauern, Gesäuseberge und Eisenerzer Alpen das Schitourenparadies bereichern. Sodann überqueren wir – von West nach Ost ziehend – die inmitten der Steiermark liegende Hochschwabgruppe und gelangen somit bis zu den Zeller Staritzen. In den Ybbstaler Alpen ersteigen wir einige Gipfel der Mariazeller Berge. Über die Mürzsteger Alpen gelangen wir schließlich an die Raxalpe heran und stoßen an die nordöstliche Landesgrenze. Anschließend setzen wir unsere gipfelreiche Winterreise im Nordwesten fort: Die gar nicht so niedrigen Niederen Tauern, welche zwischen dem Ennstal und Murtal aufragen, reichen bis in die Mitte der Steiermark herein: Diese rund 130 Kilometer lange Gebirgskette stellt ein in sich geschlossenes Schitourenparadies ungeahnten Wertes dar: Das stark unterschiedlich geformte alpine Relief sowie die klimatischen Unterschiede dies- und jenseits des Tauern-Hauptkammes charakterisieren dieses alpenweit einzigartige Gebirge. Im oberen Murtal dominieren westwärts die Murauer Berge gemeinsam mit den Nockbergen. Hingegen schließen die Seetaler Alpen und das Weststeirische Randgebirge die Region Murboden-Aichfeld samt deren Kleinregion Zirbenland gegen Süden ab.

Die für die Steiermark – *Österreichs schönstes Bundesland* – sprichwörtliche Harmonie der Gegensätze strahlt weithin aus: So auch von der Stubalpe und Gleinalpe südwärts zur Koralpe bis in das Schilcherland. Tourengeherinnen und Tourengeher ahnen, daß diese flächendeckende „Winterreise" nicht kurzfristig ablaufen kann: Für die insgesamt 360 Tourenziele bedarf es vieler Jahre. Folgenden wichtigen Umstand müssen TourengeherInnen in jedem Fall berücksichtigen: Alle Informationen wurden zwar nach bestem Wissen und Gewissen ausgearbeitet. Dieser Schitourenführer ist jedoch nur ein unverbindlicher Ratgeber. Daher erfolgt jede Umsetzung im Gelände in Eigenverantwortung des Anwenders.

Viel Freude im „Schitourenparadies Steiermark" wünschen
Günter und Luise Auferbauer

Graz, im Herbst 2000

In der Südrinne am Seckauer Zinken

Auf dem Hochrettelstein

Auf dem Preber: Vor dem Roteck

Tips von A bis Z

Lawinenschaufel und „Pieps" sind bei einer Kameradenhilfe unerläßlich

Alpine Beratung Berg- und Schiführer sowie alpin versierte Ortsansässige informieren dich gern und kompetent. Informationen über den Alpinbereich der gesamten Steiermark sind auch im Internet abrufbar: www.bergfuehrer.at

Alpines Notsignal Hoffentlich brauchst du es nie! Präge dir auf jeden Fall folgenden Ablauf ein:
Gib innerhalb einer Minute sechs mal in regelmäßigen Abständen – und jeweils mit einer Minute Unterbrechung – ein hörbares oder sichtbares Zeichen ab. Die Rettungsmannschaft anwortet mit dreimaligem Zeichengeben pro Minute; der Einsatz beginnt.

Alpin-Notruf 140 Bundesweit ohne Vorwahl und ohne Münzeinwurf anwählbar. Die Empfangstelle bei der Steirischen Landeswarnzentrale ist täglich rund um die Uhr besetzt. Bei Anrufen per Handy empfiehlt sich, die Vorwahl für Graz (0316) mitzuwählen.

Ausrüstung Das Beste ist gut genug, weil der sichere Ablauf einer Tour auch mit dem funktionellen Standard der Ausrüstung eng

zusammenhängt. Natürlich muß auch die Handhabung eingeübt sein.

Bekleidung Des Menschen erstes Bedürfnis ist Wärme und diese vermittelt Wohlbefinden auch dann, wenn das Wetter noch so unwirtlich ist. Längst schließt zweckmäßige Bekleidung schicke Farben und modisches Design mit ein.

Geländekunde Im Sommer auf Schitour? Ja, wenn auch bloß mit Augen und Ohren: Sowohl Form und Untergrund des Tourengeländes als auch Informationen an Ort und Stelle über Zufahrten und Zugänge sind aufschlußreich. O-Töne aus Kreisen der Bergrettung bestätigen die Sinnhaftigkeit: „Würden die Leute das Gelände vom Sommer her kennen, hätten wir weit weniger zu tun!"

Handy Es ermöglicht, bei Zwischenfällen prompt Hilfe anzufordern – vorausgesetzt, der Meldeplatz liegt nicht im Funkschatten.

Höhenangaben Als Grundlage dient die Österreichische Karte (ÖK) des Bundesamtes für Eich- und Vermessungswesen (BEV). Die Höhenangaben der Freytag&Berndt-Karten (FB) sind ÖK-identisch.

Höhenmesser Er dient als verläßliche Orientierungshilfe „in allen Höhenlagen" - vorausgesetzt, der Altometer wurde zeitgerecht *und* genau adjustiert. Beachte jedoch, daß sich während einer Tour der Luftdruck stark ändern kann, folglich auch die Anzeige des Höhenmessers mehr oder weniger gegenüber Kartenwerten abweicht.

Kameradenhilfe Lawinenverschüttete haben nur dann eine höhere Chance überleben zu können, sofern sie innerhalb 15 Minuten geborgen werden. Beachte! In jedem Fall soll – trotz Bergungseinsatzes der Kameraden – die Bergrettung verständigt werden.

Karten Zur Auswahl stehen insbesondere folgende zwei Formate:
• ÖK: Die Ausgaben der Österreichischen Karte gibt es jeweils mit Wegmarkierungen im Maßstab 1:25.000 und 1:50.000.
• FB: Karten von Freytag & Berndt, Maßstab 1:50.000, enthalten auch Wegnummern. Zudem ist ein Kurzführer beigeschlossen.

Klebefelle Sie müssen auch in Extremsituationen haften. Rutscht ein Fell beispielsweise in einer Steilpassage vom Schi, kann solch ein Mißgeschick sogar einen Absturz herbeiführen.

Lawinen Erfahrung und Wissenschaft lehren: Lawinenabgänge sind nicht berechenbar. Daraus ist abzuleiten, daß *jede* Schiroute höchst aufmerksam begangen werden muß.
Lawinensonden, Lawinenschaufeln und VS-Geräte sind keine Versicherung, sondern lediglich Hilfsmittel in einem Notfall, der nie eintreten möge.

Folgende Hauptkriterien beeinflussen die Lawinensituation
- Gelände: Form, Neigung, Untergrund;
- Hanglage: Sonnseite, Schattseite; Lee, Luv;
- Schneebeschaffenheit: Aufbau der Schneedecke, Neuschnee-menge, Windverfrachtungen;
- Temperaturen: Luft und Schnee; bei Tag und Nacht.

Lawinen-Lageberichte Herausgegeben und aktualisiert von der ZAMG-Regionalstelle Steiermark in Zusammenarbeit mit dem Landesreferat für Zivil- und Katastrophenschutz.
- Kostenlose persönliche Information: Täglich ab 8.30 Uhr, Tel. 0316/295116.
- Kostenloser Tonband-Dienst: Tel. 1588.
- Kostenpflichtige Beratung: Täglich 7–16 Uhr; Tel. 0316/242200.
- Kostenpflichtiger Fax-Abrufdienst: Täglich ab 8.30 Uhr, Fax 0316/242300.
- Homepage: www.steiermark.at/steiermark/zamg/lawinen
- ORF-Teletext: Seite 615, täglich ab 9 Uhr.

Schneeberichte der ZAMG-Regionalstelle Steiermark: Kostenpflichtiger Tonband-Dienst: Tel. 0900/91/1566-13.

Leitsatz Laß dich bei keiner Tour auf ein Risiko ein; denn fügen sich ungünstige Zufallsfaktoren hinzu, bleibt die Katastrophe nicht aus. Das gilt insbesondere in Zusammenhang mit der an sich latenten Lawinengefahr.

Schnuppertouren Das sind grundsätzlich einfach begehbare Routen, wo Neu-Einsteiger auf den (Touren-)Geschmack kommen.

Sicher auf Touren kommen Dann kommst du auch sicher zurück! Werner Munter zeigt in seiner Lawinen-Verhütungsstrategie "3 x 3" auf, wie wahrscheinlichkeitsbedingte (probabilistische)Risken bestmöglich minimiert werden können.
1. Achte auf die drei wichtigen Handlungen: Tourenplanung zu Hause, Routenwahl im Gelände und vor Ort das Einschätzen von Belastbarkeiten.
2. Die drei Hauptkriterien „Verhältnisse, Gelände, Mensch" werden
3. jeweils dreimal beurteilt: regional, lokal und zonal.

Tourenbewertungen Als Grundlage dienen die normalen Verhältnisse, denn Kriterien wie Hartschnee, Sturm, Vereisung, Verwehungen und Wächten verändern Standard-Bewertungen mitunter stark. Allgemein gilt folgende Bewertung:

I   Forststraßen bzw. Forstwege, ungefähr bis 20 Grad geneigte Hänge. Grundsätzlich ungefährdetes Gelände. Passagen ab

Das „Pieps"-Hütterl in der Eisenerzer Ramsau: Dank Solar-Energie aktiv

dem Zwischenwert I–II leiten in richtiges Tourengelände.
II   Hohlwege oder bis 30 Grad geneigte Hänge und Kare. Im Zwischenwert II–III liegen bereits viele klassische Routen.
III Enges bzw. steiles Waldgelände; Hänge, Rinnen und Kare bis 40 Grad Neigung. Das Ansteigen in Spitzkehren (ab ca. 35° Hangneigung) und sturzfreies Abfahren sowie alpine bzw. hochalpine Erfahrung sind unerläßlich. Klassisches Tourengelände; auch für geübte Schibergsteiger interessant. Sehr gutes Fahrkönnen und zumindest gute Verhältnisse sind wichtige Voraussetzungen. Der Zwischenwert III–IV bezieht bereits extreme Passagen mit ein.
IV   Extremes Gelände; u. a. über 40 Grad steil; erhöhte Absturzgefahr. Flanken und Rinnen evtl. felsdurchsetzt und eng. Ausnahmslos für routinierte Schibergsteiger bzw. Steilhangspezialisten.

Verschütteten-Suchgerät VS-Geräte werden *vor* Beginn der Tour eingeschaltet und gegenseitig geprüft; sie bleiben eingeschaltet bis nach dem letzten Schwung.

Verkehr – nicht immer verkehrt

Bei Eis und Schnee über den Schoberpaß: Die Freizeit-Schiene hat Zukunft

SchitourengeherInnen wünschen sich zwar, daß eine Tour sozusagen „vor der Tür" beginnt. Die Zeit ist jedoch ebenso reif, um zu hinterfragen: Welches Verkehrsmittel dient am zweckmäßigsten?

Mit dem Auto Es ist zeitökonomisch, überträgt jedoch die aus städtischen Bereichen bekannten Probleme in entlegenste Winkel. Sei dir bewußt:

- SchitourengeherInnen, die ihre Fahrzeuge achtlos abstellen, riskieren nicht nur Besitzstörungsklagen oder Strafmandate, sondern auch, daß ihr Vehikel abgeschleppt oder gar ramponiert wird.
- Hofzufahrten zu Bergbauernhöfen können grundsätzlich benutzt werden; daß um Parkerlaubnis nachgefragt wird, darf vorausgesetzt werden.
- Anrainer und Grundbesitzer legen darauf Wert, daß nur die vorgesehenen Parkräume benutzt werden.
- Öffentliche Straßen in exponierten Lagen sind grundsätzlich immer befahrbar. Gemeinden behalten sich mitunter vor, Straßen z. B. während einer Tau-Frost-Periode vorübergehend zu sperren, um Schäden an Fahrbahnen und/oder Fahrzeugen zu vermeiden.

Mit Bahn, Bus und Taxi Da sich speziell im Regionalverkehr die Logistik der „Öffis" an Schülern und Pendlern orientiert, ist es an Schultagen durchaus möglich, auch entlegene Gebiete „öffentlich" zu bereisen. Zum Umsteigen auf Bahn und Bus ermutigen jene Verbindungen, wo ab Bahnhöfen oder Haltestellen Touren entweder direkt oder mittels Bus bzw. Taxi relativ einfach erreichbar sind. In der Steiermark für Schitouren empfehlenswerte IC-Bahnhöfe:

- **Bruck a. d. Mur:** Postbus nach Aflenz, Fallenstein, Mariazell, zum Seeberg sowie nach Seewiesen, Tragöß, Turnau, Wegscheid.
- **Graz Hbf:** IC-Züge in die Obersteiermark; direkt in das Ennstal.
- **Gröbming:** Taxi in Richtung Sattental, Sölktäler, Stoderzinken.
- **Judenburg:** Taxi auf die Schmelz oder Richtung Gaberl; Postbus Richtung Möderbrugg, St. Johann am Tauern, Hohentauern.
- **Knittelfeld:** Bus oder Taxi nach Seckau oder Richtung Gaal.
- **Leoben Hbf:** Bahnbus Richtung Eisenerz, Präbichl, Trofaiach.
- **Mürzzuschlag:** Postbus oder Taxi nach Frein, Kapellen, Krampen, Mürzsteg, Neuberg, Scheiterboden; Transfer per Taxi zu den Stuhleckbahnen oder Richtung Raxen und Preiner Gscheid.
- **Neumarkt in Steiermark:** Taxi zur Tonnerhütte.
- **Rottenmann:** Touren zu Dürrenschöberl und Hochhaide.
- **St. Michael:** Regionalzüge und Bahnbusse nach Wald am Schoberpaß; in Wald a. Sch. zu Touren am Hinkareck, Großen Schober und Zeiritzkampel.
- **Schladming:** Bus oder Taxi in die Ramsau, nach Rohrmoos, in das Untertal und Obertal, zur Dachstein-Südwandbahn.
- **Selzthal:** Tour zum Dürrenschöberl; Regionalzüge Richtung Admont, Ardning, Johnsbach, Hieflau; Taxi in das Johnsbachtal.
- **Stainach-Irdning:** Regional- und Eilzüge nach Bad Aussee, Bad Mitterndorf, Obertraun und Tauplitz; Postbus bzw. Schibus nach Donnersbachwald und auf die Planneralm.
- **Trieben:** Postbus oder Taxi nach Hohentauern, zur Edelrautehütte, in das Triebental oder in die Kaiserau.
- **Unzmarkt:** Murtalbahn Richtung Murau, St. Lorenzen/Kreischberg und Tamsweg; ab Murau Landesbahnbus auf die Frauenalpe; ab Predlitz Taxi in Richtung Turrach und Turracher Höhe.
- **Zeltweg:** Bahnbusse nach Eppenstein und Obdach.

Auskünfte zu Bahn, Bus und Taxi

Mobil Zentral in Graz, Schönaugasse 6
Montag bis Freitag 7–19 Uhr, an Samstagen 9–13 Uhr;
Tel. 0316/820606; Fax DW 82
E-mail: service@mobilzentral.at – Homepage: www.mobilzentral.at

Wild, Wald und Tourismus

Die seit mehreren Jahren sogar auf amtlicher Seite bestätigte Ankündigung, daß für die Steiermark ein landesweit gültigen Kataster aufgelegt wird, worin all jene Flächen ausgewiesen sind, welche kraft behördlicher Verordnung dem Wild vorbehalten sind, hat sich auch bis zur Neuauflage des nun in zweiter Auflage vorliegenden Schitourenführers nicht erfüllt.

Vertreter der Forstwirtschaft, Jagd, Landesbehörde und alpinen Vereine erzielten auf Grund bisher geführter Gespräche dahingehend Übereinstimmung, daß während der Winterzeit der alpine Raum nicht hemmungslos touristisch genutzt werden solle.

Andererseits haben sich Landesbehörden darin festgelegt, für den Schitourismus jene Gebiete freizuhalten, an denen nachweisbar ein allgemein großes Interesse besteht. Des weiteren sind im großen und ganzen die behördlichen Verordnungen so weit abgeschlossen, daß sich am derzeitigen Stand der Wildschutzgebiete voraussichtlich nicht viel ändern sollte.

Jüngere Wahrnehmungen bestätigen, daß sich jener Trend verstärkt, demnach vermehrt Grundbesitzer dazu neigen, gegenüber Tourengästen eine „Verdrängungsstrategie" anzuwenden. Was völlig kontraproduktiv ist, weil folglich nur Gegendruck entstehen kann. Jagd- und Forstwirtschaft erwarten sich jedoch von Schitouristen eine auf Freiwilligkeit basierende Kooperationsbereitschaft. Diese wird sich nur dort entwickeln, wo beiderseits gutes Einvernehmen besteht. Folgende sensible Bereiche sind zu unterscheiden:

Wildschutzgebiete Diese Flächen sind behördlich verordnet und in der Natur mit Aktennummer und Sperrfristen gekennzeichnet. Während der Sperrfristen ist das Verlassen der markierten Wege untersagt, wie der Text nach dem Landesjagdgesetz bestimmt: „Es dürfen zur allgemeinen Benützung dienende Straßen und Wege einschließlich der örtlich üblichen Wanderwege, Schiführen, Schiabfahrten und Langlaufloipen betreten oder befahren werden." Für Touristen zumutbare Umleitungen sollten gekennzeichnet sein.

Wildfütterungen Die Rotwildfütterungen sind behördlich festgelegt. Zweck: Das Wild wird „durchgefüttert", um Verbißschäden an Bäumen zu vermeiden. Die Fütterungsplätze sollen von Schitouristen grundsätzlich nicht betreten werden. Leiten Schirouten ausnahmsweise durch Wildfütterungen oder nahe an diese heran, dann sollten solche Plätze, beispielsweise nachmittags, möglichst früh bzw. bis zwei Stunden vor Sonnenuntergang passiert werden.

Im Bergwald auf Touren: Aus der Eisenerzer Ramsau zur Teicheneggalm

Wildgatter Behördlich genehmigt, weil dies ein Wildschutzgebiet voraussetzt. Es gelten daher die analogen Beschränkungen. Die eingezäunte Fläche darf grundsätzlich nicht betreten werden. Die Umleitungen sollten gekennzeichnet und für Touristen zumutbar sein.

Überwinterungsgebiete sollten von Touristen respektiert werden.
Zweck: Dem standorttreuen Gamswild und Hochwild soll ermöglicht sein, in süd- oder auch windexponierten Lagen oberhalb der Baumgrenze zu überwintern.
Hingegen überwintern die Rauhfußhühner (Auerwild, Birkhühner bzw. Spielhahn) im Bereich der Waldkampfzonen, wo sie ihre Balzplätze haben.

Informationen beim Amt der Steiermärkischen Landesregierung:
- Rechtsabteilung 8, Krottendorfer Straße 94, 8052 Graz, Tel. 0316/877-6948.
- Fachabteilung für Forstwesen, Brückenkopfgasse 6, 8020 Graz, Tel. 0316/877-4530.

TOUR 1

Hoher Dachstein 2995 m
von Süden

Eselstein 2556 m
Scheichenspitze 2667 m

Zum hochalpinen Parademotiv der Steiermark

Dachstein-Südwände über dem Schönbühel

Talorte, Informationen

8970 Schladming, 750 m;
Regionalverband Dachstein-Tauern, Tel. 03687/23310;
E-mail: dachstein-tauern@aon.at
8972 Ramsau am Dachstein, 1135 m;
Tourismusverband, Tel. 03687/81833;
E-mail: info@ramsau.com

Tourenführungen, Alpine Auskünfte

AAC, Alpin- und Abenteuerclub Dachstein, Hans Prugger
und Peter Perhab, Ramsau-Leiten 44, Tel. 03687/81598-0.
Alpinschule Dachstein, Fritz Walcher, Ramsau 233 (Haus
Rosegger), Tel. 03687/81223-0.
Bergführerbüro der Bergsteigerschule Dachstein,
Ramsau-Ort 101, Tel. 03687/81424;
Montag bis Freitag 9–10 und 16–18 Uhr, an Sonntagen 16–18 Uhr.

Reise

Auto: B 320 Ennstal-Bundesstraße; von
Pichl, Schladming oder Weißenbach in die
Ramsau.
Bahn: ÖBB, IC-Bahnhof Schladming.
Bus: Bf Schladming – Ramsau – Süd-
wandbahn-Talstation.
Mautstraße: Ramsau-Schildlehen – Süd-
wandbahn-Talstation.
Seilbahnen und Lifte: Dachstein-Süd-
wandbahn (1700–2687 m); auf dem Schlad-
minger Gletscher Doppelsesselbahn und
Schlepplifte. Betriebszeit: 8.30–17 Uhr;
Tel. 03687/81241. Revisionszeiten beachten!

Eselstein, 2556 m
Hoher Dachstein, 2995 m, von Süden
Scheichenspitze, 2667 m

„Schiparadies"-Tageskarte: Gilt für Bus, Mautstraße, Seilbahn und Lifte. Karten auch in Sportgeschäften erhältlich.

Schnee- und Wetterberichte:
Tonband, Tel. 03687/81315.

Taxi und Transfer

Ramsau: Spezialisiert für Rückholdienste aus Richtung Gosau und Hallstatt:
- Fa. Hubner, Tel. 03687/81227-0.
- Ramsauer Verkehrsbetriebe, Tel. 03687/81870-0.

Schladming: Fa. Kerschbaumer, Tel. 03687/22113.
<u>Ab Bf Schladming:</u>
Ramsau-Ort 10 km; Mautstelle 12 km, Südwandbahn-Talstation 17 km.

Ausgangspunkte

- Hunerkogel, Bergstation, 2687 m;
- Vordere Ramsau, GH Feisterer, 1133 m.

Einkehrstätten und Stützpunkte

Austriahütte, OeAV, 1638 m; bis auf weiteres nur im Sommer bewirtschaftet. Kein Winterraum. Pächterfamilie Huber, Tel. 03687/81522.

Feistererhof, Alpengasthof, 1160 m; ab Mitte Dezember bis nach Ostern; Familie Simonlehner, Tel. 03687/81980.

Glösalm, 1507 m, Gasthof; geöffnet von

Weihnachten bis Ostern; Familie Bachler, Tel. 03687/81242, 81570.

Guttenberghaus, OeAV, 2147 m; nur im Sommer bewirtschaftet. Winterraum: 6-8 Lager, AV-Schlüssel. Pächterfamilie Perhab, Tel. 03687/81287, Haus Montanara in Ramsau.

Hotel Dachstein, 1690 m; Hans Walcher, Tel. 03687/81219-0.

Hunerkogel-Restaurant, 2687 m; geöffnet während des Seilbahnbetriebes. Keine Nächtigung. Tel. 03687/81700-14.

Simonyhütte, OeAV, 2205 m; Weihnachten bis 6. Jänner und Ende Jänner bis Mitte Oktober. Winterraum: 6 Plätze, AV-Schlüssel. Pächterfamilie Monika und Toni Rosifka, Tel. 03622/52322; 06135/8808, im Tal.

Orientierung: AV-Karte Nr. 14; FB-WK 281; ÖK-Blatt 127.

Eselstein, 2556 m
Hoher Dachstein, 2995 m, von Süden
Scheichenspitze, 2667 m

Bild links: Koppenkar mit Scheichenspitze, Schmiedstock, Fluderscharte und Gamsfeldspitze (v. l. n. r.)

Steilabfahrten IV

Gamsfeld, Fluderrinne, Schwadring.

Die Schmankerln

Der Hohe Dachstein; die „Tourenschaukel" mit Abfahrten nach Hallstatt, Ramsau; die Rundtouren-Kombinationen mit Edelgrieß, Feisterkar, Gruberkar, Koppenkar, Landfriedtal und Oberfeld (siehe auch Tour 2).

D I E S C H I T O U R E N

Beste Zeit

Jänner bis Anfang Mai; in den Gletscherbereichen bis Ende Juni.

Charakteristik

Hoher Dachstein III–IV

Für Schibergsteiger. Hochalpines, z. T. vergletschertes Gelände. Bei Gipfelanstiegen Seil, oft auch Eisgerät und Steigeisen erforderlich.

Scheichenspitze III

Für Schibergsteiger. Lohnend in Verbindung mit Edelgrieß, Gruberkar, Landfriedtal oder Koppenkar.

Austriascharte III–IV

Ausgesetzter Übergang zwischen Schladminger Gletscher und Edelgrieß bzw. Schwadring.

Aus Richtung Brandriedel zum Gamsfeld

Gehzeiten, Höhenunterschiede

- Austriahütte – Edelgrieß – Hunerkogel, 4 Std., 1100 Hm;
- Austriahütte – Edelgrießhöhe, 3 Std., 900 Hm;
- Austriahütte – Scheichenspitze, 4 Std., 1150 Hm;
- Feisterer – Feisterscharte – Scheichenspitze, 5 Std., 1600 Hm;
- Feisterer – Gruberscharte – Scheichenspitze, 4–5 Std., 1600 Hm;
- Feisterer – Guttenberghaus, 3 Std., 1000 Hm;
- Guttenberghaus – Eselstein, 1 Std. 15 Min., 400 Hm;
- Guttenberghaus – Feisterscharte – Hunerkogel, 3 Std., 650 Hm;
- Guttenberghaus – Feisterscharte – Sinabell, 1 Std., 200 Hm;
- Hunerkogel – Dachsteinwarte, 30 Min., 100 Hm;
- Hunerkogel – Randkluft, 1 Std. 15 Min., 230 Hm;
- Randkluft – Hoher Dachstein, 1 Std., 130 Hm.

Die „Dachstein-Tourenschaukel"

In Verbindung mit der Südwandbahn schrumpfen Dachsteintouren nur scheinbar zu leichten Unternehmen: Das Gelände ist unverändert hochalpin! Die Tourenschaukel kann in folgenden Varianten ablaufen:

Zum Hunerkogel. Wer den Hohen Dachstein oder einen benachbarten Gipfel ersteigen will, wird eine *frühe Gondel* benutzen. Den klassischen Anstieg durch das Edelgrieß muten sich Frühaufsteher gern zu.

Hunerkogel – Dachsteinwarte.

Eine hochalpine „Schnuppertour". Zunächst entlang der Stangenmarkierung kurze Abfahrt zum tiefsten Punkt am Rand des markanten Dirndlkolks. Nun rund 100 Hm aufwärts zur Seethalerhütte, 2741 m; im Winter geschlossen. Auf der Dachsteinwarte prächtiger Blick in die Dachstein-Südwände. Abfahrt und Rückweg wie Anstieg.

Hunerkogel – Hoher Dachstein. Die klassische Tour für Schibergsteiger; Bergführer gehen gerne mit. Dieser mit Hilfe der Südwandbahn kürzeste Zustieg führt von der Bergstation in Richtung Dachsteinwarte und den Steilhang bergan zur Randkluft, ca. 2870 m; Schidepot. Je nach Schneelage mehr oder weniger heikler Übergang an den Fels; Torstahlbügel dienen zur Sicherung. Bei guten Verhältnissen kann auch in der linken Rinne, ungefähr in Fallinie vom Gipfelkreuz, angestiegen werden. Abstieg, Abfahrt und Rückweg wie Anstieg.

Die Hallstatt-Abfahrt. Bis zu 2350 Hm Abfahrt auf 17 km Distanz vom Hunerkogel über die Simonyhütte und das Wiesberghaus nach Hallstatt-Lahn. In die Hallstatt-Abfahrt kann schon bei der Bergstation am Hunerkogel eingestiegen werden. Oder, je nach alpinen Ambitionen, bei der Dachsteinwarte bzw. gar oben, an der Randkluft.

*Vom Hunerkogel
in die Niederen Tauern*

Hunerkogel – Scheichenspitze.

Zunächst über den Schladminger Gletscher abfahren; um den Koppenkarstein nordseitig herum in das Koppenkar; daraus südwärts bergan zur Edelgrießhöhe und zur Scheichenspitze. Abfahrt in die Ramsau durch das Edelgrieß oder Gruberkar.

Feisterer – Eselstein – Scheichen-

spitze. Anstieg ähnlich dem Hüttenweg durch das Feister-Tiefkar zum Guttenberghaus, 2147 m. In die nahe Feisterscharte, 2198 m. Nun nordseitig auf den Eselstein. Wie Anstieg kurz abfahren, und um den Eselstein nordseitig herum. Aus dem Landfriedtal zur Scheichenspitze; Schidepot nach eigenem Ermessen. Abfahrt in das Landfriedtal, 2300 m; in kurzem Gegenanstieg zur Gruberscharte, 2364 m. Durch das Gruberkar und Feister-Tiefkar zum GH Feisterer.

Steilabfahrten

Grundsätzlich nur bei Firn abfahren!
Die Abfahrten in der Fluderrinne und Schwadring sowie am Gamsfeld führen durch extrem steiles, mitunter felsdurchsetztes Gelände und sind daher Spezialisten vorbehalten.
(1) Fluderrinne Am besten bei makellosem Zustand, d. h. ohne Spuren oder Lawinenknollen. Beste Verhältnisse herrschen oft in der Weihnachtswoche. Zustieg aus dem Koppenkar; kurz steil zur Fluderscharte, 2600 m. Bei der Abfahrt auf die Unterbrechungsstelle achten! Links ein Fixhaken; Abseilhöhe je nach Schneeverhältnissen; bis 20 m.
(2) Gamsfeld Zustieg westlich von der Fluderscharte; Abfahrt: Mit Engstelle! Das Fahrgelände bis zum ehemaligen Karlwirt.
(3) Schwadring Extra Vorsicht im Einfahrtsbereich. In der unteren Schwadring vor dem Abbruch (!) rechtshaltend zur Südwandhütte.

Rückfahrt von Hallstatt. Per Taxi nach Ramsau; siehe Seite 16. Oder per Schibus bzw. Taxi zum ÖBB-Bahnhof Obertraun: Züge in Richtung Attnang-Puchheim (IC-Anschlüsse nach Linz, St. Pölten, Salzburg, Wien-West) oder Stainach-Irdning (Anschlüsse Richtung Schladming oder Graz).

Anstiege und Abfahrten

Austriahütte – Edelgrieß – Scheichenspitze. Aus dem inneren Edelgrieß rechtshaltend bergan zur Edelgrießhöhe, 2448 m. Nun ostwärts in den Landfriedsattel, 2409 m. Südwärts über den mäßig steilen Rücken zum Schidepot am Grat; über den felsigen, mitunter überwächteten Grat zum Gipfel.
Abfahrt wie Anstieg oder durch das Gruberkar.

Austriahütte – Edelgrieß – Hunerkogel. Entweder über die Austriascharte, 2736 m (besondere Vorsicht bei Hartschnee!) oder über die Edelgrießhöhe und das Koppenkar zum Schladminger Gletscher; darauf zur Bergstation auf dem Hunerkogel.
Abfahrt wie Anstieg oder z. B. in Richtung Simonyhütte.

TOUR 2

Hoher Dachstein 2995 m
von Norden

Lange Abfahrten, weite Rundtouren

Talorte und Informationen
4830 Hallstatt-Lahn, 527 m;
Tourismusbüro, Tel. 06134/8208, Claudia Höll.
4831 Obertraun, 513 m;
Tourismusbüro, Tel. 06131/351, Johann Puchinger.

Reise
Auto: B 145 Salzkammergut-Bundesstraße. Von Bad Aussee kürzer über die Koppenpaß-Landesstraße (23 %) nach Obertraun. Von Abtenau auf der B 166 über den Paß Gschütt zum Hallstätter See.
Bahn: ÖBB, Bahnhof Obertraun.
Bus/Schibus: Von Obertraun zu den Seilbahnstationen.
Schnee- und Wetterberichte: Band, Tel. 06134/8400-1838.
Seilbahnen: Revisionszeiten im Frühjahr und Herbst beachten!
<u>Dachsteinbahn</u> Obertraun, 600 m – Krippenstein, 2050 m – Gjaidalm, 1788 m; Tel. 06134/8400-2804 (Kassa).
Vom Krippenstein Piste zur Gjaidalm und nach Obertraun, 11 km.
<u>Gjaidalmbahn</u> Obertraun, 569 m – Krippenbrunn, 1552 m – Oberfeld, 1832 m; Tel. 06131/262.
<u>Südwandbahn</u> Ramsau/Türlwandhütte – Hunerkogel, 1700–2700 m; Tel. 03687/81241-0 (Kassa, Talstation).

Taxi und Transfer
Fa. Rastl, Obertraun, Tel. 06131/322. Gjaidalmbahn 2,5 km; Dachsteinbahn 3,5 km; GH Hirlatz in Hallstatt-Lahn 4,5 km.

Ausgangspunkte
- Bergstationen: Hunerkogel, 2687 m; Oberfeld, 1832 m;
- Gjaidalm: Schilcherhaus, 1738 m; Lahn: GH Hirlatz, 527 m.

Auf dem Hallstätter Gletscher:
Der klassische Zugang vom Hunerkogel
zum Hohen Dachstein

Einkehrstätten und Stützpunkte
Adamekhütte, OeAV, 2196 m;
Winterraum: 6–8 Plätze, AV-Schlüssel.
Ab Ende Mai/Anfang Juni bewirtschaftet, Verleih von Schitouren-Set (Schi & Schuh); Pächter Scherr & Gapp, Tel. 0676/9630239 oder Tel. 06136/8567, Hütte.

Hirlatz, Gasthof in Hallstatt-Lahn, 527 m; Familie Höll-Fellinger, Tel. 06134/8443.

Schilcherhaus-Gjaidalm, 1738 m; im Mai und November geschlossen; Familie Schilcher, Tel. 06131/596.

Simonyhütte, OeAV, 2205 m; Weihnachten bis 6. Jänner und abEnde Jänner wieder durchgehend. Pächterfamilie Rosika, Tel. 03622/52322. Siehe auch Seite 16.

Wiesberghaus, Naturfreunde, 1872 m; Tel. 06134/8591.

Orientierung
AV-Karte Nr. 14; FB-WK 281; ÖK-Blätter 96 und 127.

Das Schöberl. Von der Simonyhütte zum Hallstätter Gletscher

DIE SCHITOUREN

Beste Zeit

Hochwinter und Frühjahr, bis Anfang Mai.
Geländeabfahrt nach Hallstatt den ganzen
Winter; im Frühjahr reicht die Schneelage
zumindest bis zur Tropfwand.
Pistenabfahrten nach Obertraun.

Charakteristik

III–IV Insgesamt hochalpin. Für Schibergsteiger. Überwiegend nordseitig; in den
Hochlagen sonnenreiche Plateau- und Kar-
landschaften. Am Gipfelanstieg zum Hohen
Dachstein zumeist Seil, Steigeisen und Eisgerät erforderlich.

Die Schmankerln

Die „Dachstein-Tourenschaukel Nord"; die
Ersteigung des Hohen Dachsteins auf dem
klassischen Winterweg; die immens langen
Abfahrten und zahlreichen Touren-Kombi-
nationsmöglichkeiten.
Siehe auch Tour 1.

Anstiege

Gehzeiten, Höhenmeter, Entfernungen:

- GH Hirlatz – Wiesberghaus, 5 Std., 1350 Hm, 9 km;
- GH Hirlatz – Simonyhütte, 6–7 Std., 1650 Hm, 12,5 km;
- Gjaidalm/Oberfeld – Hunerkogel – Randkluft, 4–5 Std., 1200 Hm, 13 km;
- Gjaidalm/Oberfeld – Simonyhütte, 2 Std., 450 Hm, 6 km;
- Gjaidalm/Oberfeld – Wiesberghaus, 1 Std. 30 Min., 100 Hm, 4 km;
- Simonyhütte – Hunerkogel, 2 Std., 480 Hm, 5 km;
- Simonyhütte – Randkluft, 2 Std., 670 Hm, 4,5 km;
- Simonyhütte – Steinerscharte – Adamekhütte, 3–4 Std., 500 Hm, 6 km;
- Randkluft – Hoher Dachstein, 1 Std., 130 Hm;
- Wiesberghaus – Simonyhütte, 1 Std. 30 Min., 330 Hm, 3,5 km.

Abfahrten

Höhenmeter, Länge:

- Adamekhütte – Weittal – Hallstatt, 1670 Hm, 12 km;
- Krippenstein – Obertraun, Piste, 1500 Hm, 11 km;
- Randkluft – Hallstatt, 2350 Hm, 17 km;
- Randkluft – Obertraun, 2300 Hm, 19,5 km;
- Simonyhütte – Obertraun, 1600 Hm, 15 km;
- Wiesberghaus – Obertraun, 1300 Hm, 13 km.

Als Stützpunkte eignen sich sowohl die Simonyhütte und als das Wiesberghaus als auch m. E. die Adamekhütte. Die nach dem berühmten Dachsteinforscher Dr. Friedrich Simony benannte Hütte liegt am günstigsten. Unter dieser Voraussetzung kann eine Tourenwoche folgend ablaufen:

1. Tag Von Hallstatt oder **Obertraun** zu Wiesberghaus und Simonyhütte.

2. Tag Auf den Hohen Dachstein über den Hallstätter Gletscher; auch zur Dachsteinwarte. Über die Randkluft auf den Gipfel. Von der Randkluft Abfahrt direkt zur Simonyhütte.

3. Tag Durch das Weittal zur Tropfwand und nach Hallstatt; Transfer per Taxi zur Dachsteinbahn, Auffahrt zum Krippenstein, Abfahrt zur Gjaidalm und Rückanstieg zur Simonyhütte.

4. Tag In die Ramsau: Aufstieg zum Gjaidsteinsattel; rund um den Koppenkarstein in das Koppenkar und zur Edelgrießhöhe; Abfahrt durch das Edelgrieß zur Austriahütte; Auffahrt mit der Südwandbahn; vom Hunerkogel Abfahrt zur Simonyhütte.

5. Tag Über die Steinerscharte zur Adamekhütte und über die Hoßwandscharte und den Hohen Trog zur Simonyhütte.

6. Tag Rund um den Gjaidstein im Uhrzeigersinn: Abfahrt zum Oberfeld, Aufstieg am Rumpler und Mitterstein zum Gjaidsteinsattel; Abfahrt durch das Eisloch zur Simonyhütte.

7. Tag Nach Hallstatt am besten nochmals ab der Randkluft; erst ab der Hütte mit allem Tourengepäck ins Tal. Transfer per Taxi zum Bahnhof Obertraun.

Übergänge
Gesamtzeit, Höhenmeter Anstieg/Abfahrt, Länge:

- Simonyhütte – Hoher Trog – Hoßwandscharte – Adamekhütte, 2 Std. 30 Min., 500/500 Hm, 8 km;
- Simonyhütte – Steinerscharte – Adamekhütte – Weittal – Tropfwand – Hallstatt-Lahn, 700 Hm/2360 Hm, 18 km;
- Simonyhütte – Hoher Trog – Weittal – Tropfwand – Hallstatt-Lahn, 150 Hm/1800 Hm, 14 km.

Die „Dachstein-Tourenschaukel Nord":

Insgesamt stehen drei Seilbahnen als Aufstiegshilfen zur Verfügung: zwei Bahnen an der Nordseite und eine Bahn an der Südseite. In Verbindung mit den geländebedingten Kombinationsmöglichkeiten erweitert sich die „Dachstein-Tourenschaukel Nord" zu einer wahren Tourenarena: Vom Hallstätter See über den Hohen Dachstein bis in die Ramsau – und wieder zurück.

Hoher Dachstein
2995 m
von Norden

Anstiege und Abfahrten

**Hallstatt – Wiesberghaus – Simony-
hütte.** Der klassische Anstieg: Auf den
Spuren von Dr. Friedrich Simony, der im
Jänner und Februar 1847 den Hohen Dachstein dreimal erstieg.

Vom GH Hirlatz auf dem markierten Weg
601 durch das Echerntal zur Tropfwand,
1138 m, und im steilen Bergwald, der Win-
termarkierung folgend, zum Wiesberghaus.
In der Karlandschaft den Markierungsstan-
gen entlang zur Speikleiten. Vor dem
„Hotel Simony" (nur im Sommer ein
Notunterstand) rechts, sodann in einem
Linksbogen um die Steilstufe herum zur
Simonyhütte.
Abfahrt wie Anstieg.

**Gjaidalm/Oberfeld – Wiesberghaus
– Simonyhütte.** Leichter und kürzer als
im Sommer, da die Routen im Dolinen-
gelände eher geradlinig verlaufen.
Viele Tourengeher bevorzugen die
„Gjaidalmbahn", deren Bergstation rund
50 Meter höher liegt als die Bergstation der
Dachsteinbahn.
Die Wintermarkierung gabelt sich unter-
halb vom Taubenkogel:
Rechtshaltend, über die Ochsenwiesalm,
zum Wiesberghaus.
Linkshaltend und südlich von der Ochsen-
wieshöhe zur Simonyhütte.
Abfahrt wie Anstieg.

**Simonyhütte – Randkluft – Hoher
Dachstein.** Zunächst zur hohen Stange
am Beginn des Hallstätter Gletschers und
südwärts nur mäßig steil bergan.
Im oberen Teil des Gletschers über einen
Steilhang zur Randkluft, ca. 2870 m;
Schidepot.

Je nach Schneelage mehr oder weniger heikler Übergang zum Fels;
Sicherung an Torstahlbügeln. Bei guten Verhältnissen kann auch
durch eine Rinne, ungefähr in Fallinie des Gipfelkreuzes, angestiegen werden.
Abstieg und Abfahrt wie Anstieg.

Oberfeld – Hunerkogel – Hoher Dachstein.
Vom Oberfeld am Niederen und Hohen Rumpler südwärts zur Gjaid-
steingrube und aus ihr zum Mitterstein, zur Sesselbahn und auf den
Hunerkogel. In kurzer Abfahrt zum Dirndlkolk, nun bergan zur
Seethalerhütte und zum Schidepot bei der Randkluft. Alpiner An-
stieg zum Gipfel.
Abfahrt über Simonyhütte.

*Hoher Dachstein
2995 m
von Norden*

*Auf dem Hallstätter Gletscher
in Richtung Simonyhütte*

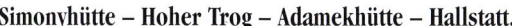

*Anstieg über den Hallstätter Gletscher
in Richtung Steinerscharte*

Simonyhütte – Hoher Trog – Adamekhütte – Hallstatt.

Eine Tour für Einsamkeitssucher; Verlauf der Route siehe AV-Karte Nr. 14: Zunächst der ostseitige Anstieg zum Hohen Trog, 2359 m, danach die nordwestseitige Abfahrt (Vorsicht bei Harsch!) in das Weittal. In ca. 2000 m Höhe südwestwärts in die Hoßwandscharte, 2187 m, wiederum leicht bergab; in 2000 m Höhe südwärts bergan zur Adamekhütte, 2196 m.

Von der Adamekhütte auf derselben Route zurück in das Weittal; darin zur Zirmgrube, 1830 m, und Hoßwandalm. Durch eine Engstelle (AV-Karte: Major-Kamin) zur idyllischen Grubalm. Von ihr in einer engen Passage zur Tropfwand, 1138 m; auf dem Normalweg 5 km zum GH Hirlatz in Lahn.

Simonyscharte, 2674 m.

Kein Übergang! Jedoch ein hervorragender Aussichtspunkt; nahe und nördlich der Steinerscharte. Vorsicht bei Wächtenbildung!

Steinerscharte, 2717 m.

Hochalpiner Übergang zwischen Hallstätter Gletscher und Gosaugletscher. Für Schibergsteiger.

Der Zustieg vom Hallstätter Gletscher auf den Gratrücken ist kurz und relativ leicht; auf der Gosauer Seite mit Hilfe einer Eisenleiter über eine Felsstufe zum Gletscher.

Loser *1837 m*
Hochanger *1838 m*
Tourenschaukeln nach Herzenslust

Talorte und Informationen

8992 Altaussee, 719 m;
8990 Bad Aussee, 659 m;
Tourismus-Regionalverband Salzkammer-
gut-Ausseer Land, Tel. 03622/54040-0;
E-Mail: info@ausseerland.at

Reise

Auto: B 145 Salzkammergut-Bundesstraße; von Bad Aussee über
Altaussee zur Losermaut (Sesselbahn-Talstation).
Bahn: ÖBB, Bahnhof Bad Aussee.
Loserlifte: Betriebszeit 9–16 Uhr; Anfang Dezember bis eine Wo-
che nach Ostern;
Tel. 03622/71490, Hauptkassa an der Mautstelle.

Schönberg (Wildenkogel) 2090 m
Vorderer Schwarzmooskogel 1842 m

Am Loser ist ständig was los: Aufwärts schweben, abwärts schwingen

Schibus: Bad Aussee – Losermaut.
Schneeberichte: 8–16.30 Uhr;
Tel. 03622/71315 oder 03622/71490.

Taxi und Transfer

Altaussee-Fischerndorf: Glaser-Neumann, Tel. 03622/71347.
Bad Aussee: Robert Zwetti, Tel. 03622/52671.
Zur Losermaut: Ab Bahnhof Bad Aussee 9 km, ab Altaussee 3 km.

Ausgangspunkt

Losermaut, 854 m; hier erfolgt der beste Einstieg in die „Schitourenschaukel": In drei Sesselbahnsektionen gelangt man zum Loserfenster, 1770 m; bester Überblick auf das Lift- und Tourengebiet.

Einkehrstätten und Stützpunkte

Loserhütte, OeAV, 1498 m; bewirtschaftet ab Mitte Dezember
bis Ende Oktober. Pächter Helmut König,
Tel. 03622/71202 oder 0664/1603415.
Loser-Bergrestaurant, 1600 m; täglich 9–16 Uhr; Zufahrt per
Sesselbahn oder auf der Loser-Mautstraße, Parkplatz beim Haus;
Tel. 03622/71316. Keine Nächtigung.

Orientierung

AV-Karte Nr. 15/1; FB-Wanderkarte 281; ÖK-Blatt 96.

*Schischaukeln am Loser: Pisten und Tou-
ren sind beliebig kombinierbar*

*Beliebte Alternative:
Am Fuße vom Sandling in das Langlauf-
gelände der Blaa-Alm*

DIE SCHITOUREN

Beste Zeit

Hochwinter und Frühjahr.

Charakteristik

II–III Süd- bis ostseitige Hänge. Im Bereich Loser können die Touren jeweils mit Benutzung der Sesselbahn bzw. Schlepplifte beginnen – oder auch ausklingen!

Die Schmankerln

Die bequem erreichbaren Geländeabfahrten; die individuellen Schnupper-Routen und Klassiker von der Bräuningalm in die Hochflächen und zu Gipfeln.

Das Ausseerland zählt zu den Aushängeschildern der Steiermark: Jeder Ausblick überzeugt mehr als alle Worte: Der Altausseer See, die Trisselwand und der Loser vereinen sich auch im Winter zu alpinen Parademotiven inmitten des Salzkammergutes und folglich auch in guter Nachbarschaft zum Dachstein und Toten Gebirge.

Gehzeiten, Höhenunterschiede

- Bergstation Loserfenster – Hochanger, 20 Min., 60 Hm;
- Loserhütte – Loserfenster – Hochanger – Loser, 1 Std. 15 Min., 340 Hm;
- Bräuningalm – Vorderer Schwarzmooskogel, 1 Std., 240 Hm;
- Bräuningalm – Schwarzmoossattel – Altarkögerl – Schönberg (Wildenkogel), 3–3.30 Std., 600 Hm;
- Rundtour-Kombination: Loserfenster – Schwarzmoossattel – Loserhütte, ca. 3 Std., Aufstieg 240 Hm; zusätzliche Abfahrts-Höhenmeter je nach Liftbenutzung.

Spezialabfahrt

Loserfenster – Atterkogel – Kühntal – Bräuninglift. Nur bei sehr guten Verhältnissen! Meist sind Spuren vorhanden. Es empfiehlt sich, aus dem Bereich des Bräuningliftes speziell jenes ostseitige Steilgelände, welches vom Atterkogel in das Kühntal reicht, gewissenhaft zu studieren.

Vom Loserfenster mit Hilfe einer langen Querfahrt oberhalb steiler, südseitiger Hänge zum Atterkogel; an ihm entweder nordseitig – durch den Sattel vor dem Greimuth – oder südseitig herum. In jedem Fall jeweils ostseitig sehr steil in das Kühntal und darin zum Bräuninglift.

Anstiege und Abfahrten

Loserhütte – Bergstation Loserfenster – Hochanger – Loser. Dieser Anstieg macht vor allem dann Sinn, falls die Sesselbahn zum Loserfenster noch nicht bzw. nicht mehr verkehrt. Insgesamt folgt man dem Pistenrand zur Bergstation Loserfenster. In einfacher Querung zum Hochanger (Sender); hervorragender Aussichtsplatz. Zum benachbarten Losergipfel einfacher Übergang.

Abfahrt wie Anstieg; oder Loserfenster – Kühntal (s. Spezialabfahrt).

Bräuningalm – Schwarzmoossattel – Altarkögerl – Schönberg. Man folgt der Stangenmarkierung Richtung Wildensee bis in Höhe vom Niederen Augst-Eck. Ungefähr ab dem ÖK-Punkt 1711 hält man sich nordwest- bis westwärts und quert folglich in einem weiten Linksbogen zum Feuchterkogel und Altarkögerl. Ungefähr wie die Sommerroute zum Gipfelkreuz an der Landesgrenze (St/OÖ). Abfahrt wie Anstieg.

Rundtour mit Lifthilfe

Loserfenster – Hochanger – Bräuningalm – Vorderer Schwarzmooskogel – Loserhütte. Eine mit Sesselbahn und Schleppliften beliebig kombinierbare Rundtour, ideal für TourenschnupperInnen.
Auffahrt mit den Sesselbahnen zum Loserfenster.
Anstieg von der Bergstation in leichter Querung Richtung Sender und durch kleine Mulden zur Gipfelkuppe auf dem Hochanger.

Für Touren-Einsteiger:
Unterwegs in Richtung Schwarzmooskogel

Abfahrt wie Anstieg zum Loserfenster und beliebig zum Bräuninglift. (Für „Experten" evtl. auf der „Spezialabfahrt"; siehe dort.)
Auffahrt nordseitig mit dem Schlepplift.
Abfahrt südostseitig, Richtung Talstation des Bräuningliftes, bis in einen kleinen Sattel.
Anstieg aus diesem kleinen Sattel – östlich von der Talstation des Bräuningliftes – nordseitig, unterhalb von Felsen, wenige Minuten bergan zu einer Geländekante; um diese herum und leicht bergab zum breiten, mit Latschen und wenigen Bäumen bestandenen südwestseitigen Bergrücken. An diesem Rücken beliebig, eher leicht linkshaltend, bergan: Den Schwarzmooskogel ersteigt man am besten in weiten, bequemen Schleifen.
Aus der felsigen Gipfelkuppe ragt eine Halterung samt einer eisernen Kassette.
Der Vordere Schwarzmooskogel bietet hervorragenden Überblick auf das Tourengelände sowohl in Richtung Schönberg (Wildenkogel) als auch Richtung Augstwiesen und gewährt Ausblick bis zu den Tragln und zum Großen Priel.
Abfahrt wie Anstieg.
Tip für „Schifahren ohne Gepäck" im Bereich Loserfenster: Rucksack an der Talstation deponieren.
Abschwung: Von der Talstation Loserfenster nur kurz abfahrend zur Loserhütte; der auch sehenswerte Einkehrschwung findet auf der Terrasse statt: Prächtiger Ausblick über das Ausseerland zum Dachstein!
Abschluß: Auf der Piste – rassiges Streckenprofil! – zur Losermaut.

TOUR 4

Großes Tragl 2179 m
Ödernalm 1210 m

Talorte und Informationen

8982 Tauplitz, 896 m;
Tourismusverband, Tel. 03688/2446.
8983 Bad Mitterndorf, 809 m;
Tourismusverband, Tel. 03623/2444.

Tourenführungen, Alpine Beratung

Sepp Ranner, Berg- und Schiführer,
Bad Mitterndorf 358; Tel. 03623/3344.

Reise

Auto: B 145 Salzkammergutstraße.
Bahn: ÖBB; Bf Tauplitz, Bad Mitterndorf.
Mautstraße: Mitterndorf – Tauplitzalm.
Schibus: Bad Mitterndorf – Tauplitzalm,
9,7 km; ab Mautstelle 9.00–15.40 Uhr.
Vierersesselbahn: Tauplitz – Tauplitz-
alm, 2 Sektionen; Betriebszeit 8.45–16 Uhr;
Tel. 03688/2252-0. 250-Punkte-Tickets er-
möglichen bei einer Rückkehr via Hollhaus
zur Tauplitzabfahrt die Schleppliftfahrten.

Taxi und Transfer

Fa. Bechter, Tel. 03623/3144;
Kochalmbauer – Bad Mitterndorf 6 km.
Fa. Hierzegger, Tel. 03688/2297;
Bahnhof Tauplitz – Lift-Talstation 2 km.

Ausgangspunkte

• Sesselbahn-Bergstation, 1660 m;
• Parkplatz beim Hollhaus, ca. 1600 m.

Einkehrstätten und Stützpunkte

Grazer Haus, Akademischer Turnverein;
Pächterfamilie Bliem, Tel. 03688/2390;
Kochalmbauer, Gasthaus, 902 m;
Familie Stadler, Tel. 03623/3155.
Leistalmhütte, 1647 m; sporadisch offen;
Familie Vasold-Ebner, Tel. 03688/2425.
Linzer Tauplitzhaus, OeAV, 1638 m;
Mitte November bis Sonntag nach Ostern;
Pächter Ulli Schubert, Tel. 03688/2315.

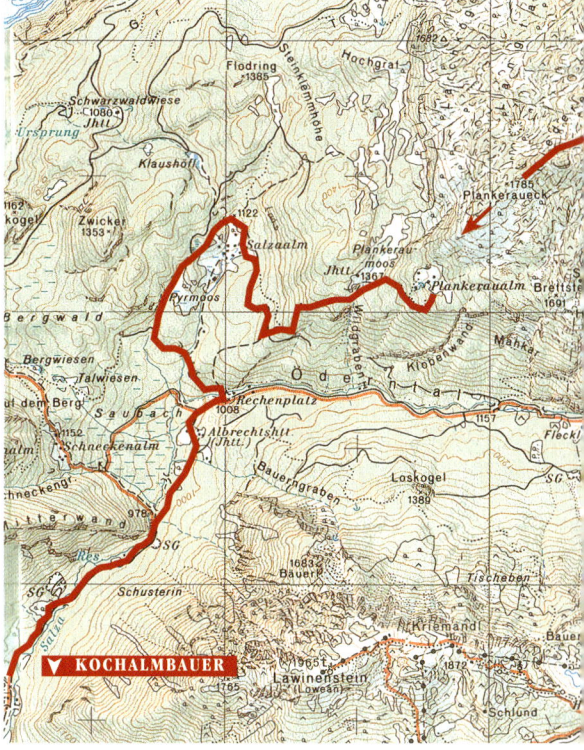

Naturfreunde-Tauplitzhaus, 1620 m; Anfang bzw. ab Mitte
Dezember bis Sonntag nach Ostern;
Pächter Richard Schönberger, Tel. 03688/2722.
Theodor-Karl-Holl-Haus, OeAV, 1621 m; 15. November bis eine
Woche nach Ostern. Überquerungen im Toten Gebirge nach Verein-
barung; Pächter Klaus Hüttner, Tel. 03688/2302.

Orientierung

AV-Karte Nr. 15/2; FB-Wanderkarte 082; ÖK-Blatt 97.
Nach örtlicher Auffassung werden die Gipfel folgend benannt:
• Höhe 2178 m „Hochweiß" (in der ÖK „Plankermira"); gilt allge-
  mein als Plankermira-Hauptgipfel oder Plankermira-Westgipfel;
• Höhe 2166 m „Plankermira" (in der ÖK unbezeichnet);
  allgemein Plankermira-Ostgipfel;
• Höhe 2158 m „Niederweiß" (in der ÖK „Hochweiß").
Die folgenden Beschreibungen stützen sich auf die ÖK-Angaben.

Plankermira 2178 m
Weiße Wand 2198 m

Achte auf die Schimarkierung, wo es eine gibt – allein auf „weißer Flur" bist du früh genug

Der Sturzhahn; unter der Felsbarriere in Richtung Steirerseeleiten und Tragln

Beste Zeit
Hochwinter bis Frühjahr; die Hochflächen am schönsten bei Firn.

Charakteristik

Großes Tragl II–III
Süd- bis westseitig. Bis zum Traglhals relativ einfach begehbares Gelände. Jedoch Vorsicht, Dolinen! „Touren-Schnupperer" sollen unbedingt von Ortskundigen begleitet werden.

Plankermira, Weiße Wand III
Nur für Schibergsteiger. Der Zugang leitet bereits tief in die Hochfläche hinein, deshalb ist unbedingt stabiles Wetter erforderlich, das zugleich eine gute Sicht gewährleistet. Orientierung anspruchsvoll!

Das Schmankerl
Die Abfahrt durch das Langkar („Geisterwald").

Gehzeiten, Höhenunterschiede, Entfernungen

- Tauplitzalm – Traglhals, 2 Std. 45 Min., 620 Hm, 5 km;
- Tauplitzalm – Großes Tragl, 3 Std., 750 Hm, 6 km;
- Tauplitzalm – Plankermira, 4 Std. 30 Min., bis 1200 Hm, 10 km;
- Tauplitzalm – Weiße Wand, 5 Std., bis 1200 Hm, 12 km;
- Ödernalm – Tauplitzalm, 1 Std. 15 Min., 430 Hm, 2,5 km.

Anstiege von der Tauplitzalm

Großes Tragl. Von der Bergstation abfahrend zum Kaufhaus Lexer und bei der Schischule Bratschko in kurzem Gegenstieg bis knapp vor das Linzer Haus. Nur kurz geradeaus, alsbald linkshaltend zum breit gewalzten Steirerseeweg. Aus einem kleinen Sattel (Lawinenwarntafel) linkshaltend bergab und somit am besten noch oberhalb der Steirerseehütten – Vorsicht! – in den Boden eines Lawinenganges, ca. 1500 m, den man quert. Der Anstieg beginnt am Fuße vom Sturzhahn. Man gewinnt in der bald baumfreien Steirerseeleiten mittels Kehren und Querungen rasch an Höhe. In keinem Fall steigt man unterhalb der oft überwächteten Traglwände an, sondern folgt strikt der Wintermarkierung. Die Stangen leiten durch Mulden und Kare zu einem Felsblock; Wegtafel. Nun linkshaltend in einer Querung zum Traglhals, 2050 m. Von Norden her ansteigend über einen breiten Hang zur Hochfläche auf dem Großen Tragl und zu dessen Gipfelkreuz.
Besondere Vorsicht bei Anstieg und Abfahrt! Vom anscheinend leicht begehbaren Gelände darf man sich nicht täuschen lassen, denn der Schnee verdeckt so manche Doline. Deshalb hält man sich in jedem Fall an die Stangenmarkierung, um auch ungefährdet abfahren zu können.
Abfahrt wie Anstieg. Oder vom Traglhals in den Haberboden und am Gaßlrücken in das Langkar. Westwärts durch den sogenannten Geisterwald zur Ödernalm, 1210 m.
Rückanstieg über das Öderntörl zur Tauplitzalm; eher mühsam.

Plankermira und Weiße Wand. Man hält sich ab dem Traglhals vorerst an die Stangenmarkierung und folgt ihr bis nächst der Kote 2045 (von wo die Stangenmarkierung in Richtung Mäuerltal verläuft). Ab hier jedoch nordwestwärts und in die Rickmersscharte; sie liegt östlich und oberhalb des Karbodens „Im Zwisch". Aus der Scharte ersteigt man den Plankermira-Ostgipfel, 2166 m, und eventuell auch mit einem weiteren Übergang, südwestwärts, den Hauptgipfel der Plankermira. Oder man ersteigt aus der Rickmers-

scharte, dem südseitigen Gratrücken folgend, den Gipfel der Weißen Wand.

<u>Abfahrt</u> Aus der Rickmersscharte oder – sehr steil und nordseitig – vom Hauptgipfel der Plankermira (2178 m) in das Kar unterhalb vom „Zwisch". Durch das Kar westwärts bergab, danach bergan querend und beim P. 1982 über die Hohen Sideln. Nun westseitig bergab in Richtung Plankeraueck, 1785 m, und zur Plankerauaalm. Vom Jh. Plankeraumoos durch Wald zur Salzaalm. Zuletzt auf einer

Vom Traglhals in den Haberboden;
rechts hinten der Lawinenstein

Forststraße zum Rechenplatz, 1008 m, im Öderntal. Entlang der Markierung bzw. Forststraße zum GH Kochalmbauer.
<u>Transfer</u> nach Bad Mitterndorf.

TOUR 5

Almkogel *2116 m* Großes Tragl *2179 m*
Grubstein *2036 m* Roßkogel *1890 m*

Der Einstieg um acht Uhr früh verleiht Flügel

Talort und Informationen

8982 Tauplitz, 896 m;
Tourismusverband, Tel. 03688/2446.

Reise

Auto: B 145 Salzkammergut-Bundesstraße.
Vierersesselbahn: Tauplitz – Tauplitzalm; gegen Voranmeldung können Tourengeher evtl. um 8 Uhr mitfahren; Tel. 03688/
2252-0.

Taxi und Transfer

Fa. Hierzegger, Tel. 03688/2297;
Bahnhof – Sesselbahn-Talstation 2 km;
Sagtümpel – Sesselbahn-Talstation, 3 km.

Ausgangspunkt

Bergstation auf der Tauplitzalm, 1660 m.

Einkehrstätten und Stützpunkte

Siehe Tour 4.

Orientierung

AV-Karte 15/2; FB-WK 082; ÖK-Blatt 97, 98.

*Zu den Tragln: Folge der Stangenmar-
kierung!*

D I E   S C H I T O U R E N

Beste Zeit

Bei Firn; oder bei geringer Neuschneeauflage.

Charakteristik II–III

Allgemein südseitige Hänge, am Roßkogel nordseitig.

Die Schmankerln

Die Abfahrten am Almkogel und durch den Riesen; die Steirerseeleiten; das Steirertor beim Sturzhahn; die Umgebung der Leistalm.

Gehzeiten, Höhenunterschiede, Entfernungen

- Almkogeltour mit Riesen-Abfahrt: insgesamt 5–6 Std., 830 Hm
  Anstiege, 1450 Hm Abfahrten, Distanz 19 km.
- Tauplitzalm – Leistalm, ca. 2 Std., je 300 Hm Anstiege und Ab-
  fahrten, 5 km;
- Leistalm – Almkogel, ca. 2 Std., 500 Hm Anstieg, 4 km;
- Leistalm – Roßkogel, 45 Min., 250 Hm Anstieg, 1 km;
- Leistalm – Rieshöhe, 20 Min., 40 Hm Abfahrt, 1,5 km;
- Riesen-Abfahrt: Rieshöhe – Sagtümpel, 620 Hm, 4,5 km;
- Steirertor-Abfahrt: Anstieg 1 Std., 350 Hm; Abfahrt bis 420 Hm;
- Tragl-Abfahrt: Steirerseeleiten – Steirersee, 750 Hm;
- Zlemer-Gruben-Abfahrt mit Grubstein: Tragl – Sigistalhöhe –
  Steirersee, 1–2 Std., 850 Hm, 5 km.

Anstiege und Abfahrten

Tauplitzalm – Steirersee – Leistalm – Almkogel.

Wie bei Tour 4 zum Sattel mit der Lawinenwarntafel. Rechtshaltend, unterhalb vom Kaisersitz zu einem Rücken und in ein Törl, 1488 m. Am Fuße vom Mitterberg bis an das östliche Ende des Steirersees, 1445 m. Bergan zum „1600er"; kurze Abfahrt zum Schwarzensee, 1549 m. Ostwärts zur Leistalm, 1647 m. Von der Hütte in einen kleinen Sattel, 1649 m. Das Steigtal leicht abwärts. Allmählich bergan zur Zirbenleiten und auf das Kleinfeld, 1899 m. Am Großfeld bzw. Weitenfeld zu einem langen Sattel, 1900 m. Im breiten Gipfelhang leicht rechtshaltend zum Schidepot. Vorsicht, Wächten am Grat! Über Schrofen zum Gipfelkreuz vor dem höchsten Punkt.
Abfahrt bzw. Rückweg wie Anstieg zur Tauplitzalm; vom Hollhaus Abfahrt nach Tauplitz. Oder von der Leistalm zur Riesen-Abfahrt.

Leistalm – Roßkogel.
Ungefähr dem Sommerweg folgend zur Gipfelkuppe. Abfahrt wie Anstieg.

Riesen-Abfahrt.
Nur bei sicheren Verhältnissen! Einfacher Zugang auf die Rieshöhe, 1604 m. Die Abfahrt beginnt in einem harmonischem Gelände, es wird jedoch alsbald steiler. Man hält sich rechts. Im „Riesen", ein breiter Steilhang mit Lawinenbahnen, am linken Rande in den breiten Auslauf. Rechtshaltend zu einem Forstweg. Einige Kehren abkürzend zum Sagtümpel, 990 m; Quellgebiet. An der Grimming 150 Meter entlang zu einer Forstweg-Kreuzung, 980 m. Entlang den Loipen oder per Taxibus zur Sesselbahn-Talstation.

Steirertor-Abfahrt.
Wie bei Tour 4 in die Steirerseeleiten. Noch vor der langen Querung die große Flanke beliebig bergan in das Steirertor, einen Gratsattel, 1830 m.
Abfahrt: Wie Anstieg; direkt zum Steirersee.

Tragl-Abfahrt.
Vom Tragl (s. Tour 4) entlang der Stangenmarkierung bis vor die große Mulde. Nun abseits der Stangen geradewegs (meist Spuren) südwärts. Linkshaltend über kleine Kuppen. Durch ein Tälchen zunehmend steil und leicht rechtshaltend, bis man den Auslauf des Steilhanges einsieht: Die Abfahrt läuft inmitten vom Steirersee aus.

Zlemer-Gruben-Abfahrt.
Zugang von der Tragl-Route beim Schwaigbrunn (Felsen) südostwärts zur Sigistalhöhe, 1950 m. Südwärts auf den Grubstein. Oder sogleich westlich vom Grubstein direkt in die Zlemer-Gruben einfahren. Vom Steirersee Richtung Tauplitzalm oder Riesen-Abfahrt.

Hochmölbing 2336 m
Mittermölbing 2318 m

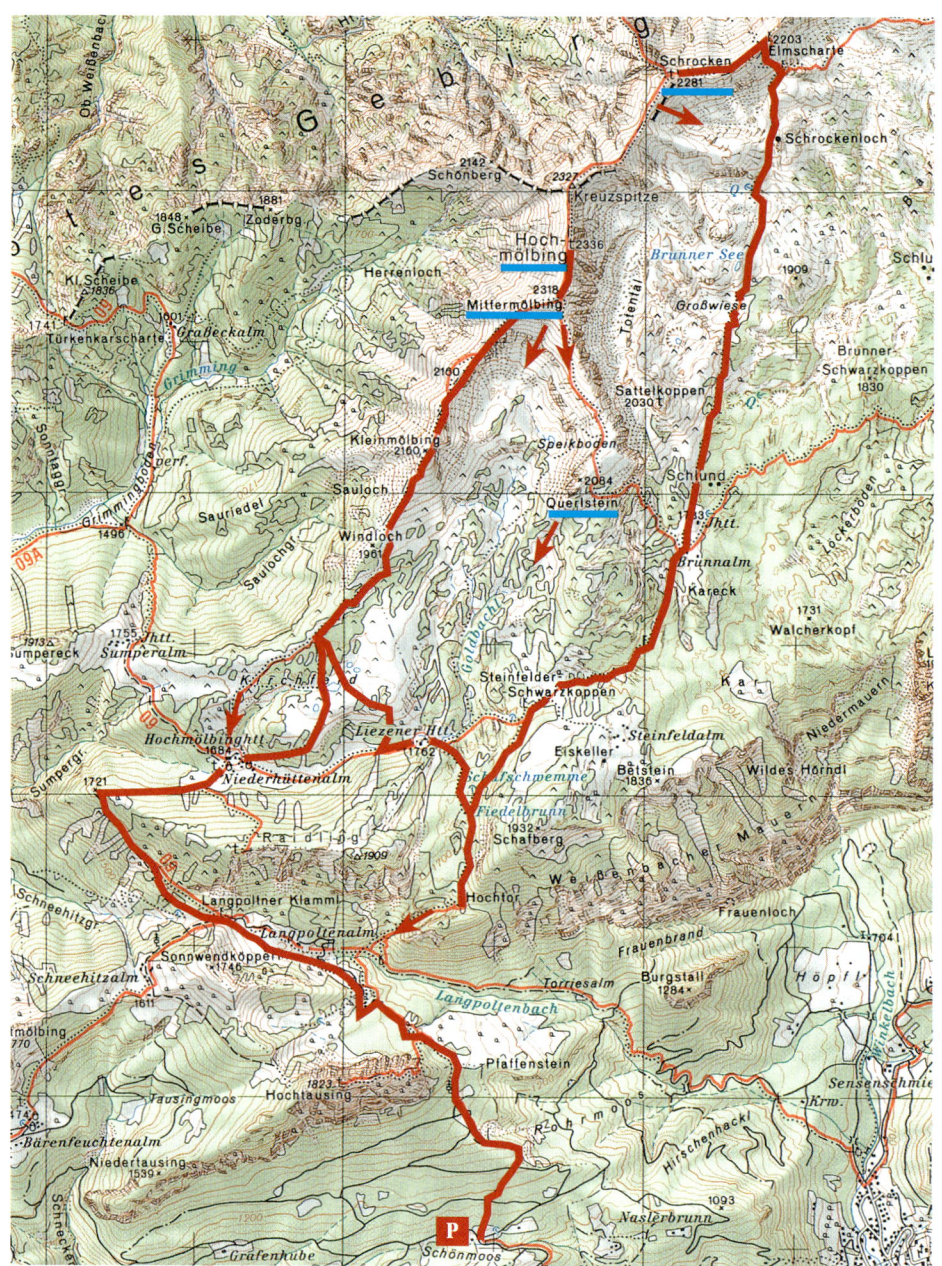

Querlstein *2084 m*
Schrocken *2281 m*

Vom Schiwandern bis zur Steilabfahrt – alles ist möglich!

Talorte und Informationen

8942 Wörschach, 650 m;
Gemeindeamt, Tel. 03682/22301.
8940 Liezen, 664 m;
Tourismus-Regionalverband Grimming, Tel. 03612/24525.
E-Mail: trv@urlaubsland.at

Tourenführungen, Alpine Beratung

Anton Kerschbaumer, Berg- und Schiführer,
Wörschachberg 58, Tel. 03682/22151.

Reise

Auto: A 9 Pyhrnautobahn, Ausfahrt 69/Knoten Selzthal;
B 320 Ennstal-Bundesstraße.
Zum Parkplatz Schönmoos: Von Wörschach über Wörschachberg
6 km. Bis zum GH „Panoramablick" bzw. Ende der Asphaltstraße
(ca. 1 km vor dem Parkplatz Schönmoos) immer gut geräumt.
Bahn: ÖBB; Bahnhöfe Wörschach-Schwefelbad, Liezen (IC).

Taxi und Transfer

Fa. Kerschbaumer, Tel. 03682/23361.

Ausgangspunkt

Parkplatz Schönmoos, 1140 m.

Einkehrstätten, Stützpunkte

Cilli's Einkehr, Gasthaus am Wörschachberg; C. Kerschbaumer, Tel. 03682/23393.
Liezener Hütte, 1762 m, OeAV; für Selbstversorger; nur gegen Anmeldung; Hüttenwart Ferdinand Hanus, Tel. 3612/26650.
Panoramablick, Berghotel – Restaurant
am Wörschachberg, Familie Herczegh,
Tel. 03682/24221. Dienstag Ruhetag.
Poschenhof, Gasthof in Wörschach,
an Sonntagen bis 14 Uhr offen; Familie

Hochmölbing, Schrocken, Pyhrner Kampl

Mittermölbing, 2318 m
Hochmölbing, 2336 m
Querlstein, 2084 m
Schrocken, 2281 m

DIE SCHITOUREN

Beste Zeit

Hochwinter und Frühjahr.

Charakteristik

II–III Gilt für das allgemeine Touren-gelände; überwiegend süd- bis westseitige Hänge, einfach begehbar.
IV Steilabfahrten: Mölbingrinne (am Mit-termölbing) und Schrockenloch. Nur bei Firn bzw. besten Verhältnissen! Insider-Tips bei Toni Kerschbaumer; siehe Infoblock.

Die Schmankerln

Das weitläufige Gelände im Bereich der Niederhüttenalm; der Gratrücken zwischen dem Hochmölbing und Schrocken.

Vom Angern zur Mölbinggruppe

Gehzeiten, Höhenunterschiede, Entfernungen

- Schönmoos – Langpoltenalm – Grazer Steig – Hochmölbing-hütte, 2 Std. 30 Min., 600 Hm, 6 km;
- Hochmölbinghütte – Kirchfeld – Mittermölbing – Hochmölbing, 3 Std., 700 Hm, 5 km;
- Hochmölbinghütte – Liezener Hütte, 20 Min., 80 Hm, 1,5 km;
- Liezener Hütte – Kirchfeld – Mittermölbing – Hochmölbing, 2.30 Std., 600 Hm, 4 km;
- Liezener Hütte – Brunnalm – Elmscharte – Schrocken, 3 Std. 30 Min., 550 Hm, 7 km.

Anstiege und Abfahrten

Schönmoos – Langpoltenalm – Grazer Steig – Hochmölbinghütte – Liezener Hütte. Zugang nach dem Sommerweg. Von der Langpoltenalm zur Niederhüttenalm bzw. Hochmölbinghütte auf dem Grazer Steig nur bei sicheren Verhält-nissen. Beherzige die Gedenktafel nächst dem „Gott-sei-Dank-Ban-kerl" bzw. ÖK-Punkt 1721.
Abfahrt wie Anstieg. Bei guten Verhätnissen auch über das Hochtor.

Hochmölbinghütte – Mittermölbing – Hochmölbing.
Anstieg beliebig über das Kirchfeld zu Windloch und Kleinmölbing,

Mittermölbing, 2318 m
Hochmölbing, 2336 m
Querlstein, 2084 m
Schrocken, 2281 m

2160 m. Am Gratrücken je nach Schneelage; das Schrofengelände ist oft abgeblasen. Vom Mittermölbing zum Hochmölbing einfacher Übergang.

Abfahrt: Vom Mittermölbing zum Speikboden und über den Querlstein in das „Karl-May-Tal" und zur Liezener Hütte. Oder vom Querlstein über die Steinfelder Schwarzkoppen.

Liezener Hütte – Brunnalm – Elmscharte – Schrocken.

Nach dem Sommerweg leicht bergan in Richtung Steinfelder Schwarzkoppen. Die Schimarkierung hängt stellenweise mehrere Meter über dem Boden an Bäumen oder Stangen. In beständigem Auf und Ab zur Jagdhütte auf der Brunnalm, 1783 m. Durch das „busige" bzw. leicht gewellte Gelände unterhalb der Sattelkoppen nordwärts zur Großwiese und zum Schrockenloch (Schacht; siehe ÖK). Von hier noch 500 m an den Fuß der südostseitigen Bergflanke. An ihr rund 100 Höhenmeter bergan in die Elmscharte, 2203 m; Wegweiser. Am Gratrücken (oft abgeweht; Vorsicht bei Harsch!) noch 80 Höhenmeter bergan zum Gipfel.

Abfahrt wie Anstieg.

Oder direkt zum Schrockenloch: Steilabfahrt; nur bei besten Verhältnissen; Vorsicht in Gratnähe auf Wächten! Vom Gipfel ca. 500 m dem Grat folgend bergab in einen Sattel; hier ostseitig in jenes

Kar, in dessen breitem Auslauf beim Schrockenloch (Schacht) die Anstiegsspur vorüberführt. – Bei entsprechenden Verhältnissen wird u. U. direkt vom Gipfel in dieses Kar eingefahren. Vom Schrockenloch nach der Anstriegsroute Richtung Liezener Hütte.

Liezener Hütte – Hochtor – Langpoltenalm – Schönmoos.

Abfahrt: Auch von der Steinfelder Schwarzkoppen dem Sommerweg folgend in den mit Hochtor bezeichneten Sattel. Anfangs mäßig, alsbald – rechtshaltend! – in sehr steiler Querfahrt zum Langpoltenbach. Aus dem schmalen Waldsaum kurz bergan in das Almgelände. Der Markierung folgend zum Schönmoos.

Vom Pyhrner Kampl zu Schrocken, Kreuzspitze und Hochmölbing

Liezener 2367 m *Loigistal*
Pyhrner Kampl 2241 m

Talorte und Informationen

4582 Spital am Pyhrn, 640 m;
Tourismusbüro, Tel. 07563/249 oder 7007.

8940 Liezen, 664 m;
Tourismus-Regionalverband Grimming,
Tel. 03612/24525.
E-Mail: trv@urlaubsland.at

Reise

Auto: A 9 Pyhrnautobahn, Ausfahrt
69/Selzthal oder 57/Spital am Pyhrn; B 138
Pyhrnpaß-Bundesstraße.
Bahn: ÖBB; Bahnhöfe Liezen (IC),
Roßleithen, Spital am Pyhrn (IC) und
Windischgarsten (IC).
Seilbahn Wurzeralm: 807–1427 m;
Betriebszeit 9.00–16.30 Uhr; Tel. 07563/248.
Schneeberichte: Band, Tel. 07563/7000.

Taxi und Transfer

Spital-Seebach: Varga, Tel. 07562/8887.
Windischgarsten: Fa. Eckerstorfer,
Tel. 07562/5330.
Vorderstoder – Talstation Wurzeralmbahn,
ab GH Schoiswohl „Zum Loigistal" 15 km.

Ausgangspunkte

• Bergstation Wurzeralm, 1427 m;
• Frauenkarlift-Bergstation, 1863 m;
• GH Schoiswohl „Zum Loigistal"; 680 m.

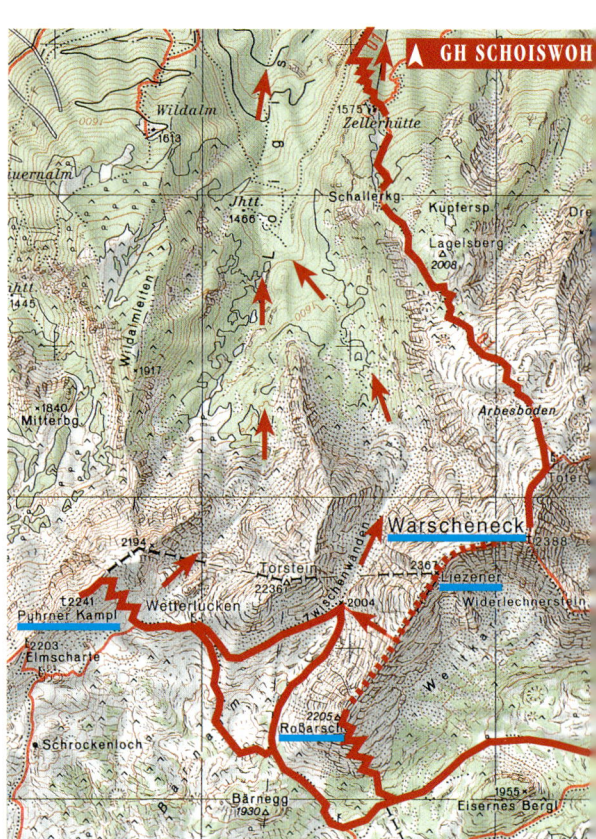

Einkehrstätten und Stützpunkte

Linzer Haus, OeAV, 1371 m; Anfang Dezember bis Ostern; Pächter
Cristana und Michael Exenberger, Tel. 07563/237.
Wurzeralm, TVN, 1407 m; Selbstversorgerhütte, an Wochenenden
beaufsichtigt (Getränkeausgabe), Tel. 07563/621;
Hüttenwart Kurt Fehringer, Micheldorf, Tel. 07582/60021.
Zellerhütte, OeAV, 1575 m; Tel. 07562/8424. Ab dem Jahre 2001
neu verpachtet. Winterraum: 6 oder 7 Plätze, frei zugänglich.
Zugang über das Gehöft Rotbuchner, ab GH Schoiswohl 3 Std.
Zum Loigistal, Gasthof, 680 m; an der Straße Vorderstoder –
Roßleithen; Familie Schoiswohl, Tel. 07562/7579-0.

Orientierung

AV-Karte Nr. 15/3; FB-Wanderkarte 082; ÖK-Blatt 98.

Roßarsch *2205 m*
Warscheneck *2388 m*

Standseilbahn und Taxi verhelfen zu diesem Touren-Klassiker: Von der Wurzeralm ins Loigistal

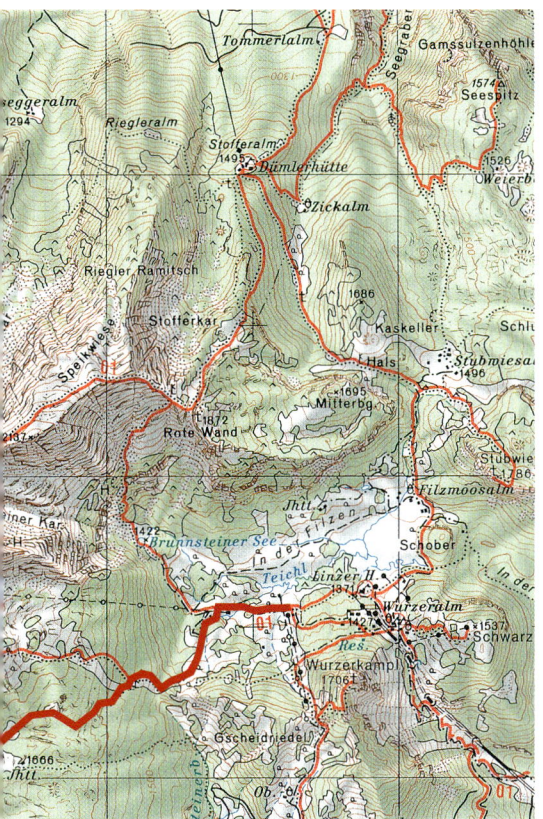

An der Südseite vom Warscheneck: Von der Wurzeralm durch prächtigen Zirbenwald in Richtung Loigistal

D I E   S C H I T O U R E N

Beste Zeit
Frühjahr; evtl. auch Hochwinter. Im Loigistal am besten, wenn die Schneelage zumindest bis zum Schafferteich reicht.

Charakteristik
Pyhrner Kampl II
Südseitig; Zugang eher flach; Gipfelhang kurz, mäßig steil.

Unteres Loigistal III
Nordseitig; Einfahrt aus der Zwischenwändenscharte (Windlucken).

Oberes Loigistal III–IV
Nordseitig; Einfahrt aus der Wetterlucken.

Roßarsch, Liezener, Warscheneck IV
Gute Verhältnisse unerläßlich. Am Roßarsch südseitige Schrofen-Steilflanke; Übergang zum Liezener und Warscheneck auf einem felsigen Gratrücken. Hochalpines Unternehmen. Steigeisen, evtl. Seilsicherung.

Zellerschneise, Arbesböden, Warscheneck III
Nordseitiges Gelände; die Zellerschneise ist identisch mit jener Trasse der Materialseilbahn, mit welcher die Zellerhütte versorgt wird. Die schrofigen Arbesböden liegen unterhalb des beim Toten Mann verlaufenden Gratrückens.

Liezener, 2367 m
Pyhrner Kampl, 2241 m
Roßarsch, 2205 m
Warscheneck, 2388 m

Die Schmankerln

Das großartige Panorama rund um das Pyhrner Kampl und natürlich die Loigistal-Abfahrten.
Am Warscheneckstock bei winterlichen Verhältnissen hochalpine Szenerien.

Gehzeiten, Höhenunterschiede, Entfernungen

- Wurzeralm – Pyhrner Kampl, 3 Std., 400 Hm, 10 km;
- Wurzeralm – Zwischenwändenscharte, 2 Std., 150 Hm, 7,5 km;
- Zwischenwändenscharte (Windlucke) – Wetterlucken 1,5 km;
- Wurzeralm – Roßarsch – Liezener – Warscheneck, 4–5 Std., 1000 Hm; 8 km;
- GH Schoiswohl – Zellerhütte – Arbesböden – Warscheneck; 5–6 Std., 1700 Hm.

Aus der Wetterlucken bzw. Oberen
Zwischenwändenscharte in das Loigistal

Anstiege und Abfahrten

Wurzeralm – Pyhrner Kampl. Nicht wenige Tourengeher steuern im Schnellschritt dem Eisernen Bergl zu. Doch Eile mit Weile! Wer den traumhaften Motiven an der Südseite vom Warscheneck ein paar Augen-Blicke schenkt, hat eindeutig mehr vom Tourentag. Am Fuße vom Roßarsch gelangt man zum markierten Sommerweg. Über die weiten Böden der Bärnalm zur Zwischenwändenscharte, 2004 m; vom Volksmund „Windlucken" genannt. Nun weiter in den Karboden bei der Wetterlucken, schließlich den einladenden Südosthang bergan zum kleinen Kreuz auf dem Westgipfel.
Abfahrt bzw. Rückweg wie Anstieg. Am besten jedoch in Kombination mit dem Loigistal.

Pyhrner Kampl – Loigistal. Zu den Einfahrten bei der Wetterlucken und Zwischenwändenscharte („Windlucken") jeweils wie beim Anstieg.

Unteres Loigistal. Es wird häufiger befahren als das Obere Loigistal; die Einfahrt bei der „Windlucken" ist etwas leichter und der Zugang von der Wurzeralm am kürzesten.

Oberes Loigistal. In Verbindung mit dem Pyhrner Kampl ein wahres Abfahrts-Ereignis. Aus der Wetterlucken hält man sich besser an die linke Karseite. Beide Täler vereinen sich zum Loigistal, durch das man zu einer Bergrettungshütte gelangt. Auf einer Forststraße zum Schafferteich, 891 m, und nach Vorderstoder, 810 m. Rückfahrt: Siehe „Taxi und Transfer" im Infoteil auf Seite 40.

GH Schoiswohl – Zellerhütte – Arbesböden – Warscheneck. Zufahrt auch bis zum Gehöft Rotbuchner am Gaisrigl (1,5 km vom GH Schoiswohl). In jedem Fall ab dem Gehöft Rotbuchner süwärts zu einer Wegkreuzung. Dem markierten Weg folgend in Richtung Päulnreith und dabei den Retschitzgraben aufwärts. Ab der Talstation der Materialseilbahn, 1140 m, dem WW 01 entlang zur Zellerhütte. Der Sommerroute bzw. dem WW 01 folgend unterhalb vom Lagelsberg ansteigend zu den Arbesböden, 2150 m. Ähnlich der Sommerroute in Richtung Toter Mann und nächst dem Gratrücken zum weithin sichtbaren Kreuz.

Abfahrt wie Anstieg zur Zellerhütte; ab hier durch die Zellerschneise in den oberen Retschitzgraben. Weiter wie beim Anstieg.

Aus dem Boden der Bärnalm im Anstieg zur Zwischenwändenscharte

Wurzeralm – Roßarsch – Liezener – Warscheneck. Für Schibergsteiger! Hochalpines Unternehmen. Wie bei der Tour zum Pyhrner Kampl nordseitig um das Eiserne Bergl an den Südfuß vom Roßarsch. In dessen steiler Südflanke – nur bei guten Verhältnissen! – in großen Kehren gipfelwärts. Am Grat zum Eckpunkt der Landesgrenze am Liezener. Eventuell auch Übergang am Grat zum Warscheneck.

Rückweg bzw. Abfahrt wie Anstieg. Oder vom Liezener durch die Westflanke (ungefähr wie Sommerweg) in die Zwischenwändenscharte. Beliebig weiter.

Angerkogel 2114 m
(Hochangern)

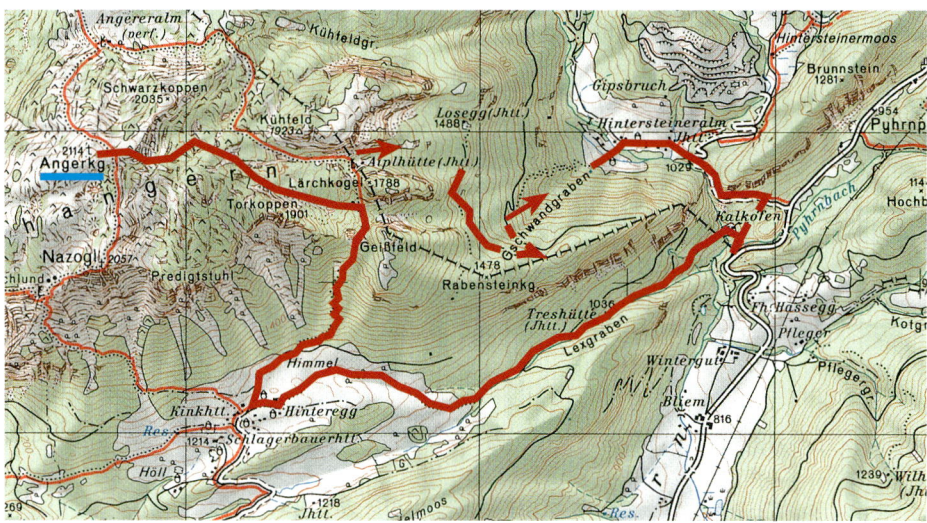

Talort und Informationen

8940 Liezen, 664 m;
Tourismus-Regionalverband Grimming,
Tel. 03612/24525.
E-Mail: trv@urlaubsland.at

Reise

Auto: A 9 Pyhrnautobahn, Ausfahrt 69/Selzthal; 57/Spital a. P.;
B 138 Pyhrnpaß-Bundesstraße.
Zum Parkplatz Kalkofen:
Ab Liezen 6 km, ab Spital am Pyhrn 16 km.
Bahnbus: ÖBB; Liezen – Spital am Pyhrn; Verbundlinie 911.

Eine Rundtour am Hochangern-Stock, die es in sich hat. Nur so viel sei verraten: Wer steil aufsteigt, fährt auch steil ab

Ausgangspunkt
Parkplatz Kalkofen, 900 m; nächst der Landesgrenze St/OÖ.

Orientierung
AV-Karte Nr. 15/3; FB-Wanderkarte 082; ÖK-Blatt 98.

D I E   S C H I T O U R E N

Beste Zeit: Hochwinter und Frühjahr.

Charakteristik II–III
Anstieg südseitig, Abfahrt ostseitig; lange Steilpassagen innerhalb der Waldzone. Die Anstiegsroute ab dem Lärchenwald und die Abfahrtsroute ab der Aiplhütte sind jeweils unbezeichnet.

Die Schmankerln
Die prächtigen Rücken und Mulden am Angerkogel, der „Natur-Slalom" zwischen der Torkoppen und dem Lärchkogel, schließlich der enge Gschwandgraben.

Gehzeiten, Höhenunterschiede, Entfernungen
- Kalkofen – Hintereggalm – Angerkogel, 3 Std. 30 Min., 1220 Hm, 8 km.
- Abfahrt: Angerkogel – Gschwandgraben – Hintersteineralm – Kalkofen, 1 Std. 30 Min., 1220 Hm, 7–8 km.

Die Rundtour: Gesamtdauer ca. 5 Std.
Anstieg: Vom Parkplatz über die Pyhrnbach-brücke und auf der Lexgraben-Forststraße (Rodelbahn) zur Hintereggalm; Kinkhütte, 1260 m. Beim Anstieg am AV-Weg 287 in der steilen Hochwaldstufe (ca. 350 Hm) möglichst genau der Markierung folgen: Beim Himmel ein Wegweiser; steil im Hochwald Richtung Lärchkogel. Westwärts in den Torkoppen-Sattel. Nun einfach, aus einem Sattel den breiten Rücken bergan zu einem Markierungsstipfel; unweit davon der Gipfel. Abfahrt wie Anstieg Richtung Lärchkogel; ostwärts zur Aiplhütte, 1700 m, und zu einem Forstweg; auf ihm zur Einfahrt in den Gschwandgraben; steil zur Hintersteineralm, 1029 m. Gut 500 m an der Straße; dann durch Wald direkt zum Kalkofen.

Links: Vom Angerkogel südwärts, in Richtung Predigtstuhl

Unten: Aus Richtung Schwarzkoppen ansteigend auf den Angerkogel

TOUR 9

Großer Pyhrgas *2244 m*
Kreuzmauer *2091 m*

Talorte und Informationen

8904 Ardning, 696 m;
8911 Hall, 682 m;
8911 Admont, 640 m;
Tourismus-Regionalverband Gesäuse, Tel. 03613/2164; E-mail: tourismus@admont.at

Tourenführungen, Alpine Beratung

Alpin-Club Gesäuse, Armin Liedl, 8020 Graz, Strauchergasse 22, Tel. 0316/713247, 0664/1449925; E-Mail: canyoning@aon.at
Bergführerring Gesäuse, Adi Weißensteiner, Hall 433, Tel. 03613/2787.

Reise

Auto: A 9 Pyhrnautobahn; B 117 Buchauer- und B 146 Gesäuse-Bundesstraße.
Bahn: ÖBB-Bahnhöfe Admont, Ardning.

Taxi und Transfer

Ardning: Bäckerei Gruber, Tel. 03612/7207.
Spital am Pyhrn: Fa. Varga, Tel. 07562/8887.
Ardninger Bosruckhaus: Ab Ardning 4 km.
Bosruckhütte: Ab Spital am Pyhrn 4 km.
Mühlau: Ab Admonter Ennsbrücke 5,5 km.

Ausgangspunkte

• Ardningalm bzw. Bosruckhaus, 1037 m;
• Bosruckhütte, 1043 m; Mühlau, 749 m.

Einkehrstätten und Stützpunkte

Ardninger Bosruckhaus, 1037 m; gj., außer nach Ostern und im November; Pächter Karl Völkl, Tel. 03612/30709.
Bosruckhütte, OeAV, 1043 m; Weihnachten bis Ostern; Pächterfamilie Josef und Gertrude Prentner, Tel. 07563/666, Tal 7282.
Gästehaus Plum, Hall; Tel. 03613/3930.
Kirchenwirt, Hall; Rohrer, Tel. 03613/2534.
Pension Gruber, Hall; Tel. 03613/2914.

Orientierung

AV-Karte Nr. 16; FB-WK 062; ÖK-Blatt 99.

D I E S C H I T O U R E N

Beste Zeit: Frühjahr.

Charakteristik

Großer Pyhrgas III–IV
Westseitig; Rücken und Rinnen.
Kreuzmauer III
Südseitig; Hochkar.
Rund um das Karleck I–II
Nord- und südseitig; Almwege.
Scheiblingstein II–III
Südwestseitig. Oberhalb vom Latschengürtel die Lange Gasse.

Gehzeiten, Höhenunterschiede

• Ardningalm – Scheiblingstein, 4 Std., 1160 Hm;
• Bosruckhütte – Scheiblingstein, 4–5 Std., 1450 Hm;
• Mühlau – Scheiblingstein, 4 Std., 1230 Hm;
• Bosruckhütte – Großer Pyhrgas, 3–4 Std., 1200 Hm;
• Mühlau – Kreuzmauer, 4 Std., 1350 Hm;
• Rundtour um das Karleck, 2–3 Std., 450 Hm.

Scheiblingstein *2197 m*

**Drei auf einen Streich –
und eine aussichtsreiche
Zugabe:
Rund um das Karleck**

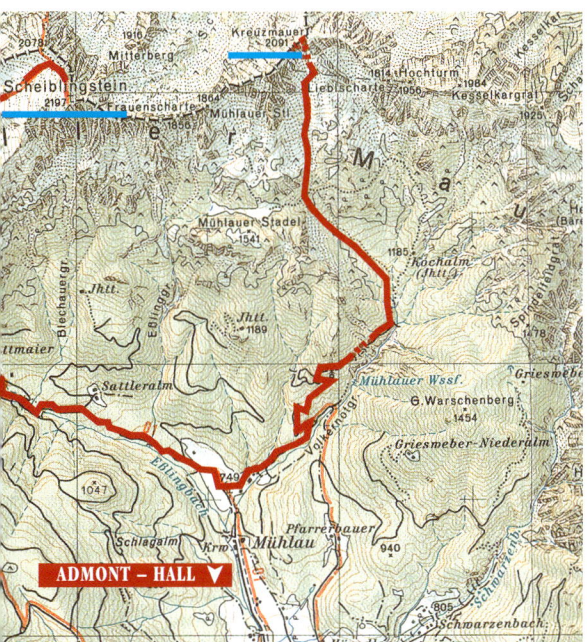

ADMONT – HALL ▼

*Bei der Tour zur Kreuzmauer:
Nach dem Tunnel zunächst durch eine
dichte Strauchzone*

Anstiege und Abfahrten

Ardningalm – Scheiblingstein. Auf Almwegen zum Pyhrgasgatterl. Weiter wie beim Anstieg von der Bosruckhütte zur Langen Gasse und darin gipfelwärts.
Abfahrt und Rückweg wie Anstieg.

Bosruckhütte oder Mühlau – Scheiblingstein. Man folgt jeweils grundsätzlich den markierten Wegen. Beim Anstieg aus Richtung Bosruckhütte kann auch bereits am Pyhrgasgatterl in Richtung Lange Gasse gequert werden. Meist knapp unterhalb vom Gipfel das Schidepot.
Abfahrt wie Anstieg.

Bosruckhütte – Großer Pyhrgas. Für Schibergsteiger. Wie der markierte Weg zum Hofalmsattel, 1200 m, und aus ihm über den sehr steilen Westrücken gipfelwärts.
Abfahrt wie Anstieg; bei Firn auch durch die Steilrinnen.

Mühlau – Kreuzmauer. Man benutzt bis zum ersten Tunnel überwiegend Forstwege. Dabei ist ein Wildgatter so zu umgehen, wie bezeichnet. Nach dem zweiten Tunnel gelangt man zu einem Wasserreservoir, hält sich links aufwärts, ersteigt das großräumige

Kargelände und erreicht nach einem zweiten Steilhang einen Felssporn (Jausenplatz). Weiter bergan zum Beginn einer Felsstufe; Schidepot. Nun linkshaltend zum Grat und an diesem links zum Wintergipfel, 2011 m.
Abfahrt wie Anstieg. Vorsicht beim Abstieg vom Gipfel zum Schidepot.

Panorama-Rundtour um das Karleck. Die Tour läuft am besten im Uhrzeigersinn ab: Demnach von der Bosruckhütte bergan, über das Rohrauerhaus, Pyhrgasgatterl und die Bacheralm in den Arlingsattel; zuletzt nordseitig abfahrend zur Bosruckhütte. Oder ab Ardningalm.

TOUR 10

Grabnerstein 1847 m
Hexenturm 2172 m

Talorte und Informationen

8911 Weng, 653 m;
8911 Admont, 640 m;
Tourismus-Regionalverband Gesäuse,
Admont, Tel. 03613/2164;
E-mail: tourismus@admont.at

Reise

Auto: A 9 Pyhrnautobahn, Ausfahrt
67/Ardning; B 146 Gesäuse-Bundesstraße.
Nach Weng und zum Buchauer Sattel:
Von Admont oder Altenmarkt auf der B 117.
Bahn: ÖBB, Bahnhöfe Admont und
Weißenbach-St. Gallen.

Taxi und Transfer

Admont: Fa. Wagner, Tel. 03613/2406.
St. Gallen: Weißensteiner, Tel. 03632/7710.
Unterlaussa: Dworak, Tel. 03631/270, 269.
Ab St. Gallen:
Buchauer Sattel 8 km, Vorderzwiesel 20 km.

Ausgangspunkte

• Buchauer Sattel, 861 m;
• Laussatal: Vorderzwiesel, 691 m.

Einkehrstätten und Stützpunkte

Berghaus Gesäuse,
Gasthof-Pension in Weng;
Familie Kretschmar, Tel. 03613/2435.
Petroczy,
Gasthof in Unterlaussa;
Tel. 03631/223.
Schausberger vlg. Seebacher,
Urlaub am Bauernhof in Unterlaussa;
Tel. 03631/228.
Wengerwirt, Gasthof in Weng;
Familie Maunz, Tel. 03613/2270.

Orientierung

AV-Karte Nr. 16;
FB-Wanderkarte 062; ÖK-Blatt 99.

Das Grabneralmhaus

D I E   S C H I T O U R E N

Beste Zeit: Frühjahr; am Grabnerstein auch im Hochwinter.

Charakteristik

Grabnerstein II
Südseitig; extra lohnend.
Hexenturm III–IV
Nordseitig; ein Riesen-Steilkar. Für Schibergsteiger.
Natterriegel III–IV
Südseitig; mitunter heikler Zustieg. Für Schibergsteiger.
Rund um den Grabnerstein III
Süd- und nordseitig; für Geländekundige.

Das Gipfel-Schmankerl

Die Abfahrt vom Grabnerstein zur Grabneralm (450 Hm).

Gehzeiten, Höhenunterschiede

• Buchauer Sattel – Grabnerstein, 2 Std. 45 Min., 1000 Hm;
• Buchauer Sattel – Mittagskogel und Natterriegel, 3 Std. 30 Min., 1200 Hm;
• Vorderzwiesel – Hexenturm, 5 Std., bis 1480 Hm;
• Vorderzwiesel – Natterriegel, 4 Std. 30 Min., bis 1380 Hm;
• Rund um den Grabnerstein, 5 Std., 1100 Hm.

Mittagskogel *2041 m*
Natterriegel *2065 m*

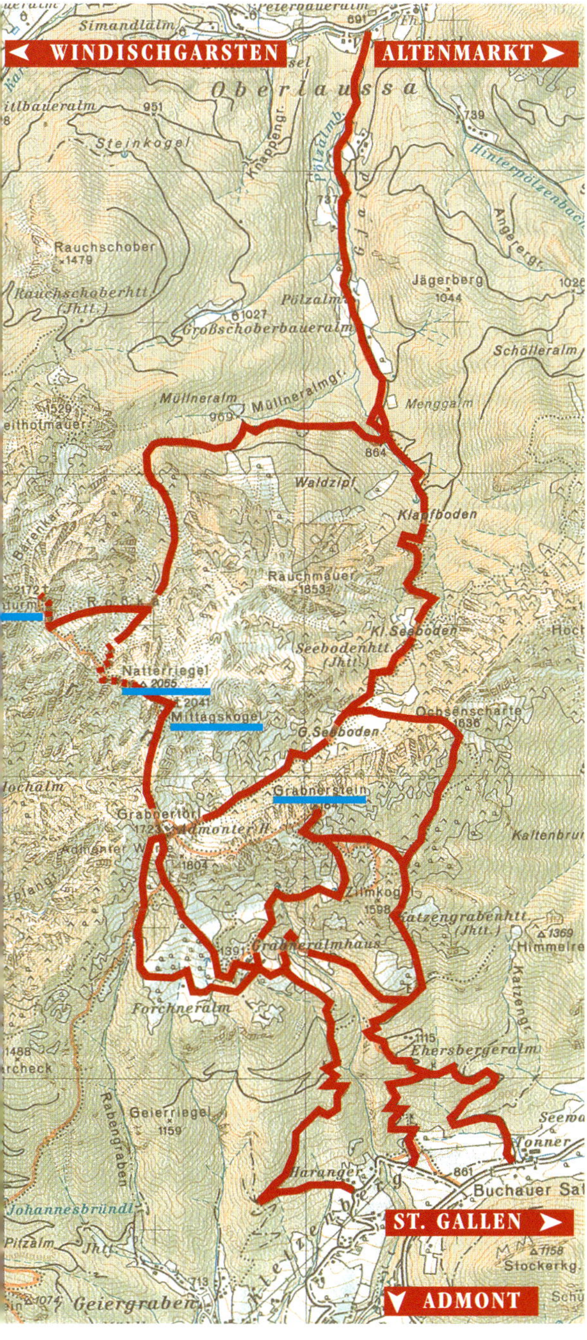

Weiße Traumziele zwischen dem Laussatal und Buchauer Sattel

◄ WINDISCHGARSTEN   **ALTENMARKT ►**

Anstiege und Abfahrten

Buchauer Sattel – Buchenwald – Grabnerstein. Von der alten Buchauer Straße zum Waldrand und der Markierung folgend zur Ehersbergeralm, 1115 m (zwei Hütten). Dem Forstweg folgend zur großen Linkskehre, 1200 m. Nun geradewegs bis leicht rechts haltend bergan durch den sogenannten Buchenwald (AV-Karte P. 1374). Am Zilmkogel an dessen Südseite in Kehren ansteigend und im weiteren in einen kleinen Sattel, etwa 1580 m. Durch die Mulden des Bärenkares zum Gipfel.
Abfahrt wie Anstieg.
Nur bei sicheren Verhältnissen: Vom Sattel am Zilmkogel durch die mit Mischwald bestandene steile Geländestufe, die westlich vom Brunnkar (AV-Karte P. 1518) gut befahrbar ist, in Richtung Grabneralm. Noch vor der Alm dem markierten Hüttenweg folgend: Unterhalb der Freitagleit'n (Vorsicht!) südwestseitig um den Zilmkogel herum. Wie beim Anstieg zum Buchauer Sattel.

Buchauer Sattel – Mittagskogel und Natterriegel. Wie beim Sommerweg über das Grabneralmhaus zum Admonter Haus im Grabnertörl, 1723 m.
Weiterer Anstieg nur für Schibergsteiger, denn der südseitige Steilrücken ist meist überwächtet.
Abfahrt wie Anstieg.

Alter Grabneralmweg. Lohnend und sicher! Ab dem Gehöft Haranger auf Forstwegen bis in Höhe vom Bretterlechnerboden. Ab der Wegkehre, 1080 m, den Waldrücken bergan. Vom Grabneralmhaus über die Forchneralm in das Grabnertörl.
Abfahrt wie Anstieg. Oder nach dem Sommerweg.

◄ ST. GALLEN ►

▼ ADMONT

Grabnerstein, 1847 m
Hexenturm, 2172 m
Mittagskogel, 2041 m
Natterriegel, 2065 m

*Das Tourengelände zwischen Grabner-
almhaus und Admonter Haus*

*Rechts:
Im Grabnertörl;
über dem Admonter Haus
die Admonter Warte*

*Unten:
Anstieg zum Grabnerstein*

Laussatal – Hexenturm. Ein hochalpines Zuckerl! Von Vorderzwiesel in der Oberlaussa, Anstieg im Gjaid und zur Menggalm,
840 m. An der folgenden Abzweigung rechts über die Brücke, 864 m.
Auf einer Forststraße zu einer großen Sandgrube und an das Ende
der Forststraße. Aus dem Müllneralmgraben, 969 m, durch eine gut
begehbare Strauchzone südwärts (!) in das eindrucksvolle Roßkar
und darin über mehrere Geländestufen aufwärts bis in eine Höhe
von etwa 1850 m. Noch unterhalb der Roßkarscharte rechts über einen Steilhang zum nächsten großen Flankenteil. Darin allmählich

Grabnerstein ,1847 m
Hexenturm, 2172 m
Mittagskogel, 2041 m
Natterriegel, 2065 m

Für Touren-Schnupperer:
Vom Buchauer Sattel auf dem Sommer-
weg zur Grabneralm

linkshaltend zu den Gratfelsen; Schidepot. Mitunter heikel am Grat über die letzte Steilstufe auf den Gipfel.
Abfahrt wie Anstieg.

Laussatal – Natterriegel. Wie beim Anstieg zum Hexenturm in das Roßkar. Im oberen Teil linkshaltend bergan an die Felsen heran, Schidepot. Wie am Sommerweg (Sicherungen) zu Fuß auf den Gipfel.
Abfahrt wie Anstieg.

Rund um den Grabnerstein. Vom Buchauer Sattel über das Grabneralmhaus zum Admonter Haus, 1723 m. Aus dem Grabnertörl die nordseitige Abfahrt in den Großen Seeboden, ca. 1450 m. Nun im Gegenanstieg in die Ochsenscharte, 1636 m, südwärts querend zum Zilmkogel, 1598 m. Weitere Abfahrt über die Ehersbergeralm oder die Grabneralm zum Buchauer Sattel.

51

Kalbling 2196 m
Lahngangkogel 1778 m

Talorte und Informationen

8784 Trieben, 709 m.
8911 Admont, 640 m;
Tourismus-Regionalverband Gesäuse, Tel.
03613/2164; E-mail: tourismus@admont.at

Tourenführungen, Alpine Beratung

Alpin-Club Gesäuse, Armin Liedl, 8020
Graz, Strauchergasse 22, Tel. 0316/713247,
0664/1449925; E-Mail: canyoning@aon.at
Bergführerring Gesäuse, Adi Weißensteiner, Hall 433, Tel. 03613/2787.

Reise

Auto: A 9 Pyhrnautobahn, Ausfahrt
86/Trieben oder 76/Ardning;
B 146 Gesäuse-Bundesstraße nach Admont.
In die Kaiserau: Ab Trieben 10 km,
ab Admont 8 km.
Mautstraße Kaiserau: Ab GH Nagelschmiede
zu den Schiliften 2 km, zur Oberst-Klinke-
Hütte 4 km.
Bahn: ÖBB, Bahnhöfe Admont und Trie-
ben (IC).
Schibus: Admont – Kaiserau – Trieben.

Taxi und Transfer

Fa. Wagner, Admont, Tel. 03613/2406.
Zur Oberst-Klinke-Hütte: Ab Admont 12 km.

Ausgangspunkt

Oberst-Klinke-Hütte, 1486 m.
Falls oberer Teil der Mautstraße gesperrt:
Zugang ab Parkplatz Kaiserau-Lifte 50 Min.

Einkehrstätte und Stützpunkt

Oberst-Klinke-Hütte, OeAV, 1486 m;
Anfang Dezember bis Ostermontag; Pächterfamilie Unterberger, Tel. 03613/2601.

Orientierung

AV-Karte Nr. 16; FB-WK 062; ÖK-Blatt 99.

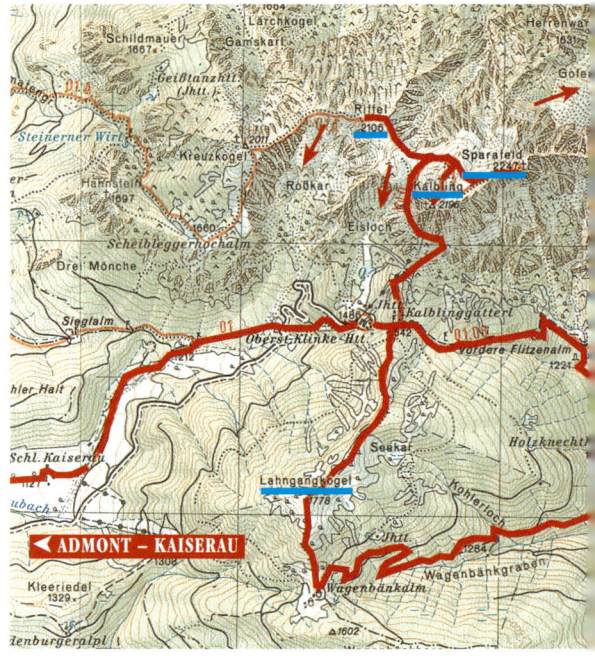

Beste Zeit

Hochwinter und Frühjahr; auf den Lahngangkogel auch im
Frühwinter.

Charakteristik

Kalbling, Riffel und Sparafeld III
Die Querung am Fuße der Kalbling-Westwand ist sehr heikel!
Lahngangkogel I–II
Empfehlenswerte Schnuppertour.
Rund um den Lahngangkogel II
Abwechslungsreich: Gelände und Forstwege.
Steilabfahrten IV
Eisloch, Roßkar und Goferschütt; jeweils nur für Spezialisten!

Das Schmankerl

Für Tourenschnupperer die zahme Runde auf den Lahngangkogel
und über ihn herum.

Riffel *2106 m*
Sparafeld *2247 m*

Admonter Kaiserau plus: Das alpine Gipfelquartett in der Reichensteingruppe

Über der Kaiserau: Kreuzkogel, Riffel, Kalbling und Admonter Reichenstein (v. l. n. r.)

Gehzeiten, Höhenunterschiede

- Klinkehütte – Kalbling, Sparafeld oder Riffel, jeweils bis 2 Std. 30 Min., bis 770 Hm;
- Klinkehütte – Lahngangkogel, 1 Std., 300 Hm;
- Rundtour über den Lahngangkogel, 3 Std., 700 Hm.

Anstiege und Abfahrten

Klinkehütte – Kalbling, Sparafeld, Riffel. Von der Klinke-hütte entweder aus eigener Kraft über das Kalblinggatterl, 1542 m, zur Bergstation oder mit dem Schlepplift hierher. Dem Sommerweg folgend bergan, den Auslauf der Südschlucht querend an den Fuß der Kalbling-Westwand und in den mit „Grüberach" benannten Sattel, ca. 2000 m.

Aus dem Grüberach erfolgen die Gipfelanstiege unschwierig zu Kalbling, Sparafeld und/oder Riffel.

Abfahrten wie Anstiege; oder auf einer der erwähnten Steilabfahrten.

Klinkehütte – Lahngangkogel. Vom Kalblinggatterl durch den nordseitigen schütteren Wald auf einem Rücken bergan und hinaus auf eine freie Kuppe; das Gipfel-kreuz steht etwas unterhalb. Prächtiger Blick auf die Reichensteingruppe und Rot-tenmanner Tauern.
Abfahrt wie Anstieg.

Rund um den Lahngangkogel.

Vom Lahngangkogel südseitige Abfahrt zur Wagenbänkalm, 1550 m, dann auf einer Forststraße links vom Wagenbänkbach in den Flitzengraben, 1145 m. Aus ihm bergan, über die beiden Flitzenalmen in das Kalblinggatterl und zuletzt in kurzer Abfahrt zur Klinkehütte.

Festkogel 2269 m

Talorte und Informationen

8912 Johnsbach, 769 m;
8911 Admont, 640 m;
Tourismus-Regionalverband Gesäuse,
Admont, Tel. 03613/2164;
E-mail: tourismus@admont.at

Reise

Auto: B 146 Gesäuse-Bundesstraße;
beim GH Bachbrücke in das Johnsbachtal
abzweigen.
Bahn: ÖBB; Bahnhöfe Admont und Gstatterboden, Bahnhaltestelle Johnsbach.

Taxi und Transfer

Kaufhaus Pircher, Tel. 03611/201;
Familie Zeiringer, Tel. 03611/215.
Ab Johnsbach Ort:
• Admont 15 km;
• Bahnhaltestelle Johnsbach 5 km;
• Gehöft Gscheidegger 5 km;
• Gstatterboden 9 km;
• Kölblwirt 2,5 km.

Ausgangspunkte

• Gehöft Gscheidegger, 1016 m;
• Kölblwirt, 854 m.

Einkehrstätten und Stützpunkte

Donnerwirt, Gasthof; Familie Berghofer-
Stadlauer, Tel. 03611/218.
Gscheidegger, Urlaub am Bauernhof;
Familie Wolf, Tel. 03611/229.
Kölblwirt, Gasthof; Familie Berghofer-
Wolf, Tel. 03611/216.
Ödsteinblick, Gasthof; Familie Zeiringer,
Tel. 03611/215, -33 Fax.

Orientierung

AV-Karte Nr. 16; FB-Wanderkarte 062;
ÖK-Blatt 100.

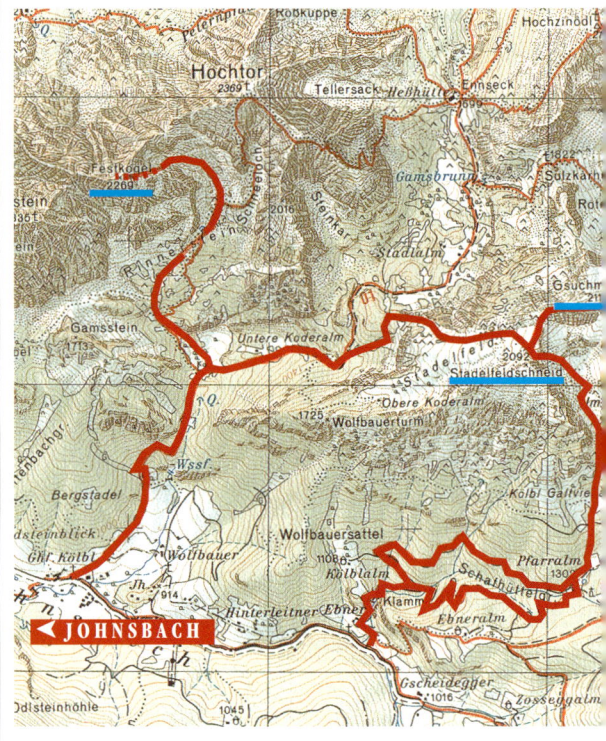

D I E   S C H I T O U R E N

Beste Zeit: Frühjahr.

Charakteristik

Festkogel IV Südostseitig. Steilabfahrt. Für Schibergsteiger.
Gsuchmauer und Stadelfeldschneid II–III Südostseitig.
Forstwege und ein südostseitiges Kar.
Stadelfeld III–IV Nordwestseitig. Steilabfahrt.
Für Schibergsteiger.

Das Schmankerl: Die Abfahrt durch das Glanegg.

Gehzeiten, Höhenunterschiede

• Gscheidegger – Gsuchmauer und Stadelfeldschneid, 3 Std. 30
  Min., 1100 Hm;
• Kölblwirt – Stadelfeldschneid, 3–4 Std., 1250 Hm;
• Kölblwirt – Festkogel, 4–5 Std., 1400 Hm.

Gsuchmauer 2116 m
Stadelfeldschneid 2092 m

*Drei Topziele
an der Sonnseite
der Gesäuseberge*

Anstiege und Abfahrten

Gscheidegger – Gsuchmauer und Stadelfeldschneid.

Der Zugang beginnt 600 m vom Gehöft Gscheidegger talaus: Auf einem Forstweg zum Gehöft Ebner und am einfachsten der Forststraße nach zur Pfarralm, 1302 m. Oder aus der Klamm rechts vom Klammbach hierher. Durch eine schmale Waldzone zu den von der Pfarralm aus einsehbaren Hängen; darüber das Hochkar „Im Glanegg". Aus diesem Kar in die „Glaneggluck'n" bzw. in den Stadelfeldsattel, 2019 m. Nun rechtshaltend, über einen langgestreckten Rücken, auf den höchsten Punkt der Gsuchmauer.

Oder aus dem Stadelfeldsattel links herum, kurz und steil (!), auf die Stadelfeldschneid.

Abfahrten wie Anstieg; auch in Kombination mit beiden Gipfeln.

Kölblwirt – Koderalmen – Stadelfeld.

Anstieg über die Untere und Obere Koderalm zum Stadelfeld nur im Frühjahr ratsam. Eher wird über das westseitige Stadelfeld abgefahren.

Von der Pfarralm in das Glanegg

Abfahrt Aus dem Stadelfeldsattel am rechten Rand des Stadelfeldes zu einer markanten Baumgruppe. Rechts daran vorbei, bis sich der Hang zu einer steilen Rinne verengt. (Vorsicht, rechts Abbrüche!) Durch die Rinne auf den Boden der Unteren Koderalm und auf dem Sommerweg zum Kölblwirt.

Kölblwirt – Festkogel.

Nur bei besten Verhältnissen; Zustieg vom Kölblwirt in den unteren Teil des Schneelochs. In Höhe von P. 1777 linkshaltend durch das steile Kar, unter dem Festkogelturm aufwärts, zum Festkogel. Schidepot je nach Verhältnissen. Abfahrt wie Anstieg.

Lugauer 2217 m

Talorte und Informationen

8795 Radmer an der Hasel, 898 m; Gemeindeamt und Zimmervermittlung, Tel. 03635/2110.
8912 Johnsbach, 769 m.

Reise

Auto:

In das Johnsbachtal: Siehe Tour 12.
Zur Hartelsgrabenbrücke: B 146 Gesäuse-Bundesstraße; ab Hieflau 4 km, ab Admont 21 km.
Nach Hinterradmer: B 115 Eisen-Bundesstraße, von der Bundesstraßen-Abzweigung 12 km; ab Hieflau 15 km.
Bahn: ÖBB; Bahnhof Hieflau.

Taxi und Transfer

Fa. Lödl, Radmer, Tel. 03635/2165.
Ab Hinterradmer:
Eisenerz 25 km, Hieflau 15 km, Taxacher Anger 2 km, Vorderradmer 4 km.

Ausgangspunkte

• Gesäuse: Hartelsgrabenbrücke, 521 m;
• Hinterradmer: GH Zum Lugauer, 898 m;
• Johnsbachtal: Gscheidegger, 1016 m.

Einkehrstätten und Stützpunkte

Gasthaus Zum Lugauer, Hinterradmer; keine Nächtigung. Ruhetage Dienstag und Mittwoch. Familie Stangl; Tel. 03635/2158.
Gscheidegger, Urlaub am Bauernhof, im Johnsbachtal; Familie Wolf, Tel. 03611/229.
Kölblwirt, Gasthof im Johnsbachtal; Familie Berghofer-Wolf; Tel. 03611/216.
Ödsteinblick, Gasthof im Johnsbachtal; Familie Zeiringer, Tel. 03611/215, -33 Fax.

Orientierung

AV-Karte Nr. 16;
FB-Wanderkarte 062; ÖK-Blatt 100.

Markant und rassig: Die südwestseitige Lugauerplan

D I E   S C H I T O U R E N

Beste Zeit

Spätes Frühjahr; die Lugauerplan ist bis Mitte/Ende Mai befahrbar.

Charakteristik

Lugauerplan III

Westseitig. 600 m hohe Steilflanke. Für Schibergsteiger.

Gehzeiten, Höhenunterschiede

• Johnsbachtal – Lugauer, 4 Std. 30 Min., 1450 Hm;
• Hartelsgrabenbrücke – Lugauer, 5 Std. 30 Min., 1700 Hm;
• Hinterradmer – Lugauer, 3 Std. 30 Min., 1320 Hm.

Kondition ist zwar nach wie vor gefragt – jedoch ist der über den Hüpflingerhals führende Zugang zur Fürstenplan nun gut markiert

Anstiege und Abfahrten

Johnsbachtal – Hüpflingerhals – Fürstenplan – Haselkar – Lugauerplan – Lugauer. Vom Gscheidegger oder durch die Klamm zur Foitlbaueralm und auf den Hüpflingerhals, 1703 m. Seit dem Winter 2000/2001 neu: Drei Meter hohe Stangen leiten vom Hüpflingerhals durch den Zirbengarten (s. AV-Karte) zur Fürstenplan; Abfahrt in den mittleren Teil des Haselkars, 1550 m. Anstieg aus dem Haselkar in der zunehmend steilen Flanke bzw. Lugauerplan (im Frühjahr evtl. mit Steigeisen); Schidepot am Vorgipfel, 2163 m. Übergang zum Lugauer-Südwestgipfel, 2217 m, bzw. Gipfelkreuz bei winterlichen Verhältnissen hochalpin! Abfahrt wie Anstieg; in der Fürstenplan ca. 200 Hm Gegenanstieg .

Hartelsgraben – Lugauer. Von der Hartelsgraben-Ennsbrücke auf einer Forststraße zum Jagdhaus, 1100 m, und südwärts zur Haselkaralm. Aus dem mittleren Teil des Haselkars geradewegs die Lugauerplan aufwärts. Abfahrt wie Anstieg.

Hinterradmer – G'spitzter Stein – Lugauer. Unweit vom GH Stangl beginnt der markierte Steig. Nach einer kurzen Wandstufe (Sicherungsseile) erreicht man oberhalb vom G'spitzten Stein, 1556 m, einen Sattel. Bis hierher zu Fuß; am besten begehbar, wenn der gesamte Steig aper ist. Vom Sattel rechtshaltend bergan zur Lugauerplan und an ihrem Rand aufwärts. Abfahrt in das mittlere oder untere Haselkar; im Haselkar zurück in den Sattel beim G'spitzten Stein; von hier Abstieg wie Aufstieg.

Dürrenschöberl 1737 m

Talorte

8786 Rottenmann, 681 m;
8900 Selzthal, 636 m.

Reise

Auto: A 9 Pyhrnautobahn, Ausfahrt 74/Rottenmann; von Liezen oder Rottenmann jeweils auf B 113 Schoberpaß-Bundesstraße.
Bahn: ÖBB; IC-Bahnhöfe Selzthal und Stadt Rottenmann.

Ausgangspunkte

• Bahnhof Selzthal, 639 m.
• Bahnhof Stadt Rottenmann, 667 m.

Einkehrstätten und Stützpunkte

Bahnhof-Restaurant in Selzthal.
Café-Konditorei Schnuderl in Rottenmann; Senior- und AV-Chef Karl Schnuderl „serviert" gerne Tourentips.
Gasthöfe in Rottenmann und Selzthal.

Orientierung

FB-Wanderkarte 062 oder 082; ÖK-Blätter 98 und 99.

D I E   S C H I T O U R E N

Beste Zeit

Hochwinter; am besten bei hoher Pulverschneelage.

Charakteristik

Über die Ebneralm II
Südseitig. Unterer Teil des Anstieges steil; Route gut markiert.
Über den Hühnerkogel I–II
Nordwestseitig. Forststraßen; leichte Orientierung.
Über den Talriesnergraben II–III
Nordwestseitig. Steil; Orientierung an Schispuren.

Das Schmankerl

Die Abfahrt am Rande der nordwestseitigen Hochwaldschläge.

Gehzeiten, Höhenunterschiede

Selzthal – Dürrenschöberl und Rottenmann – Dürrenschöberl, jeweils 3 Std., bis 1100 Hm.

Auf den Hochwinter abfahren:
Vom Gipfelkreuz zum Bahnsteig

Anstiege und Abfahrten

Selzthal – Hühnerkogel – Dürrenschöberl. Gegenüber vom Bahnhof, bei der ehemaligen Naturfreunde-Talherberge, auf einem Forstweg am Sonnwendberg und Sonnenberg (Sender) zum Hühnerkogel, 1426 m. Nun bis an die Waldgrenze dem markierten Weg entlang. Zuletzt in freiem Gelände über einen kurzen Aufschwung zum Gipfelkreuz. Abfahrt wie Anstieg.

Selzthal – Talriesnergraben – Dürrenschöberl. Dieser zweite Zugang erfolgt beim Selzthaler Schlepplift (von der Kirche 1 km in Richtung Verschiebebahnhof). Man steigt die ersten 200 Hm entweder auf der Piste an oder nutzt den Lift. Bei der Bergstation über den Talriesnergraben und durch Hochwald einen Rücken bergan, wobei man zu jenen Schlägen gelangt, über die abgefahren wird. Im oberen Teil erreicht man jenen markierten Weg, der auf den Gipfel führt.
Abfahrt wie Anstieg.

Am Sonnwendberg auf Forststraßen zum Dürrenschöberl

Bitte beachten! Aufforstungsflächen dürfen nicht betreten werden, daher am Hochwaldrand abfahren.

Rottenmann – Mesneralm – Dürrenschöberl. Empfehlenswert für folgende Kombination: Anstieg von Rottenmann, Abfahrt nach Selzthal.
Am Bahnhof Rottenman folgt man beim Rüsthaus der Bahn-Überführung und im weiteren dem markierten Weg. Er führt oberhalb einer Hochspannungsleitung im Wald bergwärts. Die steilen Passagen lassen sich zumeist auf Forststraßen umgehen (siehe Karte). In jedem Fall gelangt man zur Mesneralm, 1478 m, und darüber durch aufgelockerten Wald zu jenem markierten Weg, der auf das Dürrenschöberl führt. Abfahrt wie bei den Anstiegen von Selzthal.

TOUR 15

Blaseneck *1969 m*
Leobner *2036 m*

Durch die Paltenklamm oder den Sautrog

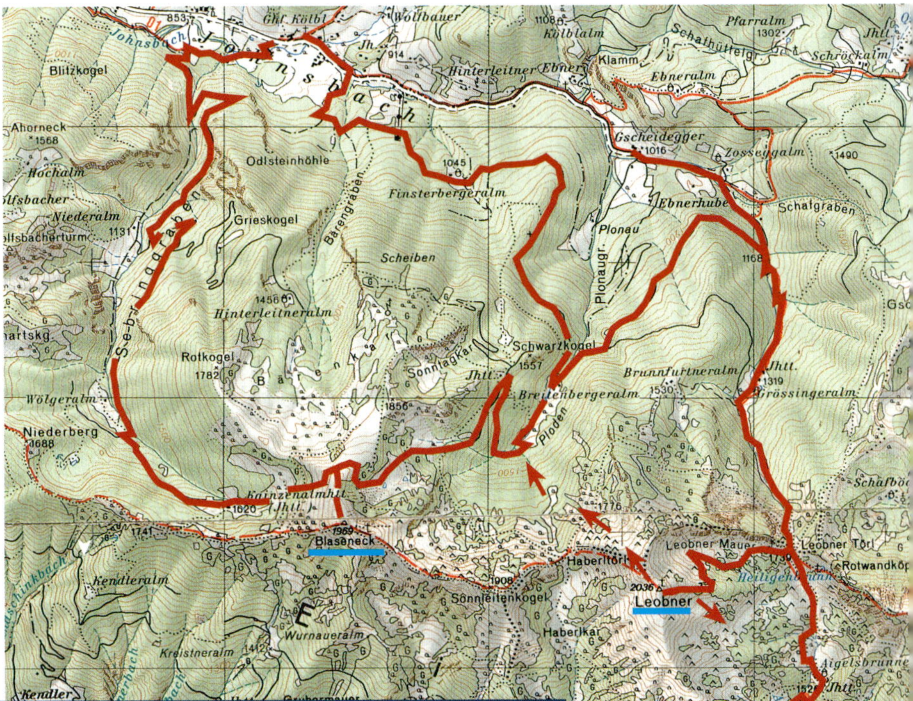

Talorte und Informationen

8786 Wald am Schoberpaß, 841 m;
Gemeindeamt, Tel. 03834/700-0.
8912 Johnsbach, 753 m;
Gemeindeamt, Tel. 03611/217.

Touren-Testzentrum Johnsbach, Alpine Beratung

Kölblwirt, Familie Wolf-Berghofer, Tel. 03611/216.

Reise

Auto: A 9 Pyhrnautobahn; B 146 Gesäuse-Bundesstraße.
Bahn: ÖBB; Bahnhof Wald am Schoberpaß.
Bahnbus: ÖBB; Schoberpaß, Vorwald; Verbundlinien 830, 930.

Ausgangspunkte

• Johnsbachtal: Kölblwirt, 851 m; Gehöft Gscheidegger, 1016 m;
• Schoberpaß: Sonnberg, Bergstation Dreierlift, 1150 m, bzw. Naturfreundehaus;
• Vorwald: GH Gruber, 830 m.

Einkehrstätten und Stützpunkte

Am Schoberpaß:
Fink, Gasthof in Wald; Tel. 03834/228.
Gruber, Gasthof in Vorwald; Familie Gruber, Tel. 03834/209.
Leitner, Gasthof in Wald; Tel. 03834/213.
Naturfreundehaus St. Michael, Selbstversorgerhütte, 1100 m; am Sonnberg, auf halber Höhe des Dreierliftes. Anmeldungen: Paul Rieger, Tel. 03843/2370; Albert Eisner, Tel. 0664/3510843.
Im Johnsbachtal:
Donnerwirt, Gscheidegger, Kölblwirt, Ödsteinblick;
Einzelheiten siehe Tour 12.

Orientierung:

FB-Wanderkarte 062; ÖK-Blätter 100, 131.

Waldschongebiet Plonaugraben

Aus der Ploden nicht durch den Ploauaugraben abfahren! S. Karte.

DIE SCHITOUREN

Beste Zeit: Hochwinter bis Frühjahr.

Charakteristik II–III

Aus dem Johnsbachtal nordwestseitig; vom Schoberpaß südwestseitig. Ideal bei Pulverschnee.

Die Schmankerln

Bis zu 500 Hm Abfahrten im freien Gelände; am Leobner der Sautrog und die Westrinne.

Gehzeiten, Höhenunterschiede

• Gscheidegger – Leobner,
  3–4 Std., 1020 Hm;
• Kölblwirt – Blaseneck,
  3 Std. 30 Min., 1100 m;
• Sonnberg oder Vorwald – Leobner,
  4 Std., 1200 Hm.

Anstiege und Abfahrten

Gscheidegger – Sautrog – Leobner. Auf einer Forststraße zur Grössingeralm, 1319 m. In dem als „Sautrog" bezeichneten Graben direkt in das Leobner Törl. Am Fuße der Leobner Mauer zum ostseitigen Gipfelhang; in großen Kehren auf die meist abgewehte Gipfelkuppe.
<u>Abfahrt</u> wie Anstieg. Oder durch die Westrinne zur Ploden.

Kölblwirt – Blaseneck. Im Sebringgraben auf Forstwegen bis in Höhe der Wölgeralm. Durch Waldgelände zur Kainzenalm, 1620 m. Rund 300 Hm darüber ein Rücken; auf ihm zum Gipfel.
<u>Abfahrt:</u> Nordostseitig in die Ploden und über die Finsterbergeralm zurück zum Kölblwirt.

Sonnberg – Leobner. Vom Naturfreundehaus neu markierte Route in Richtung Gehöft Deisger zum Weg am Paltenstein. Weiter wie von Vorwald.

Vorwald – Leobner. Vom GH Gruber zum Kreuz am Paltenstein, dahinter in den Puchgraben, 1233 m. Über die Pucheggwiese zur Aigelsbrunneralm, 1526 m. Durch ein Kar in Richtung Leobner Törl, 1739 m. Ostseitig auf den Gipfel.
<u>Abfahrt</u> wie Anstieg. Vom Gipfel auch direkt zur Aigelsbrunneralm.

Bild links:
Vom Leobner Törl auf den Leobner

TOUR 16

Gscheideggkogel 1788 m
Pleschkogel 1700 m

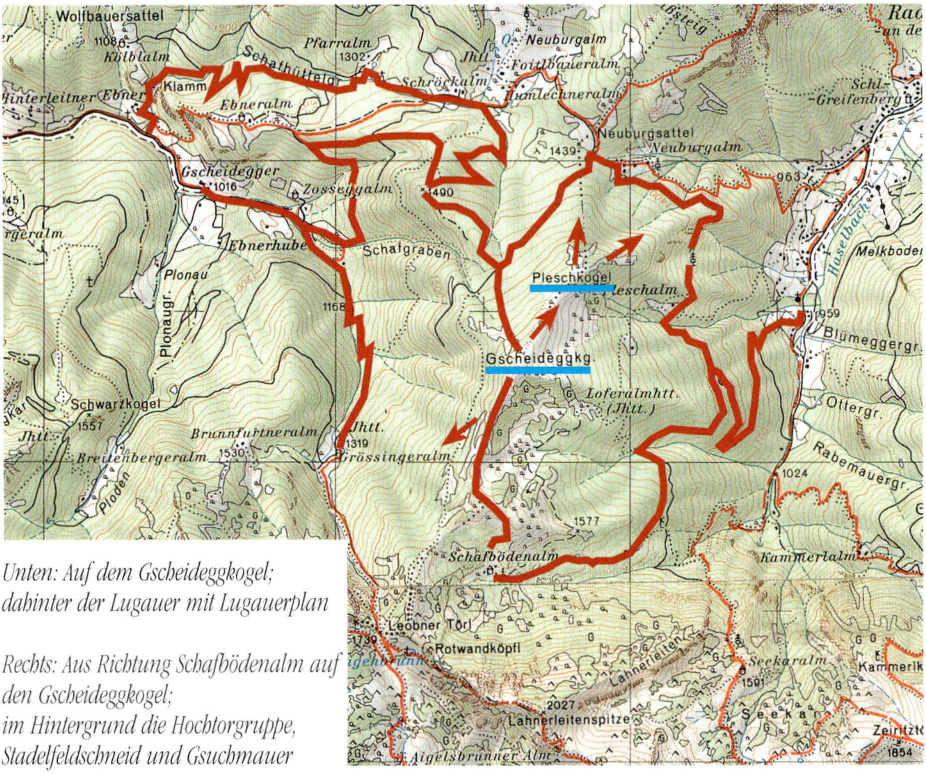

*Unten: Auf dem Gscheideggkogel;
dahinter der Lugauer mit Lugauerplan*

*Rechts: Aus Richtung Schafbödenalm auf
den Gscheideggkogel;
im Hintergrund die Hochtorgruppe,
Stadelfeldschneid und Gsuchmauer*

Im Testzentrum Kölblwirt leicht auf Touren kommen: Alle Typen Schi für alle Arten Schnee – was bleibt, ist die süße Qual der Wahl

Talorte und Informationen
8912 Johnsbach, 753 m;
Familie Wolf-Berghofer, Tel. 03611/216, Kölblwirt.
8795 Radmer an der Hasel, 898 m;
Familie Stangl, Tel. 03635/2158; GH Zum Lugauer.

Reise
Auto: A 9 Pyhrnautobahn;
B 115 Eisen-Bundesstraße, B 146 Gesäuse-Bundesstraße.

Ausgangspunkte
• Johnsbachtal: Kölblwirt, 851 m; Gehöft Gscheidegger, 1016 m.
• Hinterradmer: Taxacher Anger, 970 m; bei der Kapelle.

Einkehrstätten und Stützpunkte: Siehe Tour 13.

Orientierung: FB-Wanderkarte 062; ÖK-Blätter 100, 131.

D I E   S C H I T O U R E N

Beste Zeit: Hochwinter bis Frühjahr.

Charakteristik II
Bewaldetes, dennoch gut befahrbares Gelände.
Seit Winter 2000/2001: Aus Richtung Ebneralm Schimarkierung.

Gehzeiten, Höhenunterschiede
• Gscheidegger – Ebneralm – Gscheideggkogel, 2.30 Std., 770 Hm;
• Klamm – Schröckalm – Gscheideggkogel, 3 Std., 800 Hm;
• Hinterradmer – Schafbödenalm – Gscheideggkogel,
  2 Std. 30 Min., 820 Hm.

Anstiege und Abfahrten

Gscheidegger – Ebneralm – Gscheideggkogel. Zunächst in Richtung Zoseggalm; nun westseitig bis vor die Ebneralm. Am Waldrücken der Schimarkierung folgend direkt zum Gipfel. Abfahrt wie Anstieg; oder über die Grössingeralm.

Klamm – Schröckalm – Gscheideggkogel. Beim Gehöft Ebner in die Klamm und durch den Schafhüttelgraben zur Schröckalm. Auf dem ersten oder zweiten Forstweg rechts zur Schimarkierung und ihr entlang zum Gipfel. Abfahrt wie Anstieg; oder zur Grössingeralm.

Hinterradmer – Schafbödenalm – Gscheideggkogel. Den Taxacher Anger aufwärts zu einem Forstweg. Ihm folgend bis zu einer Gabelung; ein kleines Schild weist zur Schafbödenalm. Aus dem Almgelände zu einem breiten Höhenrücken. An ihm entlang zum weithin sichtbaren Kreuz. Abfahrt wie Anstieg; oder über den Pleschkogel Richtung Neuburgsattel und weiter auf der Forststraße.

Hinkareck *1932 m*
Lahnerleitenspitze *2027*

Talort und Informationen

8795 Radmer an der Hasel, 898 m;
Gemeindeamt, Tel. 03635/2110.

Alpine Beratung

Familie Stangl, Hinterradmer,
Tel. 03635/2158.

Reise

Auto: B 115 Eisen-Bundesstraße; südlich
von Hieflau abzweigen.

Ausgangspunkt

Parkplatz, 980 m, am Ende der Straße in
Hinterradmer

Einkehrstätte

Zum Lugauer, Gasthaus in Hinterradmer,
Familie Stangl, Tel. 03635/2158.

Orientierung

FB-Wanderkarte 062; ÖK-Blätter 100, 131.

Am Hinkareck zum Enzianboden

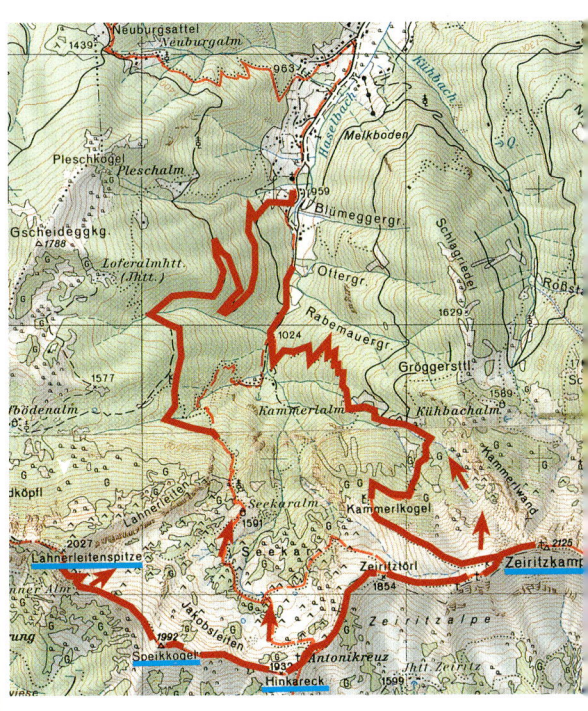

D I E   S C H I T O U R E N

Beste Zeit

Hochwinter und Frühjahr.

Charakteristik

Hinkareck, Speikkogel, Lahnerleitenspitze III–IV
Alle Abfahrten nordseitig.
Zugang entlang eines Gratrückens, daher ist die Schwierigkeit stark
abhängig von den Verhältnissen.

Zeiritzkampel durch das Kammerl III
Nordseitig. Steil, aber weiträumig.

Zeiritzkampel-Nordflanke IV–V
Steilabfahrt vom Hauptgipfel direkt zur Kühbachalm;
nur für Spezialisten!

Die Schmankerln

Die Abfahrten in das Kammerl und Seekar.

Speikkogel *1992 m*
Zeiritzkampel *2125 m*

Von Norden: Die beliebteste Zeiritzkampel-Tour führt durch das Kammerl

Vom Gscheideggkogel zum Zeiritzkampel: Rechts davor der Kammerlkogel; im Schatten die Kammerlroute

Gehzeiten, Höhenunterschiede

- Hinterradmer – Kammerl – Zeiritzkampel, 3 Std. 30 Min., 1170 Hm;
- Zeiritzkampel – Zeiritztörl – Antonikreuz – Hinkareck, 45 Min., 270 Hm Abfahrt, 100 Hm Anstieg;
- Hinkareck – Speikkogel, 30 Min., 60 Hm Abfahrt/Abstieg, 130 Hm Anstieg;
- Speikkogel – Lahnerleitenspitze, 45 Min., 120 Hm Abfahrt/Abstieg, 150 Hm Anstieg.

Anstiege und Abfahrten

Hinterradmer – Kammerl – Zeiritzkampel. Nach einem Schranken der Markierung folgend taleinwärts und über eine Waldstufe zur Kammerlalm, 1350 m. Geradewegs bergan in das große Kar ("Kammerl") zwischen Kammerlwand (links) und Kammerlkogel. Im steilen Kar je nach Verhältnissen bergan, in jedem Fall rechtshaltend zu einem Höhenrücken mit großen Steinmännern. Geradewegs den breiten Rücken aufwärts zum Vorgipfel. Heikler

Übergang zum Gipfelkreuz!
Abfahrt wie Anstieg; am beliebtesten durch das Kammerl. Oder durch das Seekar.
Zeiritzkampel – Hinkareck – Seekar. Einfache Kombination. Besser beim Antonikreuz in das Seekar abfahren.
Hinkareck – Speikkogel – Lahnerleitenspitze – Seekar. Einfahrten in die Jakobsleiten genau prüfen! Insbesondere auf Wächten achten und die Situation in den Hängen berücksichtigen.
Seekaralm – Hinterradmer. Auf Forstwegen zum Parkplatz oder Taxacher Anger.

Hinkareck *1932 m*

Oben:
Vom Enzianboden in Richtung
Jagdhaus Don

Rechts: Oberhalb vom Enzianboden am Anstieg
zum Hinkareck; dahinter die Süd- bzw. Südwesthänge
von Speikkogel und Lahnerleitenspitze

Zeiritzkampel von Süden

2125 m

Vom niedrigen Schoberpaß zu hohem Tourenspaß

Talort und Informationen

8781 Wald am Schoberpaß, 841 m;
Gemeindeamt, Tel. 03834/700-0.

Reise

Auto: A 9 Pyhrnautobahn, Ausfahrt 109/Kalwang; B 113 nach Wald am Schoberpaß.
Zum Parkplatz an der Mellingstraße: Wie zu den Sonnbergliften; durch Melling die Straße entlang bis zur markant breiten Kurve.
Bahn: ÖBB; Bahnhof Wald am Schoberpaß.
Sonnberglifte: Schlepplifte; Tel. 03834/295.
Zufahrt aus Wald am Schoberpaß wie in Richtung Melling.

Ausgangspunkt

Mellingstraße, beim Forstweg-Schranken, P. 995 m.

Einkehrstätten und Stützpunkte: Siehe Tour 15.

Orientierung: FB-Wanderkarte 062; ÖK-Blatt 131.

D I E   S C H I T O U R E N

Beste Zeit: Hochwinter und Frühjahr.

Charakteristik II–III

Südseitig; gut begehbare Hochwaldstufe; oberhalb der Brunnebenalm zunehmend freies Gelände.

Die Schmankerln

Die Abfahrten am Rande des Hochwaldes entlang den großen Schlägen.

Gehzeiten, Höhenunterschiede

• Melling – Hinkareck, 3 Std., 940 Hm;
• Hinkareck, Zeiritzkampel, 1 Std., 270 Hm.

Anstieg und Abfahrten

Melling – Hinkareck – Zeiritzkampel. Auf Forst- und Ziehwegen durch Hochwald zur verfallenen Brunnebenalm, 1510 m; nun auf dem markierten Weg zur Waldgrenze beim Enzianboden, 1776 m. Geradewegs am breiten Rücken auf das Hinkareck. Erst bergab zum Antonikreuz und Zeiritztörl, 1854 m; wiederum einfach bergan zum Vorgipfel am Zeiritzkampel. Abfahrt wie Anstieg. Toller Zusatz: Beim Enzianboden Richtung Kurzteichen an die Waldgrenze; Rückanstieg zum Enzianboden. Nun dem Rücken folgend: Nächst der Herberge der erste große Schlag; darunter folgen weitere Schläge bis in 1200 m Höhe; auf dem Forstweg zum Parkplatz.

TOUR 19

Kragelschinken 1845 m
Plöschkogel 1668 m

Karte gilt auch für
Tour 20 und Tour 21

Auch Vegetarier krageln lustvoll an diesem feinen Touren-Schinken

Talort und Informationen
8790 Eisenerz, 736 m; Tourismusbüro, Tel. 03848/3700.

Tourenberatung, Alpine Informationen
Toni Albinger, Tel. 03848/3410, Gemeindealm.
An den Parkplätzen in der Ramsau Touren-Übersichtstafeln**.**

Reise
Auto: A 9 Pyhrn-Autobahn, Ausfahrt 129/Traboch; B 115 Eisen-Bundesstraße. Von Eisenerz zum Pichlerhof und ersten Parkplatz 5 km; zur Gemeindealm 6 km.

Ausgangspunkt
Nächst dem Pichlerhof: Parkplatz, 1010 m.

Einkehrstätten und Stützpunkte
Gemeindealm, Gasthaus; Familie Albinger; Tel. 03848/3410.
Pichlerhof, Gasthof; Familie Ritzinger; Tel. 03848/3414.

Orientierung: FB 062 oder 041; ÖK-Blätter 100, 101, 131, 132.

D I E   S C H I T O U R E N

Beste Zeit: Hochwinter.

Charakteristik II Überwiegend bewaldetes Gelände. Ergänzbar mit diversen Abfahrten. Am besten bei Pulverschnee. Am Plöschkogel Vorsicht! In Gipfelnähe Erzlöcher; wirken wie Dolinen.

Bild unten:
Von der Zwiegrabenhütte zum Teichenegg

Die Schmankerln
Die nordseitigen Hänge und Schläge; die Kaltenbachrinne.

Gehzeiten, Höhenunterschiede
- Ramsau – Kragelschinken,
  2 Std. 30 Min., 830 Hm;
- Kragelschinken – Plöschkogel,
  30 Min., 270 Hm Abfahrt, 90 Hm Anstieg.

Anstiege und Abfahrten
Ramsau – Teichenegg – Kragelschinken. Auf einem Forstweg den Lasitzengraben einwärts; noch vor der Steilstufe rechts. Im Hochwald zu Schlägen und auf einer Forststraße zur Zwiegrabenhütte, 1420 m.
Im schütter bewaldeten Gelände erst zur Teicheneggalm, darüber das Teichenegg, 1700 m. Aus diesem Sattel am oft verwächteten Rücken entlang. An einem breiten Hang auf die Gipfelkuppe.
Abfahrt wie Anstieg. Oder mit folgenden Verlängerungen:
In die Teichen: Vom Kragelschinken zunächst westwärts, erst dann in die steilen südseitigen Hänge einfahren. Vom Lahnberg, 1191 m, zum Teichenegg ansteigen.
Zur Kohlleitenalm, 1332 m: Vom Kragelschinken nordseitig, eher etwas linkshaltend, z. T. sehr steile Abfahrt. Rückanstieg zum Blauen Herrgott.

Kragelschinken – Plöschkogel. Beliebtester Übergang. Zunächst Abfahrt direkt zum Blauen Herrgott; 1580 m. Vom Wegkreuz kurzer, einfacher Anstieg auf den Plöschkogel. Abfahrten:
- In die Lasitzen: Nordostwärts über Schläge und durch Hochwald zur Aufstiegsspur.
- Kaltenbachrinne: Die schönste und auch steilste Abfahrt. Im unteren Teil mit Hilfe des Forstweges zum Parkplatz.

TOUR 20

Grabnerspitze *1795 m*
Wildfeld *2043 m*
Viel Wald, Wild und Wind

Karte siehe Tour 19

Talorte und Informationen

8790 Eisenerz, 736 m;
Tourismusbüro, Tel. 03848/3700.
8793 Trofaiach, 658 m;
Tourismusobmann,
Karl Schelch, Tel. 03847/5232.

Alpine Beratung

Toni Albinger, Ramsau, Tel. 03848/3410.
Rudi Ehweiner, Trofaiach,
Tel. 03847/5836, 3860.

Reise

Auto: A 9 Pyhrn-Autobahn, Ausfahrt
129/Traboch; B 115 Eisen-Bundesstraße,
Richtung Präbichl.
In den Gößgraben
Von Trofaiach 12 km zu den drei Park-
plätzen im Talschluß.
In die Ramsau: Von Eisenerz 6 km.

Ausgangspunkte

In der Ramsau
• Parkplatz bei der Loipenhütte, 1010 m.
Im Gößgraben
• Im Talschluß beim Jagdhaus, 1020 m,
die drei Parkplätze „Wildfeld".

Einkehrstätten und Stützpunkte

Gemeindealm und **Pichlerhof,**
siehe Tour 19.
Sporthotel**** Schelch, Trofaiach,
Tel. 03847/2188; www.schelch.at

Orientierung

FB-WK 062 oder 041; ÖK-Blätter 101, 132.

Wildschutzgebiet

Zwischen Moosbach, Ramspach und Arni-
kariedel. Die Routen zur Kreuzen, Moosalm
bzw. über den Haltersattel sind nicht betrof-
fen.

DIE SCHITOUREN

Beste Zeit: Hochwinter und Frühjahr.

Charakteristik

Gößgraben – Grabnerspitze II–III
Ost- bis südostseitig. Zum Abtreibsattel schöner Höhenrücken.

Gößgraben – Wildfeld II–III
Südwestseitig. Hochwald, gut befahrbare Hänge und Karmulden.

Ramsau – Nebelkreuz – Wildfeld II–III
Nord- bis nordwestseitig.

Ramsau – Teichenegg – Wildfeld III–IV
Ab Teichenegg alpin anspruchsvoll; Steigeisen evtl. erforderlich.

Die Schmankerln

Die Hänge an der Grabnerspitze; die Wildfeldrinne.

Gehzeiten, Höhenunterschiede

• Gößgraben – Graskogelhütte – Grabnerspitze, 2.30 Std., 780 Hm;
• Gößgraben – Kreuzen – Wildfeld, 3 Std., 1030 Hm;
• Ramsau – Nebelkreuz – Wildfeld, 3 Std. 30 Min., 1040 Hm;
• Ramsau – Teichenegg – Wildfeld, 3 Std., 1040 Hm.

Anstieg zum Kragelschinken

Anstiege und Abfahrten

Gößgraben – Grabnerspitze. Den Graskogelbach aufwärts. Eine Forststraße leitet rechts zum Schandeckriedel. Nun entweder in Richtung Graskogelhütte und Kreuzsattel oder über den Schandeckriedel zur Grabnerspitze.
Abfahrt wie Anstieg; Oder, extra lohnend, im Sinne einer Rundtour.

Gößgraben – Kreuzen – Wildfeld. Ab dem Jagdhaus auf Forst- und Ziehwegen oberhalb vom Höllgraben zur Kreuzen, 1417 m. Nun leicht rechtshaltend zum Kreuzentörl an der Baumgrenze. Im weiteren knapp rechts von Felsen durch das Sauloch in eine Karmulde; darin bergan zum Gipfel. Abfahrt wie Anstieg.

Vom Kragelschinken zum Wildfeld

Ramsau – Nebelkreuz – Wildfeld. Wie bei Tour 19 durch die Lasitzen zur Teicheneggalm. In einer Querung entlang der Waldkampfzone zum Nebelkreuz. An der breiten Wildfeldrinne bergan direkt zum Gipfel. Abfahrt wie Anstieg zum Nebelkreuz (evtl. auch zweimal, „weil's so schön ist!"). Ab dem Nebelkreuz direkt in die Lasitzen oder wieder über die Teicheneggalm.

Ramsau – Teicheneggalm – Wildfeld. Bis zum Teicheneggalm wie beim Kragelschinken; siehe Tour 19. Ab dem Teichenegg über den meist abgewehten Wildfeld-Nordwestrücken. Wo der Sommerweg in die Südwestseite des Wildfeldes quert, steigt man den im Winter sicherer zu begehenden Steilaufschwung an; evtl. mit Steigeisen. Auf der Hochfläche mit Schi zum Gipfel. Abfahrt: Vom Gipfel nordseitig, durch die Wildfeldrinne, zum Nebelkreuz. Nun kurz links, sodann über eine Steilstufe zum Punkt 1188 m in den Lasitzen. Falls infolge geringer Schneelage die Steilstufe zu struppig ist, zur Teicheneggalm queren; weiter wie Anstieg.

Vom Plöschkogel zum Wildfeld

TOUR 21

Schwarzenstein 1953 m
Stadelstein 2070 m

Karte siehe Tour 19

Talorte und Informationen

8793 Trofaiach, 658 m;
Karl Schelch, Tel. 03847/5232.
8790 Eisenerz, 736 m;
Tourismusbüro, Tel. 03848/3700.

Alpine Beratung

Toni Albinger, Tel. 03848/3410, Ramsau.

Reise

Auto: A 9 Pyhrn-Autobahn, Ausfahrt
129/Traboch; B 115 Eisen-Bundesstraße.
In den Gößgraben: Von Trofaiach 10 km
zum Parkplatz Moosalm.
In die Ramsau: Von Eisenerz 6 km.

Ausgangspunkte

• Gößgraben: Parkplatz Moosalm, 940 m;
• Ramsau: Parkplatz, 1010 m.

*Nahe vom Nebelkreuz und dem Auslauf
der Wildfeldrinne: das Karl-Auer-Hütterl*

Einkehrstätten und Stützpunkte

Hochalm-Schihütte, ca. 1500 m; am Schwarzenstein; an Samstagen geöffnet. Weitere Einkehrstätten siehe bei Tour 19 und 20.

Orientierung

FB-Wanderkarte 062 oder 041; ÖK-Blätter 101 und 132.

D I E   S C H I T O U R E N

Beste Zeit: Hochwinter und Frühjahr.

Charakteristik

Gößgraben – Stadelstein II–III Ost- bis südseitig; oberhalb
der Hochwaldstufe Traumgelände, wie vom Speikkogel zur Moosalm.
Ramsau – Hochalm – Schwarzenstein III Nordwestseitig;
gut begehbar bis zum Schidepot. (Gipfelanstieg hochalpin! Steigeisen erforderlich; kaum Sicherungsmöglichkeit.)
Ramsau – Nebelkreuz – Stadelstein II–III Nordwestseitig;
viel begangen. Bei sicheren Verhältnissen auch von der Hochalm.

Die Schmankerln

Die Moosalm; die Kombination Stadelstein und Wildfeld.

Aus der Ramsau auch zur Hochalm und rund herum zum Teichenegg

Gehzeiten, Höhenunterschiede

- Gößgraben – Moosalm – Stadelstein, 3 Std. 30 Min., 1130 Hm;
- Ramsau – Hochalm – Schwarzenstein, 2 Std. 30 Min., 870 Hm;
- Hochalm – Karl-Auer-Hütterl – Nebelkreuz, 1 Std., 200 Hm;
- Ramsau – Nebelkreuz – Stadelstein, 3 Std. 30 Min., 1060 Hm.

Anstiege und Abfahrten

Gößgraben – Moosalm – Stadelstein. Auf der Forststraße am Wildgatter entlang zum Moosalmbach, über die Brücke und den Forstweg grabeneinwärts. Steil im Wald bergan zur Moosalm. Im Almgelände beliebig in Richtung jenes Sattels zwischen dem Speikkogel und Stadelstein (rechts). Am Höhenrücken gipfelwärts; Schidepot je nach Verhältnissen. Abfahrt wie Anstieg. In diese Tour kann das Wildfeld einfach miteinbezogen werden.

Ramsau – Hochalm – Schwarzenstein. In der Lasitzen zum kleinen Wegweiser „Hochalm". Im Hochwald alsbald sehr steil zu einem Stockhang und hinauf zu einem Forstweg. Er leitet links zu einem Rücken; Wegschild. In schütterem Baumbestand einfach zur Hochalm. Geradewegs bzw. zuletzt in Kehren zum Steilaufschwung; Schidepot bei ca. 1880 m. (Im Winter wird der Gipfel eher selten erstiegen).

Von der Teicheneggalm zu Schwarzenstein und Stadelstein (rechts)

Abfahrt wie Anstieg. Bei guten Verhältnissen lohnt ein Übergang zum Nebelkreuz.

Hochalm – Karl-Auer-Hütterl – Nebelkreuz. Von der Hochalmhütte südwärts zum Hochwaldrand. Achtung! Es sind mehrere Rinnen bzw. Lawinenbahnen zu queren. Unweit vom Auerhütterl das Nebelkreuz. Eventuell weiter in Richtung Wildfeld oder Stadelstein. Abfahrt in die Lasitzen.

Ramsau – Nebelkreuz – Stadelstein. Entweder aus der Lasitzen direkt oder über die Teicheneggalm (s. Tour 19) zum Nebelkreuz. An der Wildfeldrinne linkshaltend zum Höhenrücken Speikkogel – Stadelstein. Schidepot je nach Verhältnissen. Abfahrt wie Anstieg; vom Nebelkreuz meist direkt in die Lasitzen.

TOUR 22

Donnersalpe 1539 m

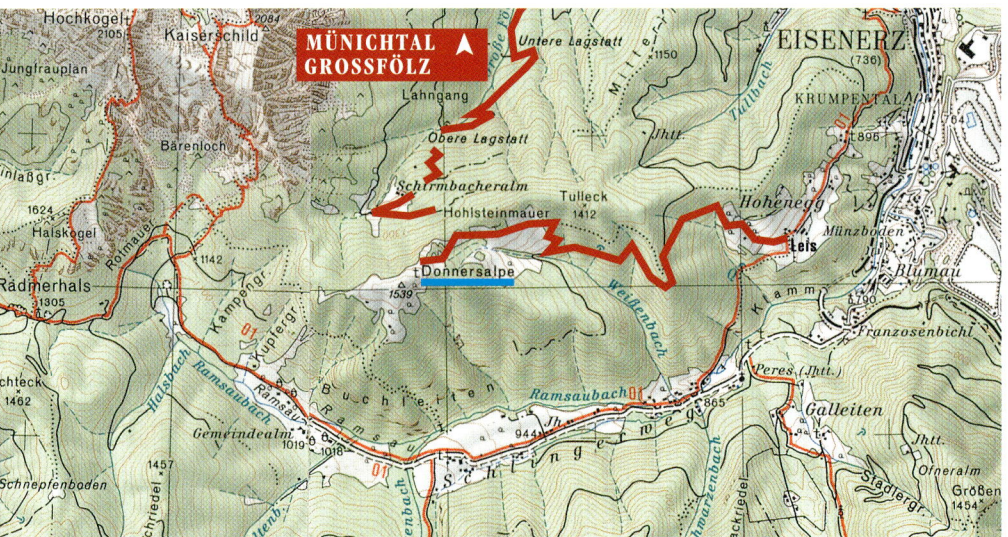

MÜNICHTAL GROSSFÖLZ

Talort und Informationen

8790 Eisenerz, 736 m;
Tourismusbüro, Tel. 03848/3700.

Alpine Beratung

Toni Albinger, Ramsau, Tel. 03848/3410.

Reise

Auto: A 9 Pyhrn-Autobahn, Ausfahrt
129/Traboch; B 115 Eisen-Bundesstraße.
In die Großfölz
In Eisenerz-Münichtal bei der Feuerwehr
durch die Bahnunterführung in die Große
Fölz; im gleichnamigen Siedlungsgebiet bis
zur Fölzbrücke (gegenüber ein Wasserreservoir); von der Abzweigung an der Bundesstraße bis hierher 1,5 km.
Nach Hohenegg
Beim Bahnhof Eisenerz nächst der Kirche
durch die Unterführung nach Tull; vor der
Tullbachbrücke links: Auf der Hofzufahrt
zum Gehöft Leis; ab der Unterführung
ca. 3 km; mitunter erst ab Mittag geräumt.

Ausgangspunkte

• Großfölz: Fölzbachbrücke, 740 m.
• Hohenegg: Gehöft Leis, 970 m.

Einkehrstätten und Stützpunkte

Gasthöfe und **Gaststätten** in Eisenerz;
Tankstelle an der Abzweigung in die Große Fölz.

Orientierung

FB-Wanderkarte 062 oder 041; ÖK-Blatt 101.

D I E   S C H I T O U R E N

Beste Zeit

Hochwinter und Frühjahr bzw. an der Nordseite bei Schneelage bis
in die Große Fölz.

Charakteristik II

Forststraßen und Hochwald; ab rund 1400 m Höhe baumfreies
Gelände. Aus der Großen Fölz überwiegend nordseitig; von Hohenegg durchwegs süd- bzw. sonnseitig.

Wichtiger Hinweis: Von der Donnersalpe nicht durch die Edel-
leiten (Ramsauer Seite) abfahren!

Nicht nur bei rauhem Wetter ein alternatives Ziel: Inmitten von Erzberg, Kaiserschild, Wildfeld – und dazu sonnseitig über der Ramsau

Die Schmankerln

Die Donnersalpe ist das sonnenreichste Tourenziel im Umgebungsbereich der Ramsau. Die Routen eignen sich auch bei schlechterem Wetter sowie für Schnuppertouren.

Gehzeiten, Höhenunterschiede, Entfernungen

- Große Fölz – Schirmbacheralm – Donnersalpe,
  2 Std. 30 Min., 800 Hm, 5 km;
- Hohenegg – Weißenbachgraben – Donnersalpe,
  1 Std. 30 Min., 570 Hm, 3,5 km.

Anstiege und Abfahrten

Große Fölz – Schirmbacheralm – Donnersalpe. Auf der Forststraße links vom Großfölzbach in mäßiger Steigung taleinwärts zu einem Bildstock, 840 m. Geradeaus weiter; aus der Unteren Lagstatt zur Oberen Lagstatt, 1030 m. Nicht über den Bach, sondern links vom Graben durch Hochwald zur Schirmbacheralm, 1200 m. Aus dem Almgebiet halb linkshaltend bzw. Richtung Hohlsteinmauer in die nächste Waldzone und darin bis in rund 1300 m Höhe. Nun gerade hinauf in das freie Gelände; rechts zum Gipfelkreuz. Unweit davon der höchste Punkt. Abfahrt wie Anstieg.

Hohenegg – Weißenbachgraben – Donnersalpe. Vom Gehöft Leis sonnseitig 120 Hm bergan zum Waldrand. Auf einem Ziehweg nochmals gut 100 Hm zur Forststraße, 1200 m. Auf ihr gut einen Kilometer eben bzw. leicht fallend zur Waldgrenze im oberen Weißenbachgraben, 1220 m. Im baumfreien Gelände bzw. Almgebiet in einem weiten Linksbogen gipfelwärts. Abfahrt wie Anstieg; oder in Richtung Tulleck.

Donnersalpe: Im Hochwinter das sonnenreichste Gelände über der Eisenerzer Ramsau – und gut bei jedem Wetter

Hochkogel *2105 m*

Der eiskalte Weg zu einem exzellenten Gipfel-Trio

Talorte und Informationen

8790 Eisenerz, 736 m;
Tourismusbüro, Tel. 03848/3700.
8920 Hieflau, 503 m.

Reise

Auto: A 9 Pyhrn-Autobahn, Ausfahrt 129/Traboch; B 115 Eisen-Bundesstraße.
Parkraum Kalte Fölz: Nördlich von Eisenerz, an der B 115; nächst der Bahnunterführung (in der ÖK Punkt 601). Von Eisenerz oder Hieflau jeweils 7 km.

Ausgangspunkt

Kalte Fölz, 601 m.

Einkehrstätten und Stützpunkte

Gasthöfe in Eisenerz und Hieflau.

Orientierung

FB-WK 062 oder 041; ÖK-Blätter 100, 101.

Vom Kaiserschild zum Hochkogel: Am Gipfelgrat (rechts) Vorsicht bei Harsch!

D I E   S C H I T O U R E N

Beste Zeit: Frühjahr.

Charakteristik

Kalte Fölz – Kaiserschild III

Nordseitig. Für Schibergsteiger. Hochalpines Gelände; steil, jedoch gut begehbar.

Kaiserschild – Hochkogel III–IV

Ostseitig. Für Schibergsteiger. Im Gipfelbereich vom Hochkogel sehr steil und ausgesetzt.

Rote Rinne V

Ostseitig. Für Spezialisten. Einstiegs- bzw. Abseilstelle in der Scharte beim Kaiserwart. Die extrem steile Rinne läuft in den Urwirtsgraben aus.

Das Schmankerl

Die nordseitigen Hänge vom Kaiserwart in die Kalte Fölz.

Kaiserschild 2084 m
Kaiserwart 2033 m

Vom Kaiserwart in die Kaiserkuchl

Gehzeiten, Höhenunterschiede

- Kalte Fölz – Kaiserschild, 4–5 Std., 1400 Hm;
- Kaiserschild – Hochkogel, 1 Std., 150 Hm.
- In Kombination mit Kaiserwart, Kaiserschild und Hochkogel samt allen Gegensteigungen über 1800 Hm.

Anstiege und Abfahrten

Kalte Fölz – Kaiserschild. Im Frühjahr wird eher über den Kaiserwart angestiegen; hingegen steigt man bei hochwinterlichen Verhältnissen schon unterhalb vom Hochturm rechtshaltend zur Kaiserkuchl an und erreicht durch ein dahinterliegendes Hochtal den Normalweg beim Kaiserwart.

Vom Parkplatz anfangs auf einer Forststraße in die klammähnliche Kalte Fölz und im Graben, teilweise auf einem Jagdsteig, aufwärts. In 850 m Höhe ein erster Überblick auf den weiteren Anstieg. An dem mit Lärchen bestandenen Hang Richtung Hochturm aufwärts, und an dessen westseitigen Felswänden oberhalb einer Latschenstufe zu den auffallend schönen Hängen am Kaiserwart. Nächst einer markanten nordostseitigen Rinne auf den Kaiserwart.

Nach einer kurzen Abfahrt wiederum bergan und am Gratrücken zum Gipfelkreuz. Abfahrt wie Anstieg.

Kaiserschild – Hochkogel. Lohnender Übergang mit zusätzlichen Abfahrten. Zunächst in den weiten Sattel, ca. 1900 m, und aus diesem, von Nordosten her, über den anfangs breiten, zuletzt steilen, gratähnlichen Rücken auf den Hochkogel. Vor allem bei Hartschnee in Gipfelnähe besonders Vorsicht! Abfahrt wie Anstieg.

Hocheller *2000 m*
Hohe Zölz *1897 m*

Talorte und Informationen

8793 Trofaiach, 658 m;
Gendarmerieposten, Tel. 03847/2233.
8790 Eisenerz, 736 m;
Tourismusbüro, Tel. 03848/3700.

Reise

Auto: A 9 Pyhrn-Autobahn, Ausfahrt
129/Traboch.
Trofaiach, Präbichl: B 115 Eisen-Bundesstraße.
Gößgraben: Von Trofaiach zum Parkplatz
Linsalm (Klausenhube) 7,5 km.
Bahn: ÖBB; IC-Bahnhof Leoben Hbf.
Bahnbus: ÖBB; Leoben Hbf – Trofaiach –
Vordernberg – Bergbahnenzentrum Weidau –
Präbichl – Eisenerz.
Grübl-Sesselbahn: Talstation Weidau,
1116 m; Bergstation 1410 m.
Empfehlenswert für verkürzte Anstiege zu
Reichenstein, Rottörl, Rössel und Rösselhals.
Präbichl-Bergbahnen,
Infobüro, Weidau, Tel. 03849/60600.

Ausgangspunkte

Am Präbichl
• Paßhöhe bzw. Bushaltestelle, 1226 m;
• Grüblbahn, Bergstation, 1410 m.
Im Gößgraben
• Parkplatz Linsalm, 838 m.

Einkehrstätten und Stützpunkte

Alpenrose, Gasthof; Tel. 03849/6346.
Latschenstube, Gasthof; Tel. 03849/6386.
Polsterblick, Pension; Tel. 03849/6371.
Präbichler Hof, Mitte Dezember bis Oster-
montag; Tel. 03849/6348.
Reichensteinhütte, 2136 m, OeAV;
im Winter geschlossen.
Winterraum: frei zugänglich, 3 Plätze.

Orientierung

FB-WK 062 oder 041; ÖK-Blätter 101, 132.

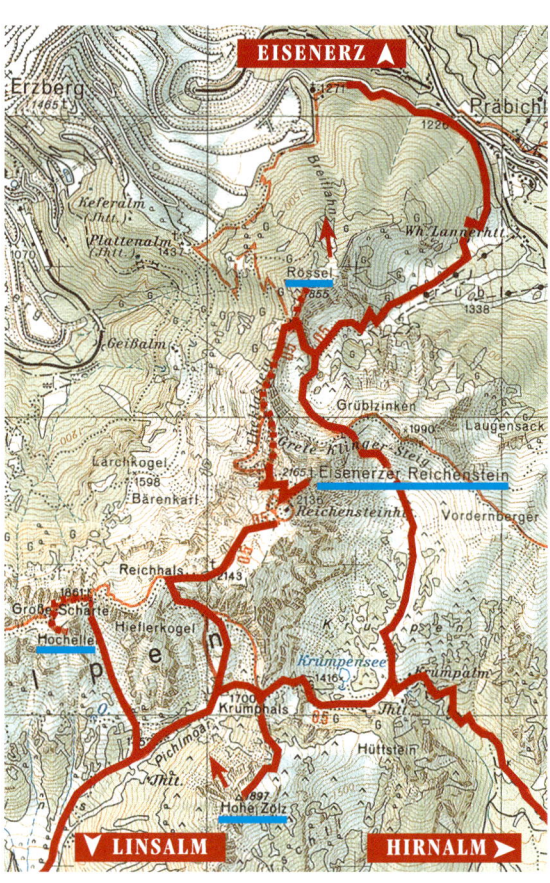

Beste Zeit: Frühjahr.

Charakteristik

Reichenstein und
Reichenstein-Umfahrung III–IV
Anstiege überwiegend ost- und nordseitig, am Reichenstein evtl.
Steigeisen erforderlich. Für Schibergsteiger. Abfahrten bei der Um-
fahrung des Reichensteins überwiegend südseitig.

Hohe Zölz III
Nordwestseitig. Kurztour mit Schnupper-Steilabfahrten.

Reichenstein 2165 m
Rössel 1855 m

Hocheller oder Reichenstein III
Überwiegend südseitig; am Hocheller ab der Großen (Tiefen) Scharte nordseitig. Für Schibergsteiger. In den Gipfelbereichen jeweils mitunter Steigeisen erforderlich.

Linsalm – Pichlmoar II
Starker Waldbewuchs; auch vom Pichlmoar in Richtung Große Scharte.

Rössel III
Aus dem Grübl sonnseitiger Anstieg.
Nordseitige Abfahrt (Breitlahn) für Spezialisten.

Die Schmankerln

Die Abfahrten aus der Großen (Tiefen) Scharte und vom Reichhals zur Linsalm.

Gehzeiten, Höhenunterschiede

- Gößgraben – Pichlmoar – Reichenstein, 4 Std., 1330 Hm;
- Grübl – Reichenstein, 3 Std., bis 940 Hm;
- Pichlmoar – Hocheller, 1 Std. 30 Min., 550 Hm;
- Pichlmoar – Hohe Zölz, 1 Std., 450 Hm.

Anstiege und Abfahrten

Gößgraben – Reichenstein. Eine klassische Schiroute. Vom Parkplatz auf einem Forstweg zur Linsalm, 1059 m, und rechtshaltend bergan in das mit Pichlmoar bezeichnete Hochtälchen. Unterhalb vom Krumphals bergan in der weithin sichtbaren steilen Südflanke. Darüber der Sattel Reichhals, 2040 m. Nun ostwärts bergan, über die Hochfläche zur Reichensteinhütte (Winterraum) und zum nahen Gipfel.
Abfahrt wie Anstieg.

Grübl – Reichenstein. Entweder direkt vom Präbichler Hof, 1280 m, oder von der Sesselbahn-Bergstation, 1410 m, wie am Sommerweg bergan zum Rösselhals, 1770 m. Der weitere Anstieg am Theklasteig bzw. über die Stiege kann nur unter der Voraussetzung bester Verhältnisse empfohlen werden! Sehr steiles Gelände bis zur Reichensteinhütte (kleiner, offener Winterraum), 2136 m. Von der Hütte am Gratrücken zum nahen Gipfel.
Abfahrt über den Reichhals. Entweder zum Parkplatz Linsalm oder über den Krumphals zur Krumpenalm; hiebei unbedingt vom Krumphals linkshaltend (!), knapp bei den Felsen, abfahren. Von der Krumpenalm evtl. zur Hirnalm.

Alpine Erlebnisbereiche zwischen dem Präbichl und Gößgraben

Im Gipfelbereich des Eisenerzer Reichensteins

Bei der Reichenstein-Umfahrung von der Krumpenalm der Gegenanstieg in das Rottörl; vom Rottörl Abfahrt in das Grübl und zum Präbichler Hof.

Pichlmoar – Hocheller. Vom Punkt 1452 in die Große Scharte, 1861 m; meist hier das Schidepot. Aus der Scharte zu Fuß nordseitig auf den Hocheller.
Abstieg und Abfahrt wie Anstieg.

Pichlmoar – Hohe Zölz. Aus dem Almgekände zum Krumphals, 1700 m, und dem Rücken südwärts folgend zum schrofigen Gipfel.
Abfahrt: Die Einfahrtsstelle im Gipfelbereich in die nordseitige, sehr steile Schrofenstufe ist aus dem Pichlmoar gut einsehbar. Wie Anstieg zur Linsalm und in den Gößgraben.

TOUR 25

Buchberg *1563 m*
Lurghöhe *1438 m*
Kleiner Gipfel mit großer Aussicht

Talort und Informationen
8923 Gams bei Hieflau; 539 m;
Gemeindeamt, Tel. 03637/206.

Reise
Auto: A 9 Pyhrn-Autobahn,
Ausfahrten 67/Gesäuse oder 129/Traboch;
B 146 Gesäuse-Bundesstraße bis Hieflau;
B 115 Eisen-Bundesstraße bis Landl;
B 25 Lunzer Bundesstraße nach Gams.
Zum Gehöft Bachler
Über Gamsforst; ab Gams 8 km.

Ausgangspunkt
Gehöft Bachler, 819 m.

Einkehrstätten und Stützpunkte
Kirchenwirt, Gams (Montag Ruhetag);
mit Ferienwohnung; Pichler, Tel. 03637/362.
Paradies, Pension in Gams;
Familie Schornsteiner, Tel. 03637/201.

Orientierung
FB-WK 062 oder 041; ÖK-Blätter 100, 101.

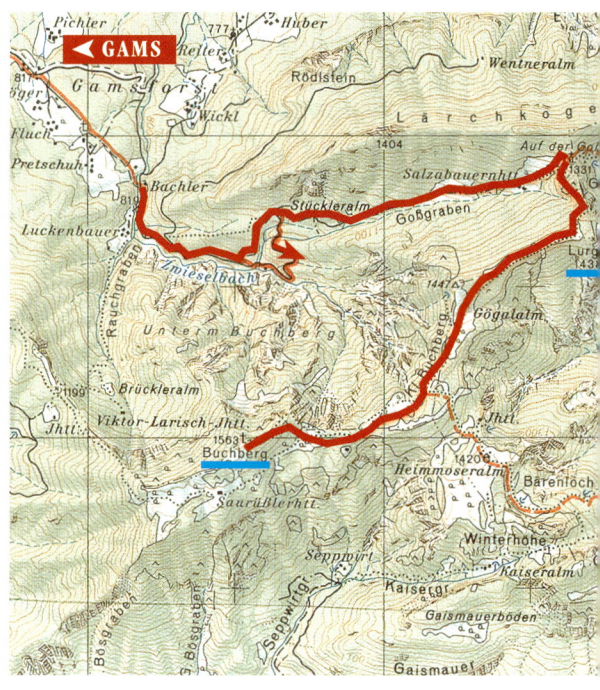

D I E S C H I T O U R

Beste Zeit
Hochwinter.

Charakteristik I–II
Bis in den Goßsattel überwiegend Forstwege; ab dem Goßsattel aufgelockerter Misch- bzw. Buchenwald. Von der Lurghöhe bis zum Buchberg über eine weiträumige, leicht gewellte Hochfläche.

Das Schmankerl
Eine stille Landschaft von großer Schönheit, im westlichsten Teil der Hochschwabgruppe.

Gehzeit, Höhenunterschied
- Gehöft Bachler – Lurghöhe – Buchberg, 3 Std., 750 Hm.
- Für den Rückweg einkalkulieren:
  Buchbergsattel – Lurghöhe, 1 Std.

Anstieg und Abfahrt

Vom Gehöft Bachler in Gamsforst folgt man erst einem Forst-, dann einem Ziehweg zur ehemaligen Stückleralm, ca. 1000 m. Nun im Goßgraben geradewegs bergan zur Salzabauernhütte; sie liegt auf einem romantischen Flecken.

Nach einem kurzen Anstieg wird der markante Felsen im Goßsattel, 1331 m, erreicht: Ein schöner Rastplatz mit Ausblick zu Brandstein und Ebenstein.

Nun südwärts, in einer Querung unterhalb von Felszacken in einen nächsten kleinen Sattel und daraus, in einem Buchenwald ansteigend, auf die Fläche der Lurghöhe. Nun südwestwärts durch schütteren Wald, schließlich auf freien Flächen zur Hütte auf der Gögalalm, 1447 m. Wiederum nur leicht bergan und am Höhenrücken vom Kleinen Buchberg westwärts, allmählich bergab in den Buchbergsattel, 1450 m, und im lichten Baumbestand aufwärts. Über den gut begehbaren, von Wind und Schnee mit Wächten geformten Rücken zum Gipfelkreuz auf dem Buchberg.

Oben: Von der Salzabauernhütte in den Goßsattel „Auf der Goß".
Im Hintergrund die Hochtorgruppe und Buchsteingruppe (rechts)

Links: Vom Buchberg zum Brandstein

Abfahrt zunächst nur bis in den Buchbergsattel, denn der Rückweg erfolgt nach der Anstiegspur, d. h. mit leichten Gegenanstiegen zur Lurghöhe. Bei guten Verhältnissen von der Lurghöhe durch den Wald direkt zur Alm bei der Salzabauernhütte abfahren; ansonsten über den Goßsattel. Im weiteren wie Anstieg, jedoch von der Stückleralm auch linkshaltend auf dem Forstweg.

81

TOUR 26

Leobner Mauer 1870 m
TAC-Spitze 2019 m

Talorte

8790 Eisenerz, 736 m;
8794 Vordernberg, 839 m.

Reise

Auto: A 9 Pyhrn-Autobahn, Ausfahrt 129/
Traboch; B 115 Eisen-Bundesstraße.
Auf den Präbichl: Von Eisenerz 7 km,
von Vordernberg 6 km.
Bahn: ÖBB; IC-Bahnhof Leoben Hbf.
Bahnbus/Schibus: ÖBB; Leoben Hbf –
Trofaiach – Schiarena Präbichl – Eisenerz.
Präbichl-Bergbahnen, Sesselbahnen:
• Präbichl, 1260 m – Polster, 1810 m;
• Weidau, 1116 m – Polsterdreieck, 1610 m.
Betriebszeit im Winter: Täglich 9–16 Uhr.
Informationen: Schiarena, Tel. 03849/60600;
Polsterlift Talstation 03849/6370.
office@praebichl.at – www.praebichl.at

Taxi und Transfer

Almhäuser/Vordernberg:
Fa. Langreiter, Tel. 03849/210.

Ausgangspunkte

• Almäuser, 1092 m;
• Polsterlift-Bergstation, 1810 m;
• Präbichl-Paßhöhe, 1226 m.

Einkehrstätten und Stützpunkte

Almhäuser, Gasthof (Dienstag Ruhetag);
Familie Langreiter, Tel. 03849/210.
Alpenrose, Gasthof; Tel. 03849/6346.
Latschenstube, Gasthof; Tel. 03849/6386.
Leobner Hütte, OeAV, 1582 m;
Dezember bis 6. Jänner durchgehend; ab 7.
1. bis Ende April an Wochenenden.
Pächterfamilie Ogris; Tel. 03849/246.
Polsterblick, Pension; Tel. 03849/6371.

Orientierung

FB-WK 041 oder 062; ÖK-Blatt 101.

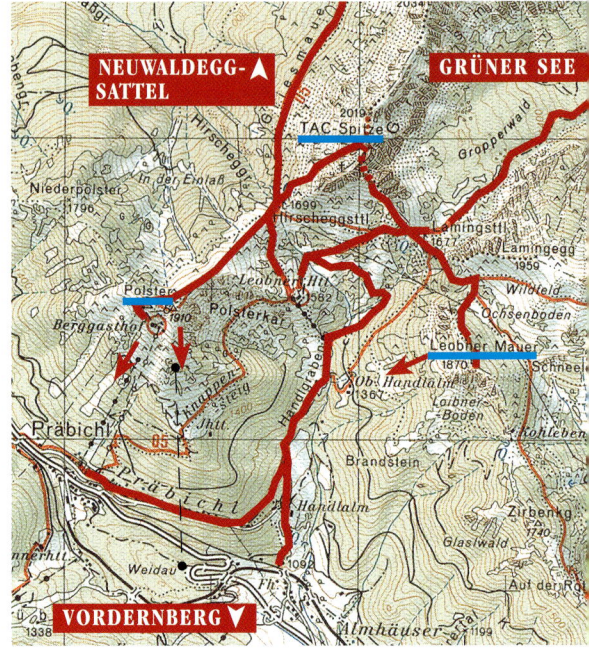

D I E   S C H I T O U R E N

Beste Zeit: Hochwinter und Frühjahr.

Charakteristik II–III

Großteils süd- bis westseitiges Gelände. Auf den Gipfel der Griesmauer in leichter Kletterei; das Fixseil an der TAC-Spitze liegt meist
unter Schnee.

Das Schmankerl

Die kleine, aber feine „Polster-Tourenschaukel":
Mit der Sesselbahn auf den Polster, Abfahrt in den Hirscheggsattel
zur Leobner Hütte, wo Tourenanstiege und Geländeabfahrten
anschließen.

Gehzeiten, Höhenunterschiede

• Almhäuser – TAC-Spitze und/oder Griesmauer, 3 Std., 930 Hm;
• Leobner Hütte – Lamingsattel (– Griesmauer) –
  Leobner Mauer – Almhäuser, 3–4 Std., bis zu 620 Hm Anstiege,
  bis zu 1000 Hm Abfahrten.

Vordernberger Griesmauer *2014 m*

Polster-weich: Die „Tourenschaukel" in der Schiarena Präbichl

Die Vordernberger Griesmauer über dem Lamingsattel; links zur Leobner Hütte, rechts zur Lamingalm

Anstiege und Abfahrten

Almhäuser – Handlalm – TAC-Spitze/Griesmauer. Oberhalb von den Almhäusern über die Erzbergbahn und zur Handlalm, 1200 m; hierher von der Präbichl-Paßhöhe auf der Laufstraße. Ab der Handlalm leitet ein breiter Weg in den hinteren Handlgraben zur Materialseilbahn. Vorsicht! Dieser normale Zugang kann lawinengefährdet sein. Weiter im Graben einwärts und in einem Linksbogen hinauf zur Leobner Hütte; darüber, im Hirscheggsattel, 1699 m, steht ein hoher Gittermasten.

Aus dem Hirscheggsattel am Fuße der Grattürme, vorbei am „Keppelzahn", nordostwärts bergan in einen kleinen Sattel. Aus diesem links zur TAC-Spitze (verankertes Seil).

Oder aus demselben Sattel rechts zur Vordernberger Griesmauer. Abfahrt wie Anstieg zur Leobner Hütte. Eventuell folgende Kombination für eine Rundtour anschließen:

Leobner Hütte – Lamingsattel (– Griesmauer) – Leobner Mauer – Almhäuser. Man quert die südseitigen Hänge in Richtung Lamingsattel, 1677 m. (Zur Griesmauer: Aus dem steilen Südhang bzw. aus dem Lamingsattel den Gratrücken bergan zu den Gipfelfelsen; Vorsicht! Steile Schrofen zum Gipfel.)

In jedem Fall aus dem Lamingsattel südostwärts ansteigend zum E-Masten im Ochsenboden, und von hier, einen nordseitigen Rücken bergan, auf die Leobner Mauer.

Abfahrt Knapp nördlich vom Gipfel, aus einer kleinen Felslücke im Grat, erfolgt die Einfahrt: Über den steilen, westseitigen Schutthang hinunter zur Oberen Handlalm, 1367 m. Aus dem Handlgraben zurück zur Handlalm und zu den Almhäusern bzw. zur Präbichl-Paßhöhe.

Von allen Seiten über den Trenchtling

Großwand 1983 m
Hochturm 2081 m
Lamingegg 1959 m

Talorte und Informationen
8612 Tragöß-Oberort, 793 m;
Tourismusbüro, Tel. 03868/8330.
8793 Trofaiach, 658 m;
Karl Schelch, Tel. 03847/5232.

Reise
Auto: A 9 Pyhrn-Autobahn, Ausfahrt 129/Traboch; B 115 Eisen-Bundesstraße.
In das Tragösser Tal: Von Bruck an der Mur-Berndorf; bis Oberort 25 km.
Zur Rötzbachbrücke: In Trofaiach zum Sportplatz, durch den Rötzgraben bis zur markanten Kehre; ab Trofaiach 10 km.
Zum Hieslegg: Von Pichl-Großdorf 5 km, von der Rötzbachbrücke 1,5 km.
Postbus: Bruck an der Mur – Berndorf – St. Katharein a. d. L. – Tragöß-Oberort.

Ausgangspunkte
• GH Hieslegg, 1154 m;
• Parkplatz Grüner See: Loipenhütte mit Tourismusbüro, 776 m;
• Rötzbachbrücke, 1024 m.

Einkehrstätten und Stützpunkte
Hieslegg, Gasthaus, 1154 m; offen jeweils Freitag bis Sonntag und an Feiertagen. Veronika Gartler, Tel. 03868/8398.
Leobner Hütte, OeAV, 1582 m; Ab Dezember bis 6. Jänner durchgehend; ab 7. Jänner bis Ende April an Wochenenden. Pächterfamilie Ogris; Tel. 03849/246.
Seehof, Gasthaus am Grünen See; 776 m; Familie Wenninger, Tel. 03868/8207.

Orientierung
FB-WK 041 oder 062; ÖK-Blatt 101.

Bild oben:
Fotogen aufgewertet – Steilabfahrt vom Hochturm in das Schneeloch

D I E S C H I T O U R E N

Beste Zeit
Frühjahr.

Charakteristik II–III
Meistbegangener Zugang evtl. auch im Hochwinter:
Aus dem Rötzgraben zu Hochturm, Lamingegg und Leobner Mauer..
Die Zirbenebenabfahrt ist von der Lamingalm einsehbar.

Das Schmankerl
Die Steilrinnen vom Hochturm in das Schneeloch; bis 700 Hm Abfahrt; am besten bei Firn.

Gehzeiten, Höhenunterschiede
• Grüner See – Lamingalm – Hochturm, 4–5 Std., 1300 Hm;
• Hieslegg – Großwand – Hochturm, 3 Std., 930 Hm;
• Rötzbachbrücke – Lamingegg – Hochturm, 3 Std., 1060 Hm.

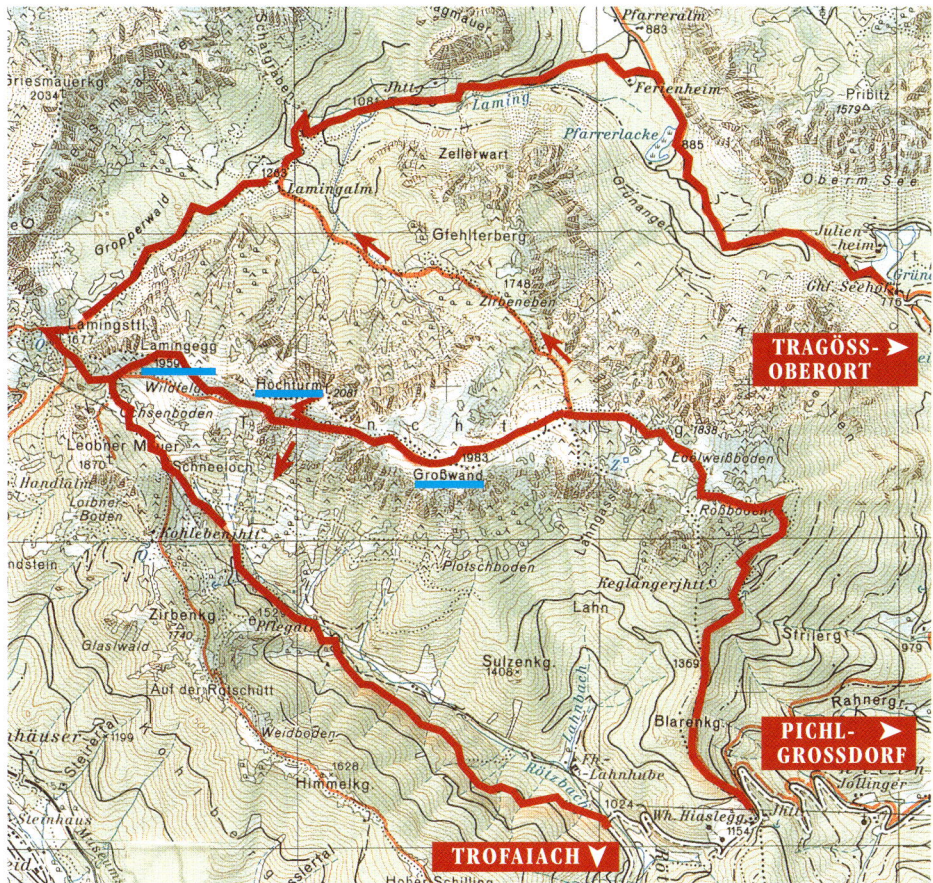

TRAGÖSS-OBERORT ➤

PICHL-GROSSDORF ➤

TROFAIACH ▼

Anstiege und Abfahrten

Grüner See – Lamingalm – Hochturm. Zunächst in Richtung Jassing bis zur Abzweigung vor der Pfarreralm, 883 m. Der Markierung folgend über die Lamingalm, 1263 m, in den Lamingsattel, 1677 m. Nun südostwärts in jenen Sattel mit der Hochspannungsleitung. Aus jenem Sattel zunächst auf das Lamingegg oder – direkt – in der gleichmäßigen Bergflanke („Wildfeld") zum Hochturm.
Abfahrt wie Anstieg; oder über die Zirbeneben.

Rund um den Hochturm: Mit Zirbeneben-Abfahrt. Von der Lamingalm aus die Verhältnisse in der Zirbeneben überprüfen.
Abfahrt: Vom Hochturm auf der Hochfläche zur Großwand. Ca. 100 Hm darunter liegt ein Sattel, 1880 m. Aus diesem nordwärts (!) zur Zirbeneben, 1748 m. Die durchwegs steile nordwestseitige Leiten läuft auf der Lamingalm aus.

Hieslegg – Großwand – Hochturm. Nur lohnend, wenn die Hochfläche nicht abgeblasen ist. Dem markierten Weg folgend, z. T.

auf einer Forststraße, zum Roßboden, 1650 m. Nun im freien Gelände bergan, über den Edelweißboden, auf die Hochfläche bei der Großwand und westwärts zum Gipfel.
Abfahrt wie Anstieg. Oder durch eine der südwestseitigen Steilrinnen in das Schneeloch und zur Rötzbachbrücke; von der Brücke 1,5 km Anstieg entlang der Straße zum Hieslegg.

Rötzgraben – Hochturm. Von der Rötzgrabenbrücke, das Wildgatter bergseitig umgehend, zu einer Forststraße; auf ihr in den Talschluß unterhalb der Pflegalm. Entlang der Hochspannungsleitung bergwärts zum Ochsenboden (großer Masten) und über die breiten Flächen des Wildfeldes bzw. über das Lamingegg zum Hochturm.
Abfahrt wie Anstieg oder durch Steilrinnen.

Brandstein 2003 m
Ebenstein 2123 m

Talorte und Informationen

8612 Tragöß-Oberort, 793 m;
Tourismusbüro, Tel. 03868/8330.
8621 St. Ilgen, 736 m;
Gemeindeamt, Tel. 03861/8136.
8790 Eisenerz, 736 m;
Tourismusbüro, Tel. 03848/3700.
8924 Wildalpen, 607 m;
Tourismusbüro, Tel. 03636/341.

Reise

Auto:
Nach Tragöß und in die Jassing: In Bruck
an der Mur von Berndorf durch das Tragös-
ser Tal nach Oberort. Ab Parkplatz Grüner
See (Parkticket lösen!) in die Jassing, 3 km.
Zum Bodenbauer: Wie bei Tour 29.
Bahn: ÖBB; IC-Bahnhöfe Bruck an der
Mur, Kapfenberg und Leoben Hbf.
Bahnbus/Schibus: ÖBB; Leoben Hbf –
Präbichl – Gsollkehre – Eisenerz.
Postbus: Bruck a. d. M. – Tragöß-Oberort.

Ausgangspunkte

- Bodenbauer, 884 m;
- Gsollkehre, 944 m;
- Jassing, 884 m;
- GH Seehof am Grünen See, 776 m;
- Wildalpen/Winterhöh, 644 m.

Einkehrstätten und Stützpunkte

Bodenbauer, GH; siehe Tour 29.
Häuselalm-Schutzhütte; siehe Tour 30.
Sonnschienhütte, OeAV, 1523 m;
Christtag bis Dreikönigstag und ab Anfang
März durchgehend bis Mitte September so-
wie von Mitte Oktober bis Allerheiligen.
Pächterfamilie Graf, Tel. 0663/9731083.
Seehof, am Grünen See; keine Nächti-
gung. Familie Wenninger, Tel. 03868/8207.

Orientierung: FB-WK 041; ÖK-Blatt 101.

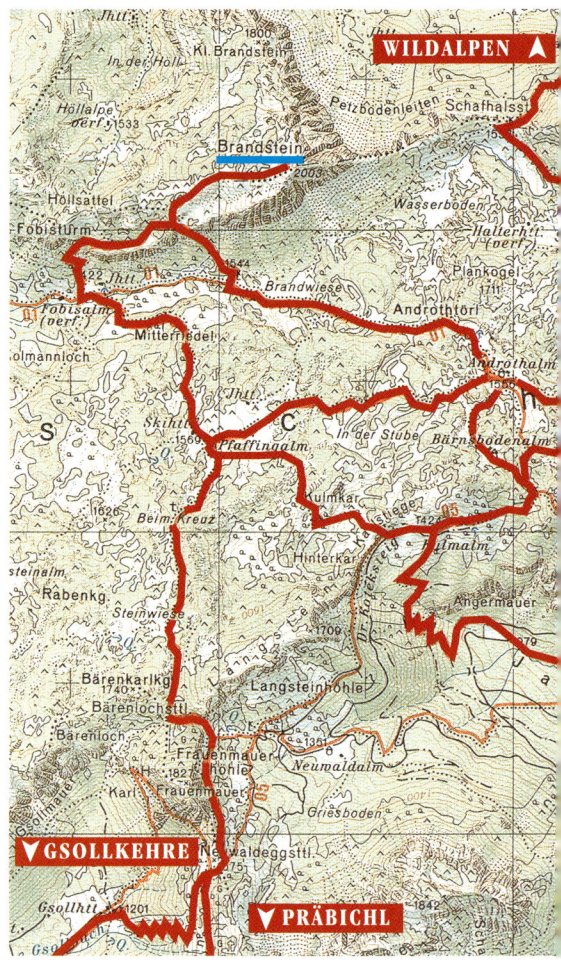

Beste Zeit: Hochwinter bis Frühjahr.

Charakteristik II–III Im Sonnschiengebiet süd- bzw. rundum
sonnseitig. Weiträumige Plateaulandschaft; ideal zum Schiwandern.
Die Gipfel sind relativ leicht ersteigbar, jedoch die gipfelnahen
Höhenrücken im Hochwinter zumeist abgeblasen.

Die Schmankerln: Die Rundtouren über die Almen;
die Abfahrten von Ebenstein und Brandstein.

Sonnschienalm 1523 m

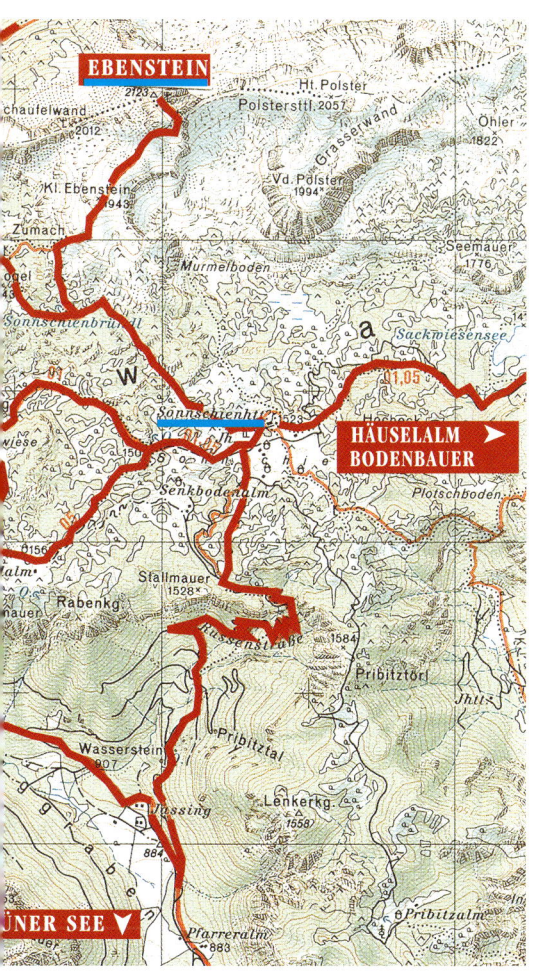

Gehzeiten, Höhenunterschiede

- Bodenbauer – Sonnschienhütte, 2 Std. 30 Min., 700 Hm;
- Grüner See – Sonnschienhütte, 3 Std., 750 Hm;
- Gsollkehre – Pfaffingalm – Sonnschienhütte, 4 Std., 700 Hm;
- Jassing – Sonnschienhütte, 2 Std., 650 Hm;
- Sonnschienhütte – Brandstein, 3 Std., 700 Hm;
- Sonnschienhütte – Ebenstein, 2 Std., 600 Hm;
- Wildalpen – Sonnschienhütte, 4 Std., 1000 Hm.

Genußreicher Dreiklang über dem Tragösser Tal und Grünen See

Anstiege und Abfahrten

Bodenbauer – Häuselalm – Sonnschienhütte. Insgesamt orientiert man sich an den markierten Wegen, nutzt jedoch beim Anstieg zur Häuselalm verstärkt die Forstwege. Der Übergang von der Häuselalm erfolgt am WW 01/05: Über die Sackwiesenalm zur Sonnschienalm mit kurzen Abfahrten und Gegenanstiegen.

Rückweg und Abfahrt wie Anstieg.

Grüner See – Jassing – Sonnschienhütte. Der Zugang erfolgt auf dem alten Weg in die Jassing. (Hierher kann auf einem Forstweg zugefahren werden.)

Vom Parkplatz Jassing, 884 m, auf der Russenstraße, einem Forstweg zum Wasserstein und dem „Schinder" (Abkürzung). Man folgt jedoch besser den Kehren zum „Lawinengangl", einer mitunter heiklen Passage. Aus ihr gelangt man über einen kleinen Bichl, das Sonnschientörl, auf die Sonnschienalm.

Abfahrt wie Anstieg. Oder mit Übergang zur Kulmalm bzw. Neuwaldeggalm; jeweils in die Jassing und in Richtung Grüner See.

Gsollkehre – Pfaffingalm – Sonnschienalm. Alpin interessante Route. Aus dem Neuwaldeggsattel gelangt man ostseitig in den Bärenlochsattel: Eventuell an der Frauenmauer eben querend, besser jedoch, man fährt in Richtung Neuwaldalm ab und steigt von ihr in den Bärenlochsattel zurück herauf. Aus ihm gelangt man einfach auf die Hochfläche. Die Markierung leitet über die Pfaffing- und Androthalm in den Hörndlboden und zur Sonnschienalm.

Rückweg und Abfahrt wie Anstieg; aus dem Bärenlochsattel evtl. westseitig zur Gsollalm abfahren.

Brandstein, 2003 m
Ebenstein, 2123 m
Sonnschienalm, 1523 m

Sonnschienhütte – Brandstein. Wie beim WW 01 westwärts zur Androthalm, 1556 m, und durch das Androthtörl zur Brandwiese. Beim ÖK-Punkt 1544 nun südseitig bergan zum Brandhals; aus ihm einfach zum Gipfel.
Abfahrt wie Anstieg. Oder, sehr lohnend: Pfaffingalm – Kulmalm – Jassing.

Sonnschienhütte – Ebenstein. Dieser südseitige Normalweg in Richtung Sonnschienbründl und der Zustieg in den Sattel am Kleinen Ebenstein sind ausreichend bezeichnet. Der Gipfelhang auf den Ebenstein kann mitunter abgeweht sein.
Abfahrt wie Anstieg.
Oder aus dem Ebenstein-Gipfelhang westseitig in den Spitzboden, daraus bergan zur Zumach (eine Engstelle); vom Sonnschienbründl zurück wie Anstieg.

Wildalpen – Schafhalssattel – Sonnschienhütte. Für Schibergsteiger. Der eigentliche Zugang beginnt auf der Winterhöh. Insgesamt folgt man dem markierten Weg. Südlich von Kreuzpfäder und Zumach, nahe bei P. 1384, gabeln sich zwei Routen:
Die Wintermarkierung leitet durch den Schiffwaldboden in den Schafhalssattel. Dann folgen die kurze Abfahrt in den Spitzboden und der Gegenanstieg zur Zumach. In leichter Abfahrt gelangt man zur Sonnschienalm.
Rückweg und Abfahrt wie Anstieg.
Oder in Verbindung mit dem Ebenstein: Vom Gipfelhang nordwestseitig in den Sattel östlich der Schaufelwand; nun nordseitig direkt in Richtung P. 1384 und weiter

Der Ebenstein: Hausberg über der Sonnschienalm

Brandstein, 2003 m
Ebenstein, 2123 m
Sonnschienalm, 1523 m

Großer Griesstein 2023 n.

Hinterer Polster 2057 m

Talorte und Informationen

8612 Tragöß-Oberort, 793 m;
Tourismusbüro Tel. 03868/8330.
8621 St. Ilgen, 736 m;
Gemeindeamt, Tel. 03861/8136.

Schitouren-Testzentrum Bodenbauer

Jeweils Freitag bis Sonntag, Test-
ausrüstung von „Northland", ca. 15 Paar.
Auch Tourenberatung. Infos und Reservierungen: Gerhard Schwarz, Tel. 03861/8130.

Reise
Auto:
Nach Tragöß: Vom Knoten Bruck a. d. Mur.
Zum Bodenbauer: B 20 Mariazeller Bundes-
straße bis Thörl; zum Bodenbauer 12 km.
Zum Brunntal: B 24 Hochschwab-Bundes-
straße; aus Richtung Gußwerk, Wildalpen.

Taxi und Transfer
Fa. Spreitzhofer, Aflenz, Tel. 03861/2400.
Aflenz – Bodenbauer 15 km.

Ausgangspunkte
• Bodenbauer, 884 m;
• Brunnsee, 623 m;
• Sonnschienhütte, 1523 m.

Einkehrstätten und Stützpunkte
Bodenbauer, Alpengasthof; in den Weih-
nachtsferien und von Mai bis Allerheiligen
durchgehend; ansonsten Freitag bis Sonn-
tag; Gerhard Schwarz, Tel. 03861/8130.
Häuselalm-Schutzhütte; siehe Tour 30.
Ilgner Hof, Gasthaus in St. Ilgen;
Familie Saywald, Tel. 03861/8133.
Sonnschienhütte, OeAV, 1523 m;
Christtag bis Dreikönigstag, Anfang März bis
Mitte September, Mitte Oktober bis Allerhei-
ligen. Familie Graf, Tel. 0663/9731083.

Orientierung
FB-WK 041; ÖK-Blätter 101 und 102.

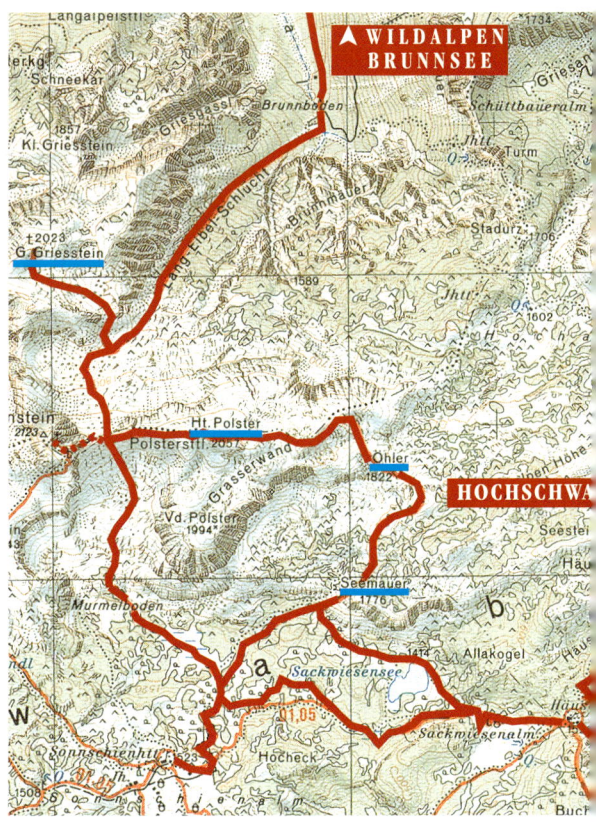

Beste Zeit
Frühjahr.

Charakteristik III
Überwiegend südseitig; Lang-Eibel-Schlucht nordostseitig. Beliebig
kombinierbare Touren. Für Schibergsteiger.

Die Schmankerln
Die südseitigen Abfahrten in den Murmelboden und in das Allaloch;
die Rundtouren über die Hochflächen.

Öhler 1822 m
Seemauer 1776 m

Das einsamere Tourengebiet in Reichweite von Sonnschien- und Häuselalm

Gehzeiten, Höhenunterschiede
- Bodenbauer – Hochalpenhöhe – Seemauer – Bodenbauer, 6–7 Std., 1300 Hm;
- Brunnboden – Lang-Eibel-Schlucht – Polstersattel, 2 Std. 30 Min., 1080 Hm;
- Brunnsee – Brunnboden, 1 Std. 15 Min., 200 Hm;
- Brunnsee – Lang-Eibel-Schlucht – Großer Griesstein, 4–5 Std., 1400 Hm;
- Sonnschienhütte – Polstersattel – Großer Griesstein, 2 Std. 30 Min., 730 Hm;
- Sonnschienhütte – Polstersattel, 1 Std. 30 Min., 500 Hm;
- Sonnschienhütte – Hinterer Polster – Öhler, 2 Std., 600 Hm;
- Sonnschienhütte – Polstersattel – Ebenstein, 2 Std. 15 Min., 650 Hm.

Vom Öhler schwungvoll in das Allaloch und Richtung Sackwiesensee

Anstiege und Abfahrten
Bodenbauer – Hochalpenhöhe – Seemauer. Ab der Häuselalm eröffnen sich ungemein weiträumige Tourenmöglichkeiten. Das Begehen der Hochflächen setzt jedoch absolut verläßliches, sichtiges Wetter voraus. Nur die Übergänge in Richtung Sonnschienhütte und Hochschwab sind mit Wintermarkierungen ausgestattet. Zur Hochalpenhöhe gelangt man aus dem Häuseltrog über den Häuselberg oder aus

dem Baumstall. Die Hochalm, 1610 m, kann in die Runde ebenso miteinbezogen werden wie die Seemauer.

<u>Abfahrten</u> Vom Öhler Übergang in Richtung Seemauer. Nun südseitig in das Allaloch und zum Sackwiesensee.

Im Gegenanstieg zu Sackwiesenalm und Häuselalm; Abfahrt zum Bodenbauer wie Anstieg. Siehe Karte bei Tour 31.

Brunntal – Lang-Eibel-Schlucht.

Der nordseitige Zugang vom Brunnsee zum Brunnboden hat auf 4 km Länge nur 200 Hm. Müssen die Schi durch das Brunntal getragen werden, schmälert dies den Genuß zusätzlich. Einen Ausgleich schaffen die einmalige Szenerie des Talschlusses und im besonderen die Lang-Eibel-Schlucht. Sie wird aus dem Brunnboden eher an der linken, früher ausapernden Seite erstiegen; vom Brunnboden in den Fenstertrog rund 900 Hm.

Aus dem Fenstertrog auch in den Polstersattel und/oder auf den Großen Griesstein. <u>Abfahrten</u> wie Anstiege.

Fenstertrog – Großer Griesstein.

Der Zustieg erfolgt zumeist von Süden her: Beispielsweise von der Sonnschienalm über den Polstersattel und, nach der Abfahrt in den Fenstertrog, 1850 m, durch südostseitige Karmulden knapp 200 Hm bergan auf den Gipfel.

<u>Abfahrt</u> wie Anstieg.

Oder vom Gipfel in die Lang-Eibel-Schlucht und zum Brunnboden: Genußreiche 1200 Höhenmeter!

Polstersattel – Ebenstein. Evtl. Steigeisen erforderlich. Durch nordostseitige Steilschrofen zum Gipfel.

<u>Abstieg</u> wie Anstieg.

Polstersattel – Lang-Eibel-Schlucht (LESch). Auf der Sonnschien-Seite wird eine Kombination bevorzugt, die insgesamt bis zu 1700 Hm Anstiege erfordert und ebenso viele Höhenmeter Abfahrten bietet:

Von der Häuselalm in Richtung
Hochschwab. Im Hintergrund
Trenchtling (Mitte), Lamingsattel und
ein Teil der Griesmauer

Abfahrt aus der Sonnschienalm kurz in den Murmelboden, 40 Hm;
Anstieg zum Polstersattel, 500 Hm;
Abfahrt in den Fenstertrog und durch die LESch bis zum Brunn-
boden, 1160 Hm;
Rückanstieg durch die LESch zum Polstersattel;
Abfahrt in den Murmelboden;
Gegenanstieg zur Sonnschienhütte.

**Sonnschienalm – Hinterer Polster –
Öhler – Sonnschienalm.** Empfehlenswerte Rundtour. Anstieg durch den Murmelboden zum Polstersattel und am Gratrücken
auf den Hinteren Polster.
Abfahrt Vom Hinteren Polster anfangs ostwärts, dann, im Uhrzeigersinn, zum Öhler;
südseitig in das Allaloch und bei der Seemauer in den Boden beim Sackwiesensee.
Auf dem markierten Weg Rückanstieg zur
Sonnschienalm.

Sonnschienhütte – Polstersattel. Aus
dem Murmelboden durch südseitige Karmulden in diesen gern aufgesuchten Sattel,
1990 m. Einerseits als Kurztour geschätzt,
wird der Polstersattel auch in mehrere
(Rund-)Touren eingebunden, wie z. B. mit
Ebenstein, Griesstein, Hinterer Polster, Lang-
Eibel-Schlucht, Öhler.
Abfahrt wie Anstieg oder in Verbindung mit
einer Anschlußtour.

Buchbergkogel 1700 m

Drei an einem Tag:
Gut auch bei schlechterem Wetter ...

Talorte und Informationen

8612 Tragöß-Oberort, 793 m;
Tourismusbüro Tel. 03868/8330.
8621 St. Ilgen, 736 m;
Gemeindeamt, Tel. 03861/8136.

Schitouren-Testzentrum Bodenbauer

Jeweils Freitag bis Sonntag, Test-
ausrüstung von „Northland", ca. 15 Paar.
Auch Tourenberatung. Infos und Reservierungen: Gerhard Schwarz, Tel. 03861/8130.

Reise

Auto: S 6 Semmering-Schnellstraße, Aus-
fahrt Kapfenberg; auf der B 20 Mariazeller
Bundesstraße bis Thörl.
Zum Bodenbauer: Ab Thörl 12 km.

Taxi und Transfer

Fa. Spreitzhofer, Aflenz, Tel. 03861/2400.
Aflenz – Thörl – Bodenbauer 15 km.

Ausgangspunkt

Bodenbauer, 884 m.

Einkehrstätten und Stützpunkte

Bodenbauer, Alpengasthof; in den Weihnachtsferien und von Mai bis Allerheiligen
durchgehend; ansonsten Freitag bis Sonntag; Gerhard Schwarz, Tel. 03861/8130.
Häuselalm-Schutzhütte, 1526 m; im
Winter an Wochenenden sowie in der Weih-
nachts- und Karwoche durchgehend. Pächterfamilie Zandonella, Tel. 0663/9503352.
Ilgner Hof, Gasthaus in St. Ilgen;
Familie Saywald, Tel. 03861/8133.

Orientierung

FB-WK 041; ÖK-Blätter 101 und 102.

D I E S C H I T O U R E N

Beste Zeit

Hochwinter und Frühjahr bzw. so lange, als die Schneedecke ins Tal
reicht.

Charakteristik II–III

Im Abschnitt Bodenbauer – Häuselalm überwiegend schattseitig;
hohe Waldstufe (Sackwald); ab der Häuselalm kupiertes Gelände,
das viele Varianten ermöglicht. Abseits der Stangenmarkierung
(Sonnschien – Häuselalm – Hochschwab) ist die Orientierung jedoch schwierig, daher Varianten nur bei sichtigem Wetter unternehmen.

Die Schmankerln

Die Abfahrten vom Buchbergkogel und Häuselberg zur Sackwiesenalm sowie vom Zinken in den Häuseltrog. Bei guten Schneeverhältnissen ist auch der Sackwald nicht zu verachten.

Häuselberg 1836 m
Zinken 1926 m

... Weitblick gehört jedoch immer dazu!

Gehzeiten, Höhenunterschiede

- Bodenbauer – Sackwald – Häuselalm, 1 Std. 45 Min., 640 Hm;
- Häuselalm – Sackwiesenalm – Buchbergkogel, 50 Min., Abfahrt ca. 50 Hm, Anstieg bis zu 220 Hm;
- Häuselalm – Häuselberg, 1 Std., 310 Hm;
- Häuselalm – Zinken, 1 Std. 20 Min., 400 Hm;
- Sackwiesenalm – Buchbergkogel, 40 Min., 220 Hm.

Anstiege und Abfahrten

Bodenbauer – Sackwald – Häuselalm. Man folgt insgesamt der Markierung. Ab der Waldgrenze zu beiden Seiten auf Lawinenbahnen achten! Die Strauchzone umgeht man je nach Schneelage, allgemein eher links. <u>Abfahrt</u> wie Anstieg.

Häuselalm – Buchbergkogel. Am besten, man fährt in Richtung Sackwiesenalm ab, wobei man hoch genug hineinquert, um sich ein paar Anstiegsmeter zu ersparen. In beliebiger Route durch schütteren Wald auf den großflächigen Gipfel. Wenige Schritte zu Fuß zum kleinen Gipfelzeichen.
<u>Abfahrt</u> ungefähr wie Anstieg; eher linkshaltend und am besten bis in den Almboden. Kurzer Gegenanstieg zur Häuselalm.

Häuselalm – Häuselberg. Entlang der Stangenmarkierung in Richtung Häuseltrog, bis man linker Hand auf einer Kuppe eine Stange sieht. An diesem steilen Hang aufwärts. <u>Abfahrt</u> wie Anstieg; oder – besonders empfehlenswert! – südwärts zur Sackwiesenalm. In Kombination mit dem Buchbergkogel eine extra lohnende Tour:

Sackwiesenalm – Buchbergkogel. Aus dem tiefsten Punkt des Almbodens in großen Kehren die breite Westseite empor. <u>Abfahrt</u> am besten bis in den Almboden.

Häuselalm – Zinken. Anfangs wie zum Häuselberg; ihm gegenüber rechtshaltend: Nun südseitig gipfelwärts. <u>Abfahrt</u> wie Anstieg; oder nordseitig in die Hirschgrube. Aus ihr evtl. zum Schönbergkar (siehe Tour 31).

Vom Buchbergkogel gegen Hinteren Polster (links hinten), davor die Grasserwand, rechts Öhler und Seemauer

TOUR 31

Hochschwab 2277 m
Hochwart 2210 m

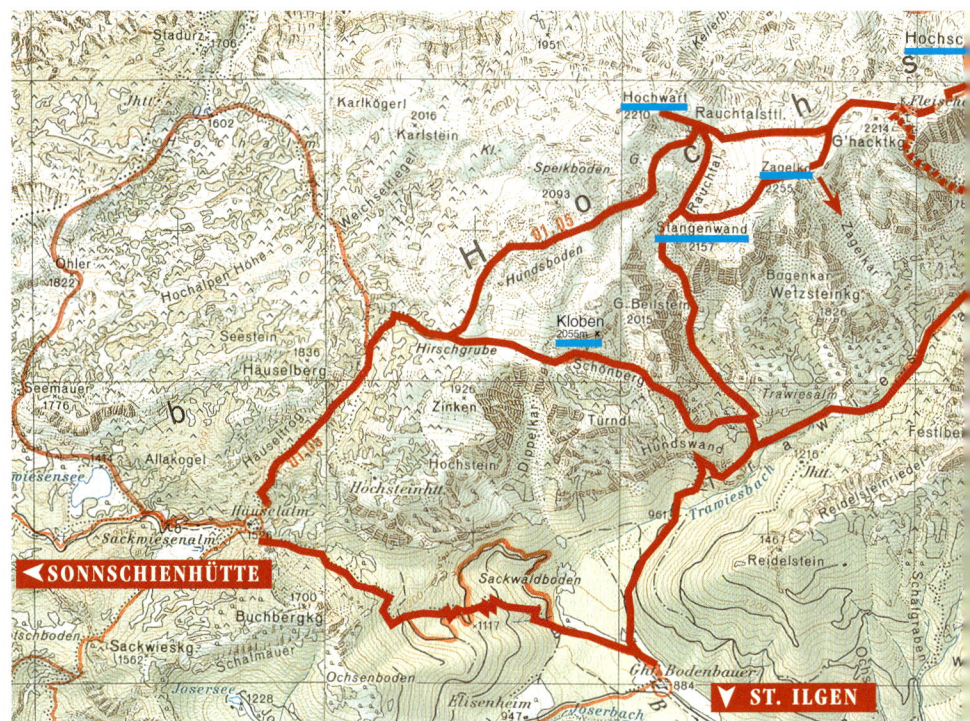

Talorte und Informationen

8621 St. Ilgen, 736 m;
8622 Etmißl, 709 m.

Tourenführungen, Alpine Beratung

Bergsteigerbüro „NOLIMIT",
Eichensiedlung 13, 8605 Kapfenberg;
Tel. und Fax 03862/33247; E-Mail & WEB:
mountain@nolimit.at – www.nolimit.at

Schitouren-Testzentrum Bodenbauer

Jeweils Freitag bis Sonntag, Testaus-
rüstung von „Northland", ca. 15 Paar.
Infos: Gerhard Schwarz, Tel. 03861/8130.

Reise

Auto: S 6 Semmering-Schnellstraße, Aus-

fahrt Kapfenberg; B 20 Mariazeller Bundesstraße; in Thörl zum Bodenbauer und nach Etmißl abzweigen.

Taxi und Transfer

Fa. Spreitzhofer, Tel. 03861/2400. Aflenz – Bodenbauer 15 km.

Ausgangspunkte

GH Bodenbauer, 884 m, oder (2,5 km davor) beim Moarhaus, 837 m.

Einkehrstätten und Stützpunkte

Bodenbauer, Alpengasthof; offen in den Weihnachtsferien sowie
jeweils Freitag bis Sonntag. Gerhard Schwarz, Tel. 03861/8130.
Etmißler Hof, Gasthof; Familie Wöls, Tel. 03861/8444.

Häuselalm, siehe Tour 30.
Hubinger, Gasthof; Etmißl; Familie J. Wöls, Tel. 03861/8114, 8406.

Orientierung

FB-Wanderkarte 041; ÖK-Blätter 101 und 102.

Kloben 2055 m *Stangenwand* 2157 m
Zagelkogel 2255 m

Gipfel, Kare, Steilabfahrten im typisch „Steirischen Gebirg"

Auf dem klassischen Weg von anno 1895 zum Hochschwab: Durch den Baumstall zur Hirschgrube

D I E   S C H I T O U R E N

Beste Zeit: Frühjahr.

Charakteristik III–IV

Alpines, überwiegend süd- bzw. sonnseitiges Gelände im Herzstück der Hochschwabgruppe. Hochflächen und steile Kare.

Die Schmankerln

Die Abfahrten im Rauchtal, Schönbergkar und Zagelkar.

Gehzeiten, Höhenunterschiede

- Bodenbauer – Rauchtal – Zagelkogel – Hochschwab 5 Std.; bis 1500 Hm.

- Bodenbauer – Rauchtal – Hochwart, 3 Std. 30 Min., 1330 Hm;

- Bodenbauer – Rauchtal – Stangenwand, 3 Std. 15 Min., 1280 Hm;

- Bodenbauer – Häuselalm, 1 Std. 45 Min., 650 Hm;

- Bodenbauer – Häuselalm – Zagelkogel, 4 Std., 1370 Hm;

- Bodenbauer – Häuselalm – Hochschwab, 5 Std., 1400 Hm;

- Bodenbauer – Häuselalm – Kloben, 3 Std. 15 Min., 1170 Hm;

- Bodenbauer – G'hacktes – Hochschwab oder Zagelkogel, 5 Std., bis 1400 Hm.

Hochschwab, 2277 m
Hochwart, 2210 m

Kloben, 2055 m
Stangenwand, 2157 m
Zagelkogel, 2255 m

Anstiege und Abfahrten

Bodenbauer – Rauchtal – Hochwart – Stangenwand – Zagelkogel – Hochschwab. Diese im Winter meistfrequentierte Route verbindet die besten Tourenziele der zentralen Hochschwabgruppe. Außerdem werden auch die beiden anderen Parade-Abfahrten – das Schönbergkar und Zagelkar – über das Rauchtal erreicht. Daraus ergeben sich Kombinationen für beliebig lange Rundtouren.

Der Zustieg in das Rauchtal erfolgt aus dem Trawiestal. Nach dem Anstieg bei den Hundswänden gelangt man zu jener jüngsten Schneise, wo im Frühjahr 2000 eine „Jahrhundertlahn" alle Bäume hinwegfegte. Hier beliebig bergwärts, bis man das Rauchtal einsieht. Darin orientiert man sich am „Jausenstein". einem großen Felsblock inmitten des Kares. Danach steigt man zwischen Beilstein und Stangenwand (siehe Bild) zunehmend steil in das obere Rauchtal an. Bei geringer Schneelage können einige Stellen eisig sein.

Aus dem oberen Rauchtal gelangt man beliebig auf die Hochfläche und von ihr einfach auf den Hochwart, zum Stangenwand-Hauptgipfel und auf den Zagelkogel. Hingegen leitet die Stangenmarkierung aus dem Rauchtalsattel ostwärts zur Fleischer-Biwakschachtel und auf den Hochschwabgipfel. Abfahrt wie Anstieg. Oder folgend:

• Vom Zagelkogel durch das Zagelkar.
• Vom Rauchtalsattel über die Hundsböden zum Kloben; darunter südseitig durch das Schönbergkar in das Trawiestal.

Bodenbauer – Häuselalm – Hochwart – Stangenwand – Zagelkogel – Hochschwab. Diese Route hat auch einen historisch hohen Wert: Auf ihr erstieg der Mürzzuschlager Hotelier und Schipionier Toni

Schruf am 9. März 1895 als erster den Hochschwab mit Schiern. Man folgt ab dem Bodenbauer insgesamt dem Sommerweg. Ab der Häuselalm, 1526 m, leiten hohe Stangen zu Häuseltrog, Baumstall – Vorsicht! Die steile Querung evtl. umgehen! – und Hirschgrube. Aus ihr über die breiten Hundsböden in den Rauchtalsattel, 2110 m. Von hier jeweils einfach auf den Hochwart, zum Stangenwand-Hauptgipfel oder Zagelkogel. Indessen leitet die Strangenmarkierung über die Hochfläche zum Fleischer-Biwak und Hochschwabgipfel. Abfahrt wie Anstieg; oder durch das Zagelkar bzw. Rauchtal.

Das G'hackte. Dieser alpin interessanteste Anstieg – meist sind Steigeisen erforderlich – beginnt im hinteren Trawiestal: Man steigt vom G'hacktbrunn, 1785 m, ein. (Unweit das Vogauer Gedenkkreuz.). Die Steilrampe führt unterhalb von Überhängen zur Hochfläche beim Fleischer-Biwak, 2153 m. Abfahrt durch das Zagelkar.

Kloben, 2055 m	Hochschwab, 2277 m
Stangenwand, 2157 m	Hochwart, 2210 m
Zagelkogel, 2255 m	

Inmitten vom Rauchtal: der „Jausenstein"

Am Fuße des Labenbechers durch das Zagelkar

Kloben und Schönbergkar.

Beide Ziele lassen sich gut einbinden, beispielsweise für eine Rundtour mit Anstieg über die Häuselalm. Dabei quert man nach der Hirschgrube aus der Hochfläche (in Höhe nördlich vom Zinken) an den Rande der Hundsböden und ersteigt einfach den Felsaufbau am Kloben. Von dessen Gipfel sieht man das Schönbergkar gut ein.

<u>Abfahrt</u> Vom Felsaufbau den Hochflächenrand so weit hinunter, bis man linkshaltend ungehindert einfahren kann. Zwischen Klobenwand und Großem Beilstein mündet die Salzleiten in das Schönbergkar. Im Auslauf des Kares (es bricht in die Hundswand ab!) unbedingt links hinaus queren. Über eine kurze bewaldete Geländestufe gelangt man zum Trawiesweg; auf ihm an den Fuß der Hundswand und zum Bodenbauer.

Zagelkar. Grundsätzlich nur bei Firn!

<u>Steilabfahrt</u> Die Einfahrt erfolgt am Zagelkogel östlich vom Gipfel, aus einem schwach ausgeprägten Sattel. Besonders zu achten ist auf Wächten; diese müssen unbedingt zuvor abgetreten werden.
Nach der bis zu 45 Grad steilen Einfahrt folgen gleichmäßig geneigte, gut befahrbare Hänge. Im Karauslauf entweder linkshaltend oder über eine Geländesteilstufe in das hintere Trawiestal. Wie am Sommerweg zur Trawiesalm, zum Schönangerl am Fuß der Hundswand und zum Bodenbauer.

Hochschwab 2277 m
Hochweichsel 2006 m

Talort und Informationen

8636 Seewiesen, 974 m;
Alpengasthof Schuster,
Tel. 03863/24101 oder 0676/9385055.

Tourenführungen, Alpine Beratung

Bergsteigerschule Hochschwab
Alfred Schabelreiter, Tel. 0664/4038568.
High Mountains
Gerhard Hubmann, Tel. 0676/3661079;
www.hm-alpin.com

Infos über Tourenverhältnisse

Hans Winkler, Tel. 0663/9631033; nur
während der Hüttenbewirtschaftungszeit.

Reise

Auto: B 20 Mariazeller Bundesstraße;
nach Seewiesen oder auf den Seeberg.
Bahn: ÖBB; Bahnhöfe Bruck an der Mur
(IC) und Kapfenberg.
Postbus: Bruck a. d. Mur – Aflenz – See-
wiesen – Mariazell, Verbundlinie 170.

Ausgangspunkte

• Seewiesen: Seetal-Kapelle, 930 m;
• Seeberg-Paßhöhe, 1246 m.

Einkehrstätten und Stützpunkte

Schuster, Alpengasthof und Bushaltestelle
in Seewiesen. Dezember bis Oktober. Auch
Touristenzimmer. Extraservice für Tagesgä-
ste: Dusch- und Pflegeraum, gratis benutz-
bar. Familie Schuster, Tel. 03863/24101.
Seeberghof, Gasthof und Bushaltestelle,
Seewiesen; Familie Pölzl, Tel. 03863/8115.
Voisthalerhütte, OeAV, 1654 m; durchgehend vom ersten März-Wochenende bis
zum letzten Wochenende im Oktober.
Pächter Hans Winkler, Tel. 0663/9631033.
Winterraum Voisthalerhütte,
offen, beheizbar, 5 Plätze; Notfunkgerät.

Hoch ... höher ... auf dem Hochschwabgipfel

Winterraum Schiestlhaus, 2153 m; Raum derzeit in schlechtem
Zustand. Offen, nicht beheizbar, max. 8 Plätze; Notfunkgerät.

Orientierung

FB-Wanderkarte 041; ÖK-Blatt 102.

D I E S C H I T O U R E N

Beste Zeit: Hochwinter und Frühjahr.

Charakteristik

Standardtouren II–III
Hauptzugang in Ost-West-Richtung; weiträumige Hochtäler sowie
Kare und Hochflächen.
Rundtouren III–IV
Großzügige Routen, nord- und südseitige Steilflanken. Für Schi-
bergsteiger, z. B. die Südwand-Umfahrung.

Hutkogel *2035 m*
Ringkamp *2153 m*

*Auf den höchsten Gipfel
seiner Gruppe:
Sehr weit,
dennoch kurzweilig*

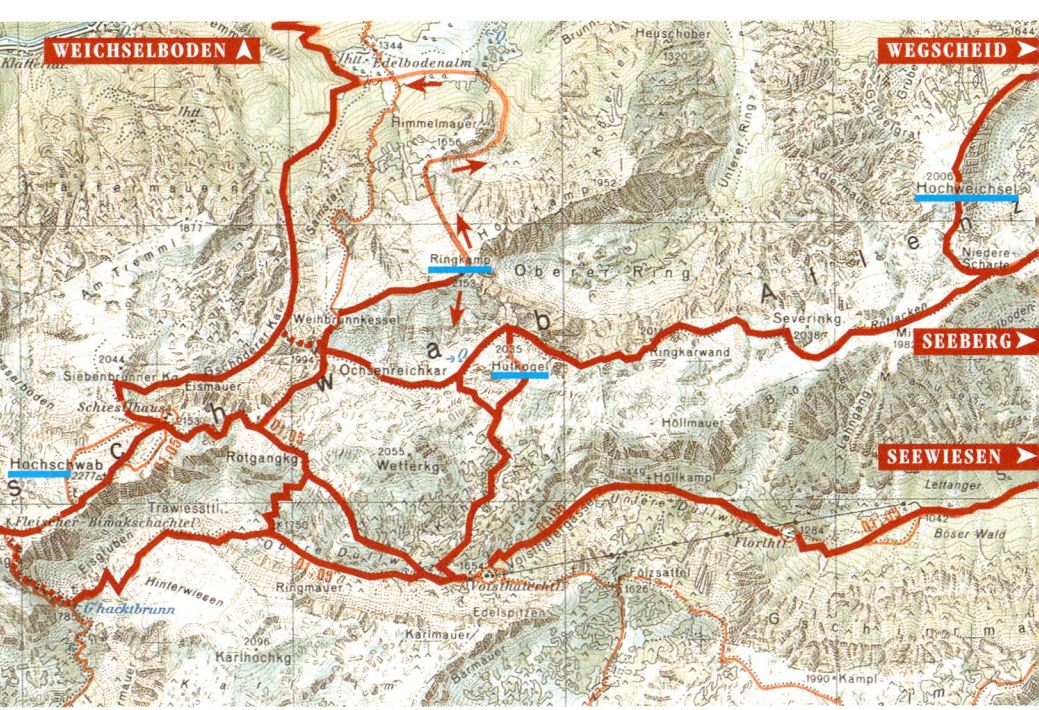

Die Schmankerln

Die Hochschwab-Abfahrt durch die Dullwitz; die Hänge und Flanken an Hochweichsel, Hutkogel und Ringkamp.

Gehzeiten, Höhenunterschiede

• Seewiesen – Voisthalerhütte, 3 Std., 750 Hm;
• Voisthalerhütte – Hochschwabgipfel, 2 Std., 630 Hm;
• Seeberg – Aflenzer Staritzen – Hochschwab, 5 Std., 1200 Hm;
• Seeberg – Aflenzer Staritzen – Hochweichsel, 3 Std., 800 Hm;
• Voisthalerhütte – Hutkogel, 1 Std. 15 Min., 380 Hm;
• Voisthalerhütte – Ochsenreichkar – Ringkamp, 2 Std., 500 Hm;
• Voisthalerhütte – Trawiessattel – Hochschwab, 3–4 Std., 700 Hm.

Anstiege und Abfahrten

Seewiesen – Voisthalerhütte – Hochschwab. Diese Standard-Schitour auf den höchsten Gipfel der Hochschwabgruppe verläuft nach dem markierten Weg: Durch das Seetal zum Lettanger,

1042 m, im Bachbett bergan zur Florlhütte, 1284 m. Durch die Untere Dullwitz erst zum Kühboden, dann hinauf zum Franzosenkreuz am Höllkampl, 1449 m.
Es folgt eine kurze Abfahrt in den Höllboden. Daraus durch das steile Voisthalergassl ansteigend zur Voisthalerhütte, 1654 m. Nun entweder durch die Obere Dullwitz, 1750 m, und auf dem Graf-Meran-Steig, oder (abkürzend) an der Südseite des Wetterkogels zum Rotgangkogel. Entlang der Stangenmarkierung zum Schiestlhaus. Den breiten Rücken bergan zum Gipfelkreuz.

Abfahrt wie Anstieg.
Oder über die westlichen Hochflächen zur Häuselalm (2–3 Std.) und evtl. weiter zur Sonnschienhütte (3–4 Std., ab Gipfel).

Hochschwab, 2277 m
Hochweichsel, 2006 m
Hutkogel, 2035 m
Ringkamp, 2153 m

Seeberg – Aflenzer Staritzen – Hochschwab.

Für Schibergsteiger. Von der Paßhöhe durch eine Waldstufe zur Seeleiten. An ihr, meist zu Fuß, südseitig steil bergan auf die östliche Hochfläche der Aflenzer Staritzen. Nun westwärts am Mieserkogel, 1855 m, bergan, den Hochflächen folgend zur Niederen Scharte, Rotlacken, Ringkarwand, 2014 m, und zum Hutkogelsattel, 1950 m. In kurzer Abfahrt in das Ochsenreichkar. Daraus westwärts bergan zum Rotgangboden, wo der Graf-Meran-Steig einmündet. Der Stangenmarkierung folgend zum Schiestlhaus und auf den Gipfel.

Nach der Rast: Von der Voisthalerhütte gipfelwärts

<u>Abfahrt</u> allgemein über den Graf-Meran-Steig zur Voisthalerhütte und durch das Seetal nach Seewiesen.

Seeberg – Hochweichsel.

Für Schibergsteiger. Wie oben erwähnt über die Seeleiten zur Niederen Scharte, 1900 m. Aus der Hochfläche leicht bergab und den südseitigen breiten Hang unschwierig aufwärts zur Gipfelkuppe.
<u>Abfahrt</u> und <u>Rückweg</u> wie Anstieg oder:
• Aus der Niederen Scharte über die Hochfläche zum Hutkogel und zur Voisthalerhütte.
• Vom Hochweichsel-Gipfel nordostwärts, in die Roßhölle und Hintere Höll, 960 m. Auf Forstwegen über den Kastenriegel, 1094 m, durch das Ramertal nach Wegscheid, 830 m; Bushaltestelle.

Hochschwab, 2277 m
Hochweichsel, 2006 m
Hutkogel, 2035 m
Ringkamp, 2153 m

*Vom Kampl zum Hochschwab (höchster Gipfel);
im Mittelgrund die Edelspitzen, dahinter im Schatten
die Obere Dullwitz, rechts davon der Wetterkogel*

Rundtouren von der Voisthalerhütte. Für erfahrene Schibergsteiger. Wie im Kartenausschnitt ersichtlich, ermöglicht der
„Standort Voisthalerhütte" zahlreiche alpin interessante Touren.
Die Kombinationen setzen sich aus lohnenden Einzelzielen zusam-
men; es ergeben sich daraus ausgedehnte Rundtouren. Für Anstiege
sind evtl. Steigeisen erforderlich. Steilabfahrten nur bei Firn!

Alle Routen und Gesamtzeiten ab/bis Voisthalerhütte:

• Hutkogel – Ochsenreichkar – Weihbrunnkesselscharte – Ring-
  kamp – Ochsenreichkar; III, 3–4 Std.
• Ochsenreichkar – Ringkamp – Edelbodenalm – Gschöderer
  Kar – Schiestlhaus – Dullwitz; III–IV, 7 Std.

• Schiestlhaus – Gschöderer Kar – Edelbo-
  denalm – Ringkamp – Ochsenreichkar;
  III–IV, 7 Std.
  Variante: Anstieg (evtl. mit Steigeisen)aus
  dem Gschöderer Kar durch die nordwestseitige Weihbrunnkesselrinne. Evtl. weiter
  (einfach) auf den Ringkamp. Südseitig
  steile Abfahrt in das Ochsenreichkar.
• Südwand-Umfahrung: Trawiessattel –
  G'hacktes (Steigeisen!) – Hochschwab –
  Schiestlhaus – Dullwitz; IV, 3–4 Std.
• Obere Dullwitz – Karlhochkogel – Fölzstein – Fölzalm – Fölzsattel – Reitsteig
  – Franzosenkreuz – Voisthalergassl; III,
  5 Std. Siehe auch Karte bei Tour 33.

Fölzkogel *2022 m*
Karlhochkogel *2096 m*

*Auf dem Karlhochkogel.
Gegenüber der Fölzkogel und dessen
westseitige Steilrinnen*

Talort und Informationen
8621 St. Ilgen, 736 m;
Gemeindeamt, Tel. 03861/8116.

Reise
Auto: B 20 Mariazeller Bundesstraße.
<u>Zur Karlschütt:</u> Von Thörl über St. Ilgen in
Richtung Bodenbauer bis zu den Schotter-
gruben in der Festlau; Parkplatz auf kleiner
Anhöhe. Von St. Ilgen 3,5 km.
<u>Rückfahrt:</u> Aus der Fölz oder von Seewiesen
per Taxi.

Taxi und Transfer
Fa. Spreitzhofer, Aflenz, Tel. 03861/2400.
• Fölz, GH Schwabenbartl – Thörl 7 km;
• Seewiesen – Thörl 17 km;
• Thörl – Festlau 9,5 km.

Ausgangspunkte
• Karlschütt in der Festlau, 850 m;
• Fölzalm, 1484 m;
• Voisthalerhütte, 1654 m.

Einkehrstätten und Stützpunkte
Einzelheiten siehe Touren 31, 32 und 34.
Bodenbauer, Gasthof, Buchberg;
Gerhard Schwarz, Tel. 03861/8130.
Etmißler Hof, Gasthof, Etmißl;
Familie Wöls, Tel. 03861/8444.
Fölzalmhütten, Hermi Grasser, Tel.
03861/3622; Irmi Herzer, Tel. 0663/9234555.
Ilgner Hof, Saywald, Tel. 03861/8133.
Voisthalerhütte,
Hans Winkler, Tel. 0663/9631033.

Orientierung
FB-Wanderkarte 041; ÖK-Blatt 102.

Beste Zeit
Hochwinter und Frühjahr.

Charakteristik
Aus der Festlau II–III Südseitig; steil begrenztes Grabengelän-
de; aus dem V-förmigen Grabengrund zu weiten freien Hängen.
Von der Fölzalm III–IV Sehr steiler Anstieg an der Ostseite des
Fölzkogels; auf der Hochfläche einfach (II).
Von der Voisthalerhütte II Aus der Oberen Dullwitz über eine
kurze Steilstufe in den Trawiessattel; darüber einfaches Gelände.

*Das Einzugsgebiet der Karlschütt
gibt die bessere Route vor –
auch in Verbindung mit einer Abfahrt
in Richtung Fölzalm oder Seewiesen*

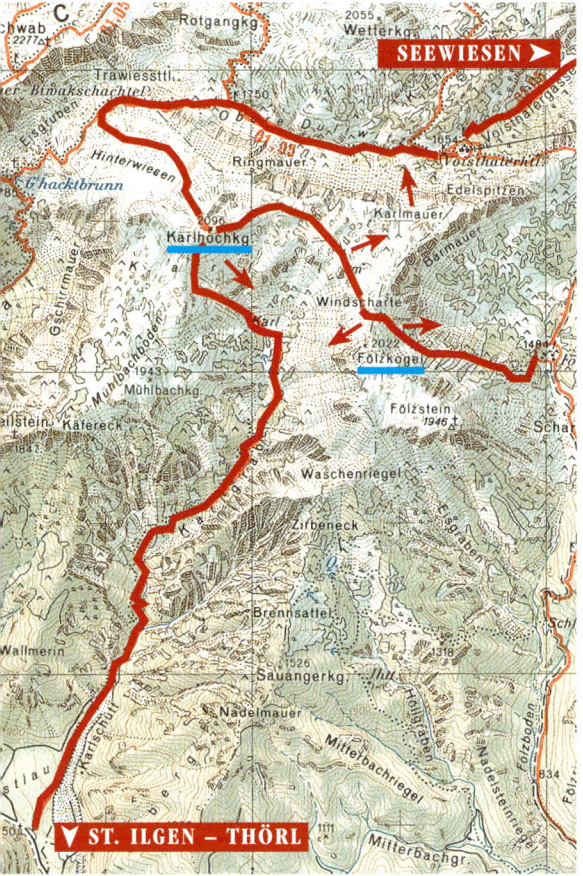

Die Schmankerln

Der Gipfelhang in das Karl; der großartige Panoramablick auf die
Hochschwab-Südwand und das Zagelkar. Empfehlenswert sind
auch die Halbrunden Voisthalerhütte – Karlhochkogel – Fölzalm
oder umgekehrt. Beachte! Der Ochsensteig ist im Winter grundsätzlich unpassierbar.

Gehzeiten, Höhenunterschiede

• Festlau – Karlhochkogel, 3–4 Std., 1250 Hm;
• Fölzalm – Fölzkogel – Karlhochkogel, 2 Std., 600 Hm;
• Voisthalerhütte – Karlhochkogel, 1 Std. 15 Min., 450 Hm.

Siehe auch Karte Tour 34

Anstiege und Abfahrten
Festlau/Karlschütt – Karlhochkogel.
Diese meistbegangene Route führt aus dem
mit Karlschütt bezeichneten Schotterbett,
das am Auslauf des Karlgrabens liegt, auf
einem Waldsteig über eine Steilstufe in den
mit Schi gut begehbaren oberen Karlgraben. Er wird zu beiden Seiten von Steilhän-
gen und Steilrinnen begrenzt. In 1560 m
Höhe wird der Platz der ehemaligen
Karlalm erreicht. Es folgt eine kurze enge
Stufe (Quelle) und man gelangt in einen
kleinen Karboden, das sogenannte Karl,
1700 m. Ein informativer Überblick weist in
das weitere Anstiegsgelände: Aus dem Karl
linkshaltend bergan zu einem gleichmäßig
geneigten Höhenrücken. Darauf nordwärts
zu Felsen, daran links vorbei, sodann rechts
auf den Gipfel.
Abfahrt wie Anstieg.
Oder vom Gipfel durch die sehr steile Südflanke direkt in das Karl.

**Fölzalm – Fölzkogel – Karlhoch-
kogel.** Für Schibergsteiger. Meist mit
Steigeisen die steile, 500 m hohe Ostflanke
zur Hochfläche am Fölzkogel; mehrere
Steinmänner. In einem weiten Bogen über
die Hochfläche zum Gipfel.
Abfahrt wie Anstieg.
Oder über den Trawiessattel zur Voisthalerhütte.

Voisthalerhütte – Karlhochkogel.
Eine leichte Kurztour: In den Talschluß der
Oberen Dullwitz, über eine Steilstufe zum
Trawiessattel und südwärts ganz einfach zu
den Gipfelfelsen.
Abfahrt wie Anstieg.
Oder über die Hochfläche zum Fölzkogel;
aus der Windscharte jedoch Steilabfahrt (!)
zur Fölzalm.

Bürgeralm 1500 m
Fölzalm 1484 m

Begehrte Idylle Fölzalm:
Grasserhütte und Bärmauer

Talort und Informationen

8623 Aflenz-Kurort, 763 m;
Tourismusverband, Tel. 03861/3700.

Reise

Auto: B 20 Mariazeller Bundesstraße.
In den Fölzgraben: Von Palbersdorf
• zum Parkplatz Fölz 5,5 km;
• zum GH Schwabenbartl 7 km.
Bahn: ÖBB; Bahnhöfe Bruck an der Mur
(IC) und Kapfenberg.
Postbus: Bruck a. d. Mur – Aflenz –
Seewiesen – Mariazell; Verbundlinie 170.
Bürgeralm-Bergbahnen: Doppelses-
selbahnen Aflenz – Bürgeralm – Schönlei-
tenhaus, 2 Sektionen. Mehrere Schlepplifte.
Betriebszeit im Winter: 9–16.30 Uhr;
Tel. 03861/2339, Hauptkassa, Talstation.

Taxi und Transfer

Fa. Spreitzhofer, Aflenz, Tel. 03861/2400.

Ausgangspunkte

• Aflenzer Bürgeralm, 1500 m;
• Parkplatz im Fölzgraben, 765 m;
• Seetal-Kapelle in Seewiesen, 930 m;
• Bergstation Schönleiten: Windgrube, 1809 m.

Einkehrstätten und Stützpunkte

Jauringalmhütte, Naturfreundehaus, Schönleitenhaus,
auf der Aflenzer Bürgeralm und Umgebung; Infos in Aflenz-Kurort.

Grasserhütte, Fölzalm, 1484 m; im Winter an Wochenenden; in
den Weihnachtsferien sowie ab Mai bis Ende Oktober durchgehend;
Hermi Grasser, Tel. 03861/3622.

Herzerhütte, Fölzalm, 1484 m; im Winter an Wochenenden; in
den Weihnachtsferien sowie ab April bis Ende Oktober durchgehend;
Irmgard Herzer, Tel. 0663/9234555.

Schwabenbartl, Schutzhütte im Fölzgraben, 814 m; ganzjährig
bewirtschaftet. Johann Grasser, Tel. 03861/3334.

Orientierung: FB-Wanderkarte 041; ÖK-Blatt 102.

Fölzkogel 2022 m   *Fölzstein* 1946 m
Kampl 1990 m   *Windgrube* 1809 m

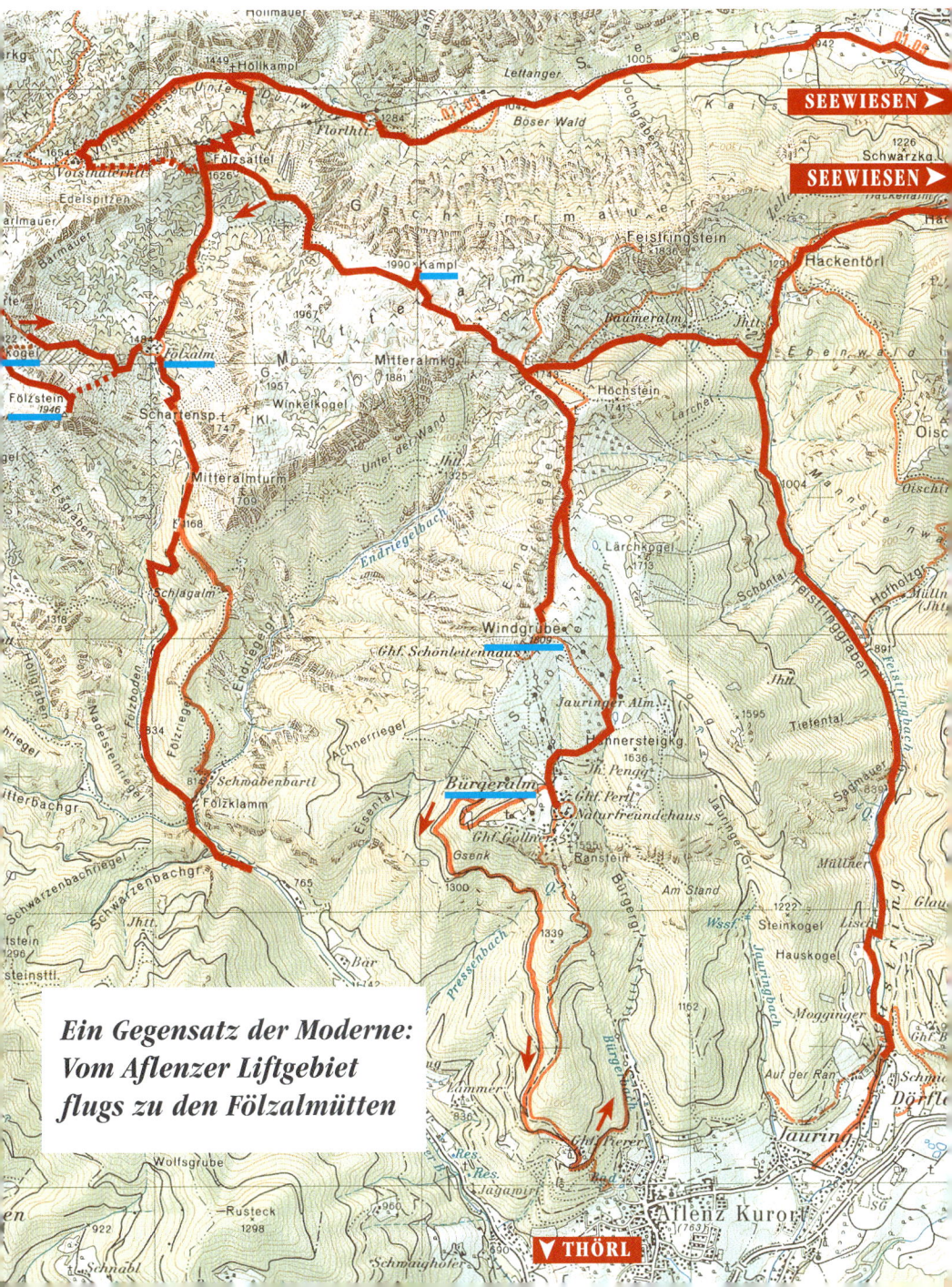

Ein Gegensatz der Moderne:
Vom Aflenzer Liftgebiet
flugs zu den Fölzalmütten

Bürgeralm, 1500 m
Fölzalm, 1484 m
Fölzkogel, 1946 m

Fölzstein, 1946 m
Kampl, 1990 m
Windgrube, 1809 m

DIE SCHITOUREN

Beste Zeit: Hochwinter und Frühjahr.

Charakteristik

Endriegel III Eine „Schlüsselstelle".
Fölzalm III Von allen Seiten steile Zustiege; besondere Vorsicht beim Queren der Steinbockleiten oder beim Anstieg über den Reitsteig.
Fölzstein IV Für Schibergsteiger. Anstieg meist mit Steigeisen.
Kampl (Gschirrmauer) II–III Zugang auf der Mitteralm-Hochfläche.

Die Schmankerln

Der Endriegel, der Hang in den Zlacken, das Kampl über der Gschirrmauer; die Hochflächen der Mitteralm, die Fölzalm.

Gehzeiten, Höhenunterschiede

- Bergstation Schönleiten – Mitteralm – Fölzalm, 2 Std. 30 Min., 250 Hm Anstiege, über 500 Hm Abfahrten;
- Bergstation Schönleiten – Mitteralm – Kampl, 1 Std. 30 Min., 250 Hm Anstiege;
- Fölzalm – Fölzstein, 1 Std. 15 Min., 460 Hm;
- Fölzalm – Fölzkogel – Karlhochkogel – Voisthalerhütte – Seewiesen, 4–5 Std., 460 Hm Anstiege, 1100 Hm Abfahrten;
- Fölzalm – Mitteralm – Windgrube – Bürgeralm, 3 Std., 600 Hm Anstiege;
- Fölzgraben – Fölzklamm – Fölzalm, 2 Std. 30 Min., 700 Hm;
- Schwabenbartl – Bierschlag – Fölzalm, 2 Std. 30 Min., 700 Hm;
- Seewiesen – Reitsteig – Fölzsattel – Fölzalm, 2 Std. 45 Min.; 700 Hm.

Anstiege und Abfahrten

Bürgeralm/Schönleiten – Windgrube – Kampl (Gschirrmauer) – Fölzalm. Von der Sesselbahn-Bergstation beim Schönleitenhaus an der Windgrube (große Doline) zum Endriegel; an ihm nordwärts. Achtung! Eine Passage lawinös! Nach der Gedenktafel wieder einfaches Gelände bis in den Zlackensattel, 1743 m. Die Stangenmarkierung leitet über den südseitigen Hang zu einem Unterstandshütterl, 1900 m. Über die Hochfläche der Mitteralm nordwärts. Beizeiten rechtshaltend zum Kampl; bester Aussichtspunkt.
Abfahrt und Rückweg wie Anstieg; oder weiter Richtung Fölzalm: Den Stangen folgend an den nordwestlichen Rand der Hochfläche: Abfahrt zur Hofertalscharte; entweder den Rücken abwärts (Sommerweg) oder durch die muldenartige Rinne des Hofertales zur oberen Fölzalm; im Almboden südwärts zur den Fölzalmhütten.
Rückweg zur Bürgeralm. Oder weiter Richtung Fölzstein.

Fölzstein, 1946 m
Kampl, 1990 m
Windgrube, 1809 m

Bürgeralm, 1500 m
Fölzalm, 1484 m
Fölzkogel, 1946 m

Oben: Das Hofertal nahe der Fölzalm.
Links: Vom Endriegel in den Zlackensattel
und auf die Mitteralpe

Fölzalm – Fölzstein – Fölzkogel – Karlhochkogel – Voisthalerhütte – Seewiesen.

Von den Almhütten über die fast 500 m hohe ostseitige Flanke zur Hochfläche beim Fölzstein (Gipfelkreuz).

Abfahrt wie Anstieg. Oder vom Fölzkogel über die Hochfläche zum Karlhochkogel; von diesem abfahrend zum Trawiessattel und zur Voisthalerhütte sowie nach Seewiesen. Per Bus/Taxi nach Aflenz.

Fölzklamm/Schwabenbartl – Fölzalm.

Vom Parkplatz entweder durch die Klamm und den Fölzboden oder vom GH Schwabenbartl über den Fölzriegel zur Steinbockleiten. Beim weiteren Aufstieg besondere Vorsicht beim Queren der Rinnen, vor allem bei Hartschnee und Sturm! Die beiden Fölzalmhütten stehen oberhalb einer Geländestufe und sind daher erst kurz vor Erreichen des Zieles wahrnehmbar.

Abfahrt wie Anstieg. Oder Übergang zu Mitteralm und Bürgeralm.

Seewiesen – Reitsteig – Fölzalm.

Nur bei Firn. Der Reitsteig ist die kürzeste Verbindung aus dem Kühboden in der Unteren Dullwitz zur Materiallift-Station am Fölzsattel, 1626 m. Von hier erreicht man südwärts, in leichter Abfahrt, die beiden Fölzalmhütten.

Rückweg und Abfahrt wie Anstieg. Oder in Richtung Mitteralm.

Zlackensattel. Von der Windgrube gelangt man entlang des Endriegels in diesen markanten Übergang: Er ist der markanteste „Kreuzungspunkt" für Anstiege, Übergänge bzw. Abfahrten in Richtung Fölzalm, Enzianhütte und Seewiesen.

Betbühel *1503 m*
Gredlhöhe *1515 m*

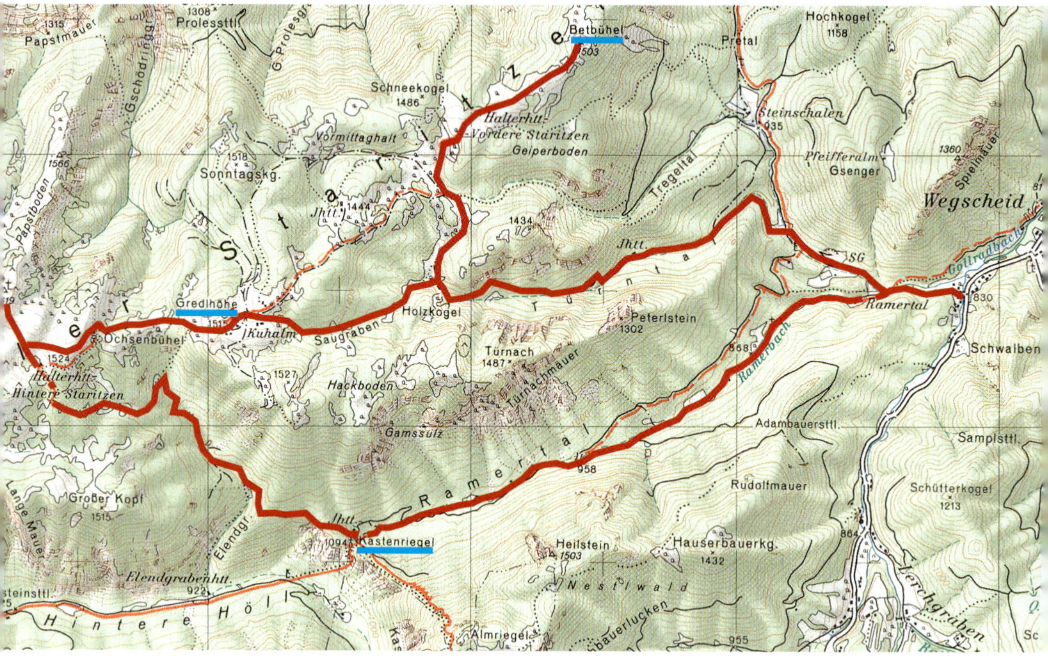

Talort und Informationen

8632 Wegscheid, 818 m;
Willi Gaulhofer, Tel. 03882/3846.

Reise

Auto: Auf der B 20 Mariazeller Bundesstraße nach Wegscheid.
Zum Parkplatz im Ramertal: Von der Bushaltestelle Ramertal ca. 1 km.
Postbus: Haltestelle Ramertal, Verbundlinie 170, Bruck an der Mur – Mariazell.

Ausgangspunkte

• Bushaltestelle Ramertal, 830 m;
• Parkplatz im Ramertal, 840 m.

Einkehrstätten und Stützpunkte

In Aschbach, Fallenstein, Gollrad, Gußwerk.

Orientierung

FB-Wanderkarte 041; ÖK-Blatt 102.

Kastenriegel 1094 m
Zinken 1619 m

DIE SCHITOUREN

Beste Zeit: Hochwinter; bei Schneelage bis ins Tal.

Charakteristik II

Lange Forststraße für flotte Abfahrt; im oberen Straßenteil mitunter an einigen Stellen steile Eiswulste; Vorsicht beim Überqueren!

Die Schmankerln

Der tief verschneite Hochwald; die Einsamkeit im Almgelände; die prächtigen Ausblicke in die Nordseite der Aflenzer Staritzen.

Gehzeiten, Höhenunterschiede, Entfernungen

- Ramertal – Kastenriegel – Zinken, 3 Std. 30 Min, 800 Hm, 10 km;
- Ramertal – Türntal – Gredlhöhe, 2 Std. 30 Min., 700 Hm, 7 km;
- Ramertal – Türntal – Betbühel, 2 Std. 45 Min., 680 Hm, 8 km;
- Kuhalm – Ochsenbühel – Zinken, 45 Min., 170 Hm, 2,5 km;
- Kuhalm – Betbühel, 1 Std. 15 Min., 120 Hm, 4 km.

Anstiege und Abfahrten

Ramertal – Kastenriegel – Zinken. Auf der Forststraße durch das 5 km lange Ramertal auf den Kastenriegel. Nordwestwärts dem Forstweg folgend in den oberen Elendgraben; durch Hochwald

Die Zeller Staritzen sind eine Winterreise wert: Am schönsten bei frischem Schnee

entlang des Sommerweges zur Halterhütte auf der Hinteren Staritzen, 1524 m. Am südostseitigen Bergrücken beliebig ansteigend zum Gipfelkreuz.

Abfahrt wie Anstieg. Oder im Gegenanstieg zur Kuhalm; von dort in das Türntal.

Ramertal – Türntal – Gredlhöhe. Die 3,5 km lange Türntal-Forststraße leitet zu einem Sattel, ca. 1380 m, unweit vom Holzkogel. Hier westwärts, durch den Saugraben, zur Kuhalm; wenige Minuten entfernt die Gredlhöhe. Abfahrt wie Anstieg.

Ramertal – Türntal – Betbühel. Wie zur Gredlhöhe bis zu jenem Sattel nahe dem Holzkogel. Nun nordwärts im Almgelände zur Halterhütte auf der Vorderen Staritzen, 1420 m. Am breiten Rücken zum höchsten Punkt. Abfahrt wie Anstieg.

Zeitlos schön und wie verzaubert: Im Hochwinter gern unterwegs

TOUR 36

Hochtürnach 1770 m

Talort und Informationen

8924 Wildalpen, 607 m;
Tourismusbüro, Tel. 03636/341.

Reise

Auto: B 24 Hochschwab-Bundesstraße;
aus Richtung Gußwerk oder Palfau.
Parkraum an der Bundesstraße, nächst der
Salzabrücke, unweit der km-Marke 29;
von Wildalpen 8 km in Richtung Gußwerk.

Ausgangspunkt

Salzabrücke an der B 24; 632 m.

Einkehrstätten und Stützpunkte

Hotel und Gaststätten in Wildalpen;
Zimmervermittlung über das Tourismusbüro.

Orientierung

FB-Wanderkarte 041; ÖK-Blätter 101, 102.

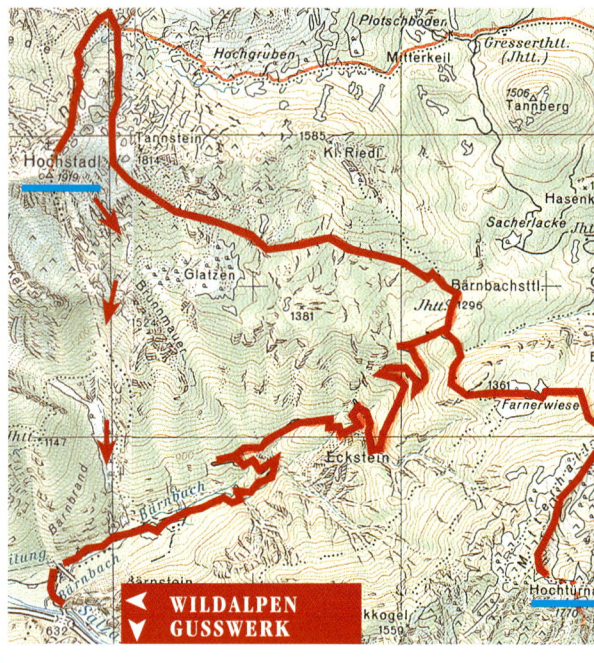

D I E   S C H I T O U R E N

Beste Zeit: Hochwinter bis Frühjahr.

Charakteristik

Beide Routen liegen abseits und sind unbezeichnet.
(Nur der relativ flache Weg aus Richtung Dürradmer ist markiert.)
Hochstadl III–IV Bis nach der Jagdhütte im Bärnbachsattel
eine Forststraße; darüber ein südostseitiges, z. T. uriges Hochwaldgelände. Orientierung schwierig. Für Schibergsteiger.
Hochtürnach II–III Von derselben Jagdhütte im Bärnbachsattel
durch nordseitiges Hochwaldgelände. Orientierung relativ einfach.

Die Schmankerln: Die rassige Abfahrt im oberen Teil vom
Hochstadl; die einsame Landschaft am Hochtürnach; der umfassende Überblick in die Nordseite der Hochschwabgruppe.

Gehzeiten, Höhenunterschiede

• Bärntal – Hochstadl, 4 Std. 30 Min., 1300 Hm;
• Bärntal – Hochtürnach, 3 Std. 30 Min., 1150 Hm.

Kräuterin mit Hochstadl 1919 m

Zwei bärige Touren aus dem Bärntal

Anstiege und Abfahrten

Bärntal – Hochtürnach. Von der Salzabrücke auf einer Forst-straße in das Bärntal, wo ein besonders schöner Aquädukt der Zwei-ten Wiener Hochquellenleitung unterquert wird. Auf derselben Forststraße in zahlreichen Kehren bergan zur Jagdhütte im Bärn-bachsattel, 1296 m. Nun hält man sich südwärts, gelangt durch Wald zur Farnerwiese, 1361 m. Wiederum südwärts, an die Wald-grenze bei der Mitterhalt und aus der Latschenzone bergan zu den Gipfelfelsen; Schidepot. Mitunter in leichter Kletterei zum höchsten Punkt.
Abfahrt wie Anstieg.

Bärntal – Hochstadl. Wie bei der Hochtürnach-Tour zur Jagd-hütte im Bärnbachsattel. Man folgt dem Forstweg noch gut 500 m, sodann durchquert man ein sanfter geformtes Gelände und steigt nordwestwärts, zwischen der Glatzen und dem Tannstein, in Rich-tung Hochstadl an. Aus einem Hochtal hält man sich rechts über Rücken und durch Mulden nordwärts zu jener Hochalm, über die der Anstieg von Dürradmer heranführt. Nun südwärts zum nahen Gipfel.

*Oben: Auf der Farnerwiese
am Hochtürnach
Links: Aus dem Bärnbachsattel
zu Tannstein (rechts) und Hochstadl*

Abfahrt wie Anstieg oder folgend in das Vordere Bärntal:
Kurz nördlich vom Gipfel über die ersten befahrbaren Hänge südostwärts in die Lat-schenzone. Rechtshaltend und genau ach-tend, über eine Steilstufe nach Südwesten, so daß ungefähr in Fallinie des Hochstadl-gipfels der Auslauf eines großen Kares er-reicht wird. Im weiteren südwärts zu einer nächsten Steilstufe bei einem schütteren Wald. Im untersten Teil in dem meist be-reits aperen Gelände auf einem Jagdsteig rund 200 Hm in das Vordere Bärntal.
Auf dem Forstweg zum Aquädukt und zur Salzabrücke.

TOUR 37

Feldhütl *1434 m*
Zeller Hüte *1586–1639 m*

Talorte und Informationen
8630 Mariazell, 868 m;
Tourismusbüro, Tel. 03882/2366.
8632 Gußwerk, 747 m.
Gemeindeamt, Tel. 03882/2503-21.

Tourenberatung, Alpine Auskünfte
Willi Gaulhofer, Tel. 03882/3846.

Reise
Auto: Auf der B 20 Mariazeller Bundes-
straße nach Rasing.
Zur Teichmühle
B 71 Zellerrain-Bundesstraße in Richtung
Grünau; ab Rasing 1 km.
Zum Jagdhaus Hechtensee
B 71 Richtung Grünau; ab Rasing 8 km.
Postbus: Bruck – Gußwerk – Mariazell.

Taxi und Transfer
Johann Auer, Gußwerk, Tel. 03882/4140.

Ausgangspunkte
- Teichmühle, 787 m; vor dem Eisenbahn-
  viadukt. Eventuell Zufahrt bis zum
  ersten Bauernhaus, ca. 800 m.
- Jagdhaus Hechtensee, 878 m;
  für Anstiege durch den Hutgraben.

Einkehrstätten und Stützpunkte
Schutzhaus Köckensattel, 1074 m;
ganzjährig bewirtschaftet;
Familie Fisch, Tel. 0663/9732117.
Hotel Marienwasserfall, in der
Grünau, 838 m; dzt. geschlossen.

Orientierung
FB-Wanderkarte 031;
ÖK-Blätter 72 und 102.

Klassisch markiert und beschildert:
Von der Teichmühle durch den Köckensattel zum Feldhütl

DIE SCHITOUREN

Beste Zeit
Hochwinter.

Charakteristik II–III
Waldgelände mit großen, freien Flächen. Leicht zu erreichen ist nur
das Feldhütl; die Zeller Hüte sind sehr steil und deshalb nicht einfach zu ersteigen.

Das Schmankerl
Die Pulverschneewanderung auf das Feldhütl.

Gehzeiten, Höhenunterschiede
- Hechtensee – Großer Zeller Hut, 2–3 Std., 770 Hm;
- Teichmühle – Feldhütl, 1 Std. 45 Min., 640 Hm;
- Überschreitung der Zeller Hüte, 6–7 Std., 1200 Hm.

In Sichtweite von
Mariazell auf die markanten
weiß-grünen Hüte

Anstiege und Abfahrten

Hechtensee – Großer Zeller Hut, 1639 m. Für Schiberg-
steiger. Vom Parkplatz in Hechtensee südwärts auf einer Forststraße
in den engen Hutgraben. Aufstieg zwischen Pfannkogel,
1299 m (Landesgrenze) und den Hutmäuern in ein felsdurchsetztes
Gelände.
Je nach Schneebeschaffenheit weicht man dem Grabengrund bei
den Hutmäuern so aus, um gefahrlos zwischen dem Mittleren und
Großen Zeller Hut den Kamm zu erreichen; auf diesem zu den
Gipfeln.
Abfahrt wie Anstieg.

Teichmühle – Feldhütl. Von der Abzweigung an der Zeller-
rainstraße, Haus Nr. 6, auf einer Hofzufahrt über die Bahn und
zum ersten Bauernhaus; letzte Parkmöglichkeit. Anstieg auf dem
bezeichneten Sommerweg durch flache Gräben, über Wiesen und
Forstwege in den Köckensattel, 1092 m. Auf dem ebenen Forstweg
bis vor das Schutzhaus im Köckensattel, 1074 m.
200 m davor auf einem Güterweg westwärts zu den weiten Wiesen

im Ochsenboden und kurz nordwärts an-
steigend in einen Sattel. Am bewaldeten
Rücken bergan auf das Feldhütl.
Abfahrt wie Anstieg.

Überschreitung der Zeller Hüte. Auf
einer Länge von 4 km reihen sich von Ost
nach West sechs Gipfel aneinander: Feldhütl, Oischingkogel (Hochkogel), Vorderer
Zeller Hut, Hüttenkogel, Mittlerer und
Großer Zeller Hut.

Vorsicht: Falls der kammartige Rücken
überwächtet ist, soll eine Überschreitung
unterbleiben. In jedem Fall ist für diese
Tour alpine Erfahrung notwendig. Im
„Schneeloch Mariazell" erfordern selbst die
niedrigen Zeller Hüte von Schibergsteigern
mitunter hohe Leistungen.
Abfahrt durch den Hutgraben.

TOUR 38

Göller 1766 m
Terzer Göller 1729 m

Talort und Informationen

8694 Frein an der Mürz, 864 m;
Paula Webster, Tel. 03859/8102.

Reise

Auto: B 23 Lahnsattel-Bundesstraße,
Mürzzuschlag – Mürzsteg – Frein – Terz.
<u>Nach Frein:</u> Ab Mariazell 22 km, Mürzzu-
schlag 29 km, Terz 11 km.
<u>Zur Lahngrabenbrücke</u>
Ab Frein 7 km, ab Terz 4 km.
<u>Zum Lahnsattel:</u> Ab Frein 8 km, Terz 3 km.
Bahn: ÖBB; IC-Bahnhof Mürzzuschlag.
Postbus: Verbundlinie 195,
Mürzzuschlag – Mürzsteg – Frein – Lahn-
sattel – Mariazell.

Ausgangspunkte

• Lahngrabenbrücke, 956 m;
• Lahnsattel, 1015 m.

Einkehrstätte und Stützpunkt

Freiner Hof, Gasthof in Frein;
ab 25. Dezember bis Mitte November;
Paula Webster, Tel. 03859/8102.

Orientierung

FB-Wanderkarte 022; ÖK-Blatt 73.

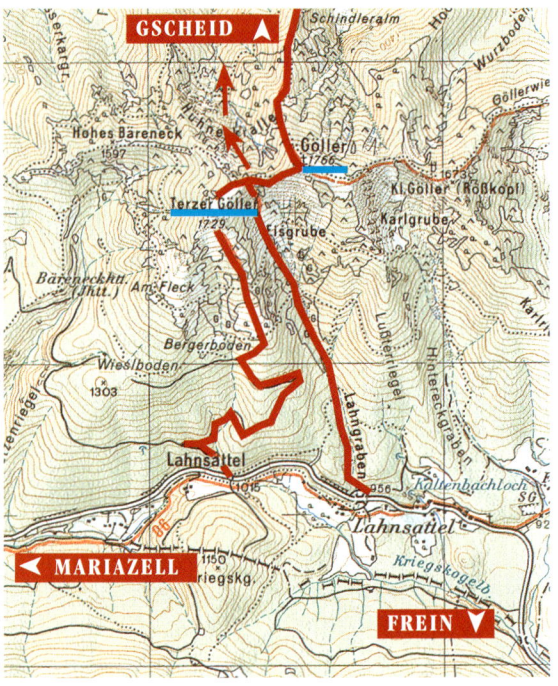

D I E   S C H I T O U R E N

Beste Zeit: Hochwinter und Frühjahr.

Charakteristik II–III

Nord- und südseitige Kare; in den Gipfelbereichen steile Flanken.

Das Schmankerl: Die Abfahrt durch die Eisgrube.

Gehzeiten, Höhenunterschiede

• Göller-Schitourenschaukel, 4–5 Std., bis zu 1600 Hm;
• Lahngrabenbrücke – Göller, 2 Std., 810 Hm;
• Lahnsattel – Göller, 2 Std., 750 Hm;
• Gscheid – Göller, 2 Std., 800 Hm.

Anstiege und Abfahrten

Göller-Schitourenschaukel. Die Anstiege und Abfahrten zwischen Lahnsattel und Gscheid erfolgen wechselweise. Beim „Touren-
schaukeln" im Frühjahr sollte das frühe Auffirnen im Eiskar

Tourenschaukeln zwischen Nord und Süd: Firn und Pulver am selben Tag

berücksichtigt werden; dann ist es besser, von Gscheid aus in die Tourenschaukel einzusteigen.

Lahngraben – Eisgrube – Göller. Die Schmankerltour. Von der Lahngrabenbrücke durch eine Strauchzone im gut gangbaren Grabengrund geradewegs aufwärts. Das freie Gelände wird bald erreicht, so daß sich der gesamte Anstieg im wesentlichen von Beginn an überblicken läßt. In der Eisgrube je nach Schneeverhältnissen mehr oder weniger gerade ansteigend gipfelwärts. Rechts vom Terzer Göller erreicht man den Gratrücken und auf ihm den nahen Hauptgipfel.
Abfahrt wie Anstieg.
Oder in den Göllergraben bzw. durch die Karlgrube.

Lahnsattel – Terzer Göller – Göller. Dieser Anstieg ist bequemer und relativ lawinensicher. Man benutzt auch die Forststraße bis zum Bergerboden und erreicht über einen Rücken zuerst den Terzer Göller. Von diesem erfolgt der Übergang leicht zum Göller. Abfahrt wie Anstieg durch die Eisgrube oder nach Gscheid.

Oben: Vom Terzer Göller in die Eisgrube
Links: Der „Lahngraben" – echt lahnig

Hühnerkralle und Göllergraben (Andrägraben).

Abfahrt Wer vom Göller nach Gscheid abfährt, gelangt durch die steile, „Hühnerkralle" genannte Nordseite in den Göllergraben und in Gscheid, 963 m, an die Bundesstraße B 21.
Rückanstieg Von Gscheid steigt man nicht durch den Göllergraben (auch Andrägraben genannt) auf, sondern folgt dem markierten Steig zum Gsenger, 1442 m. Der Rücken oberhalb der Schindleralm führt direkt zum Gipfelkreuz auf dem Göller.
Abfahrt Am besten durch die Eisgrube.

Tonion 1699 m

Talort und Informationen

8632 Gußwerk, 747 m.
Gemeindeamt, Tel. 03882/2503-21.

Tourenberatung, Alpine Auskünfte

Willi Gaulhofer, Tel. 03882/3846.

Reise

Auto: B 20 Mariazeller Bundesstraße.
Nach Fallenstein
• Ab Gußwerk 3 km;
• Kapfenberg 46 km;
• Mariazell 8 km.

Postbus: Haltestelle Fallenstein;
Verbundlinie 170, Bruck an der Mur –
Kapfenberg – Gußwerk – Mariazell.

Taxi und Transfer

Johann Auer, Gußwerk, Tel. 03882/4140.

Ausgangspunkt

Fallenstein, 780 m.

Einkehrstätten

und Stützpunkte

Eder, Gasthof in Fallenstein, gj.;
Monika Lasinger, Tel. 03882/2625.

Lechnerbauer, Gasthof und Urlaub am
Bauernhof, oberhalb von Fallenstein;
Familie Habertheuer, Tel. 03882/2567.

Zum Fallenstein, Gasthof;
Mitte Dezember bis Mitte November;
Familie Stromminger, Tel. 03882/2661.

Orientierung

FB-Wanderkarte 041;
ÖK-Blatt 103.

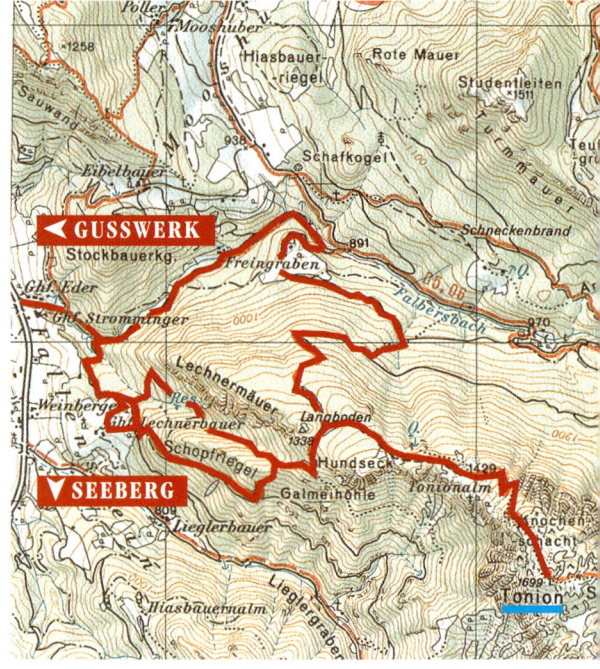

Beste Zeit

Hochwinter.

Charakteristik II

Überwiegend gut begehbares Waldgelände; über der Tonionalm gut
befahrbare Hänge mit z. T. schütterem Baumbestand.

Das Schmankerl

Der nordwestseitige Gipfelhang zur Tonionalm.

Gehzeiten, Höhenunterschiede

• Fallenstein – Tonion, 3 Std., 920 Hm;
• Lechnerbauer – Tonion, 2 Std. 30 Min., 830 Hm.

Ein Berg wie eine Insel:
im Dreieck
Gußwerk, Staritzen, Niederalpl

Anstiege und Abfahrten

Fallenstein – Tonion. Vom GH Eder gelangt man auf einer Flurstraße – vorbei am Fallenstein – in den Freingraben; nach der ersten Brücke hält man sich rechts bergan zum GH Lechnerbauer, 870 m. Bis hierher evtl. auch Zufahrt.

Der weitere Anstieg führt am Schopfriegel entweder talseitig auf einem Ziehweg, oder grabenseitig von einem Wasserreservoir geradewegs in einem steilen Wald bergan. Man gelangt jeweils zum Langboden, 1338 m. Nun einem Forstweg folgend nordseitig zur Tonionalm, 1429 m. Von der Hütte ersteigt man den zunehmend freien breiten Nordwestrücken und gelangt über eine Hochfläche zum Gipfelzeichen auf der Tonion.

Abfahrt wie Anstieg.

Oder zumindest bis zum Langboden; nun nordseitig zu einem Forstweg und, evtl. abkürzend, zur unteren Forststraße und auf ihr abfahrend zu einer großen Lichtung im Freingraben, 920 m. Nun auf einer Flurstraße, stets leicht bergab, am Falbersbach entlang zurück nach Fallenstein.

Am Schopfriegel in Richtung Langboden und Tonion

Auf dem Gipfel der Tonion

119

TOUR 40

Hohe Veitsch 1981 m
Rauschkogel 1720 m

Durch die Rodel:
Von Niederalpl auf die Hohe Veitsch.
Darüber der Wildkamm

Talorte und Informationen

8625 Turnau, 780 m;
Tourismusbüro, Tel. 03863/2111-15.
8634 Aschbach, 846 m;
Familie Schöggl, 03884/203.
8664 Großveitsch, 669 m;
Tourismusbüro, Tel. 0676/5396087.
8693 Niederalpl, 921 m;
Gemeindeamt Mürzsteg, Tel. 03859/3030-0.

Tourenberatung, Alpine Auskünfte

Willi Gaulhofer, Tel. 03882/3846.

Reise

Auto:

Aschbach: B 20 Mariazeller Bundesstraße;
bis Wegscheid; nach Aschbach 2,5 km.
Oder von Mürzsteg auf der Landesstraße
über das Niederalpl, 14 km.
Brunnalm: S 6 Semmering-Schnellstraße,
Ausfahrt Mitterdorf-Veitsch;
zur Brunnalm 16 km.
Niederalpl Ort: B 23 Lahnsattel-Bundes-
straße, bis Mürzsteg; nach Niederalpl 6 km.
Oder von Aschbach über die Niederalpl-
Paßhöhe, 8 km.
Turnau: B 20 Mariazeller Bundesstraße;
von Kapfenberg über Aflenz 25 km.
Oder auf der S 6 Semmering-Schnellstraße:
• Ausfahrt St. Lorenzen:
  Über den Poguschsattel 11 km;
• Ausfahrt Mitterdorf-Veitsch:
  Über den Pretalsattel 19 km.
Bahn: ÖBB; IC-Bahnhöfe Bruck a. d. Mur,
Kapfenberg, Mürzzuschlag; Regionalzug-
halt Mitterdorf-Veitsch.
Postbus: Verbundlinie 195, Mürzzu-

schlag – Mürzsteg – Mariazell; Verbundlinie 170, Bruck a. d. Mur –
Kapfenberg – Aflenz – Turnau/Wegscheid.
Schlepplifte: Auf der Brunnalm, am Niederalpl und in Turnau.
Sesselbahn: Auf der Niederalpl-Paßhöhe; Vierersesselbahn.

Taxi und Transfer

Krieglach: Fa. Allmer, Tel. 03855/2213; Fa. Sommer, Tel. 03855/24810;
Mürzsteg: Fa. Ploderer, Tel. 03859/2390.
Turnau: Fa. Hirtner, Tel. 03863/2393.

Turntaler Kogel 1610 m
Wildkamm 1874 m

**Sterntour
auf die Veitsch
und Schnuppertouren
um Turnau**

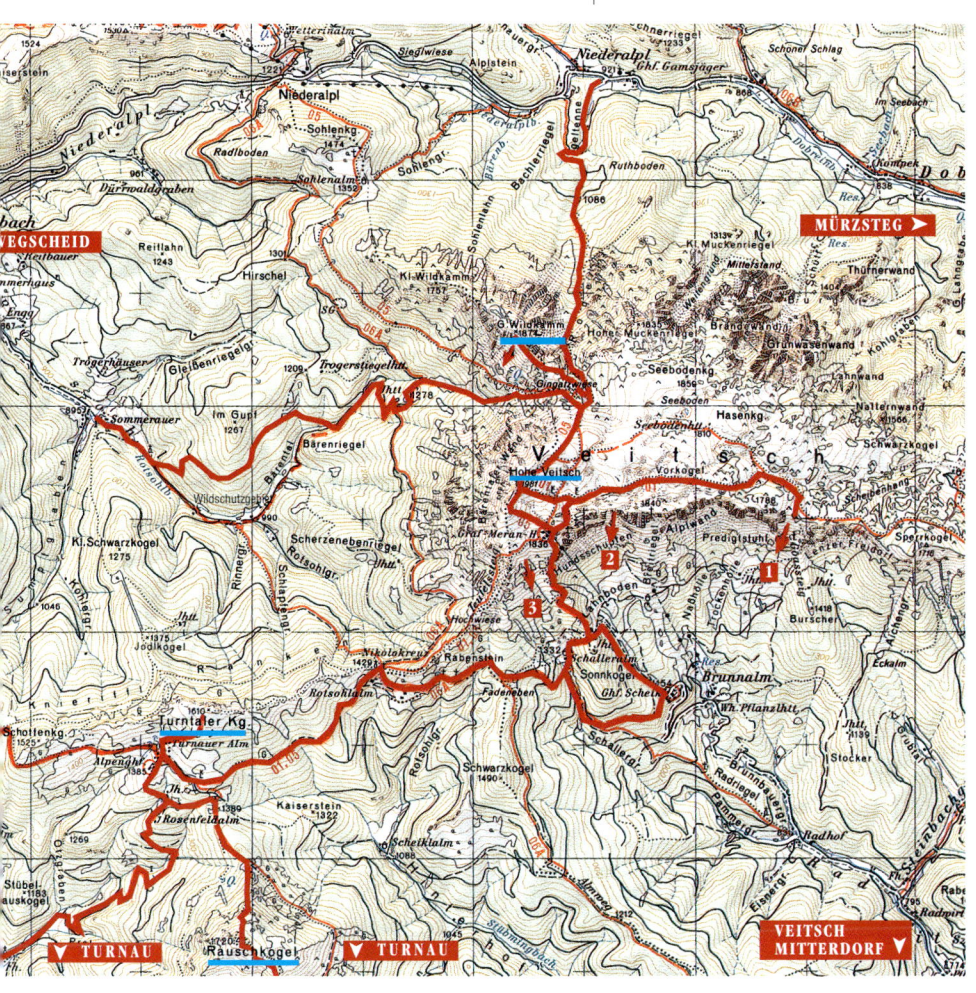

Ausgangspunkte

Zur Hohen Veitsch
- Brunnalm, GH, 1154 m;
- Niederalpl, Pension Gamsjäger, 921 m;
- Rotsohl, Gehöft Sommerauer vlg. Teibenbacher, 895 m (Zufahrt von Aschbach, 2,5 km).

Zu Rauschkogel und Turntaler Kogel
Greith, 963 m (Zufahrt von Turnau durch den Brücklergraben, 7 km).

Einkehrstätten und Stützpunkte

Bieber, Gasthof in Aschbach, gj. geöffnet;
Familie Schöggl, Tel. 03884/203.
Brunnalm, Gasthof im Schigebiet;
Anfang Dezember bis Ende Oktober;
Familie Scheikl, Tel. 03856/2349.
Gamsjäger, Pension in Niederalpl;
Nächtigung anmelden;
Tel. 03859/2270, nur morgens oder abends.

Graf-Meran-Haus, ÖTK, 1836 m; während der Weihnachtsferien und bei Schönwetter auch während der steirischen Ferienwochen; ansonsten an den Wochenenden. Ab Juni wieder durchgehend. Tel. 0663/9134551.
Winterraum: offen, unbeheizt; 4 Plätze.

Pflanzlhütte, Gasthaus, 1040 m; keine Nächtigung. Im November und März bzw. nach der Liftsaison jeweils 3 Wochen geschlosssen. Aloisia Frais, Tel. 03856/2215.

Plodererhof, Gasthof, auf der Niederalpl-Paßhöhe, 1223 m; Dezember bis Oktober; Montag Ruhetag (ausgenommen Ferienzeiten); Tel. 03859/2390.

Zimmervermittlung für Turnau: Tourismusbüro, Tel. 03863/2111-15.

Orientierung
FB-Wanderkarte 041; ÖK-Blatt 103.

Wildgatter Bärental
Die Schiroute führt nunmehr sonnseitig um das Gatter herum: Von der Brücke am Rotsohlbach, 960 m, auf neuem Ziehweg bergan zur Forststraße am Gupf. Leicht bergab in das hintere Bärental; daher beim Rückweg leider eine Gegensteigung.

D I E   S C H I T O U R E N

Beste Zeit
Hochwinter und Frühjahr.

Charakteristik
Hohe Veitsch III Alle Touren für Schibergsteiger. Süd-, nord- oder westseitig.
Steilabfahrten IV Südseitig.
Rauschkogel, Turntaler Kogel II Südwestseitiger Zugang.

Die Schmankerln
Der Rauschkogel, die Rodel und Schallerrinne sowie der Wildkamm.

Gehzeiten, Höhenunterschiede
- Brunnalm – Graf-Meran-Haus – Hohe Veitsch, 2 Std. 30 Min., bis 830 Hm;
- Gingatzwiese – Großer Wildkamm, 170 Hm, 30 Min.;
- Greith – Rauschkogel, 2 Std. 15 Min., 760 Hm;
- Greith – Turntaler Kogel, 2 Std. 30 Min., 650 Hm;
- Niederalpl – Rodel – Hohe Veitsch, 3 Std., 1060 Hm;
- Rotsohl – Bärental – Hohe Veitsch, 3 Std., rund 1000 Hm.

Anstiege und Abfahrten
Brunnalm – Hohe Veitsch. Südseitig; beim Anstieg am Normalweg sind die Steilrinnen gut einsehbar. Die Standardtour kann recht bequem begonnen werden, indem man den Sonnkogel-Lift benutzt; die Bergstation liegt 1440 m hoch.
Am sehr steilen Bergrücken werden die Schi evtl. bis zum Graf-Meran-Haus getragen.
Abfahrt wie Anstieg; extra Vorsicht am Steilrücken.
Oder eine der Steilabfahrten.

Schnupper-Tourengelände auch rund um Turnau

(Schlüsselstelle) gelangt man in den oberen, weniger steilen Teil des Anstieges. Ab der Gingatzwiese, ca. 1700 m, über die Hochfläche südwestwärts zum Gipfel. Abfahrt wie Anstieg.

Rotsohl – Bärental – Hohe Veitsch. Nordwestseitig. Vom Gehöft Sommerauer vlg. Teibenbacher zum Stinatzer Wallfahrerkreuz; danach die „Umleitung": Links steil bergan zur oberen Forststraße, auf ihr in das hintere Bärental und zu einer Jagdhütte, 1278 m. Oberhalb des Waldbereichs wird der steiler werdende rinnenartige Graben geradewegs erstiegen. Nach einer Engstelle gelangt man zur Gingatzwiese, ca. 1700 m. Entlang der Stangenmarkierung südwestwärts zum Gipfel. Abfahrt wie Anstieg.
Oder in Verbindung mit dem Wildkamm.

Steilabfahrten: Nur bei Firn!
(1) Goassteign Einfahrt auf der östlichen Hochfläche.
(2) Hundsschupfn Einfahrt östlich vom Graf-Meran-Haus, in den Lahnboden.
(3) Schallerrinne Einfahrt westlich vom Graf-Meran-Haus; Hinweise beachten!

Gingatzwiese – Großer Wildkamm. Anstieg am Gratrücken; beliebte Kombination.
Abfahrt durch die südwestseitige Flanke zur Anstiegsroute Rotsohl/Bärental.

Greith – Rauschkogel. Auf der zur Turnauer Alm führenden Mautstraße bzw. über Abkürzungen bergan zum Sattel über der Rosenfeldalm, 1389 m. Nun am nordseitigen, z. T. steilen Rücken bergan zum Gipfel.
Abfahrt wie Anstieg.
Oder südseitig in Richtung Krennalm und Gehöft Fladl.

Greith – Turntaler Kogel. Der Mautstraße folgend und über Abkürzungen auf die Turnauer Alm, 1385 m (GH im Winter geschlossen). Darüber geradewegs bergan zum höchsten Punkt.
Abfahrt wie Anstieg.
Oder in Kombination mit dem Rauschkogel.

Niederalpl – Rodel – Hohe Veitsch. Nordseitig. Vom GH Gamsjäger auf einem Forstweg südwärts und durch Waldgelände in die weiten steilen Hänge der „Rodel". Über eine felsige Steilstufe

TOUR 41

Hönigsberger Alm 1150 m
Kreuzschober 1410 m

Talort und Informationen

8680 Mürzzuschlag, 670 m;
Tourismus-Regionalverband Waldheimat-
Mürztal, Tel. 03852/4770.

Reise

Auto: S 6 Semmering-Schnellstraße;
Ausfahrt Mürzzuschlag/Hönigsberg:
Eichhorntal: Von Mürzzuschlag auf der B 23
in Richtung Neuberg; nach der ersten Kuppe
über Mürzbrücke und Bahn zum Hofbauern.
Glowoggengraben: In Langenwang-Pichl-
wang gegenüber der Fleischerei Knapp
(Hauptstraße 48) bzw. beim GH Zum Wirt'n
zur Mürzbrücke und über die Südbahn:
- links der Polzbauerlift;
- rechts führt die erste Straße bergwärts zu
  Seppbauer, Turmbauer, Gutschelhoferhütte;
- geradeaus, gut 1 km, zur Veitlbauer-Reith
  Parkraum nächst der Brücke.
Hönigsberg: Aus der Bahnunterführung zum
GH Steiner vlg. Anbauer in der Werkstraße.

Bahn: ÖBB; Mürzzuschlag (IC), Hönigsberg, Langenwang.
Lammeralmlifte: Zufahrt von Langenwang; vier Schlepplifte,
Doppelsesselbahn zur Gifthütte; Tel. 03854/2337 oder 6155-16.
Schischule: Andreas Lair, Tel. 0664/1321483 oder 1321482.
Schneetelefon: Tel. 03854/2337 oder 3383.

Taxi und Transfer

Fa. Schwarzenegger, Tel. 03852/4377. Ab Bahnhof Mürzzuschlag:
Eichhorntal 3 km, Glowoggengraben 9 km.

Ausgangspunkte

- Eichhorntal: Gehöft Hofbauer, ca. 720 m;
- Hönigsberg: GH Steiner vlg. Anbauer, 660 m;
- Langenwang bzw. Glowoggengraben:
  Gehöft Seppbauer, 830 m;
  Gutschelhoferhütte, 1030 m (über dem Gehöft Turmbauer);
  Polzbauerlift: Talstation 700 m, Bergstation 790 m;
  Veitlbauer-Reith, 740 m.

Einkehrstätten und Stützpunkte

Bergheim Scheickl, Schutzhütte am Mitterberg;
vor dem Schigebiet Lammeralm;
Familie Scheickl, Tel. 03854/2191 oder 3385.

Lammeralm 1180 m
Roßkogel 1479 m

Kurze, aber feine Touren vor allem zu einer Zeit, wenn es anderswo fest stürmt oder schneit

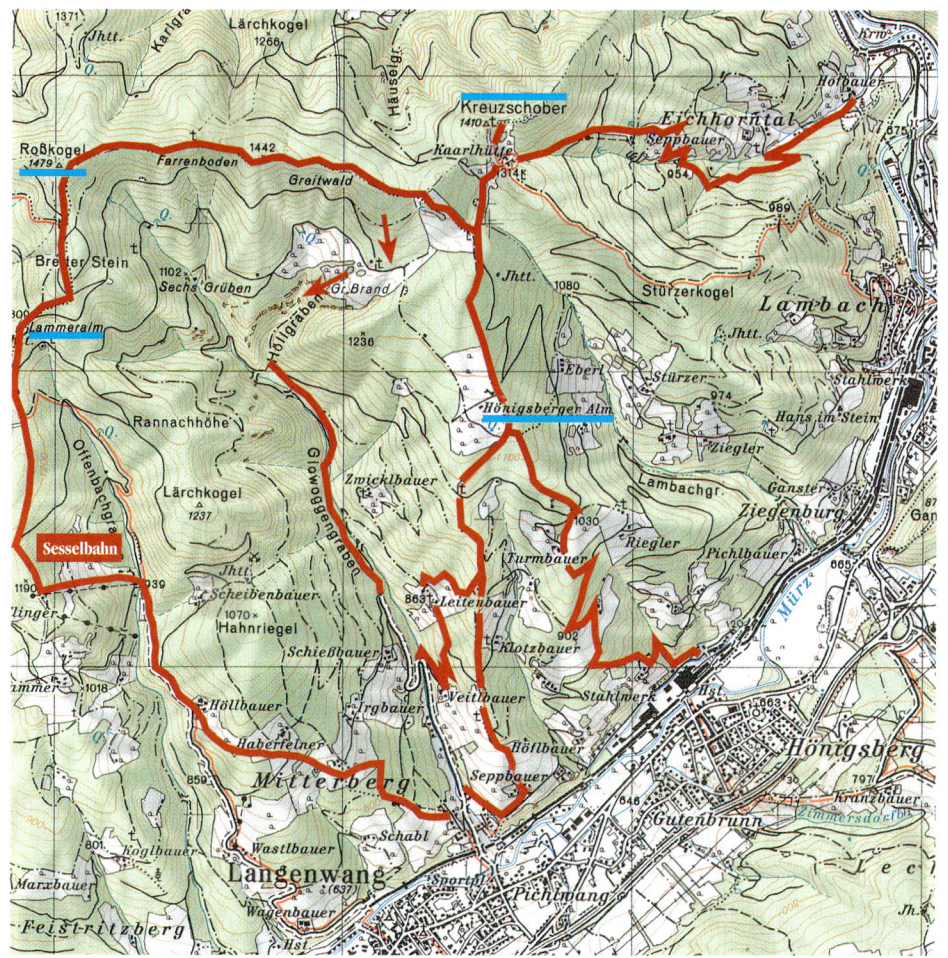

Gifthütte, Sesselbahn-Bergstation Lammeralm; keine Nächtigung; im Winter durchgehend, im Sommer nur an Wochenenden; Karl Lair, Tel. 03854/3312.

Kaarlhütte, OeAV, 1310 m; an Freitagen, Samstagen, Sonn- und Feiertagen sowie in den Ferienwochen; Familie Kollmann, Tel. 0664/2812784 oder 03856/2864.

Lammeralm, 940 m, Almgasthaus im Liftgebiet; keine Nächtigung; Familie Koiser, Tel. 03854/3382.

<u>Orientierung:</u> FB-Wanderkarte 021; ÖK-Blatt 104.

Wintersport-Museum Mürzzuschlag, Wiener Straße 79. Täglich (außer montags) 9–12 und 14–17 Uhr. Tel. 03852/3504, Gemeindeamt 2555.

125

*Oberhalb vom Leitenbauer;
im Anstieg zur Hönigsberger Alm*

*Hönigsberger Alm, 1150 m
Kreuzschober, 1410 m
Lammeralm, 1180 m
Roßkogel, 1479 m*

DIE SCHITOUREN

Beste Zeit: Bei Schneelage bis ins Tal.

Charakteristik

Höllgraben II–III
Hönigsberger Alm, Mitterberg I
Kreuzschober, Roßkogel II

Gelände ost- bis südseitig; allgemein eher weitläufig, Höllgraben eng, jedoch kurz.

Die Schmankerln

Die Bergbauernhöfe, die Rundumblicke über das Mürztal; das anmutige Gelände mit Wiesen, Hochwald und Almen; die Kaarlhütte und ihre Umgebung; die Lammeralm und ihre „Tourenschaukel" für die Verbindung Roßkogel – Kreuzschober.

Gehzeiten, Höhenunterschiede, Entfernungen

- Eichhorntal – Kaarlhütte – Kreuzschober, 2 Std., 700 Hm;
- Gutschelhoferhütte – Kaarlhütte, 1 Std. 15 Min., 200 Hm;
- Hönigsberg – Turmbauer – Kaarl, 2 Std. 15 Min., 650 Hm, 6 km;
- Kaarlhütte – Kreuzschober, 20 Min., 100 Hm;
- Polzbauerlift – Mitterberg – Höllbauer – Lammeralm-Talstation, (1 Std. 30 Min., bis 260 Hm, 4,5 km)
- Lammeralm-Bergstation – Roßkogel, 1 Std. 30 Min., 350 Hm, 4 km;
- Roßkogel – Kaarlhütte, 1 Std., auf/ab 120/220 Hm, 4,5 km;
- Seppbauer – Hönigsberger Alm – Kaarlhütte, 2 Std., 480 Hm, 5 km;
- Veitlbauer-Reith – Leitenbauer – Hönigsberger Alm – Kaarlhütte, 2 Std., 570 Hm, 5,5 km.
- Abfahrt: Kaarlhütte – Brand – Höllgraben – Veitlbauer-Reith, 6 km.

Anstiege und Abfahrten

Eichhorntal – Kreuzschober. Auf Hofzufahrten zum Gehöft Seppbauer, 954 m. Über Bergwiesen in ein Tälchen und darin zum schönen Sattel mit der Kaarlhütte. Südseitig auf den Gipfel. Abfahrt wie Anstieg; im unteren Teil weicht man auf Wiesen aus.

Hönigsberger Alm, 1150 m
Kreuzschober, 1410 m
Lammeralm, 1180 m
Roßkogel, 1479 m

Auf dem Kreuzschober

Hönigsberg – Gutschelbauerhütte – Kreuzschober.
Dieser längste Anstieg Richtung Kaarl leitet vom GH Steiner zum
ehemaligen GH Schmoll; auf Wegen und über Wiesen zum Turm-
bauer und zur Gutschelhoferhütte. Im Hochwald zur Hönigsberger
Alm, 1150 m. Der Markierung folgend zum Brandsattel. Auf der
Wieserlspur zur Kaarlhütte; kurz davor direkt zum Gipfel.
Abfahrt wie Anstieg.

Polzbauerlift – Lammeralm – Roßkogel – Kaarlhütte.
Von der Bergstation durch Wald bergan zum Mitterberg. Auf Wiesen
unterhalb vom Gehöft Haberfelner südwestseitig bergab zum Höll-
bauern. An der Straße 1 km zur Lammeralm, 939 m.
Auffahrt mit dem Schlepplift.
Von der Bergstation, 1170 m, nordwärts zur Lammeralm-Jagdhütte,
1309 m. Auf einem Forstweg am Breiten Stein zum Roßkogel. Ostwärts, mit Gegenstiegen, in den Brandsattel, 1280 m. Auf breit ge-
spurtem Weg 0,6 km zur Kaarlhütte. Auf folgender Route zurück:

Kaarlhütte – Hönigsberger Alm – Polzbauerlift. Mit
dieser Abfahrt über Turmbauer, Rieglerwiese und Trattner schließt
diese gut 15 km lange Rundtour wieder im Glowoggengraben.

Veitlbauer-Reith – Kaarlhütte. Ab der
Brücke auf Hofzufahrten zum Veitlbauer und
Leitenbauer. Hier an der großen Bergwiese zu
„Hansl's und Rosi's Waldhütte". Darüber, auf
einer Forststraße, bergan. Aus der Kehre ver-
bindet ein Ziehweg zum Weg 491. Auf ihm zu
einem großen Wetterkreuz, 1090 m, und hin-
auf zur Hönigsberger Almhütte (von 1964).
Auf schöner Route zum Brandsattel; zehn
Minuten weiter die Hütte.
Abfahrt wie Anstieg; oder auf folgender Route:

**Kaarlhütte – Brand – Höllgraben –
Veitlbauer-Reith.** Aus dem Brandsattel
am Waldrand bergan auf eine Kuppe. Westwärts kurz bergab, dann links die breiten
Wiesen hinunter zum Großen Brand. Unterhalb eines Hochsitzes die Einfahrt in den romantischen Höllgraben. Im Glowoggengraben auf dem Fahrweg zur Veitlbauer-Reith.

TOUR 42

Blahstein 1563 m
Lachalpe 1590 m

Talort und Informationen

8692 Neuberg, 730 m;
Tel. 03857/8321, Gemeindeamt 8202.

Reise

Auto: Von Mürzzuschlag auf der B 23
Lahnsattelstraße bis Krampen oder Lanau.

Ausgangspunkte

• Krampen, 771 m, oder „Im Tirol", 844 m;
• Lanau, 775 m.

Einkehrstätte und Stützpunkt

Goldener Stern, Gasthof in Neuberg an
der Mürz; Montag Ruhetag;
Familie Rosenbichler; Tel. 03857/8201.

Orientierung: FB-WK 022; ÖK-Blatt 103.

DIE SCHITOUREN

Beste Zeit

Hochwinter; speziell bei Schneelage bis ins
Tal und hohem Pulver.

Charakteristik II–III

Großteils Waldgelände mit schönen Freiflächen; ideal bei hoher Pulverschneelage.
Der Abschnitt Eisernes Törl – Lachalpe erfordert sichtiges Wetter. Im Lachalpengraben direkte Einfahrt sehr steil.

Die Schmankerln

Der Lachalpengraben; die Abfahrt vom
Blahstein zur Falkensteinalm.

Gehzeiten, Höhenunterschiede

• Krampen – Blahstein,
  2 Std. 30 Min., 800 Hm;
• Im Tirol – Eisernes Törl – Schnittlerwiese – Lachalm – Lachalpe,
  3 Std. 15 Min., 830 Hm;
• Lanau – Falkensteinalm – Blahstein,
  3 Std., 800 Hm.

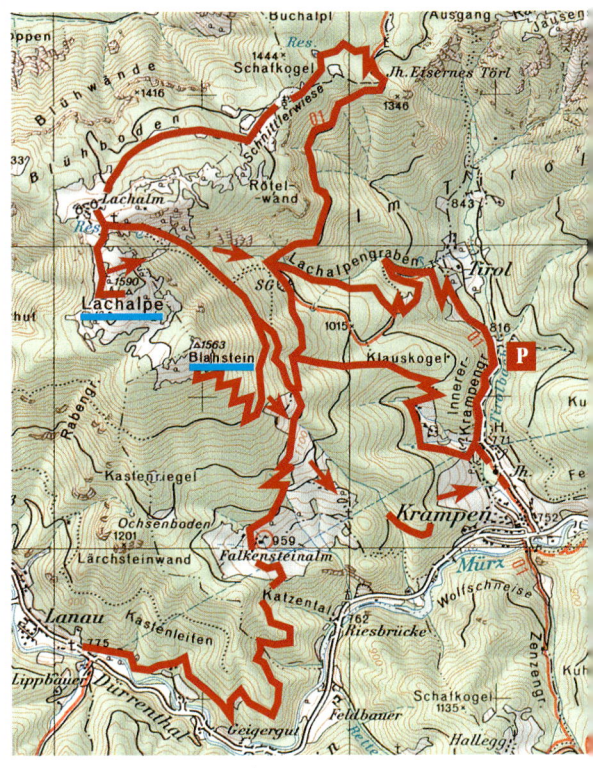

Anstiege und Abfahrten

Krampen – Blahstein. Bei der Tirolbachbrücke halblinks; an
Schneestangen zu einer Wiese. Aus der Kurve gerade bergan, links
von einem Bächlein zum Haus Oberkrampen 7. Leicht rechtshaltend
zu einem Forstweg; links wieder zum Graben, 920 m. Im Hochwald
zur nächsten Forststraße und zu einer breiten Kurve, 1080 m. Den
Bergrücken aufwärts (schwarz-weiße Farbmarken der Bundesforste)
zu einem großen Anger, 1180 m; Hochsitz. Gerade bergan zum
Hochwald und über die Kuppe desselben Angers; ihn sieht man auch
von Krampen. Ab der Wegkurve, 1280 m, im Bergwald zur fast
baumfreien Gipfelkuppe.
Abfahrt: Rechts der Anstiegsspur zur Wegkurve; am Anger rechtshaltend, nahe dem Waldrand, in das Almgelände. Linkshaltend um ein
Kögerl und entlang der Stromleitung. Aus dem Graben bergan zu einem A-Masten. Auf großen Wiesen abwärts zum Tirolbach, an ihm
aufwärts zum Parkplatz.

Waldabfahrten steil und steiler –
echt lustig! Vorausgesetzt,
Frau Holle schüttelt zuvor
kräftig die schneeweiße Tuchent

Im Tirol – Eisernes Törl – Lachalpe. Über die Wiese in Richtung Forsthaus. Auf dem Forstweg zu einer Kehre, 900 m; evtl. im Lachalpengraben direkt aufwärts zur Straße. Auf ihr bis zum Eisernen Törl; Wegschild. Gegenüber, bei den Hütten, an der Forststraße zur Schnittlerwiese, 1380 m. Bergan zum Rande des Hochwaldes. Rechtshaltend. Oberhalb vom Blühboden um den nordwestseitigen Waldhang herum zur Lachalm. Beim Reservoir geradewegs bergan; über eine Vorkuppe (mit Baum, Hochsitz) zur Gipfelkuppe.

Abfahrt: Zurück zur Vorkuppe; rechtshaltend bzw. ostwärts und zunehmend steil direkt in den Lachalpengraben. Dem Grund folgend zur Forststraße; eventuell im Graben weiter. Entlang der Straße zum Parkplatz „Im Tirol" bzw. nach Krampen.

Lanau – Falkensteinalm – Blahstein. An der 3,5 km langen Almstraße südseitig um die Kastenleiten herum und mit nur wenig Gewinn an Höhe (bescheidene 184 Hm) zur Falken-

Der „Pulver ruft":
Auf den Blahstein auch mit
Schneeschuhen

steinalm. Im Almgelände geradewegs ansteigend, bis man in 1280 m Höhe eine Wegkurve erreicht. Den steilen Bergwald in Kehren aufwärts zur Gipfelkuppe.

Abfahrt: Rechts der Anstiegsspur durch einen anfangs baumfreien Hang zum Hochwald. Im lockeren Baumbestand eher linkshaltend und folglich zur bekannten Wegkurve. Im weiteren wie beim Anstieg.

Hinteralm *1446 m*
Roßkogel *1524 m*

Vom Roßkogel zum Spielkogel

Talorte und Informationen

8693 Frein an der Mürz, 864 m;
Freiner Hof, Tel. 03859/8102.
8692 Neuberg an der Mürz, 730 m;
Tourismusbüro, Tel. 03857/8321.

Tourenberatung, Alpine Auskünfte

Familie Wienauer, Tel. 0663/9630969.

Reise

Auto: B 23 Lahnsattel-Bundesstraße.
Nach Frein: Ab Mariazell 22 km, Mürzsteg
9 km, Mürzzuschlag 29 km, Terz 11 km.
Nach Krampen und Tirol: Von Frein 15 km,
Mürzsteg 6 km, Mürzzuschlag 14 km, Neu-
berg an der Mürz 2 km.
Bahn: ÖBB; IC-Bahnhof Mürzzuschlag.
Postbus: Verbundlinie 195, Mürzzu-
schlag – Neuberg – Krampen – Mürzsteg –
Scheiterboden – Frein – Mariazell.

Taxi und Transfer

Fa. Ploderer, Mürzsteg, Tel. 03859/2390.

Ausgangspunkte

• Frein an der Mürz, 864 m;
• Im Tirol, 816 m;
• Krampen, 752 m;
• Scheiterboden, 810 m.

Einkehrstätten und Stützpunkte

Freiner Hof, Gasthof;
Familie Webster, Tel. 03859/8102.
Hinteralmhaus, OeAV, 1446 m;
im Winter an Wochenenden;
Familie Wienauer, Tel. 0663/9630969.

Orientierung

FB-Wanderkarte 022; ÖK-Blatt 103.

D I E   S C H I T O U R E N

Beste Zeit

Hochwinter und zeitiges Frühjahr.

Charakteristik II

Oberhalb von einem Waldgürtel ein sanft geformtes, weitläufiges
Relief; ideal zum Schiwandern.

Die Schmankerln

Die Schiwanderung über Roßkogel und Spielkogel; die Abfahrt vom
Schönhaltereck.

Gehzeiten, Höhenunterschiede

• Frein – Hinteralmhaus, 2 Std. 30 Min., 600 Hm;
• Frein – Spielkogel, 3 Std., über 800 Hm;
• Krampen/Im Tirol – Hinteralmhaus, 2 Std. 30 Min., 700 Hm;
• Krampen/Im Tirol – Schönhaltereck, 3 Std., 1050 Hm;
• Scheiterboden – Hinteralmhaus, 2 Std., 630 Hm.

Anstiege und Abfahrten

Frein – Spielkogel – Hinteralmhaus. Von der Mürzbrücke
in Frein auf dem markierten Weg in einem steilen Wald bergan zu
einer Forststraße und auf ihr an den Hochriegel heran. Aus dem uri-
gen Kampfwaldgürtel auf eine kleine Kuppe, ca. 1450 m, dahinter
kurz bergab zur Roßwiese. Nun über freie Flächen auf den nahen
Roßkogel, 1524 m. Im weiteren ostwärts, leicht bergab und bergauf

Schönhaltereck 1860 m
Spielkogel 1599 m

Spielend leichte Schiwanderungen – vorausgesetzt, Wind und Wetter spielen mit

in Richtung Schwarzenstein, sodann südwärts zum Gipfelkreuz auf dem Spielkogel. Großartiges Panorama!

Abfahrt südwestwärts zum Weitwanderweg 01 oberhalb der Klobenwände. Nun kurz ansteigend zu einer Anhöhe und in kurzer Abfahrt zum Hüttendorf auf der Hinteralm.

Im weiteren am besten durch den Alplgraben zur Bushaltestelle Scheiterboden. Rückfahrt nach Frein; 4 km.

Krampen/Im Tirol – Schönhaltereck. Die Markierung führt einem Forstweg entlang zum Eisernen Törl, 1346 m, einer markanten „Sturmecke". Gleich danach ein Wegweiser: Auf einem Forstweg leicht bergab zum „Ausgang" (Wegtafel zur Hinteralm), hier jedoch rechtshaltend bergan zur Ramleiten und über nordwestseitige Hänge zum Schönhaltereck.

Abfahrt wie Anstieg; oder in Verbindung mit dem Lachalpengraben (siehe Tour 42).

Scheiterboden – Hinteralm – Spielkogel. Bei der Bushaltestelle zum Jagdhaus und auf einem Forstweg bzw. der Markierung folgend durch den Alplgraben zum Hinteralmhaus. Nordwestwärts über eine Anhöhe zu den Klobenwänden und linkshaltend bergan zum Gipfelkreuz.

Abfahrt wie Anstieg.

Oder, in Verbindung mit einer Tour auf das Schönhaltereck, nach Krampen.

TOUR 44

Schauerwand *1812 m*
Schneealm *1731 m*

Talorte und Informationen
8691 Altenberg, 732 m;
8691 Kapellen an der Mürz, 703 m;
8692 Neuberg an der Mürz, 730 m;
Tourismusbüro, Tel. 03857/8321.

Tourenberatung, Alpine Auskünfte
Familie Neubacher, Tel. 03857/2111.

Reise
Per **Auto, Bahn** und/oder **Bus** wie bei
Tour 43 in das Mürztal.
Altenberg: Von Kapellen über Stojen, 4 km.
Gehöft Michlbauer: Aus Richtung Mürz-
zuschlag und Kapellen kurz vor Neuberg
abzweigen; Wegweiser „Schneealm"; 2 km
Hofzufahrt; stets gut geräumt.
Tatscherhof: Von Kapellen 0,6 km Richtung
Neuberg; Wegweiser. Hofzufahrt dient als
Rodelbahn, daher meist Ketten notwendig.

Ausgangspunkte
• Gehöft Michlbauer, 860 m;
• Lurgbauer in Altenberg, 860 m;
• Tatscherhof, 940 m.

Einkehrstätten und Stützpunkte
Michlbauer, Romantik-Urlaub am Bau-
ernhof; Familie Holzer, Tel. 03857/8457.
Paier, Gasthof in Altenberg;
Tel. 03857/2202.
Schneealpenhaus, OeAV, 1784 m; in den
Weihnachtsferien und evtl. an Wochen-
enden im März; durchgehend erst ab April.
Pächterfamilie Neubacher; Tel. 03857/2190.
Der Gastraum ist als Aufenthalts- *und*
Winterraum eingerichtet, frei zugänglich;
6–8 Schlafplätze. Keine Heizgelegenheit,
weil Ofen nicht beheizbar! Notruf-Telefon.
Tatscherhof, Almgasthof; gj., außer März;
Familie Griesmaier, Tel. 03857/2260.

Orientierung
FB-Wanderkarte 022; ÖK-Blatt 104.

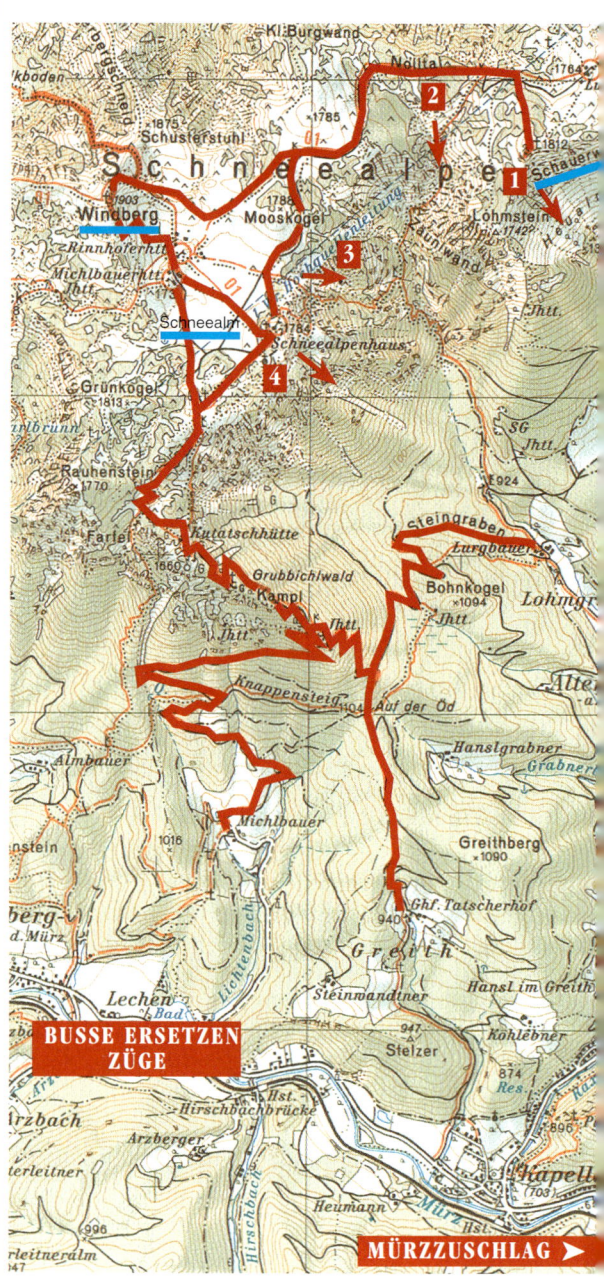

Windberg 1903 m

Beste Zeit: Frühjahr.

Charakteristik

Schneealm und Windberg II–III
Forstwege zu einem Almplateau.

Steilabfahrten IV
Auf der Altenberger Seite extrem steile Gräben und Flanken. Nur bei Firn! Infos bei der Pächterfamilie Neubacher in Altenberg.

Die Schmankerln: Die Hochplateau-Schiwanderung im Dreieck Farfel – Lurgbauerhütte – Windberg.

Gehzeiten, Höhenunterschiede

- Altenberg – Windberg, 3 Std., 1050 Hm;
- Kapellen – Windberg, 3 Std., 970 Hm;
- Michlbauer – Windberg, 3 Std., 1050 Hm;
- von Altenberg, Kapellen oder Lechen zum Schneealpenhaus auf dem Schauerkogel jeweils 2 Std., bis 800 Hm;
- Rundtour: Schneealm – Lurgbauerhütte – Schneealm; mit Windberg, 4-5 Std., 500 Hm.

Anstiege und Abfahrten

Altenberg/Lurgbauer – Windberg. Auf einem Forstweg durch den Steingraben und am Bohnkogel zum markierten Weg bei der Öd. Wie beim Anstieg vom Tatscherhof zum Schneealpenhaus und auf den Windberg.
Abfahrt wie Anstieg.

Kapellen/Tatscherhof – Windberg. Der Anstieg ist identisch mit dem markierten Weg zum Kohlebnerstand. Von hier quert man das Kampl nordseitig, auf der oft tief eingewehten Forststraße. Von der Kutatsch-Unterstandshütte beim Sender, 1660 m, der Wintermarkierung folgend über die Hochfläche zum Schneealpenhaus auf dem Schauerkogel. In beliebigen Varianten über ebene Böden zu den Hütten auf der Schneealm; zuletzt 180 Hm bergan im breiten südseitigen Gipfelhang.
Abfahrt wie Anstieg.

Lechen oder Michlbauer – Windberg. Beim Anstieg von Lechen folgt man dem markierten Weg zum Knappensteig; wesentlich kürzer gelangt man vom Michlbauer hierher. Ab dem Kohlebnerstand wie beim Anstieg vom Tatscherhof über die Kutatsch-

Starke Kontraste: Almböden, Steilflanken und anstatt Wind nicht selten Sturm

Von der Schneealm auf den Windberg

hütte zur Michlbauerhütte auf der Schneealm und zum Gipfel.
Abfahrt wie Anstieg.

Rundtour: Schneealm – Lurgbauerhütte. Landschaftlich großartige Plateauwanderung über die nordöstliche Hochfläche vom Mooskogel, 1788 m, bis zur Landesgrenze am Ameisbichl.
Rückweg von der Lurgbauerhütte, 1764 m, evtl. über den Windberg.
Abfahrt zur Schneealm und weiter in Richtung Altenberg, Kapellen oder Neuberg.

Steilabfahrten

Nur bei Firn! Alle Abfahrten müssen hinsichtlich Schneebeschaffenheit und Gelände (Einfahrtspunkt) zuvor genauest erkundet werden.
(1) Schauerwand-Südostflanke;
(2) Almgraben und Lohmgraben;
(3) Blarergraben;
(4) Schafriese.

Heukuppe *2007 m*
Predigtstuhl *1902 m*

Talort und Informationen

8691 Kapellen an der Mürz, 703 m;
GH Poldi, Schrittwieser, Tel. 03857/2270.

Tourenberatung, Alpine Auskünfte

Familie Newerkla, Tel. 02665/380.

Reise

Auto: Auf der B 23 nach Kapellen an der
Mürz; von Mürzzuschlag 7 km.
Von Kapellen
• Durch Stojen zum GH Moassa 7 km;
• nach Raxen (GH Poldi) 6 km;
• zum Preiner Gscheid 10 km.
Bahn: ÖBB, IC-Bahnhof Mürzzuschlag.
Schilifte: Beim Moassa zwei Schlepplifte.

Taxi und Transfer

Fa. Schwarzenegger, Tel. 03852/4377.
Ab Bahnhof Mürzzuschlag:
Preiner Gscheid 16 km, Raxen 13 km.

Ausgangspunkte

• GH Moassa, 1172 m;
• Preiner Gscheid, 1070 m;
• Raxen, 870 m.

Einkehrstätten und Stützpunkte

Habsburghaus, OeAV, 1786 m; ab Anfang
Mai bis Ende Oktober; Tel. 02665/219.
Winterraum: offen, nicht beheizbar; 4–6
Plätze; Notrufbox.
Karl-Ludwig-Haus, ÖTK, 1804 m; gj.;
Pächterfamilie Newerkla, Tel. 02665/380.
Moassa, Almgasthof; Dezember bis Okto-
ber; Familie Ulm, Tel. 03857/2225.
Poldi, Gasthof in der Raxen; Mitte Februar
bis Ende März geschlossen.
Familie Schrittwieser; Tel. 03857/2270.
Waxriegelhaus, Naturfreunde, 1361 m;
gj.; Pächterfamilie Hein, Tel. 02665/237.

Orientierung: FB-WK 022; ÖK-Blatt 104.

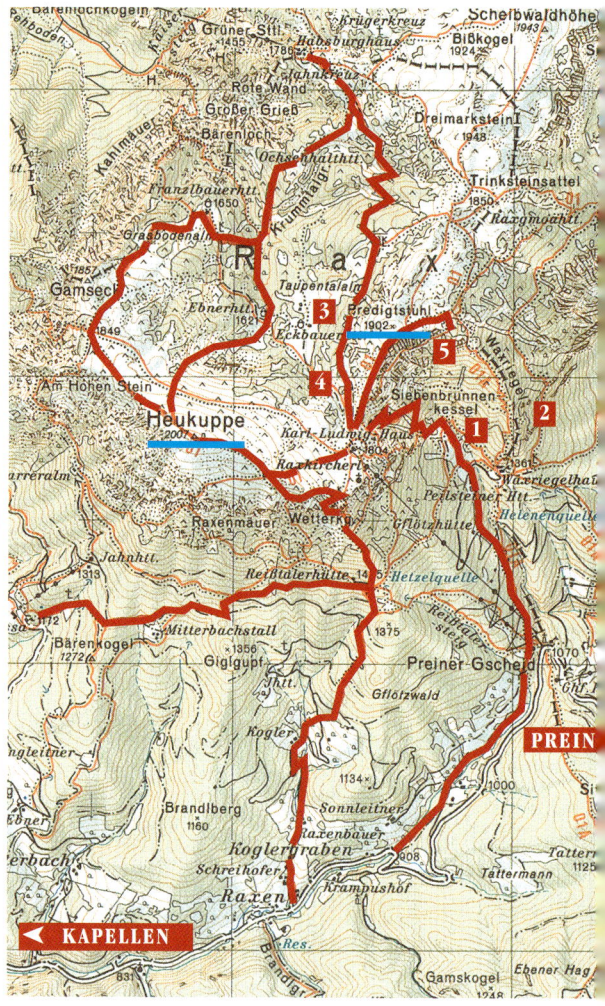

Beste Zeit: Hochwinter und Frühjahr.

Charakteristik III

Plateaugelände. Leichtester und kürzester Anstieg vom Preiner
Gscheid. Aus der Raxen auch in Verbindung mit kurzen Kletterstei-
gen; für Schibergsteiger.

Der „Alte Wetterkogelsteig" ist zwar sicherer, jedoch der „Gretchensteig" ein alpines Häppchen

Die Schmankerln

Die Abfahrten in den Siebenbrunnenkessel; die alpinen Anstiege am Wetterkogel; die Touren auf dem Plateau.

Gehzeiten, Höhenunterschiede

- Karl-Ludwig-Haus – Heukuppe, 45 Min., 200 Hm;
- Karl-Ludwig-Haus – Predigtstuhl, 20 Min., 100 Hm;
- Moassa – Reißtalerhütte, 1 Std., 280 Hm;
- Preiner Gscheid – Karl-Ludwig-Haus, 2 Std. 15 Min., 740 Hm;
- Preiner Gscheid – Waxriegelhaus, 1 Std., 300 Hm;
- Raxen – Reißtalerhütte, 2 Std., 580 Hm;
- Rax-Plateau-Rundtour, ab Karl-Ludwig-Haus, 5–6 Std., bis zu 500 Hm Anstiege und Abfahrten;
- Reißtalerhütte – Heukuppe, 2 Std., 560 Hm;
- Taupentalalm – Habsburghaus, 2 Std., 200 Hm;
- Waxriegelhaus – Karl-Ludwig-Haus, 1 Std. 30 Min., 450 Hm.

Anstiege und Abfahrten

Moassa – Reißtalerhütte. Eine kurze, leichte Schiwanderung unter den Raxenmäuern.
Abfahrt wie Anstieg.

Preiner Gscheid – Karl-Ludwig-Haus – Heukuppe. Die Standardtour. Auf dem markierten Weg in den Siebenbrunnenkessel. Den ostseitigen steilen Hang empor zum Karl-Ludwig-Haus, darüber auf dem breiten Rücken zum Raxkircherl und Gipfel.
Abfahrt wie Anstieg.
Oder in Verbindung mit Nazrinne, Taupentalalm u. a. Varianten.

Rax-Plateau-Rundtour. Nur bei stabilem und sichtigem Wetter.
Abfahrt Vom Karl-Ludwig-Haus durch die Blutrinne oder vom Predigtstuhl über das Handtuch zur Taupentalalm.
Anstieg über die Grasbodenalm zum Habsburghaus, 1786 m;
Rückweg und Abfahrten in Richtung Trinksteinsattel, Predigtstuhl und Ludwighaus.

Raxen – Reißtalerhütte – Heukuppe. Eine alpin interessante Rundtour im Anblick der Raxenmäuer: Im Koglergraben gegenüber dem ehemaligen Gehöft Kogler nordostwärts über Wiesen bergan und der Markierung folgend durch einen Hochwald zur Reißtalerhütte.
Die grüne Markierung leitet von einem Schuttrücken in ein kleines Kar: Links führt der „Alte Wetterkogelsteig" zur Hochfläche; dieser

Auf der Heukuppe

Anstieg ist objektiv sicherer als der mitunter von Wächten bedrohte „Gretchensteig". Beide Ausstiege erfolgen nahe vom Raxkircherl. Zuletzt den breiten Südostrücken bergan zum Gipfel.
Abfahrt zum Ludwighaus und Preiner Gscheid; auf dem markierten Habietenik-steig in die Raxen.

Steilabfahrten

(1) Karlgraben Standardabfahrt; vom Karl-Ludwig-Haus in den Siebenbrunnenkessel; und weiter zum Preiner Gscheid.
(2) Langer Mann Vom Predigtstuhl südostseitig; zuletzt in einer Querung zum Waxriegelhaus.
(4) Blutrinne in das Taupental.
(3) Handtuch Vom Predigtstuhl zur Taupentalalm.
(5) Nazrinne Zwischen Predigtstuhl und Waxriegel in den Siebenbrunnenkessel. Nur bei Firn!

135

Grazer Stuhleck 1635 m

Talorte und Informationen

8673 Ratten, 766 m;
8674 Rettenegg, 862 m;
8684 Spital am Semmering, 777 m;
8680 Mürzzuschlag, 670 m;
Tourismus-Regionalverband Waldheimat-Mürztal, Wiener Straße 4, Tel. 03852/4770.

Reise

Auto: S 6 Semmering-Schnellstraße.
Nach Ratten und Rettenegg
- Ausfahrt Krieglach; B 72 über das Alpl ins Feistritztal.
- Ausfahrt Steinhaus; Landesstraße über den Pfaffensattel in das Feistritztal.
Zu den Stuhleckbahnen
Ausfahrt Spital am Semmering.
Bahn: ÖBB; Bahnhöfe Mürzzuschlag (IC) und Spital; Sonderzüge von Wien Südbf.
Postbus: Verbundlinie 187, Krieglach – Alpl – St. Kathrein am Hauenstein –Ratten.
Hausteinlifte: Doppelsesselbahn und Schlepplifte, St. Kathrein am Hauenstein; Tel. 03173/2264, 2266 oder 2335.
Stuhleckbahnen: Vierersesselbahn Spital am Semmering – Friedrichshütte; mehrere Schlepplifte; Tel. 03853/270, Hauptkassa.

Taxi und Transfer

Mürzzuschlag:
Fa. Schwarzenegger, Tel. 03852/4377.
Mürzzuschlag – Stuhleckbahnen in Spital am Semmering 7 km.
Rettenegg: Fa. Simml, Tel. 03173/8280;
GH Ebner – Pfaffensattel 8 km; bei Bedarf Pendelverkehr.

Ausgangspunkte

- Stuhleck, Bergstation Weißenelfschlaglift, 1640 m;
- Pfaffensattel, 1372 m.

Einkehrstätten und Stützpunkte

Alois-Günther-Haus, OeAV, 1782 m; ab Schiliftbetrieb bis Ostermontag und ab Mitte Mai; Pächter Luc Jacobs, Tel. 03853/300.
Bärenkogelhaus, 1169 m, Almgasthof; März bis Heiligdreikönig; Familie Siener, Tel. 03852/4479. www.discover.com//baerenkogel
Forellengasthof Ebner, in Rettenegg, 872 m; Dezember bis Oktober; Familie Ebner, Tel. 03173/8270.

Pretulalpe 1656 m
Stuhleck 1782 m

An der Wiege des Schilaufs in der Steiermark

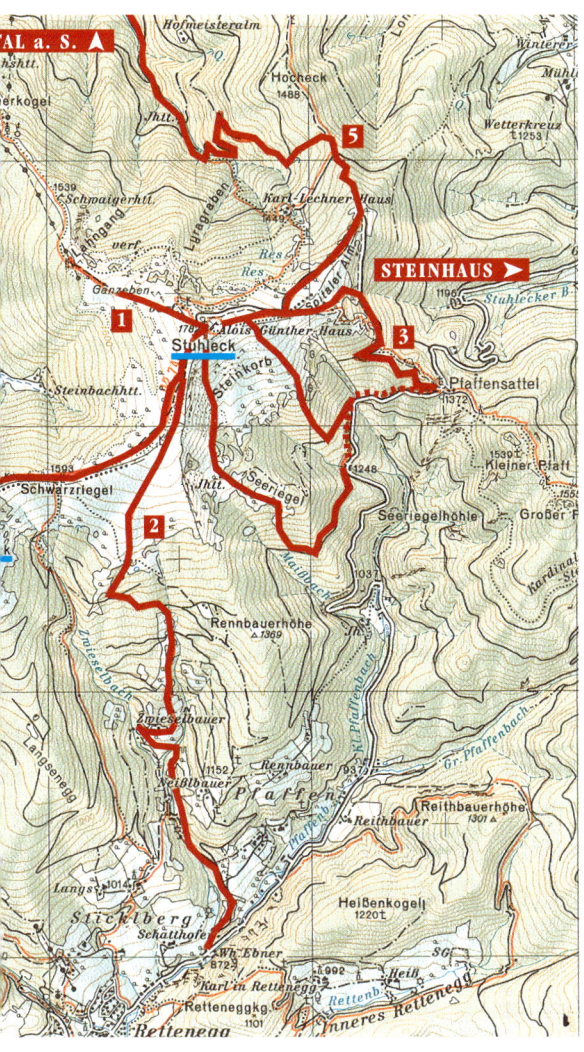

Die Gehöftgruppe Bettelbauer ist bereits Schigeschichte. Erlebbar im Wintersport-museum in Mürzzuschlag: täglich 9–12 und 14–17 Uhr. Montags geschlossen. Tel. 03852/3504, Gemeindeamt 2555.

DIE SCHITOUREN

Beste Zeit
Hochwinter.

Charakteristik II
Weitläufiges, mit Liften kombinierbares Tourengebiet. Auf dem Höhenrücken Nebel und stürmischen Wind nicht unterschätzen!

Das Schmankerl
Die Schitourenschaukel von Spital am Semmering über das Stuhleck in das Feistritztal und Mürztal.

Anstiege,
Gehzeiten, Höhenunterschiede
- Ganzeben – Stuhleck, 20 Min., 142 Hm;
- Pfaffensattel – Stuhleck, 1 Std., 410 Hm;
- Roseggerhaus – Stuhleck, 2 Std., 250 Hm;

Ganzalmhaus, TVN, 1380 m; Dezember bis März und Mai bis Oktober; Tel. 03854/3270. Zufahrt bis Bärenkogelsattel.
Pfaffensattel, Almgasthof; dzt. geschlossen; Tel. 03853/8111.
Rosegger-Schutzhaus, Naturfreunde, 1586 m; Dezember bis Oktober; Tel. 03170/522. Zufahrt von Ratten bis Hansl in Reith.
Orientierung
FB-Wanderkarte 021; ÖK-Blatt 104.

Grazer Stuhleck, 1635 m
Pretulalpe, 1656 m
Stuhleck, 1782 m

Abfahrten, Übergänge, Höhenunterschiede, Entfernungen

- Roseggerhaus – Amundsenhöhe – Ganzalmhaus – Bärenkogelsattel,
  500 Hm, 6 km;
- Roseggerhaus – Gehöft Hansl im Reith,
  440 Hm, 4 km;
- Roseggerhaus – Hauereck,
  300 Hm, 5 km;
- Stuhleck, Alois-Günther-Haus – Bettelbauer – Mürzzuschlag,
  1100 Hm, 12 km;
- Stuhleck, Alois-Günther-Haus – Zwieselbauer – Rettenegg, 910 Hm, 5,5 km;
- Stuhleck, Alois-Günther-Haus – Grazer Stuhleck – Pretul – Roseggerhaus,
  250 Hm, 5,5 km;
- Stuhleck – Seeriegel, 540 Hm, 4 km;
- Stuhleck – Spitaler Alm – Spital am Semmering, 1000 Hm, 8 km.

Die „Stuhleck-Schitourenschaukel"

Der 16 km lange, weithin überschaubare Höhenrücken erstreckt sich vom Stuhleck über die Pretul und Rattner Alm zum Hauereck und Alpl.
Die „Tourenschaukel" funktioniert folgend:

1 Anstieg Ganzeben – Stuhleck.
Aus dem Ortszentrum Spital am Semmering Auffahrt mit der Sesselbahn zur Friedrichshütte, 1307 m, und mit dem Weißenelfschlaglift (Kurvenlift) zur Ganzeben; Bergstation, 1640 m. Von der Bergstation nur noch 142 Hm zum Alois-Günther-Haus auf dem Stuhleckgipfel, wo die z. T. langen Geländeabfahrten beginnen. Besonders beliebt ist die südseitige Abfahrt nach Rettenegg:

Auf dem Stuhleck: An der Wiege des Schilaufs in der Steiermark

2 Rettenegger Abfahrt.
Vom Stuhleck zunächst in Richtung Schwarzriegel, sodann südwärts über breite Wiesen und durch z. T. schütteren Wald zum Gehöft Zwieselbauer und durch den Zwieselbachgraben teils auf Straßen zum GH Ebner, 872 m.

Transfer und Rückanstiege:
Von Rettenegg gelangt man per Taxi zum Pfaffensattel, von dort ergeben sich folgende Kombinationen:

Grazer Stuhleck, 1635 m
Pretulalpe, 1656 m
Stuhleck, 1782 m

3 Anstieg Pfaffensattel – Stuhleck. Am besten nach der Mautstraße, dann abkürzend über die Spitaler Alm zum Gipfelkreuz und Güntherhaus auf dem Stuhleck.

4 Mürzzuschlager Abfahrt. Die klassische und längste Strecke führt über den Schwarzriegel, 1593 m, zur Schwarzriegelalm, 1461 m; oder auf einer Forststraße zum ehem. Gehöft Bettelbauer und über die Wiesen der Schöneben in die östliche Vorstadt von Mürzzuschlag. Von der Wiener Straße zum Schimuseum und zum nahen Bahnhof.

5 Spitaler Abfahrt. Vom Stuhleck ostwärts, über die Spitaler Alm, auf den Höhenrücken oberhalb vom Karl-Lechner-Haus. Am Waldrand zu einer Forststraße und ihr entlang durch den Kaltenbachgraben zur Sesselbahn-Talstation.

6 Pretuler Abfahrt. Vom Stuhleck über den Höhenrücken, z. T. in kurzen Gegenanstiegen, zum Roseggerhaus.

7 Hönigsberger Abfahrt. Vom Roseggerhaus zunächst auf der Pretul ansteigend zur Amundsenhöhe, 1666 m; Beginn der Abfahrt zum Ganzalmhaus, 1389 m, und wie die Naturrodelbahn in den Bärenkogelsattel. Nun rechts zum Kogelbauer, auf einem Weg zum Hansbauer; über Wiesen zu einer Unterführung und in das Ortsgebiet von Hönigsberg.

Schi-Höhenwanderungen

Hauereck – Pretulalpe. Von der Hausteinbahn-Bergstation nordostwärts bergan zur Rattner Alm. Über den Höhenrücken am Steinriegel, 1577 m, zum Rosegger-Schutzhaus; 1 Std. 30 Min.
Rückweg wie Anstieg.

Pretulalpe – Stuhleck. Vom Roseggerhaus über das Grazer Stuhleck und den Schwarzriegel zum Alois-Günther-Haus; 1 Std. 30 Min.
Rückweg wie Anstieg.

Wer liefert sich freiwillig Wind und Wetter aus?

TOUR 47

Amundsenhöhe *1666 m*
Pretulalpe *1656 m*

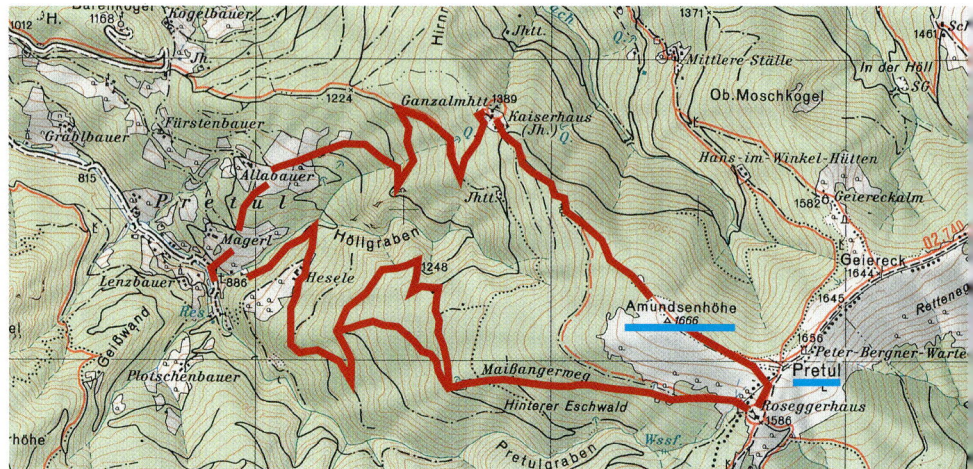

Talort und Informationen

8665 Langenwang, 637 m;
Tourismusverband, Tel. 03854/6155-16.

Reise

Auto: S 6 Semmering-Schnellstraße;
Ausfahrt Langenwang.
In den Pretulgraben: In Richtung „Steinbruch"; bis in den Talschluß 7 km.

Ausgangspunkt

Pretulgraben, 886 m; Parkplatz nächst Eisbahn.

Einkehrstätten und Stützpunkte

Ganzalmhaus, Naturfreunde, 1380 m;
Dezember bis Ende März und ab Mai bis
Ende Oktober; Pächterin
Gertraud Allabauer, Tel. 03854/3270.
Rosegger-Schutzhaus, Naturfreunde,
1586 m; Dezember bis Oktober;
Pächterfamilie Fischer, Tel. 03170/522.

Orientierung

FB-Wanderkarte 021; ÖK-Blatt 104.

D I E S C H I T O U R

Beste Zeit: Hochwinter und Frühjahr.

Charakteristik I–II

Viel Wald, aber auch viele freie Flächen.
Vorsicht bei Sturm und/oder Nebel!

Die Schmankerln

Die bequem begehbaren Forstwege; die lichten Hochwälder, das Almgebiet der Pretul; die präparierte Abfahrt Richtung Ganzalm; das Durchschlupfen zu den Wiesen beim Allabauer und Magerl.

Gehzeiten, Höhenunterschiede, Entfernungen

- Pretulgraben – Hesele – Maißangerweg – Pretulstall – Roseggerhaus auf der Pretul, 2 Std. 30 Min., 700 Hm, bis 7 km;
- Roseggerhaus – Amundsenhöhe, 15 Min., 80 Hm, 1 km;
- <u>Abfahrt:</u> Amundsenhöhe – Ganzalm – Allabauer – Magerl – Pretulgraben, 780 Hm, 7 km.

Anstiege und Abfahrten

Pretulgraben – Hesele – Roseggerhaus – Pretulalpe – Amundsenhöhe. Auf der Hofzufahrt zum Gehöft Hesele, 1020 m. Oberhalb des Hofes auf der Forststraße (grüner Schranken) zur Linkskehre, 1140 m. Ihr folgend zu einer Drei-Wege-Gabelung, 1160 m. Entweder auf einem Ziehweg direkt zum Maißangerweg. Oder geradeaus (schöner, auch länger) folgend weiter: Auf der Höllkögerlstraße zu einer Gabelung, 1248 m. Durch das Wegtor zum nächsten Forstweg. Um eine große Frei- bzw. Jungwaldfläche im Uhrzeigersinn herum. Oberhalb eines Hütterls, 1290 m, auf Forstweg westwärts zu einem Geländerücken, 1360 m; zwei Hochsitze. Ab hier auf dem Maißangerweg am Zaun zu einem Forstweg und frei stehenden Hochsitz. Nächst Dürrlingen zu jungem Wald und auf ebenem Forstweg 1 km zum Pretulstall; 1560 m (siehe Bild). 500 m weiter erreicht man das Roseggerhaus. Auf dem Almboden der Pretul zum Weg 742; nordwestwärts auf die flache Gipfelkuppe (Trigonometer-Reste).
<u>Abfahrt</u> wie Anstieg; oder über die Ganzalm.

Oben: Bei solch typischem „Pretul-Wetter" ist der Weg das schönste Ziel

Links: Vom Pretulstall nur noch wenige Minuten zum Roseggerhaus

Amundsenhöhe – Ganzalm – Pretulgraben. Zunächst entlang der Markierung durch schönen lichten Hochwald. Ab der „Karlruhe" (nächst einem Bildbaum, 1500 m) auf dem präparierten Schi- und Rodelweg zum Ganzalmhaus.
Danach folgt eine Rechtskurve; ab hier noch 0,6 km zur Abzweigung, ca. 1250 m: Ein Forstweg (Tafel „Privatweg") leitet zu den Wiesen beim Gehöft Allabauer. Nach dem ersten Objekt zu einem Waldsaum, durch diesen zu einer Passage im Jungwald und über eine steile Bergwiese unweit vom Gehöft Magerl direkt zum Parkplatz bei der Eisbahn.

Aibel *1394 m*
Ebenschlag *1500 m*

Talort und Informationen

8643 Allerheiligen i. Mürztal, 551 m;
Familie Heidegger, Tel. 03864/6111.

Reise

Auto: S 6 Semmering-Schnellstraße.
Zum Eibeggwirt: Ausfahrt Mürzhofen;
von Allerheiligen 6 km.

Ausgangspunkt

GH Eibeggwirt, 750 m.

Einkehrstätten und Stützpunkte

Eibeggwirt, Gasthaus, keine Nächtigung;
Familie Heidegger, Tel. 03864/6111.
Hofbaueralm, 1350 m; Jausenstation,
gj. an Wochenenden und Feiertagen;
keine Nächtigung;
Familie Klammer, Tel. 03866/2686.

Orientierung

FB-Wanderkarte 041, ÖK-Blatt 134.

Halt inne! Im Sattel der Hofbaueralm

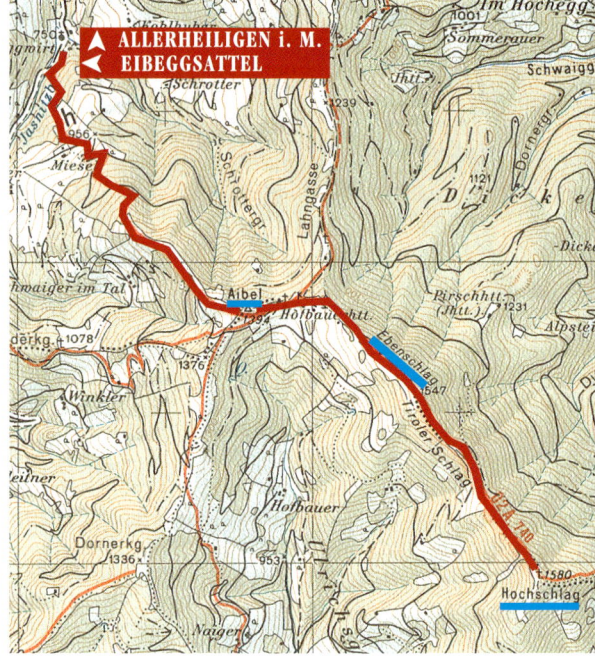

D I E   S C H I T O U R

Beste Zeit: Hochwinter; am besten bei Neuschnee.

Charakteristik I–II

Innerhalb der Waldgrenze, dennoch überwiegend baumfreies Gelände: Für diese Schnuppertour schwärmt eine große Anhängerschaft.

Das Schmankerl

Der Gipfelhang am Ebenschlag und die flotte Abfahrt vom Aibel.

Gehzeiten, Höhenunterschiede

- Eibeggwirt – Aibl, 2 Std., 650 Hm;
- Aibel – Ebenschlag, 30 Min., 150 Hm;
- Ebenschlag – Hochschlag, 40 Min., 100 Hm;
- insgesamt rund 3 Std. 15 Min., rund 900 Hm.

Anstiege und Abfahrten

Eibeggwirt – Aibel. Die Schneelage soll ausreichend sein, um gleich vom Eibeggwirt mit Fellen anzusteigen. Man erreicht über

Hochschlag 1580 m

Nichts ist populärer als ein Geheimtip – selbst mit drei Begriffen für eine Tour

nordwestseitige Wiesen zunächst das Gehöft Heidegger vlg. Miersl und gelangt, geradewegs aufwärts, über mehrere Freiflächen und schmale Passagen auf das Aibel.
Abfahrt wie Anstieg.

Aibel – Hofbaueralm – Ebenschlag. Mit kurzer Abfahrt zur Hofbauerhütte, die in einem Sattel steht, 1350 m.
Vom Wegkreuz und Brunnen der Markierung folgend über den halbseitig bewaldeten Rücken zum Gipfelkreuz auf dem Ebenschlag, 1500 m. Hiermit endet der zweite Schnuppertourenteil.
Abfahrt wie Anstieg; am Aibel kurzer Gegenanstieg.

Ebenschlag – Tiroler Schlag – Hochschlag. Folgt man dem Rücken, so gelangt man in einer 2 km langen, fast ebenen Schiwanderung über den sogenannten Tiroler Schlag zum Gipfelkreuz am Hochschlag.
Rückweg und Abfahrt wie Anstieg.

Ein guter Tip bei schlechtem Wetter: Auf Tour zum Ebenschlag

Aibel: Das erste Ziel

143

Schöckl *1445 m*

Talorte und Informationen

8061 St. Radegund, 717 m;
Kurkommission, Tel. 03132/2334.
8102 Semriach, 709 m;
Tourismusbüro, Tel. 03127/8209.

Reise

Auto: Von Graz zum Fuß der Leber in
Stattegg 10 km; nach St. Radegund 18 km;
nach Semriach 26 km.

Tram und GVB-Bus: Tramlinien 4 und
5 nach Andritz; von Andritz per Bus zum
Fuß der Leber; nur eine Verbundzone!
GVB, Tel. 0316/887-411.

Postbus: Verbundlinie 250, Graz – Ma-
riatrost – St. Radegund – Schöcklkreuz.
Verbundlinie 140, Graz – Semriach.

Schöckel-Seilbahn: Gondelbahn von
St. Radegund; auf dem Schöckl zwei
Schlepplifte; Infos und Wetterberichte,
Tel. 0316/887-700.

Fahrplan-Auskünfte

Mobil Zentral, Graz, Tel. 0316/820606.

Ausgangspunkte

- GVB, Bus-Endhaltestelle Fuß der Leber,
  481 m;
- St. Radegund, Talstation Schöcklseil-
  bahn, 780 m;
- Schöcklkreuz, 1125 m.

Einkehrstätten und Stützpunkte

Auf dem Schöckl

Alpengasthof, 1440 m;
Familie Kreiner, Tel. 03132/2372.

Bergstation, Gasthaus; keine Nächtigung; Tel. 03132/4423.

*Das Gipfelkreuz auf dem Schöckl erinnert an Erzherzog Johanns
Fußreise anno 1811 von Wien nach Graz*

Halterhütte, 1400 m, Jausenstation;
gj. geöffnet, keine Nächtigung; Tel. 03132/2323.
Johann-Waller-Hütte, Naturfreunde, 1200 m;
Selbstversorgerhütte, an Wochenenden und Feiertagen einfach be-
wirtschaftet; Naturfreunde-Ortsgruppe Graz, Tel. 0316/826265.
Stubenberghaus, OeAV, 1440 m. Nach Umbau voraussichtlich ab
2001 wieder in Betrieb.
Tel. 03132/2210; Alpenverein Graz, Tel. 0316/822266.

Orientierung

FB-Wanderkarte 131;
ÖK-Blatt 164.

Klassische Winter-Erlebnisse am populärsten Grazer Hausberg

Beste Zeit

Hochwinter
bzw. bei Schneelage bis ins Tal.

Charakteristik II

Im unteren Teil Waldgelände mit vielen
Forstwegen; darüber ein großteils waldfreies
Plateau, das dem Schöckl seine typische
Form verleiht.

Die Schmankerln

Die 7,5 km lange Abfahrt über den Langen Weg zum Fuß der Leber; die „Nordabfahrt" zur Talstation des ehemaligen Nordliftes.

Gehzeiten, Höhenunterschiede

- Fuß der Leber – Schöckl-Gipfelkreuz, 2 Std. 30 Min., 970 Hm;
- Nordlift-Talstation – Schöcklsender, 1 Std. 15 Min., 400 Hm;
- Schöcklkreuz – Schöcklsender, 1 Std., 320 Hm.

Die Schöckel-Tourenschaukel

„Aufigondeln und obiwedeln" heißt jenes Motto am Schöckl, das vielen Tourenfahrern dank attraktiver Verkehrsverbund-Angebote gefällt:

1 St. Radegund – Schöckl. Mit dem Bus nach St. Radegund; Auffahrt mit der Seilbahn; vom Sender über das Plateau zum Gipfelkreuz.

2 Schöckl-Abfahrt zum Fuß der Leber.

Vom Gipfelkreuz über die Schöcklschneid in den Schöcklsattel; auf einem Forstweg zum Göstinger Forsthaus (davor die Abzweigung zur Johann-Waller-Hütte), auf dem Langen Weg Richtung Buch; beim Schranken und Reservoir wie der Weg 20a durch Wald zur Bucher Straße; beim Trafo zur Arosawiese, in den Stattegger Graben und zur GVB-Bus-Endhaltestelle.

Rückfahrt: Mit dem Bus (Halbstundentakt) nach Andritz; mit der Tramlinie 4 oder 5 in das Zentrum der Landeshauptstadt Graz.

3 Nordabfahrt.

Von der Seilbahn-Bergstation oder Jahnwiese zunächst in Richtung Schöcklkreuz, jedoch vor dem Hochwald an dessen Rand den Steilhang hinunter zur ehemaligen Talstation des Nordliftes, 1043 m. Rückanstieg wie Abfahrt.

4 Abfahrt nach St. Radegund.

Von der Bergstation auf dem markierten Weg in Richtung Schöcklkreuz, durch den Hammerschlag, ostseitig um den Schöckl herum

zur ehemaligen Mautstraße, sodann die Seilbahn unterquerend zum Schöcklbauer und nochmals die Seilbahn unterquerend zur Schöcklstraße und zur Seilbahn-Talstation.

5 Fuß der Leber – Schöckl.

Die Tour pur. Von der Bus-Endhaltestelle dem Weg 20a folgend sogleich durch das Gehöft Ossegger (Reitstall), dann besser über die große westseitige Wiese (Arosawiese) zur Straße in Buch, durch Wald zum Langen Weg, auf ihm zum Göstinger Forsthaus, bergan

Im Augen-Blick vom Schöckl durch das Grazer Bergland zum Hochschwab

in den Schöcklsattel, 1289 m, und über die Schneid zum Gipfelkreuz. Evtl. über das Plateau zur Bergstation und zum Ostgipfel. Rückweg und Abfahrt wie Anstieg.

TOUR 50

Guschen 1982 m
Hochfeld 2189 m

Auf dem Schladminger Höhenweg ...

Talorte und Informationen

8970 Rohrmoos, 962 m;
Tourismusbüro, Tel. 03687/61147.
8970 Schladming, 750 m;
Tourismus-Regionalverband
Dachstein-Tauern, Tel. 03687/23310.

Tourenberatung, Alpine Auskünfte

Familie Stocker, Tel. 03687/61177.

Reise

Auto: B 320 Ennstal-Bundesstraße.
Nach Rohrmoos: Von Schladming zur
Hochwurzenbahn-Talstation 7 km.
Bahn: ÖBB, IC-Bahnhof Schladming.
Vom Bahnhof über den Enns-Steg in weni-
gen Minuten zur Talstation „Planai-West".
Hochwurzenbahn: Gondelbahn;
Rohrmoos, 1118 m – Hochwurzen, 1849 m.
Betriebszeit 8.30–17 Uhr; Tel. 03687/22042.
Rohrmoosbahnen: In Schladming von
der Talstation „Planai-West" in zwei Sek-
tionen (Rohrmoos I Doppelsesselbahn und
Rohrmoos II Sechser-Sesselbahn) zur Tal-
station der Hochwurzenbahn.
Schibus: Schladming – Rohrmoos.

Taxi und Transfer

Rohrmoos: Fa. Thaler, Tel. 03687/61338.
Schladming: Fa. Kerschbaumer,
Tel. 03687/22113.
Vom Bärnhofer im Obertal:
Nach Rohrmoos 6 km, Schladming 10 km,
Untertal-Ort 4 km.

Ausgangspunkte

• Bärnhofer, Obertal (ehem. GH), 982 m;
• Hochwurzenhütte, 1849 m.

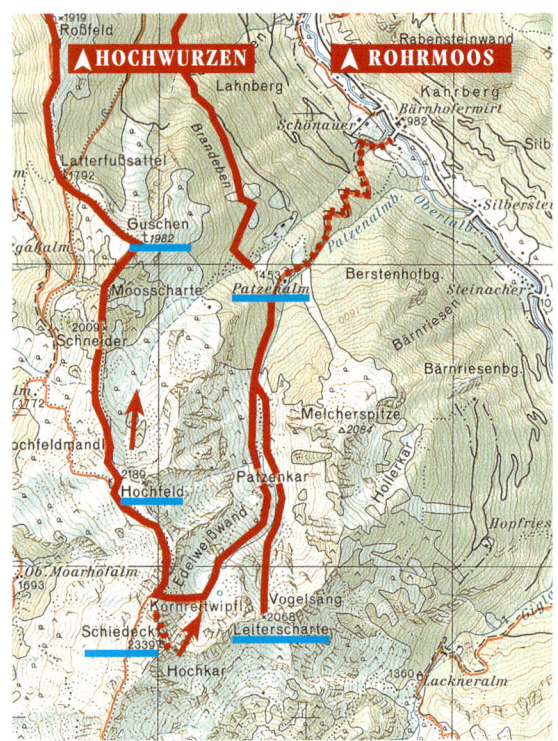

Einkehrstätten und Stützpunkte

Austria, Gasthof-Pension, neben der Hochwurzenbahn-Talstation;
Familie Hutegger, Tel. 03687/61444-0.
Hochwurzenhütte, privat, 1849 m; Dezember bis Mitte April
und ab Juni. Im Winter keine Nächtigung.
Familie Stocker, Tel. 03687/61177.
Waldfrieden, Gasthof-Pension, gegenüber der Hochwurzenbahn-
Talstation; Kurt und Maria Stocker, Tel. 03687/61487-0.
Windbacherstub'n, Gasthaus im Obertal; ca. 1 km vor dem ehe-
maligen Bärnhoferwirt. Nur im Winter geöffnet; derzeit (noch) kei-
ne Nächtigung. Herwig Hutegger vlg. Windbacher, Tel. 03687/61212.

Orientierung

FB-Wanderkarte 201;
ÖK-Blatt 127.

Hochwurzen *1849 m* Leiterscharte *2068 m* Patzenalm *1453 m* Schiedeck *2339 m*

... in jenes Revier, wo anno 1809 der letzte Bär geschossen wurde

Beste Zeit

Frühjahr; solange der Forstweg Patzenalm – Rohrmoos mit Schi befahrbar ist.

Charakteristik

Schiedeck – Patzenalm III–IV Dem leicht begehbaren Höhenrücken folgt ein alpin interessanter Gipfelanstieg. Kare und Steilrinnen nord- bis nordostseitig.

Leiterscharte – Patzenalm II–III Steiler Zugang vom Bärnhofer; im Kar harmonisches Gelände.

Die Schmankerln

Das Panorama am Schladminger Höhenweg; die Abfahrten zur Patzenalm – alles leicht verdient mit Hilfe der Hochwurzenbahn: Eine Tourenschaukel.

Gehzeiten, Höhenunterschiede

• Hochwurzenhütte – Schiedeck, 3 Std. 30 Min., rund 700 Hm;
• Gehöft Bärnhofer – Leiterscharte, 3 Std., 1100 Hm.

Anstiege und Abfahrten

Hochwurzenhütte – Schiedeck. Die Tour beginnt mit einer kurzen Abfahrt von der Hochwurzenhütte in den Hüttecksattel, 1744 m. Nun über das Roßfeld, 1919 m, wo das große Gemeindewappen von Rohrmoos-Untertal an Silber, Bergbau und Knappen erinnert. Abfahrt in den Latterfußsattel, 1792 m, und wiederum bergwärts: Auf dem Höhenweg zum Gipfelkreuz auf der Guschen, 1982 m; danach, leicht bergab, in die Moosscharte. Aus ihr über den Schneider, 2009 m, stets leicht ansteigend, zum Sattel unterhalb vom Hochfeld, 2189 m. Wiederum bergan, unterhalb vom Hochfeld, an den nordseitigen Grat und über diesen in kurzer, leichter Kletterei auf den Schiedeck-Gipfel.

Abfahrt Entweder nördlich oder östlich vom Gipfel jeweils sehr steil in das Patzenkar. Falls der Grat überwächtet ist, entsprechend tiefer einfahren.

Oder vom Hochfeld durch ein nordseitiges Kar zur Patzenalm. Von der Patzenalm, 1453 m, unbedingt (!) auf dem oberen, beschilderten Forstweg nordwärts zu den Gasthöfen Austria und Waldfrieden bei der Hochwurzenbahn-Talstation.

Von der Hochwurzen zum Schiedeck. Rechts die Steirische Kalkspitze

Die Bärnhoferrinne darf infolge Aufforstung nicht mehr befahren werden. Abstieg von der Patzenalm, falls aper, auf einem Jagdsteig zum Gehöft Bärnhofer gestattet.

Bärnhofer – Patzenalm – Leiterscharte. Für Tourenliebhaber, die ohne zu murren auf- *und* absteigen. Durch das Patzenkar südwärts in die zwischen Vogelsang und Kornreitwiftl eingebettete Leiterscharte.

Abfahrt zur Patzenalm wie Anstieg; evtl. zum GH Austria bzw. zum Waldfrieden.

Planai *1906 m*
Krahbergzinken *2134 m*

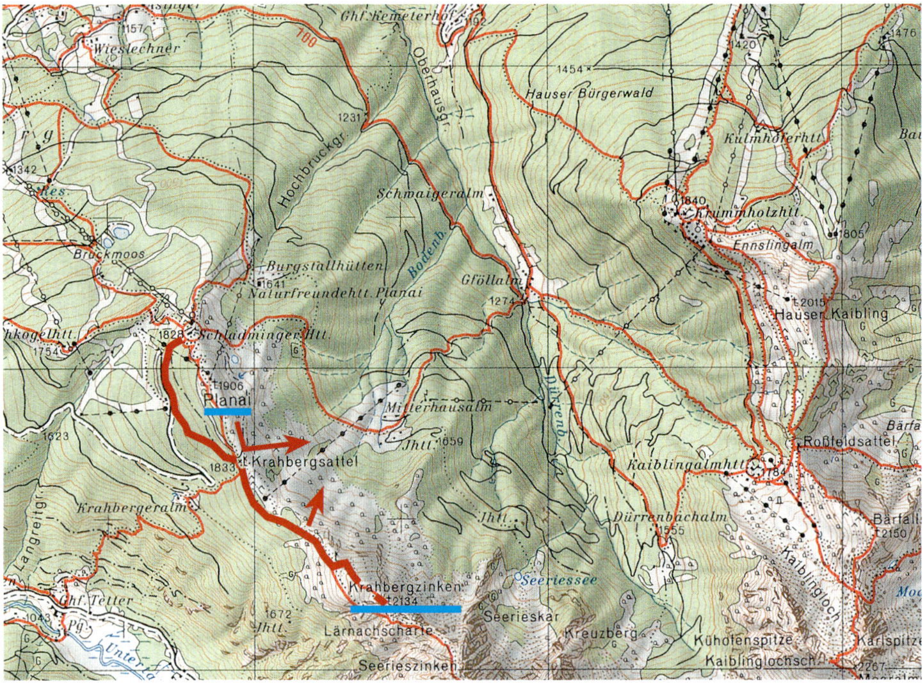

Talort und Informationen

8970 Schladming, 750 m;
Tourismus-Regionalverband
Dachstein-Tauern, Tel. 03687/23310.

Reise

Auto: B 320 Ennstal-Bundesstraße.
Bahn: ÖBB, IC-Bahnhof Schladming.
Seilbahnen: Gondel- und Sesselbahnen
auf die Planai. Betriebszeit 8.30–17 Uhr
(im Jänner bis 16 Uhr); Tel. 03687/22042.

Ausgangspunkt: Planaigipfel, 1906 m.

*Rechts: Vom Schidepot nur wenige Meter
zum Gipfelkreuz am Krahbergzinken
Oben: Die Gipfelkette
vom Höchstein zum Krahbergzinken*

Früh übt sich, wer rechtzeitig
auf Touren kommen will:
Zur Eröffnung der Saison von der
Planai einfach bergwärts

Einkehrstätte und Stützpunkt

Schladminger Hütte, 1828 m, OeAV; bei der Planaibahn-Bergstation; Anfang Dezember bis eine Woche nach Ostern und wieder ab Mitte Mai; Pächter Fritz Gerhardter, Tel. 03687/22639;

Orientierung: FB-Wanderkarte 201; ÖK-Blatt 127.

D I E   S C H I T O U R

Beste Zeit: Hochwinter und Frühjahr.

Charakteristik II–III Einfacher Zugang; sonnseitig; Schidepot beim Schartel; an der Felsplatte Sicherungen.

Die Schmankerln: Auch mit Abfahrten Richtung Burgstall und Mitterhausalm kombinierbar, so daß sich ein beliebtes Verhältnis ergibt: Kurz ansteigen, lang abfahren. Route liegt sonnseitig; dazu das einzigartige Panorama inmitten der Dachstein-Tauern-Region.

Gehzeit, Höhenunterschied

Planai – Krahbergzinken, 1 Std. 30 Min., 300 Hm; insgesamt 2–3 Std.

Anstieg und Abfahrten

Das Tourengelände beginnt beim Krahbergsattel, 1833 m, und somit nahe der Baumgrenze. Wie an einem Kegelmantel steigt man den nordwestseitigen Bergrücken aufwärts. Wegtafeln, Stipfel und Steinmänner weisen die Richtung. Wenige Meter vor dem Gipfelkreuz, in einer Scharte, deponiert man die Schi. Ein kurzes Drahtseil und ein paar Stahlklammern (evtl. eingeschneit) leiten auf den höchsten Punkt: Die Gipfelschau inmitten der Dachstein-Tauern-Region ist einzigartig. Auch eine Stunde reicht nicht, um sich sattzusehen. Am besten, man kommt wieder!

Abfahrt wie Anstieg; aus dem Krahbergsattel westseitig um den Planaigipfel herum.

Sonntagkarzinken 2243 m
Wildkarscharte 2316 m

Talort und Informationen

8970 Rohrmoos, 962 m;
Tourismusbüro, Tel. 03687/61147.

Tourenberatung, Alpine Auskünfte

Familie Meißnitzer, Tel. 03687/61130

Reise

Auto: B 320 Ennstal-Bundesstraße, nach
Schladming.
Im Obertal bis zum GH Tauerngold; im
späten Frühjahr evtl. bis zur Eschachalm;
ab Schladming bis zu 16 km.
Im Untertal bis zur Waldhäuslalm;
ab Schladming 11,5 km.
Das 3,5 km lange Teilstück Waldhäuslalm
– Weiße Wand – Parkplatz Riesachfall wird
erst im späten Frühjahr geräumt bzw. sobald der Loipenbetrieb endet.

Ausgangspunkte

- Im Obertal: GH Tauerngold, 1062 m;
  Eschachalm, 1213 m.
- Im Untertal: Waldhäuslalm, 1032 m;
  Untere Gfölleralm, 1079 m.

Einkehrstätten und Stützpunkte

Im Obertal
Tauerngold, Privatzimmer, 1062 m; gj.;
Familie Weikl, Tel. 03687/61184.
Wehrhofalm, Jausenstation, 1036 m;
Weihnachten bis Ende März und Oster-
woche sowie ab 1. Juni. Keine Nächtigung.
Familie Hochfilzer, Tel. 03687/61645.
Im Untertal
Tetter, Gasthof, 1043 m; geöffnet ungefähr
ab Weihnachten bis Ostern und ab Mitte
Mai; Familie Meißnitzer, Tel. 03687/61130.
Weiße Wand, Almgasthaus, 1047 m;
Dezember bis Oktober. Einige Notlager.
Pächterin Ulli Steiner, Tel. 03687/60905.

Orientierung: FB-WK 201; ÖK-Blatt 127.

Anstieg zum Kühkar am Zwerfenberg

D I E S C H I T O U R E N

Beste Zeit: Frühjahr.

Charakteristik III–IV Für Spezialisten unter den Schibergsteigern. Anstiege im Elendkar und Kühkar jeweils hochalpin.

Die Schmankerln: Die anspruchsvollen Abfahrten vom Elendkar in das Obertal und aus dem Kühkar in den Gollingwinkel.

Gehzeiten, Höhenunterschiede

- GH Tauerngold – Elendkar – Zwerfenberg, 5 Std., 1600 Hm;
- Untere Gfölleralm – Gollinghütte – Zwerfenberg, 5–6 Std.,
  1600 Hm;
- Waldhäuslalm – Wildkarscharte, 4 Std. 30 Min., 1270 Hm;
- Waldhäuslalm – Sonntagkarzinken, 3 Std. 30 Min., 1200 Hm;
- Jagdhaus – Wasserfallspitze, 5 Std., 1460 Hm.

Wasserfallspitze 2507 m
Zwerfenberg 2642 m

Aber auch Elendkar oder Gollingwinkel sind gute Tourenziele

Anstiege und Abfahrten

GH Tauerngold – Zwerfenberg.
Auf der Flurstraße taleinwärts, über die Eschachalm, 1213 m, zu Eiskarsee, 1938 m, und Elendbergsee und in das Elendkar; Schidepot am Beginn der markanten, jedoch kurzen Gipfelrinne. Darin mitunter mühsamer Anstieg zum Gipfel; evtl. mit Steigeisen.
Abstieg und Abfahrt wie Anstieg.

Waldhäuslalm – Untere Gfölleralm – Zwerfenberg. Im späteren Frühjahr viel begangene Tour. Man folgt dem markierten Weg bzw. einer Flurstraße zur Unteren Stegeralm, ca. 1400 m. Oberhalb einer Steilstufe, die man rechts ansteigt, steht die Gollinghütte, 1641 m. Auf dem breiten, fast ebenen Karboden einwärts in den überaus eindrucksvollen Gollingwinkel, den man aber nicht betritt. Denn bei der Oberen Steinwenderalm, 1705 m, beginnt die steil ansteigende Querung in das Kühkar. Diese Passage ist die Schlüsselstelle. Aus dem Kühkar in jenen markanten Kessel, über dem der Elendberg steht. In Fallinie der Kühkarscharte linkshaltend auf einen Rücken und von dort in einem leichten Rechtsbogen zum Gipfel.
Abfahrt wie Anstieg.

Waldhäuslalm – Wasserfallspitze, Wildkarscharte oder Sonntagkarzinken. Die Wasserfallspitze wird besonders häufig erstiegen, weil sie aus dem Untertal am besten erreichbar ist.
Aus dem Herzmaierkar, etwas schwieriger, auch zum Sonntagkarzinken (außerhalb der Skizze).
In allen Gipfelbereichen sind mitunter Steigeisen vorteilhaft.
Abfahrten wie Anstiege.

Hochwildstelle 2747 m
Rote Scharte 2099 m

Talort und Informationen

8965 Pruggern, 681 m;
Tourismusbüro. Tel. 03685/22590.

Tourenberatung, Alpine Auskünfte

Alois Kofler, Tel. 03685/222040.
Familie Winkler, Tel. 03685/22380.

Reise

Auto: B 320 Ennstal-Bundesstraße,
nach Pruggern.
In das Sattental: Winterparkplatz nach dem
GH Winkler; ab Pruggern 5,5 km.

Galsterbergalm-Bahnen:

• Gondelbahn Pruggererberg, 1100 m –
  Bottinghaus, 1630 m.
• Vierersesselbahn Bottinghaus – Kalteck,
  1860 m. 3 Schlepplifte.
  Hauptkassa Talstation, Tel. 03685/22845.
Schibus: Marktplatz Pruggern – Galster-
bergalmbahn-Talstation.

Taxi und Transfer

Fa. Seebacher, Pruggern, Tel. 03685/22528.
Ab Pruggern: Zum Winterparkplatz Sattental 5,5 km; evtl. auch weiter ins Sattental.

Ausgangspunkt

Winterparkplatz Sattental, ca. 1050 m;
ca. 500 m nach dem GH Winkler.

Einkehrstätten und Stützpunkte

Haus Berger, Privatzimmer; von Prug-
gern ca. 1,5 km Richtung Sattental;
Antonia Berger, Tel. 03685/22687.
Schrempf, Urlaub am Bauernhof,
Sattental 80; Tel. 03685/22594.
Winkler, Almgasthaus an der Sattental-
straße; 1044 m. Keine Nächtigung.
Familie Winkler, Tel. 03685/22380

Orientierung

FB-Wanderkarte 201; ÖK-Blätter 127, 128.

Beste Zeit: Frühjahr.

Charakteristik III

Bis in die Trattenscharte nordostseitig, darüber südostseitig. Für
Schibergsteiger. Der Übergang aus der Langschneerinne in das Stierkar verlangt sichere Verhältnisse. Ab der Wildlochscharte Steigeisen
und/oder Seil vorteilhaft. An einigen Felsen Torstahlbügel.

Das Schmankerl

Die Abfahrt im Stierkar und in der Langschneerinne.

Gehzeiten, Höhenunterschiede

• GH Winkler bzw. Parkplatz im Sattental – Hochwildstelle,
  6 Std., 1700 Hm;
• Sattentalalm – Hochwildstelle, 4 Std. 30 Min., 1400 Hm;
• Sattentalalm – Langschneerinne – Rote Scharte, 2 Std., 760 Hm.

Auf den Spuren
von Erzherzog Johann,
dem Erstersteiger

Anstieg und Abfahrt
Sattental – Hochwildstelle.

Vom Parkplatz bis zur Sattentalalm sind auf einer Almstraße 6 km zurückzulegen.

Von der Sattentalalm, 1339 m, folgt man entweder dem markierten Sommerweg oder, bequemer, einem Forstweg zur Langschneerinne. Darin erfolgt der nächste Anstieg: In der steilen Rinne aufwärts bis oberhalb von einer Engstelle, ca. 1800 m, von wo man um einen Rücken herum in Richtung Stierkar quert. Sodann unterhalb der nordseitigen Flanke vom Stierkarkopf zu den Goldlacken und durch weite Karböden in die breite Trattenscharte, 2408 m. Aus ihr nordwestwärts bergan zur Wildlochscharte, 2488 m, und rechtshaltend zum Schidepot am Südgrat. Auf dem Weg der Erstersteiger (Erzherzog Johann und Gefährten, am 19. August 1814) dem Südgrat folgend über Blockwerk und Platten (I–II, mit Torstahlbügeln zum Sichern, einige Passagen ausgesetzt) auf den Gipfel.
Abstieg und Abfahrt wie Anstieg.

Weg der Erstersteiger:
Über den Südgrat auf die Hochwildstelle

Langschneerinne und Rote Scharte

Beide Ziele eignen sich gut als Ausweich- oder Zusatztour; beispielsweise im Anschluß einer Abfahrt aus Richtung Hochwildstelle.
Abfahrt wie Anstieg.

Deichselspitze 2684 m

Aus einer alpinen Arena gipfelwärts und heimwärts zu einer Wild-Schau

Talorte und Informationen

8961 Kleinsölk, 989 m;
Gemeindeamt, Tel. 03685/8103.
8961 Stein an der Enns; 694 m;
Tourismusverband Naturpark Sölktäler,
Tel. 03685/23180.

Tourenführungen, Alpine Beratung

Herbert Grundner, Tel. 03685/22518;
Fritz Klein, Tel. 03685/8127;
Bernhard Stücklschweiger,
Berg- und Schiführer, Tel. 03685/8106.

Reise

Auto: B 320 Ennstal-Bundesstraße;
bei St. Martin am Grimming oder von
Gröbming nach Stein an der Enns.
In das Kleinsölker Obertal: Über Kleinsölk
und das Forsthaus Kohlung zum Parkplatz
bei der Schau-Wildfütterung; ab Stein an
der Enns 16 km. Parkplatz identisch mit
der im Sommer eingerichteten Mautstelle.
Erlaubnis für eine verlängerte Zufahrt in
Richtung Breitlahnhütte und Grafenalm
erteilt die Familie Lasser im Forsthaus Kohlung, Tel. 03685/8131. Voranmeldung bis
zum Vorabend der Tour erbeten.

Ausgangspunkt

Grundsätzlich der Parkplatz bei der Schau-
Wildfütterung (ca. 0,7 km vor der Breitlahnhütte) oder je nach Zufahrt-Erlaubnis.

Einkehrstätten und Stützpunkte

Mössner, Gasthof-Pension in Kleinsölk 59;
Mitte Dezember bis Mitte November; Franz
und Gertrude Mössner, Tel. 03685/8112.
Stieber, Gasthof in Kleinsölk (Montag
Ruhetag); Franz und Elfriede Stieber,
Tel. 03685/8113.

Orientierung

FB-Wanderkarte 202; ÖK-Blatt 128.

Beste Zeit

Frühjahr.

Charakteristik III

Ostseitig. Für Schibergsteiger. Ab der Putzentalalm eine Steilstufe,
darüber Hochkarflächen; in einer Steilrinne zum Gipfelgrat.

Die Schmankerln

Die Abfahrt im Weitkar; die Wild-Schaufütterung beim Parkplatz
(ab 15 Uhr).

Gehzeit, Höhenunterschied

Ab Breitlahnhütte 5–6 Std., über 1600 Hm.

Anstieg und Abfahrt

Breitlahnhütte – Putzentalalm – Deichselspitze.
Auf der fast ebenen, z. T. durch ein Wildschutzgebiet führenden
Forststraße zur Grafenalm und zum Schwarzensee,
1163 m; von der Breitlahnhütte 4 km.
Die Straße führt auch weiter zur Putzentalalm, 1354 m: Eiskaska-

Am Rückweg von der Deichselspitze. Nach der Gipfelrinne schwungvoll durch das Weitkar

den schließen diesen beeindruckenden Talkessel im südlichsten Winkel des Kleinsölker Obertales ab.

Man folgt dem Sommerweg zunächst leicht südwestwärts bergan zu einer Rampe unterhalb einer Felsstufe. In teilweise sehr steilem Gelände nordwestwärts bergan zu einem Hütterl, 1854 m. Bis hierher folgt man im wesentlichen dem Sommerweg. Nun west- bis südwestwärts in die weiten, nur mäßig steilen Böden des Weitkars. Das Weitkar wird von einem ostseitigen schönen Felsaufbau abge-

schlossen. Eine markante Rinne durchreißt diesen Felsaufbau. Vom Fuß der Rinne (Schidepot) ungefähr 40 Grad steil in der Rinne aufwärts zum Gipfelgrat und auf ihm kurz nordwärts zum höchsten Punkt. <u>Abstieg</u> und <u>Abfahrt</u> wie Anstieg.

Der Parkplatz bei der Wildfütterung soll bis 16 Uhr erreicht sein.

TOUR 55

Großer Knallstein 2599
Schönwetter 2144 m

Im Mai auf dem Großen Knallstein. Gegenüber der Tauern-hauptkamm mit Breitmodel (rechts)

Talorte und Informationen

8961 St. Nikolai im Sölktal, 1127 m;
GH Gamsjäger (Tritscher), Tel. 03689/210.
8961 Stein an der Enns, 694 m;
Naturpark Sölktäler, Tel. 03685/23180.

Reise

Auto: B 320 Ennstal-Bundesstraße;
bei St. Martin am Grimming oder in Gröbming abzweigen.
<u>Großsölktal:</u> Ab Stein an der Enns nach
Mößna 15 km, nach St. Nikolai 19 km.

Ausgangspunkt

GH Gamsjäger in St. Nikolai im Sölktal.

Einkehrstätten und Stützpunkte

Gamsjäger, Gasthof in St. Nikolai;
Familie Tritscher, Tel. 03689/210.
Sölkstüberl, Gasthof in Mößna;
Agnes Lemmerer, Tel. 03689/281.

Orientierung

FB-Wanderkarte 203; ÖK-Blatt 128.

D I E   S C H I T O U R E N

Beste Zeit

Frühjahr; auf den Schönwetter-Gipfel auch im Hochwinter.

Charakteristik

Großer Knallstein   III Zugang süd- und ostseitig; Gipfelaufbau südostseitig.
Schönwetter   II Südseitiges Hochtal.

Das Schmankerl

Die Abfahrten vom Knallstein bzw. vom Schönwetter bis zur Kaltherberghütte.

Der stattliche Hausberg über
St. Nikolai hat einen
„guten" Schlechtwetter-Nachbarn

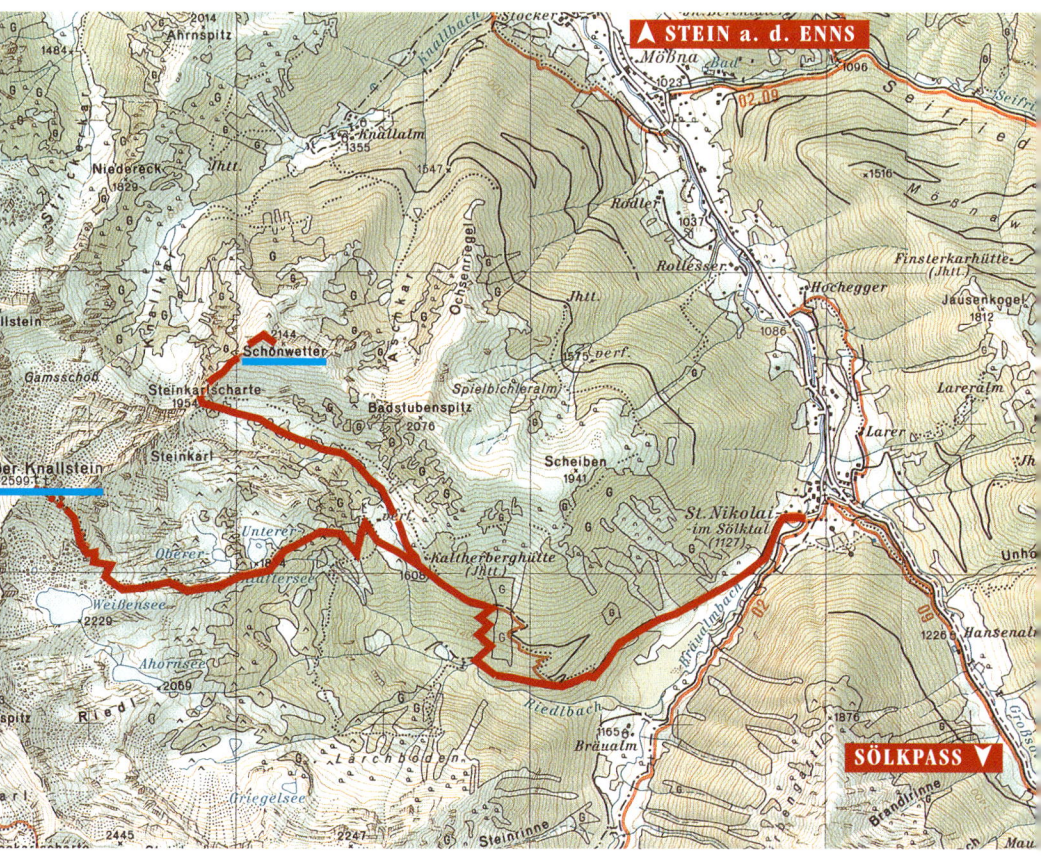

Gehzeiten, Höhenunterschiede

- St. Nikolai – Großer Knallstein, 5 Std., 1470 Hm;
- St. Nikolai – Schönwetter, 3 Std., 1020 Hm.

Anstiege und Abfahrten
St. Nikolai – Großer Knallstein.

Aus dem Dorf quert man auf einem Forstweg am Fuße der Scheiben (mitunter über Lawinenkegel) südseitig herum und gelangt schließlich über einen Schlag bergan zur Kaltherberghütte, 1608 m. Aus dem Hochtal ostseitig über eine Steilstufe bergan zum Unteren Klaftersee, 1884 m, und im weiten Kargelände in Richtung Oberer Klaftersee und Weißensee.

Der rund 400 m hohe Gipfelaufbau wird über den gut begehbaren südostseitigen Rücken erstiegen.

Abfahrt Bei idealen Verhältnissen direkt vom Gipfel; im weiteren wie Anstieg.

St. Nikolai – Schönwetter.

Wie beim Anstieg zum Knallstein zur Kaltherberghütte. Durch das Hochtal nordwestwärts bergan in die Steinkarlscharte, 1954 m. Den westseitigen Bergrücken geradewegs ansteigend zum Gipfel. Abfahrt wie Anstieg.

Preber 2740 m
Roteck 2742 m

Talorte und Informationen

5580 Tamsweg, 1021 m;
Tourismusbüro, Tel. 06474/2145.
8854 Krakauebene, 1173 m;
Tourismusbüro, Tel. 03535/8606 (Montag
bis Freitag, 9–12 Uhr).

Tourenführungen, Alpine Beratung

Hubert Siebenhofer, Tel. 03535/8600
oder 0663/9138414.

Reise

Auto: Bundesstraßen B 95, B 96
und/oder B 97, nach Murau oder Tamsweg.
Nach Krakauebene: Über Ranten, Seebach
und Krakaudorf, ab Murau 23 km.
Zum Prebersee: Ab Tamsweg 8 km, Krakaudorf 17 km, Krakauebene 12 km.

Ausgangspunkte

• Krakauebene, Moos, 1300 m;
• Prebersee: Parkplatz Ludlalm, 1514 m.

Einkehrstätten und Stützpunkte

Guniwirt, Gasthof in Krakaudorf;
Familie Spreitzer, Tel. 03535/8239.
Heimathaus, Gasthof in Krakaudorf,
Dezember bis Oktober;
Familie Stöckl, Tel. 03535/8248.
Ludlalm, Gasthaus am Prebersee,
geöffnet Mitte Dezember bis Ostern.
Keine Nächtigung.
Matthias Jessner; Tel. 06474/7552.
Selbstversorgerhütten, neu ausgebaut:
Eberlhütte, 8 Plätze;
Preberhalterhütte, 6–8 Plätze;
Steinwenderhütte, 8 Plätze.
Reservierungen bei Matthias Jessner, Hai-
den 86, 5580 Tamsweg; Tel. 06474/7552.

Orientierung

FB-Wanderkarte 202; ÖK-Blatt 158.

D I E S C H I T O U R E N

Beste Zeit: Frühjahr.

Charakteristik

Preber II–III
Südseitig; Almen und weite Hänge.
Roteck IV
Ostseitiges Steilkar; für Schibergsteiger. Nur bei Firn.

Die Schmankerln

Die Abfahrten vom Preber zur Preberalm; bei Firn der Preberkessel
und das Moarkar.

Gehzeiten, Höhenunterschiede

- Ludlalm – Preber, 4 Std., 1230 Hm;
- Ludlalm – Mühlbachtörl, 3 Std. 30 Min., 970 Hm;
- Mühlbachtörl – Preber oder Kleines Roteck, jeweils 45 Min., 270 Hm;
- Moos – Roteck, 5 Std., 1450 Hm.

Anstiege und Abfahrten

Ludlalm – Roßboden – Preber. Der Anstieg durch den schütteren Hochwald erfolgt entweder nach dem markierten Weg oder entlang des Forstweges zur Prodingerhütte, 1734 m, und wie beim Sommerweg zur Preberhalterhütte, 1862 m. Der darüber aufragende, 900 Meter hohe, gleichmäßig geneigte Hang wird aus der Preberalm geradewegs erstiegen. Man gelangt oberhalb der Roßscharte an den Gratrücken und über einen Vorgipfel zum Prebergipfel; Schidepot je nach Schneelage, evtl. schon am Vorgipfel. Abfahrt wie Anstieg.

Ludlalm – Preberkessel – Mühlbachtörl – Preber bzw. Roteck. Wie oben zur Preberhalterhütte. Nun jedoch am Fuß der südseitigen Preberflanke, unterhalb vom Roßboden westseitig herum, in den zwischen Golzhöhe und Preber eingebetteten Preberkessel. Darin zunehmend steiler bergan in das Mühlbachtörl, 2478 m: Entweder dem Rücken folgend auf den Prebergipfel; und/oder aus

Ausblick vom Preber in das Moarkar. Vom Mühlbachtörl (links) zu Roteck und Barbaraspitzen

dem Mühlbachtörl über den Blockgrat zum Roteck bzw. zu dessen Vorgipfel („Kleines Roteck").
Abfahrt aus dem Mühlbachtörl wie Anstieg. Vom Preber auch über den Roßboden (Rundtour).

Moos – Prebergraben – Roteck. Der 6 km lange Zugang führt auf einem Forstweg durch den Prebergraben zur Moarhütte, 1578 m. Aus dem kesselähnlichen Almboden ersteigt man westwärts über eine Steilstufe das darüber liegende, durchwegs steile Moarkar. Dieser obere Teil des Anstiegsweges ist vom Prebergipfel aus gut einsehbar; siehe Bild oben.
Aus dem oberen Moarkar ersteigt man rechts eine sehr steile Gratflanke; über den Grat zum Gipfel. Schidepot je nach Verhältnissen.
Abfahrt wie Anstieg.

TOUR 57

Edelfeld 2308 m
Lahneck 2450 m

Predigtstuhl *2543 m*
Tockneralm *2357 m*

An der Tauern-Sonnseite dauert die Tourensaison länger als vermutet

Talort und Informationen
8854 Krakaudorf, 1173 m;
Tourismusbüro, Tel. 03535/8606 (Montag bis Freitag, 9–12 Uhr).

Tourenführungen, Alpine Beratung
Hubert Siebenhofer, Tel. 03535/8600 oder 0663/9138414.

Reise
Auto: Bundesstraße B 96; Scheifling – Murau – Seebach.
Nach Krakaudorf: Ab Seebach 4 km.
Zum Etrachsee: Ab Krakaudorf 11 km, Krakauebene 9 km.
Zum Rantengraben: Ab Krakaudorf 8 km in Richtung Moos.

Ausgangspunkte
- Etrachsee, 1372 m;
- Gehöft Berger, 1450 m (höchster Bergbauernhof der Steiermark);
- Eingang zum Rantengraben, 1300 m.

Einkehrstätten und Stützpunkte: Siehe Tour 56.

Orientierung: FB-Wanderkarte 202, 203; ÖK-Blatt 158.

D I E   S C H I T O U R E N

Beste Zeit: Frühjahr; Tockneralm auch im Hochwinter.

Charakteristik
Edelfeld III Südseitige Hänge; am besten bei Firn.
Lahneck III–IV Ostseitig; Kare, Flanken, Steilrinnen; bei Firn.
Predigtstuhl IV Südwest- bis südostseitig; für Schibergsteiger!
Tockneralm II Schütterer Waldgürtel; südseitige Hänge.

Die Schmankerln
Aus der Krakau kurze Anfahrten zu allen Touren. Interessant für Schibergsteiger: Viele beliebig kombinierbare Routen.

Gehzeiten, Höhenunterschiede
- Gehöft Berger – Tockneralm-Gipfelkreuz, 2.30 Std., 860 Hm;
- Rantengraben – Predigtstuhl, 4–5 Std., 1250 Hm;
- Etrachsee – Edelfeld, 3 Std. 30 Min., 940 Hm;
- Etrachsee – Roßscharte – Lahneck, 4–5 Std., 1200 Hm.

Anstiege und Abfahrten
Gehöft Berger – Tockneralm. Vom Parkplatz (100 m unterhalb des Gehöftes) durch den Hof. Links, auf einem Flurweg, zu einem A-Masten. Der Markierung nur kurz folgend: Rechtshaltend am Sennkogel aufwärts zur Waldgrenze. Die breiten Hänge am

Hochfeld beliebig bergan zum Gipfelkreuz. Abfahrt wie Anstieg. Durch die Rinne zur Tocknerhütte, 1803 m, nur bei besten Verhältnissen!

Rantengraben – Predigtstuhl. Zugang auf dem Sommerweg zum Rantensee und in das Hinterkar. Nordwärts über Geländestufen an den Gipfelaufbau; Schidepot und Gipfelbesteigung (evtl. Steigeisen) je nach Verhältnissen. Abfahrt wie Anstieg.

Etrachsee – Edelfeld. Der Zugang erfolgt in Richtung Hubenbauertörl zur Oberen Schöttelhütte, 1745 m. Südseitig steil zum Grübelsee. Westlich vom Gipfel an den Gratrücken. Abfahrt wie Anstieg; evtl. in der Westflanke in Richtung Hubenbaueralm.

Etrachsee – Roßscharte – Lahneck. Zunächst in Richtung Schöttelhütte; davor südwärts abzweigen zur Gartleralm: Über die Hintere Gartlerhütte, 1777 m, in ein weites Kar; eine breite Rinne leitet zur Roßscharte, 2170 m. Westwärts in die Hikarscharte, 2257 m. Erst links, zuletzt direkt am Grat zum Gipfel. Abfahrt: Entweder bereits aus der Roßscharte. Oder vom Lahneck in der Ostflanke in einer der Steilrinnen. Nördlich oder südlich vom Schwarzkögerl zur Schöttlhütte.

Wieder einmal gut zurück:
Nach der Tockneralmtour beim Berger

Feldkögerl *1973 m*
Karleck *2371 m*

Talort und Informationen

8844 Schöder, 901 m;
Tourismusbüro, Tel. 03536/8479;
Gemeindeamt, Tel. 03536/7070.

Reise

Auto: B 96 Murtal-Bundesstraße.
Nach Schöder: Von Frojach über Katsch
und St. Peter am Kammersberg, 16 km;
oder von Murau, 12 km.
Von Schöder:
- Zur Grünwaldbachbrücke (Richtung
  Sölkpaß) nächst den Gehöften Stoff
  und Gröbler 4 km.
- Nach Schöderberg 5 km.

Taxi und Transfer

Peter Schreffl, Schöder, Tel. 03536/7383
oder 8448.

Ausgangspunkte

- Grünwaldbachbrücke, 1149 m;
- Schöderberg, 1240 m.

Einkehrstätten und Stützpunkte

Hirschenwirt, Gasthof in Schöder;
Familie Petzl, Tel. 03536/8274.
Neuwirt, Gasthof in Baierdorf;
Familie Dorfer, Tel. 03536/8493.
Rößler, Gasthaus in Schöder;
keine Nächtigung;
Ingrid Dorfer jun., Tel. 03536/8401.

Orientierung

FB-Wanderkarte 203;
ÖK-Blätter 158, 159.

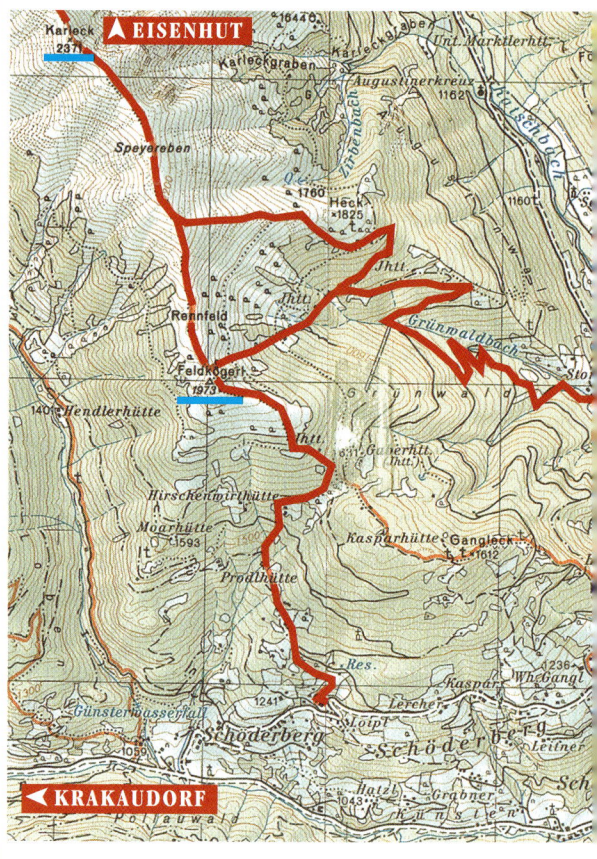

D I E   S C H I T O U R E N

Beste Zeit

Hochwinter und Frühjahr.

Charakteristik II

Karleck Südostseitig; im unteren Teil Forstwege, darüber breite
freie Rücken.
Feldkögerl Südseitig; nur 200 Hm außerhalb der Baumgrenze.

Das Schmankerl

Die Abfahrt von der Speyereben über den ostseitigen Rücken zur
Waldgrenze am Heck.

Nicht immer sind
bessere Spuren
ein guter Wegweiser

Gehzeiten, Höhenunterschiede

- Grünwaldbachbrücke – Karleck, 3 Std. 30 Min., 1220 Hm;
- Schöderberg – Feldkögerl, 2 Std., 740 Hm;
- Feldkögerl – Karleck, 1 Std., 400 Hm;
- Karleck – Eisenhut, 30 Min., knapp 100 Hm.

Anstiege und Abfahrten

Grünwaldbachbrücke – Karleck.

Auf dem Forstweg, nahe vom Grünwaldbach, aufwärts und in rund 1450 m Höhe über den Bach an die gegenüberliegende Waldseite. An einem Rücken weiter ansteigend zu einer Jagdhüttc und zur Waldgrenze am Heck, 1825 m.

Wichtiger Hinweis: Am Heck sich nicht verleiten lassen, einer ebenen Spur zu folgen; sie führt zu einer Wildfütterung! Vielmehr steigt man ab dem Waldrand sogleich den ostseitigen Rücken bergan und gelangt zum Gratrücken bei der Speyereben, 2250 m. Auf dem Hauptrücken nordwärts zum Karleck. Abfahrt wie Anstieg.

Über dem Heck die ostseitigen Hänge der Speyereben

Schöderberg – Feldkögerl.

Am Schöderberg, oberhalb vom Gehöft Loipl, über die südseitigen Bergwiesen aufwärts zur Loiplalm und Hirschenwirthütte; hier oben rechtshaltend zum markierten Sommerweg. Auf ihm an die Waldgrenze und an einem südostseitigen Rücken zum Gipfel auf dem Feldkögerl. Abfahrt wie Anstieg.

Feldkögerl – Karleck – Eisenhut.

Beliebige Verlängerung(en) der Tour; stets dem Gratrücken nordwärts folgend. Abfahrt wie Anstieg.

Eisenhut *2456 m*
Sauofen *2415 m*

*Aus der Reichascharte
zum Gipfelgrat am Sauofen*

Talort und Informationen

8844 Schöder, 901 m;
Tourismusbüro, Tel. 03536/8479;
Gemeindeamt, Tel. 03536/7070.

Reise

Auto: B 96 Murtal-Bundesstraße.
Nach Schöder: Von Frojach über Katsch
und St. Peter am Kammersberg, 16 km;
oder von Murau, 12 km.
Zur Kreuzerhütte: Auf der Erzherzog-Johann-Straße Richtung Sölkpaß;
von Schöder 10 km.

Taxi und Transfer

Fa. Schreffl, Schöder, Tel. 03536/7383, 8448.

Ausgangspunkt

GH Kreuzerhütte, 1378 m.

Einkehrstätten und Stützpunkte

Hirschenwirt, Neuwirt und **Rößler;**
siehe Tour 58.
Kreuzerhütte, Gasthof; ab Muttertag bis
Ende Oktober. Nächtigung nach Voranmel-
dung. Familie Simbürger, Tel. 03536/8226.
Dorferhütte, 1268 m (1,5 km südlich der
Kreuzerhütte), Jausenstation mit Nächti-
gung; ungefähr ab Mitte Mai bis Oktober;
Ingrid Dorfer sen., Tel. 03536/7519.

Orientierung

FB-Wanderkarte 203; ÖK-Blätter 128, 158.

D I E   S C H I T O U R E N

Beste Zeit

Spätes Frühjahr (Mai), sobald die Straße bis zur Kreuzerhütte
geräumt ist.

Charakteristik

Eisenhut III–IV Nordseitig; für Schibergsteiger.
Sauofen II–III Überwiegend ostseitig; Kare und Rinnen.
Schöderkogel III–IV Nordseitiges Steilkar, ostseitige Karböden;
für Schibergsteiger.

Das Schmankerl

Die Sauofen-Rinne.

Gehzeiten, Höhenunterschiede

- Kreuzerhütte – Sauofen, 4–5 Std., 1040 Hm;
- Kreuzerhütte – Schöderkogel 4–5 Std., 1120 Hm; über Zwiefler-
seen 3–4 Std.;
- Kreuzerhütte – Eisenhut, 4 Std., 1080 Hm.

Schöderkogel *2500 m*

Das Drei-Gipfel-Treffen zum Ende einer Tourensaison

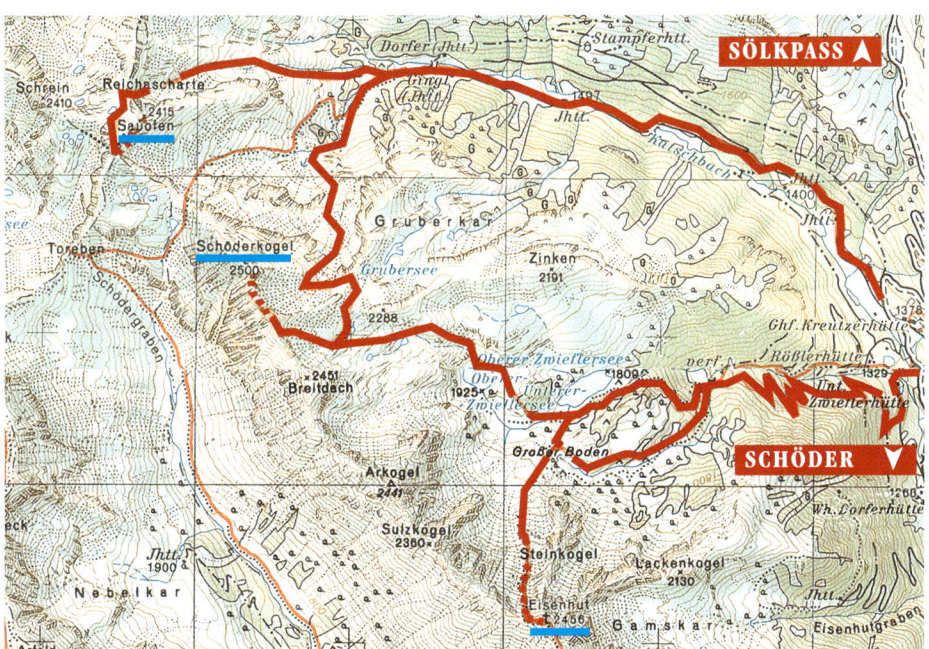

Anstiege und Abfahrten

Kreuzerhütte – Sauofen.

Auf dem Fahrweg 4 km zur Brücke bei der Gingl-Jagdhütte, 1570 m. Jenseits vom Katschbach westwärts bergan; entweder auf den aperen Rücken oder in den gut eingeschneiten Rinnen zu einem Hochtälchen und darin in die Reichascharte, 2300 m. Aus ihr an der westseitigen Flanke vom Sauofen südwärts bergan zum Schidepot am Grat. In leichter Kletterei zum Gipfel.
<u>Abstieg</u> und <u>Abfahrt</u> wie Anstieg.

Kreuzerhütte – Schöderkar – Schöderkogel.

Von der Gingl-Jagdhütte noch 1 km in den Talschluß bei ca. 1850 m. Im nordseitigen Kar bergan. Zwischen 2100 und 2200 m über eine Steilstufe in den oberen, nordostseitigen Teil des Kares, aus dem man in rund 2300 m Höhe ostwärts auf einen Rücken hinausquert. Südlich davon im leicht begehbaren Karboden bergan, zuletzt über eine Steilstufe auf den Grat; Schidepot bei ca. 2450 m. Am Blockgrat nordwärts zum Gipfel.
<u>Abfahrt</u> wie Anstieg. Oder über die Zwieflerseen.

Kreuzerhütte – Zwieflerseen – Schöderkogel.

Knapp 300 m südlich der Kreuzerhütte, bei der Unteren Zwieflerhütte, über eine Brücke, 1329 m, und je nach Schneelage entweder dem markierten Sommerweg folgend oder auf einer Forststraße zum Unteren Zwieflersee, 1809 m. Nördlich vom Oberen Zwieflersee durch Karböden in Richtung P. 2288 und auf den Grat; Schidepot. Über den Grat zum Gipfel.
<u>Abfahrt</u> wie Anstieg. Oder durch das Schöderkar zur Gingl-Jagdhütte (4 km Rückweg).

Zwieflerseen – Eisenhut.

Beim Unteren Zwieflersee südwärts, durch den Großen Boden in die nordseitige Steilflanke und in ihr geradewegs, evtl. mit Steigeisen, auf den Gipfel.
<u>Abfahrt</u> wie Anstieg.

TOUR 60

Deneck 2433 m

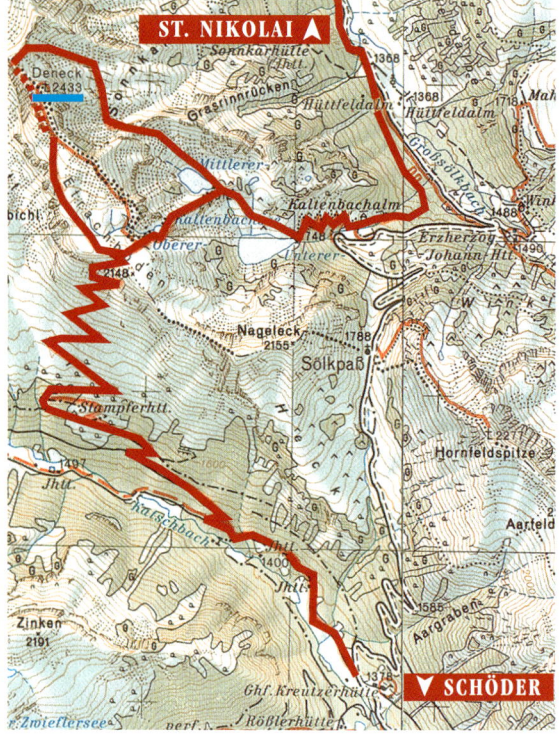

Talorte und Informationen

8844 Schöder, 901 m;
Gemeindeamt, Tel. 03536/7070.
8961 St. Nikolai im Sölktal, 1127 m;
Tourismusverband Naturpark Sölktäler in
Stein an der Enns, Tel. 03685/23180.

Tourenberatung, Alpine Auskünfte

GH Gamsjäger (Tritscher), Tel. 03689/210.

Reise

Auto:

<u>Aus dem Murtal:</u> Wie bei Tour 59 nach
Schöder; auf der Erzherzog-Johann-Straße
zur Kreuzerhütte, 10 km.
<u>Aus dem Ennstal:</u> Wie bei Tour 55 in das
Großsölktal.
Zufahrt je nach Schneelage, von St. Nikolai
im Sölktal

• zur Hansenalm 1,5 km;
• zur Mautneralm 3 km;
• zum Hüttfeld 4,5 km.

<u>Die Wintersperre am Sölkpaß</u> dauert meist
bis Pfingsten.

Taxi und Transfer

Schöder: Fa. Schreffl, Tel. 03536/7383, 8448.
Sölktal: Fa. Mayer, Fleiß, Tel. 03689/236.

Ausgangspunkte

• <u>Im Süden:</u> Kreuzerhütte, 1378 m;
• <u>im Norden:</u> Hüttfeld, 1368 m, evtl. auch
  Kaltenbachalm, 1570 m.

Einkehrstätten und Stützpunkte

Dorferhütte und **Kreuzerhütte;**
siehe Tour 59.
Gamsjäger und **Sölkstüberl;**
siehe Tour 55.

Orientierung

FB-Wanderkarte 203; ÖK-Blatt 128.

D I E   S C H I T O U R E N

Beste Zeit

Frühjahr.

Charakteristik II–III

Von der Kreuzerhütte südseitig, vom Hüttfeld überwiegend ost- bis
nordostseitig.

Das Schmankerl

Die Abfahrt durch das Sonnkar zu den Kaltenbachseen.

Gehzeiten, Höhenunterschiede

• Kreuzerhütte – Deneck, 4 Std., 1060 Hm;
• Hüttfeld – Deneck, 4 Std., 1070 Hm;
• Kaltenbachalm – Deneck, 3 Std., 870 Hm.

Von Süden, Osten oder Norden? –
Am besten jeweils rundum!

Anstiege und Abfahrten

Kreuzerhütte – Deneck. Eine Rundtour von Süden. Am Katschbach auf einem Fahrweg 2 km taleinwärts. Sodann auf einer Forststraße südseitig durch Wald zur Stampferhütte, 1600 m. Durch die weiten, nur mäßig steilen Hänge bergan zum P. 2148. In dem mit „Etrachböden" bezeichneten Hochkarboden nordwärts bergan. Rechtshaltend an den Grat; je nach Tourenziel evtl. am Grat Schidepot oder mitsamt Schi über den Blockgrat zum Gipfel. Abfahrt wie Anstieg.

Für die Rundtour: Ostseitig durch das Sonnkar; in Gegenanstiegen zum Mittleren und Oberen Kaltenbachsee; darüber zu den Etrachböden; südseitig abfahrend wie Anstieg.

Hüttfeld – Kaltenbachalm – Deneck. Auf einem Waldweg südwärts zur Kaltenbachalm; im späten Frühjahr bis hierher Zufahrt. Über eine Steilstufe ostseitig bergan zum Unteren Kaltenbachsee, 1748 m. Entweder auf einem Rücken oder sogleich direkt

Durch das Sonnkar nordostseitig um das Deneck

über einen Steilhang zum Oberen Kaltenbachsee, darüber den Steilhang bergan zu den Etrachböden. Hier mündet der Anstieg von der Kreuzerhütte ein. Nordwärts zum Grat und über diesen, meist zu Fuß, auf den Gipfel.

Abfahrt Am Grat nur kurz nordwärts, dann ostseitig in das Sonnkar. Man durchfährt es südostwärts und gelangt in kurzem Gegenanstieg auf einen Rücken; dahinter einen steilen Hang hinunter zum Mittleren Kaltenbachsee, 1912 m, und wie beim Anstieg zur Kaltenbachalm bzw. zum Hüttfeld.

Kammkarlspitz 2248 m
Schafdach 2314 m

*Karte gilt auch
für Tour 62 und 63*

Talorte und Informationen

8961 St. Nikolai im Sölktal, 1127 m;
8961 Stein an der Enns, 694 m;
Naturpark Sölktäler, Tel. 03685/23180.

Tourenberatung, Alpine Auskünfte

Tritscher, GH Gamsjäger, Tel. 03689/210.

Reise

Auto: Wie bei Tour 55 nach St. Nikolai.

Ausgangspunkte

• Erzherzog-Johann-Hütte, 1490 m;
• GH Gamsjäger, 1127 m;
• Hüttfeld, 1368 m;
• Mautneralm, 1292 m.

Einkehrstätten und Stützpunkte

Gamsjäger, Gasthof in St. Nikolai;
Familie Tritscher, Tel. 03689/210.
Sölkstüberl, Gasthof in Mößna;
Agnes Lemmerer, Tel. 03689/281.

Orientierung

FB-Wanderkarte 203; ÖK-Blätter 128, 129.

DIE SCHITOUREN

Beste Zeit: Frühjahr bzw. bei Firn.

Charakteristik

Kammkarlpitz II–III Südwestseitig;
das schönste der drei jeweils „steilen Ziele".
Schafdach II–III Westseitig; gleichmäßig geneigte Hänge; Vorsicht bei Harsch!
Unholdingspitze III West- bis nordwestseitig; steile Waldstufe mit Jagdsteig.
Wichtige Hinweise: Zur Anstiegszeit am
frühen Morgen sind die Flanken oft har-
schig, was besondere Umsicht erfordert bzw.
sicheres Gehen im Gelände! Die Länge des
Zuganges bzw. die Kürze der Zufahrt von St.
Nikolai in Richtung Erzherzog-Johann-

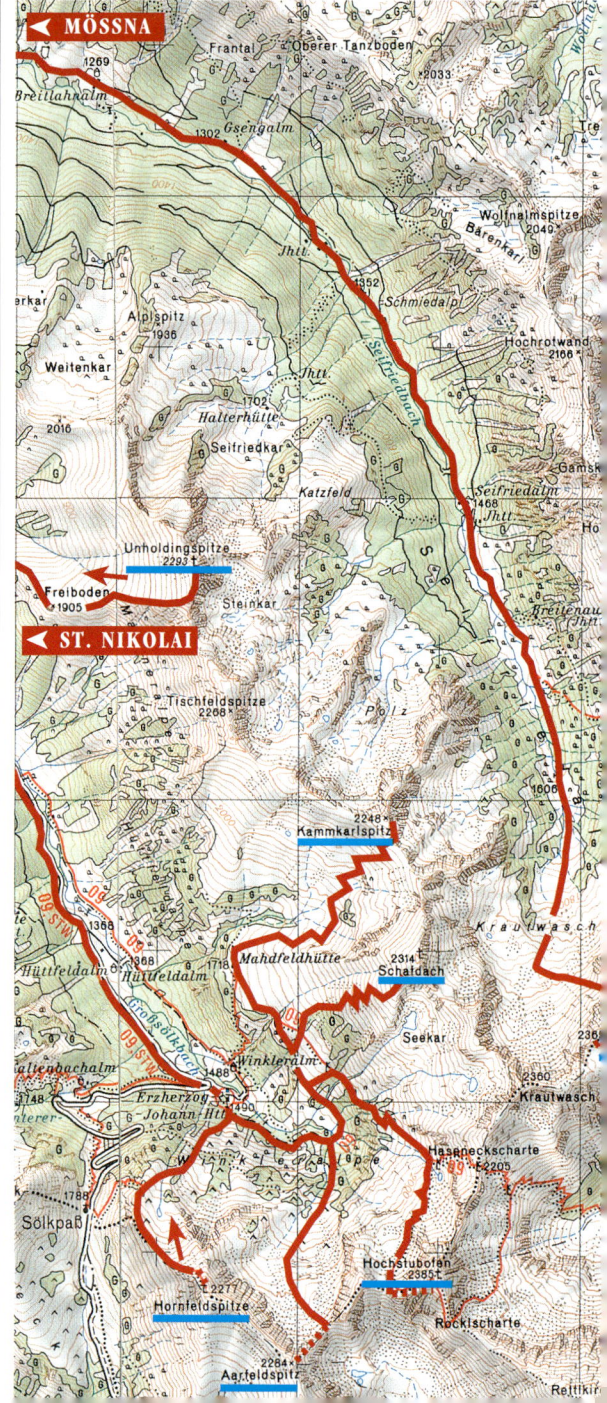

Unholdingspitze 2293 m

Unholdig steile Leiten haben alle drei Gipfel bis zu ihren Kämmen

Hütte hängt von den Straßenverhältnissen ab bzw. von der Freigabe der Räumungsabschnitte.

Auf dem Schafdach

Die Schmankerln

Die bis zu 600 m hohen Flanken an Schafdach und Kammkarlspitz.

Gehzeiten, Höhenunterschiede

Ab St. Nikolai im Sölktal

• Unholdingspitze, 3 Std., 1170 Hm.

Ab der Mautneralm (Zufahrt von St. Nikolai 3 km)

• Kammkarlspitz, 3 Std. 30 Min., 960 Hm;

• Schafdach, 3 Std., 1030 Hm.

Ab der Erzherzog-Johann-Hütte (Zufahrt von St. Nikolai 6 km)

• Kammkarlspitz, 2 Std. 30 Min., 760 Hm;

• Schafdach, 2 Std., 830 Hm.

Anstiege und Abfahrten

St. Nikolai im Sölktal – Unholdingspitze. In der steilen Waldstufe liegt oft wenig Schnee, so daß man auf dem Jagdsteig besser die Schi trägt. Ab der Waldgrenze so weit nach rechts, bis man jenen Rücken erreicht, der zum Gipfel leitet. Abfahrt wie Anstieg bzw. den Verhältnissen angepaßt.

Erzherzog-Johann-Hütte – Kammkarlspitz. Man benutzt den gleichen Zugang wie in Richtung Schafdach, quert jedoch zur Mahdfeldhütte, 1718 m. In beliebiger Route in der südwestseitigen Flanke gipfelwärts. Abfahrt wie Anstieg.

Erzherzog-Johann-Hütte – Schafdach. Man benutzt den von der Winkleralpe zur Mahdfeldhütte führenden Almweg, wobei nach der Überquerung des Seekarbaches rechtshaltend der breite Rücken erstiegen wird. Derselbe Rücken leitet direkt zum Gipfel.

Abfahrt wie Anstieg bzw. in beliebiger Variante entsprechend den Verhältnissen.

TOUR 62

Karte siehe Tour 61

Aarfeldspitz 2284 m
Hochstubofen 2385 m

Talort und Informationen

8961 St. Nikolai im Sölktal, 1127 m;
Tourismusverband Naturpark Sölktäler in
Stein an der Enns, Tel. 03685/23180.

Tourenberatung, Alpine Auskünfte

Tritscher, GH Gamsjäger, Tel. 03689/210.

Reise

Auto: Wie bei Tour 55 nach St. Nikolai im
Sölktal; weiter wie bei Tour 60 bzw. 62.

Ausgangspunkte

- Erzherzog-Johann-Hütte, 1490 m;
- Hüttfeld, 1368 m;
- Mautneralm, 1292 m.

Einkehrstätten und Stützpunkte

Gamsjäger, Gasthof in St. Nikolai;
Familie Tritscher, Tel. 03689/210.
Sölkstüberl, Gasthof in Mößna;
Agnes Lemmerer, Tel. 03689/281.

Orientierung

FB-Wanderkarte 203; ÖK-Blätter 128, 129.

D I E   S C H I T O U R E N

Beste Zeit

Frühjahr bzw. wenn auf der Sölkpaßstraße möglichst weit im Talboden herangefahren werden darf. Tourensaison oft bis Anfang Juni.

Charakteristik III–IV

Nordseitig; durchwegs sehr steiles Gelände. Für Schibergsteiger.

Die Schmankerln

Die steilen nordseitigen Flanken und Hänge.

Gehzeiten, Höhenunterschiede, Entfernungen

- St. Nikolai – Mautneralm, 50 Min., 170 Hm, 3 km;
- Mautneralm – Hüttfeldalm, 20 Min., 80 Hm, 1,6 km;
- Hüttfeldalm – Erzherzog-Johann-Hütte, 1 Std., 120 Hm, 1,5 km.
Ab Erzherzog-Johann-Hütte
- Aarfeldspitz, 2 Std., 800 Hm;
- Hochstubofen, 2 Std. 30 Min., 900 Hm;
- Hornfeldspitze, 2 Std., 790 Hm.

Anstiege und Abfahrten

St. Nikolai – Mautneralm – Hüttfeldalm – Erzherzog-Johann-Hütte. Jeweils entlang der Paßstraße, insgesamt 6 km.

Hornfeldspitze 2277 m

Die Spitzen-Tourentips aus gut einem Gipfel-Dutzend entlang der Sölkpaßstraße

Erzherzog-Johann-Hütte – Aarfeldspitz. Man folgt zunächst jenem Almweg, der über die Winkleralpe zur Mahdfeldhütte führt, verläßt ihn jedoch bereits vor dem Seekarbach: Nun südwärts in den Auslauf jenes großen Kares, durch das man insgesamt ansteigt. Geradewegs das nordseitige Kar aufwärts; Schidepot je nach Verhältnissen. Am Nordostgrat zum Gipfel.
Abstieg und Abfahrt wie Anstieg.

Erzherzog-Johann-Hütte – Hochstubofen. Zunächst wie zum Aarfeldspitz, jedoch beim Seebach in einer Rechtsschleife höher steigend. Ab ca. 1900 m quert man das nordseitige Kar so weit nach rechts bzw. südwärts, um an dem mit großen Rasenpolstern besetzten steilen Rücken anzusteigen. Dieser Rücken ist mitunter abgeweht und dient als sichere Anstiegsroute; Schidepot in Gratnähe. Über Blockwerk in leichter Kletterei zum Gipfel.
Abstieg wie Anstieg; Abfahrt unterhalb vom Grat in das Kar; die Schneerinnen reichen im späten Frühjahr bis in die Winkleralpe.

Oben: Vom Schafdach gegen Hochstubofen und Aarfeldspitz (rechts)

Links: Je mehr Eis und Schnee auf der Sölkpaßstraße, desto weiter der Zugang zur Erzherzog-Johann-Hütte

Erzherzog-Johann-Hütte – Hornfeldspitze. Aus dem westlichen Teil der Winkleralpe in einem weiten Linksbogen zu jenem Rücken mit dem Sommerweg. Ihm folgend zur Gipfelscharte; Schidepot. Vorsicht! Bei Schnee und Eis heikler Übergang zum Gipfelkreuz.
Abfahrt in der schönen, gleichmäßig geneigten Nordflanke.

TOUR 63

Melleck 2365 m

Karte siehe Tour 61

Talort und Informationen
8961 Mößna, 1023 m.

Tourenberatung, Alpine Auskünfte
Agnes Lemmerer, Mößna, Tel. 03689/281.

Reise
Auto: Wie bei Tour 55 in das Großsölktal und nach Mößna.

Ausgangspunkt
Mößna-Ortsmitte, 1023 m; nächst dem Bad.

Einkehrstätte und Stützpunkt
Sölkstüberl, Gasthof in Mößna; Agnes Lemmerer, Tel. 03689/281.

Orientierung
FB-Wanderkarte 203; ÖK-Blätter 128, 129.

DIE SCHITOUR

Beste Zeit: Frühjahr bzw. bei Firn.

Charakteristik III–IV
Nur für Schibergsteiger. Steigeisen evtl. er-

forderlich. Das eigentliche Tourengelände beginnt ab der Seifried-alm, daher langer Zugang (Schiwanderung). Um so steiler ist das nordseitige „Krautwasch" genannte Kar.

Das Schmankerl
800 Höhenmeter rassige Abfahrt.

Gehzeiten, Höhenunterschiede, Entfernungen
- Mößna – Breitlahnalm – Seifriedalm, 2 Std. 30 Min., 450 Hm, 8 km;
- Seifriedalm – Krautwasch-Kar – Melleck, 2 Std. 30 Min., 900 Hm, 4,5 km.

Anstieg und Abfahrt
Mößna – Breitlahnalm – Seifriedalm – Melleck. Man folgt jener Markierung, welche entlang einer Forststraße in die Sei-frieding führt. Ab der Breitlahnalm, 1269 m (Ende der Straße) noch gut 4 km zur Seifriedalm, 1468 m; wo der eigentliche Anstieg be-ginnt: Über die Seifriedalpe in das „Krautwasch"; darin linkshaltend an den Gratsattel. An der Nordostseite ein Steilhang zum Gipfel. Abfahrt wie Anstieg.

„Strahlefroh": Der 2202 m hohe Alker
über der Schwarza-Alm
Unten: Von der Scharza-Alm in den Schwarzaboden;
siehe Tour 66

Aus der Seifrieding bergwärts,
so lange Felle,
Steig- und Harscheisen greifen

TOUR 64

Ameiskopf 2245 m
Mirzlzinken 1976 m

Talorte und Informationen

8843 Feistritz am Kammersberg;
8843 St. Peter am Kammersberg;
Tourismusbüro, Tel. 03536/8479.

Reise

Auto: B 96 Murtal-Bundesstraße.
Nach Feistritz, 853 m
Von Frojach über St. Peter am Kammersberg 13 km; von Murau über Schöder nach Feistritz 15 km.
In den Feistritzgraben
Durch die Schmieding zum E-Werk Zedlacher; ab Feistritz 3 km.

Ausgangspunkt

E-Werk Zedlacher, ca. 1050 m; unterhalb vom Gehöft Ernbauer.

Einkehrstätten und Stützpunkte

Urlaub am Bauernhof in Feistritz:
Familie Otto Kreis, Tel. 03536/7317;
Familie Peter Gänser, Tel. 03536/8475;
Familie Gertraud Lindschinger,
Tel. 03536/8476.
Gaststätten in Feistritz und St. Peter alm Kammersberg.

Orientierung

FB-Wanderkarte 203;
ÖK-Blätter 129, 159.

Wildschutzgebiet

Im Bereich der Vorderen Grießerhütte. Das Wildschutzgebiet umgeht man mit einem Anstieg über den Baierdorfer Berg. Oder von der Hanglerhütte über das Seefeld auf den Höhenrücken.

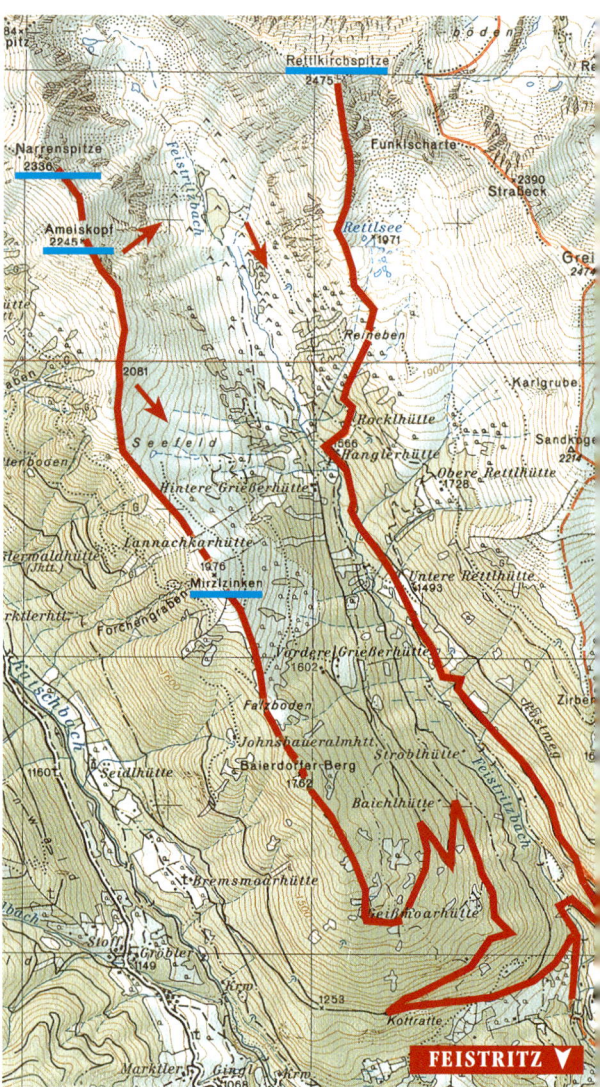

FEISTRITZ ▼

Zur Firnzeit auf die Rettlkirchspitze:
In der Reineben

Narrenspitze 2336 m
Rettlkirchspitze 2475m

Die weiße Arena im Talschluß der Feistritz

D I E   S C H I T O U R E N

Beste Zeit: Frühjahr.

Charakteristik II–III

Rettlkirchspitze: Südseitig; der lange Zugang wird mit einer erstklassigen Abfahrt aufgewogen.

Ameiskopf, Mirzlzinken, Narrenspitze: Ostseitig.

Das Schmankerl

Die Abfahrt von der Rettlkirchspitze zum Rettlsee.

Gehzeiten, Höhenunterschiede

- E-Werk Zedlacher – Hanglerhütte – Rettlkirchspitze, 5 Std., 1430 Hm;
- Hanglerhütte – Ameiskopf, 2 Std., 700 Hm;
- Hanglerhütte – Mirzlzinken, 1 Std. 15 Min., 430 Hm;
- Hanglerhütte – Narrenspitze, 2 Std. 15 Min., 800 Hm;
- E-Werk Zedlacher – Mirzlzinken – Ameiskopf – Narrenspitze, 5 Std., 1300 Hm.

Anstiege und Abfahrten

Feistritz – Rettlkirchspitze. Vom E-Werk Zedlacher zur nächsten Brücke, über die Feistritz und zwei Kehren bergan bis ca. 1300 m. Auf einem Forstweg talein zur Unteren Rettlhütte, 1493 m; auf der anschließenden Forststraße erreicht man die stattliche Hanglerhütte, 1566 m; sehr schöner Rastplatz. Rechtshaltend bergan zur Rocklhütte, 1650 m. Über einen steileren Hang gelangt man in das freie Gelände der Reineben. Aus dem kleinen Kessel beim Rettlsee, 1971 m, auf dem südseitigen Rücken geradewegs bergan zum Gipfel.
Abfahrt wie Anstieg.

Ameiskopf, Mirzlzinken, Narrenspitze. Bei einer Tour auf die Rettlkirchspitze verschafft man sich zugleich einen umfassenden Überblick auf den gegenüberliegenden Höhenrücken, aus dem – von Norden nach Süden gereiht – Aarfeldspitz, Narrenspitze, Ameiskopf und Mirzlzinken herausragen. Alle genannten Gipfel können über denselben Rücken erstiegen werden und sind deshalb beliebig kombinierbar. Abfahrten wie Anstiege bzw. durch ostseitige Flanken oder Steilrinnen in den Talschluß der Feistritz. In jedem Fall gelangt man zur Hanglerhütte.

TOUR 65

Greim 2474 m
Sandkogel 2214 m

Talorte und Informationen

8843 Feistritz am Kammersberg;
8843 St. Peter am Kammersberg;
Tourismusbüro, Tel. 03536/8479.

Reise

Auto: B 96 Murtal-Bundesstraße.
<u>Nach St. Peter am Kammersberg, 860 m:</u>
• Von Frojach über Katsch 13 km;
• von Murau über Schöder 15 km.
<u>Richtung Greimhütte:</u> Entweder von
St. Peter oder von Oberwölz in die Vordere
Pöllau zur Abzweigung beim GH Gregor-
sima (Gugganig). Vom Gregorsima zur
• Greimburg 1,5 km;
• Abzweigung Röst 4 km;
• Rettlhube 5 km;
• Greimhütte 8 km.
<u>Zum E-Werk Zedlacher:</u> Von Feistritz, 853 m,
durch die Schmieding 3 km.

Ausgangspunkte

• E-Werk Zedlacher, 1050 m;
• Greimhütte, 1649 m.

Einkehrstätten und Stützpunkte

Berghof, Gasthof in Pöllau, 1091 m;
1. Dezember bis Ende Oktober;
Nächtigung im Winter auf Anfrage;
Familie Prieler, Tel. 03536/8290.
Gregorsima, Jausenstation in der Vorde-
ren Pöllau;
Familie Gugganig, Tel. 03536/8260.
Greimburg, Pension in Pöllau am Greim;
Voranmeldung erbeten;
Familie Neubauer, Tel. 03536/7641.
Greimhütte, gj. offen, jedoch keine Näch-
tigung; Familie Trattner, Tel. 0663/9468924

Orientierung

FB-Wanderkarte 203;
ÖK-Blatt 159.

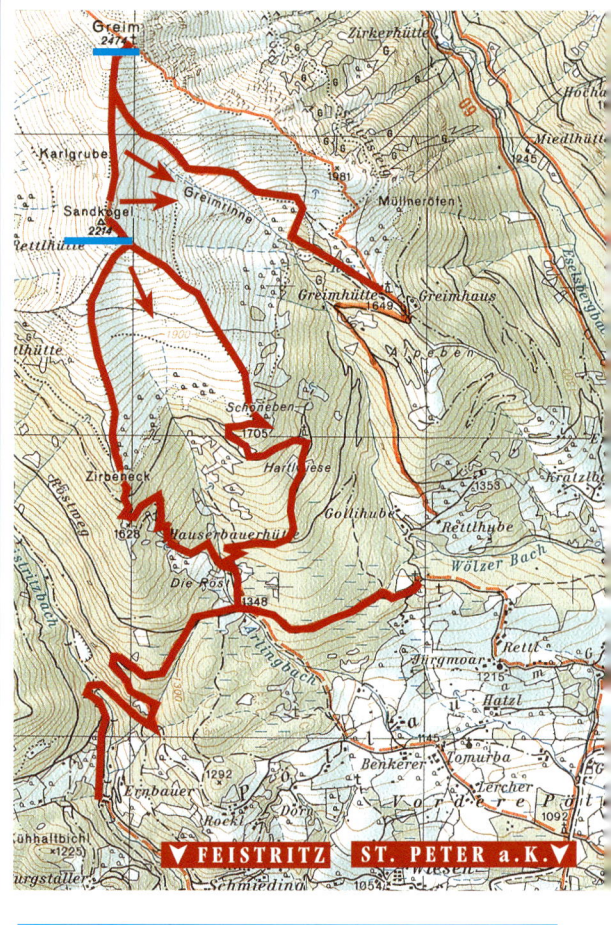

D I E S C H I T O U R E N

Beste Zeit

Hochwinter und Frühjahr.

Charakteristik II

Greim Südostseitige Flanke; darin die markante Greimrinne.
Sandkogel Südseitig.

Das Schmankerl

Die Abfahrt vom Greim; evtl. in Kombination mit dem Sandkogel.

Greimrinne:
Die populärste Abfahrt in den Wölzer Tauern

Gehzeiten, Höhenunterschiede

- Greimhütte – Greim, 2 Std. 30 Min., 830 Hm;
- Feistritz – Sandkogel, 4 Std., 1360 Hm;
- Sandkogel – Greim, 45 Min., 250 Hm;
- Pöllau am Greim – Sandkogel – Greim, 3 Std. 30 Min., 1180 Hm.

Anstiege und Abfahrten

Greimhütte – Greim. Beliebig bergan zu jenem Rücken, der den Sandkogel und Greim verbindet. Zuletzt denselben Rücken bergan zum Gipfelkreuz.
Abfahrt wie Anstieg bzw. durch die Greimrinne bis zur Bergstraße.

Feistritz – Röst – Sandkogel – Greim. Vom E-Werk Zedlacher zur nächsten Brücke, über die Feistritz und auf einem Fostweg südseitig in zwei großen Kehren bergan und zum P. 1348 am Arlingbach. Im aufgelockerten, mit „Röst" bezeichneten Gelände bergan zur Hauserbauerhütte, 1610 m. Darüber das Zirbeneck und geradewegs auf den Sandkogel.

Demselben Rücken folgend auch zum Greim.
Abfahrt wie Anstieg.

Pöllau am Greim – Röst – Sandkogel – Greim. Von der Greimstraße auf einem Forstweg rund 1,5 km westwärts zum P. 1348 m am Arlingbach.
Weiter auf einem Forstweg bzw. durch lichten Hochwald in Richtung Hartlwiese und Schöneben, 1705 m. Auf dem breiten südostseitigen Rücken geradewegs auf den Sandkogel. Dem Rücken folgend auf den Greim.
Abfahrt wie Anstieg.

Über der Pöllau: Sandkogel (links) und der Greim

TOUR 66

Hochweberspitze 2375 m
Laubtaleck 2230 m

Talort und Touren-Informationen
8953 Donnersbachwald, 976 m;
Tourismusbüro, Tel. 03680/201, 209;
Familie Rüscher, Tel. 03680/213.

Reise
Auto: B 320 Ennstal-Bundesstraße, nach
Trautenfels; B 75 Glattjoch-Bundesstraße,
über Irdning und Donnersbach bis in den
Talschluß bei der Mengbrücke; ab Trauten-
fels 23 km.
Bahn: ÖBB; IC-Bahnhof Stainach-Irdning.
Postbus/Schibus: Verbundlinie 941.
Schnee & Wetter: Tel. 03680/606-5.

Ausgangspunkt
Parkplatz an der Mengbrücke, 1066 m.

Einkehrstätten und Stützpunkte
Stegerhof, Kinder-Wellness-Hotel;
Familie Gürtler, Tel. 03680/287.
Zur Gams, Gasthof; 20. Dezember bis
Ostern und ab Pfingsten;
Roland Rüscher, Tel. 03680/213.

Orientierung: FB-WK 203; ÖK-Blatt 129.

In der Oberen Blaufeldscharte;
darunter jener Karboden, worin die
Laubtaleck-Südflanke ausläuft

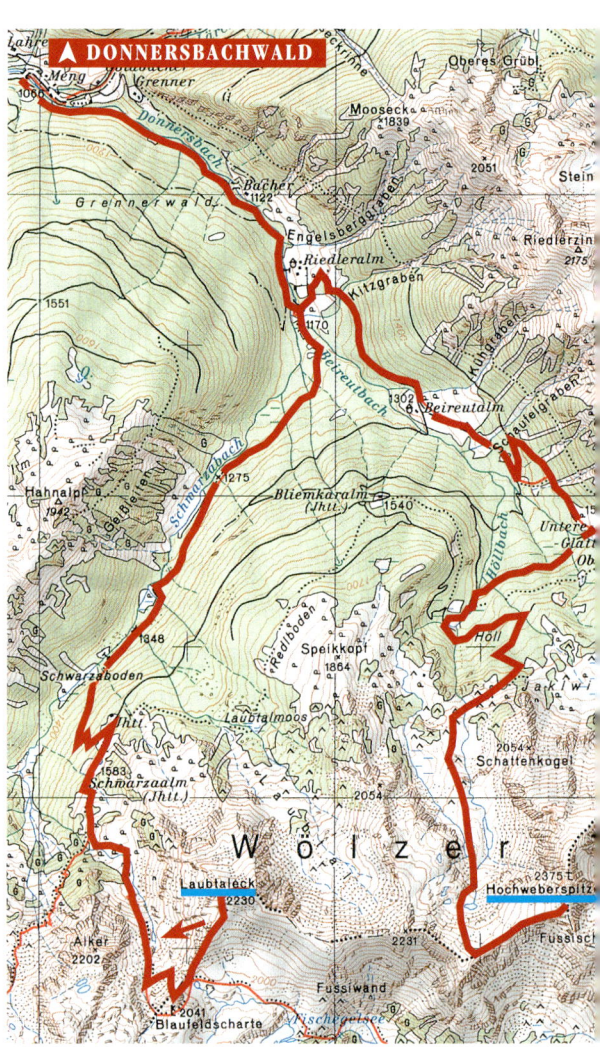

Beste Zeit: Frühjahr.

Charakteristik
Laubtaleck II–III Schiwanderung zur Schwarza-Alm; darüber
ein Hochkar; ab der Blaufeldscharte ein breiter Südwestrücken.

Die langen Wege aus dem Talschluß von Donnersbachwald zum Wölzer Hauptkamm

Hochweberspitze III–IV Zur Glattalm Forstwege, danach Orientierung nicht einfach; über dem Sabinkar Steilhang zum Gipfel.

Die Schmankerln: Die am Laubtaleck direkte Abfahrt vom Grat in das Hochkar; an der Hochweberspitze das Sabinkar.

Gehzeiten, Höhenunterschiede

- Mengbrücke – Schwarza-Alm, 2 Std., 520 Hm, 8 km;
- Schwarza-Alm – Obere Blaufeldscharte – Laubtaleck, 2 Std. 30 Min., 650 Hm, 3 km;
- Mengbrücke – Riedleralm – Untere Glattalm, 2 Std., 440 Hm, 7 km;
- Glattalm – Höll – Sabinkar – Hochweberspitze, 3 Std., 880 Hm, 5 km.

Anstiege und Abfahrten

Mengbrücke – Schwarza-Alm – Laubtaleck. Entlang der Fortsstraße zur Riedleralm, 1170 m. Halbrechts, oberhalb des Schwarzabaches zum Schwarzaboden, 1400 m. Nun mäßig steil zur Alm, 1583 m. Südwärts zum Kar. An großen Blöcken talein;

Am Südwestrücken oder rechts davon direkt auf das Laubtaleck

linkshaltend zur Oberen Blaufeldscharte, 2030 m. Am Grat kurz über Rasenstufen, dann einfach und beliebig zum Gipfel. Abfahrt bis auf 2140 m; vom Gratrücken durch die steile NW-Flanke direkt in den Karboden zu den großen Felsen. Weiter wie Anstieg.

Mengbrücke – Untere Glattalm – Hochweberspitze. Über die Riedleralm und Beireutalm zur Unteren Glattalm, 1501 m. Am Forstweg zum Höllbach und in S-Schleifen 300 Hm in das Sabinkar. Darin erst einfach, dann steil bergan zum Gratrücken. Schidepot je nach Verhältnissen. Abstieg und Abfahrt wie Anstieg.

TOUR 67

Bernkadlereck *2262 m*
Talkenschrein *2319 m*

Talort und Informationen

8832 Oberwölz, 830 m;
Tourismusbüro, Tel. 03581/8420.

Reise

Auto: Richtung Oberwölz; siehe Tour 68.
In den Eselsberggraben: Von der Knapp-
säge, 891 m (1,5 km ab Winklern, Wegweiser) zur Neunkirchner Hütte 12 km; in der
Tau-Frost-Periode bis zum Schranken 9 km
(nächst der Prielerhütte, 1403 m).
In den Hinteregger Graben: Siehe Tour 68.

Ausgangspunkte

• Hinteregg: Gehöft Sauchner, 1120 m;
• Neunkirchner Hütte, 1535 m.

Einkehrstätten und Stützpunkte

In Oberwölz; siehe Tour 68.

Orientierung

FB-Wanderkarte 203; ÖK-Blatt 129.

W   Ö   L   Z   E   R   T   A   U   E   R   N

Wölzer Schoberspitze *2423 m*

Recht einfach:
Im Eselsberggraben an
die Südseite des
Tauern-Hauptkammes

DIE SCHITOUREN

*Zweimal Wölzer Schoberspitze: Aus der
Blaufeldscharte (Bild oben) und vom
Greim über den hinteren Eselsberggraben*

Beste Zeit: Im Frühjahr.

Charakteristik

Schoberspitze   III–IV Anstieg süd- bis westseitig, Für Schibergsteiger: Überschreitung des Nordgrates; hochalpine Tour.
Bernkadlereck III Nord- bis ostseitig; langer Zugang aus dem Hinteregger Graben; evtl. in Verbindung mit der Schoberspitze.
Talkenschrein III Ostseitig, kurzer Zugang.

Die Schmankerln: Die prächtigen Flanken und Kare.

Gehzeiten, Höhenunterschiede

• Neunkirchner Hütte – Schoberspitze, 3 Std., 890 Hm;
• Neunkirchner Hütte – Talkenschrein, 3 Std. 30 Min., 780 Hm;
• Hinteregg – Knollihütte – Bernkadlereck, 5 Std., 1180 Hm.

Anstiege und Abfahrten

Neunkirchner Hütte – Schoberspitze. Entlang des Oberen Almbachls in den Oberen Almboden bis in 1800 m Höhe. Rechtshaltend in das westseitige Kar. Bei guten Verhältnissen wie beim Sommerweg zur Schoberscharte im Südwestgrat; Schidepot je nach Verhältnissen. Querung zum Gipfelhang (40 °) heikel. Ansonsten südwärts in die Knollischarte, 2196 m, dahinter zum Grünsee, 2030 m, und an der zunehmend steilen Südflanke gipfelwärts. Abfahrt wie Anstieg.
Neunkirchner Hütte – Talkenschrein. Vom Oberen Almboden Richtung Idlereckscharte; rechtshaltend zum Gipfel. Abfahrt wie Anstieg.
Hinteregg – Bernkadlereck. Nach 7,5 km „Langlauf" durch den Hinteregger Graben bei der Knollihütte, 1529 m, südwestwärts. In 1900 m Höhe (hierher auch von der Neunkirchner Hütte über die Knollischarte) in der steilen Nordflanke zum Gratrücken, 2170 m. Abfahrt wie Anstieg.

183

TOUR 68

Gstoder *2318 m*
Hochalpl *1994 m*

Talorte und Informationen
8832 Winklern, 879 m;
8832 Oberwölz, 830 m;
Tourismusbüro, Tel. 03581/8420.

Reise
Auto: B 96 Murtal-Bundesstraße nach
Niederwölz; B 95 Glattjoch-Bundesstraße
Niederwölz – Oberwölz – Winklern.
In den Hinteregger Graben
Von Winklern zum Gehöft Sauchner 4 km.

Ausgangspunkt
Gehöft Sauchner, 1120 m, in Hinteregg.

Einkehrstätten und Stützpunkte
In Oberwölz
Graggober, Gasthof und Pension; Mitte
Dezember bis Ostern und ab Mitte Juni;
Familie Graggober, Tel. 03581/8315.
Wohleser, Gasthof;
Familie Wohleser, Tel. 03581/8385.
Zum Mohren, Gasthof; 1. Dezember bis
Ende April und ab Mitte Mai;
Familie Tanner, Tel. 03581/8383.

Orientierung
FB-Wanderkarte 203; ÖK-Blätter 129, 159.

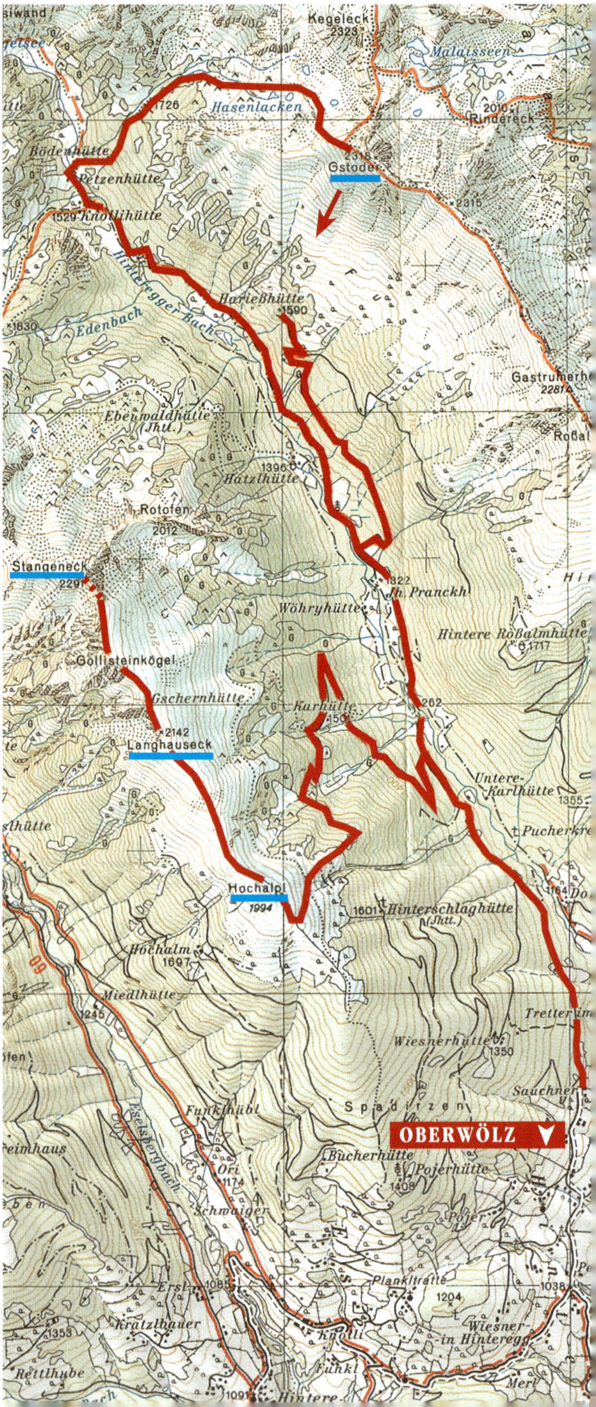

Langhauseck *2142 m*
Stangeneck *2291 m*

DIE SCHITOUREN

Beste Zeit
Am Gstoder Frühjahr;
am Hochalpl, Langhauseck und Stangeneck auch Hochwinter.

Charakteristik II–III
Gstoder nordwest- und südwestseitig; langer Zugang.
Langhauseck und **Stangeneck** ostseitig, kurzer Zugang.

Das Schmankerl
Die südwestseitige Abfahrt (730 Hm) vom Gstoder zur Harießhütte.

Gehzeiten, Höhenunterschiede
- Hinteregg – Gstoder, 4–5 Std., 1300 Hm;
- Hinteregg – Langhauseck – Stangeneck, 3 Std. 30 Min., bis 1270 Hm.

Anstiege und Abfahrten

Hinteregg – Gstoder.
Der rund 8 km lange Zugang vom Gehöft Sauchner durch das Hinteregger Tal beläßt den Gstoder weiterhin als einsamen Tourengipfel. Um so lohnender ist der Anstieg.
Aus dem großartigen Talschluß, 1529 m, von der Knolli-, Petzen- und Bödenhütte links vom Wildschutzgebiet durch das nordwestseitige Kar bei den Hasenlacken zum relativ steilen Gipfelaufbau.
Abfahrt wie Anstieg.
Oder vom Gipfel direkt zur Harießhütte, 1590 m.

Hinteregg – Hochalpl – Langhauseck – Stangeneck.
Vom Gstoder ergibt sich ein guter Überblick auf dieses kleinräumige, speziell im Hochwinter gern aufgesuchte Tourengebiet.
Der Zugang ist nur 2,5 km lang. Noch vor der Brücke (P. 1262) folgt man jener Forststraße, die zur Karhütte führt, 1501 m.
Vom südlichen Ende derselben Forststraße ersteigt man über einen nordostseitigen Rücken das Hochalpl und im weiteren gelangt man auf dem südostseitigen Höhenrücken über das Langhauseck und die Gollisteinkögel zum Stangeneck.
Abfahrten wie Anstiege.

Oben: Aus dem Hinteregger Talschluß
über die Hasenlacken auf den Gstoder;
im Hintergrund die Hochweberspitze

Links: Abgeblasene Hänge
sind zumindest lawinensicher

Wildschutzgebiet Bödneralm
Das Wildschutzgebiet liegt zwischen dem Hasenlackenbach und der Harießhütte.
Der Anstieg auf den Gstoder und die Abfahrt vom Gstoder zur Harießhütte verlaufen außerhalb des Wildschutzgebietes.

Sandlerkogel *2186 m*
Schießeck *2275 m*

Talorte und Informationen

8762 Oberzeiring, 932 m;
Tourismusbüro, Tel. 03571/2255.
8764 Pusterwald, 1073 m;
Jagawirt, Tel. 03574/2233, Markus Poier.
8832 Oberwölz, 830 m;
Tourismusbüro, Tel. 03581/8420.

Tourenführungen, Alpine Beratung

Schischule Norbert Brunner,
Tel. 0664/1354070; oder ab 19 Uhr
Tel. 03581/8458.

Reise

Auto: B 114 Tauern-Bundesstraße.
Ins Lachtal: Von Unterzeiring und Oberzei-
ring 16 km.
Nach Pusterwald: Von Möderbrugg 11 km.

Lachtal-Seilbahnen: Sechser-Sessel-
bahn (mit Wetterschutzhauben) auf den
Mitterstand, 2000 m;
Schlepplifte zum Hohen Zinken, 2222 m;
Betriebszeit im Winter: Täglich 9–16 Uhr.

Schneetelefon: Tel. 03587/203, Kassa.

Taxi und Transfer

Pusterwald: Markus Poier, Tel. 03574/2233.

Ausgangspunkte

• Pusterwald: Kirchplatz, 1073 m;
• Lachtal: Talstation der Sechser-Sesselbahn, 1570 m.

Einkehrstätten und Stützpunkte

Pusterwald

Jagawirt, Gasthof, an der Ortseinfahrt;
Markus Poier, Tel. 03574/2233.
pusterwaldgold.jagawirt@at.at

Vasold, Gasthof, gegenüber der Kirche.
Franko Vasold, Tel. 03574/2204.

*Von der Steinbachalm zum Schießeck.
Oberhalb der Waldgrenze zum Schleiferboden,
aus dem man rechtshaltend zum Gratrücken
aufsteigt.*

*Rechts oben:
Am besten dem Grat folgend zum Schießeck-Gipfel*

Im Schigebiet Lachtal

Brucker Hütte, Gasthof (Montag Ruhetag), 1524 m;
ganzjährig geöffnet;
Gerlinde Beuerlein, Tel. 03587/810, 206.

Steineck *2260 m*

Vom Schießeck-Gipfelkreuz bis in die Dorfmitte von Pusterwald

Lachtalhaus, Gasthof, 1570 m;
ausschließlich während der Wintersaison geöffnet;
Familie Schmidhofer, Tel. 03587/210.
Klosterneuburger Hütte, OeAV, 1879 m; Weihnachten bis
Ostern und ab Ende Mai; Pächter Alexis Reis, Tel. 03572/84535.

Orientierung

FB-Wanderkarte 203;
ÖK-Blätter 129, 130, 160.

DIE SCHITOUREN

Beste Zeit
Hochwinter und Frühjahr.

Charakteristik II–III
Schigebiet Lachtal südseitig;
Schießeck-Tour nordostseitig.

Die Schmankerln
- Die komfortablen Lift-&-Tour-Kombina-
  tionen im Lachtal-Schigebiet;
- die Abfahrt vom Schießeck durch die
  Gipfelrinne in den Schleiferboden;
- die Abfahrten vom Sandlerkogel
  und Steineck nach Krumegg
  bzw. Salchau.

Gehzeiten, Höhenunterschiede
- Klosterneuburger Hütte – Tanzstatt –
  Hoher Zinken – Grillerlucke – Schießeck,
  1 Std. 30 Min., 500 Hm;
- Pusterwald – Schießeck, 4 Std., 1200 Hm;
- Schießeck – Sandlerkogel – Steineck,
  1 Std., nur geringer Höhenunterschied.
- Schießeck-Rundtour mit Lachtal; Tages-
  tour, in Kombination mit Sesselbahn und
  Liften.

Die „Lachtal-Schitourenschaukel"
verbindet wind- und wetterfest mit dem
Herzstück der Wölzer Tauern:
Zu Sandlerkogel, Schießeck, Steineck,
Scharnitzfeld sowie in das Große Lachtal,
zur Roßalpe, Zinkenschlucht, Tanzstatt und
Klosterneuburger Hütte.

Anstiege und Abfahrten

**Lachtal/Klosterneuburger Hütte – Tanzstatt-Kircherl –
Hoher Zinken – Grillerlucke – Schießeck.**
Eine wahre Panoramatour. Wobei man sich aus dem Lachtal ein-
fach heraufschleppen läßt. Die Anstiegsroute kann evtl. abgeblasen
sein, jedoch lassen sich ab dem Hohen Zinken (hierher auch per
Sesselbahn und Lift) die 100 Hm in die Grillerlucke gut abfahren.
Im weiteren einfach zum Schießeck (siehe Bild); das Sängerkreuz
steht etwas tiefer.
Pusterwald – Schießeck.
Aus dem Ort über die Schiwiese und auf einem Forstweg durch den
Fuchsgraben in das Bärental zur Steinbachhütte, 1555 m. Nun über
freie Flächen zur Schleiferhütte und Grillerhütte, 1763 m. Aus dem

Am Schießeck: Links das Plättentaljoch und darüber der Sandlerkogel

Schleiferboden rechtshaltend auf einen breiten Rücken. Mitunter zu Fuß den Rücken bergan zum Gipfelkreuz.

<u>Abfahrt</u> Vom Gipfelkreuz durch die Rinne zum Schleiferboden und weiter wie Anstieg.

Schießeck – Sandlerkogel – Steineck.

Sehr schöner Übergang von Gipfel zu Gipfel, mit Gegenanstieg aus dem Plättentaljoch, 2082 m, zum Sandlerkogel.

<u>Abfahrten</u> Von den genannten Gipfeln jeweils nord- bzw. ostseitig in Richtung Pusterwald. Oder vom Sandlerkogel und Steineck südseitig nach Krumegg; von der Kapelle beim Gehöft Göttfried, 1301 m, evtl. bis Salchau, 1072 m.

Schießeck-Rundtour mit Lachtal.

Vom Schießeck zu Knappenstein und Roßalpe; evtl. durch das Große Lachtal zum Lachtalhaus. Auffahrt mit Sesselbahn und Lift zum Hohen Zinken; Übergang zum Schießeck und Abfahrt nach Pusterwald.

Die Rundtour kann auch am Hohen Zinken begonnen werden (mit Rückaufstieg von Pusterwald).

Hühnerkogel 2242 m
Kühlnbrein 2229 m

Talorte und Informationen

8832 Oberwölz, 830 m;
Tourismusbüro, Tel. 03581/8420.
8764 Pusterwald, 1073 m;
Markus Poier, Jagawirt, Tel. 03574/2233.

Reise

Auto:

Nach Pusterwald wie bei Tour 69;
von Pusterwald zum Gehöft Scharnitzkoller
4 km.
Nach Oberwölz wie bei Tour 68;
von Oberwölz 8 km in den Schöttlgraben;
bis zum Forsthaus bzw. zur Schöttlkapelle.
Von Oberwölz und Salchau zum Gehöft
Göttfried.

Taxi und Transfer

• Capellari GmbH, Tel. 03581/7251;
• Capellari Walter, Tel. 03581/8390;
• Zuchi, Tel. 03581/8455.

Ausgangspunkte

• Krumegg: Gehöft Göttfried, 1301 m;
• Pusterwald: Scharnitzkoller, 1180 m;
• Schöttlgraben: Schöttlkapelle, 1216 m.

Einkehrstätten und Stützpunkte

Siehe Tour 68 und 69.

Orientierung

FB-WK 203; ÖK-Blätter 129 und 159.

DIE SCHITOUREN

Beste Zeit: Hochwinter und Frühjahr.

Charakteristik II–III

Scharnitzgraben nord- und nordostseitig;
Schöttlgraben süd-, Krumegg südostseitig.

Die Schmankerln

Weiträumige Bergflanken und Bergrücken.

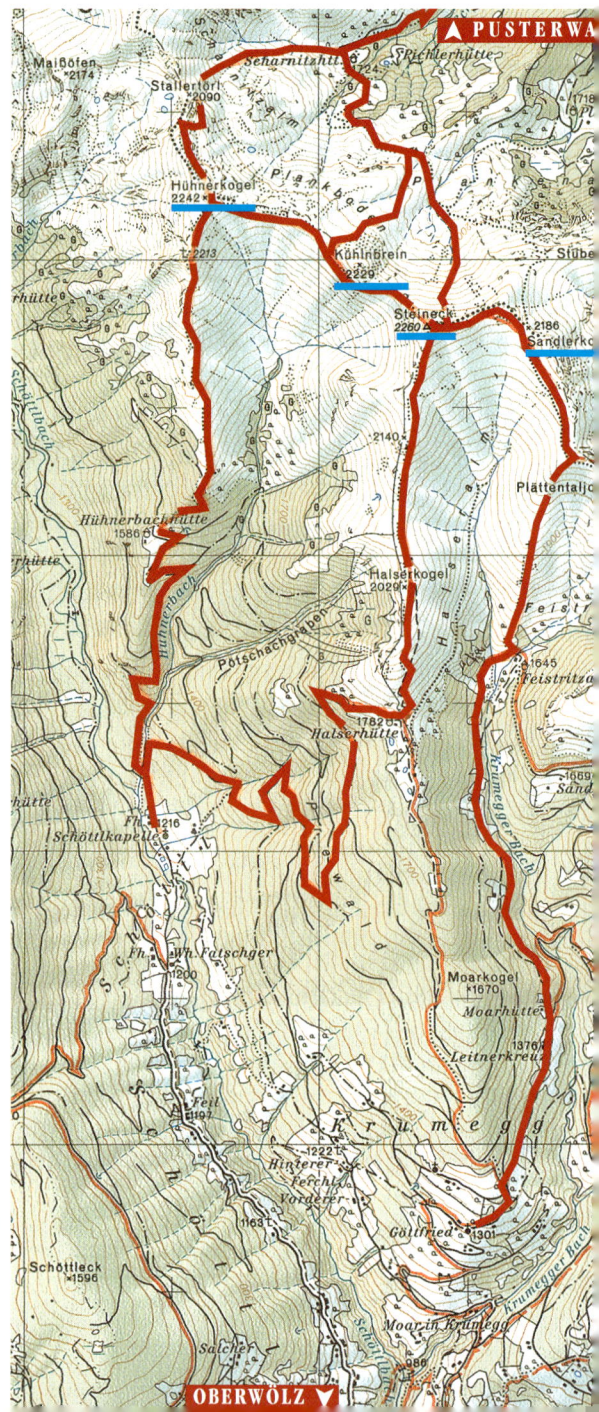

Sandlerkogel 2186 m
Steineck 2260 m

Das steile Quartett zwischen Oberwölz und Pusterwald

Beim Anstieg zum Scharnitzfeld: die nordseitigen Hänge von Kühlnbrein (links) und Hühnerkogel

Gehzeiten, Höhenunterschiede

- Scharnitzkoller – Hühnerkogel und Kühlnbrein, 3 Std. 30 Min., bis 1070 Hm;
- Scharnitzkoller – Sandlerkogel, 4 Std., 1000 Hm;
- Schöttlkapelle – Hühnerkogel oder Steineck, jeweils 3 Std., bis 1050 Hm;
- Göttfried – Sandlerkogel, 2 Std. 30 Min., 900 Hm.

Anstiege und Abfahrten

Scharnitzkoller – Hühnerkogel – Kühlnbrein – Sandlerkogel. Durch den Scharnitzgraben auf Forstwegen zur Scharnitzhütte, 1724 m, und über die Scharnitzalm in das Stallertörl, 2090 m. Nun über einen der beiden nordseitigen Rücken auf den Hühnerkogel. Am Grat weiter zu Kühlnbrein, Steineck und Sandlerkogel.
Abfahrt jeweils über Plankenalm, Plankboden und Scharnitzalm.

Schöttlkapelle – Hühnerkogel. 500 m nördlich vom Forsthaus eine Forstweggabelung: Links vom Hühnerbach die Forststraße bergan zur Hühnerbachhütte, 1586 m. Im weiteren am besten dem Rücken folgend auf den Hühnerkogel. Vom Hühnerkogel kurzer

Übergang zu Kühlnbrein, Steineck und Sandlerkogel. Abfahrt wie Anstieg bzw. durch die südseitigen Flanken.

Schöttlkapelle – Steineck. Von der Forstweggabelung auf dem rechten Weg im Prewald bergan zur Halserhütte, 1782 m. Nun den südseitigen Rücken bergan, über den Halserkogel, 2029 m, und geradewegs auf das Steineck. Vom Gipfel auch Übergang zu Kühlnbrein oder Hühnerkogel. Abfahrt wie Anstieg.

Krumegg – Sandlerkogel. Nächst dem Gehöft Göttfried von der Kapelle, 1301 m, auf einer Forststraße am Krumegger Bach den Graben einwärts zu einem Bildbaum, ca. 1600 m. Unweit die Feistritzalm, 1645 m: Vorsicht, Wildfütterung! Den 400 m hohen südseitigen Rücken bergan zum Almweg und in Kammnähe nordwärts auf den Gipfel. Abfahrt wie Anstieg. Oder über Steineck und Halseralm zum Forstweg am Krumegger Bach.

TOUR 71

Großhansl 2315 m
Gruber-Hirnkogel 2080

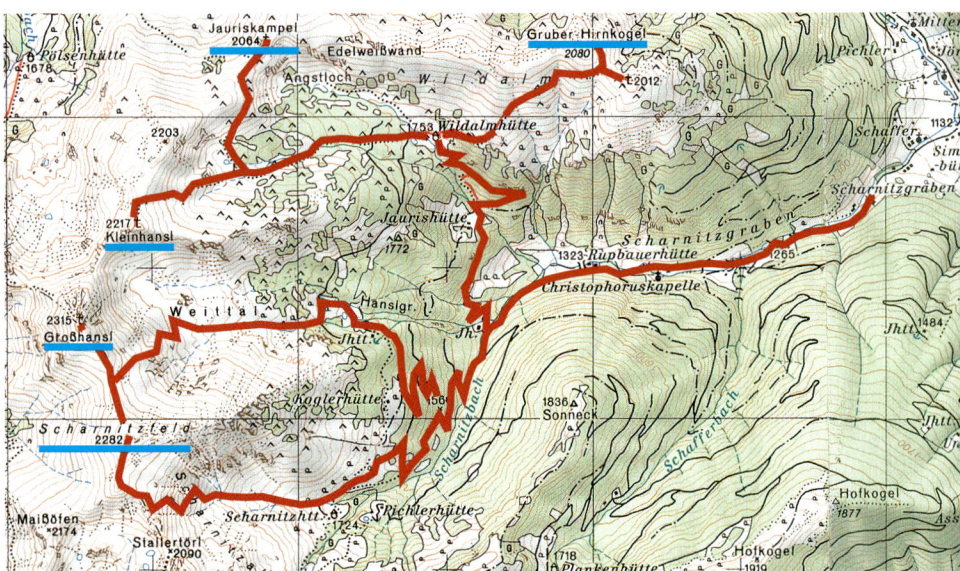

Talort und Informationen

8764 Pusterwald, 1073 m;
Familie Pojer, Gehöft Scharnitzkoller,
Tel. 03574/2257.

Reise

Auto: Nach Pusterwald wie bei Tour 69.
Zum Gehöft Scharnitzkoller noch 4 km.

Ausgangspunkt

Gehöft Scharnitzkoller, 1180 m.

Einkehrstätten und Stützpunkte

Jagawirt, Gasthof, an der Ortseinfahrt;
Markus Pojer, Tel. 03574/2233;
E-Mail: pusterwaldgold.jagawirt@at.at
Vasold, Gasthof, gegenüber der Kirche.
Franko Vasold, Tel. 03574/2204.

Orientierung

FB-Wanderkarte 203; ÖK-Blätter 129, 130.

D I E   S C H I T O U R E N

Beste Zeit: Hochwinter, Frühjahr bzw. bei Schneelage bis ins Tal.

Charakteristik II–III

Einfach erreichbares, sonnseitiges Tourengelände, daher auch relativ stark besucht. Weiträumige Kare und Hochtäler. Am Großhansl und Kleinhansl ostseitig, am Scharnitzfeld ein steiler Südosthang.

Die Schmankerln: Die rassigen Abfahrten am Großhansl (Weittal) und Scharnitzfeld (Südostflanke); der Umgebungsbereich in der Wildalm.

Gehzeiten, Höhenunterschiede, jeweils ab Scharnitzkoller

• Weittal – Großhansl, 3 Std. 30 Min., 1140 Hm;
• Wildalmhütte – Gruber-Hirnkogel, 3 Std., 900 Hm;
• Wildalmhütte – Jauriskampel, 3 Std. 15 Min., 890 Hm;
• Wildalmhütte – Kleinhansl, 3 Std., 1040 Hm;
• Scharnitzalm – (Stallertörl –) Scharnitzfeld, 4 Std., 1100 Hm.

Anstiege und Abfahrten, jeweils ab/bis Gehöft Scharnitzkoller

Weittal – Großhansl. Vom Scharnitzkoller zu einem Staubecken, dann zur Goldwaschanlage und zum großen Anger bei der Rupbauerhütte, 1323 m (evtl. Parkplatz). Am Anger aufwärts; in Höhe der Jagdhütte (rechts) im Scharnitzgraben zu einem Steg. Jen-

Jauriskampel *2064 m* Kleinhansl *2217 m*
Scharnitzfeld *2282 m*

Fünf Gipfel und eine großzügige Rundtour

seits auf Forstwegen zum Punkt 1560; noch drei Kehren bergan und norwärts zur Jagdhütte nächst dem Hanslgraben, 1720 m. Rechts vom Hanslbach ins Weittal. Aus dem Karboden in jenen Sattel zwischen Scharnitzfeld und Großhansl. Am breiten Gratrücken gipfelwärts. Abfahrt wie Anstieg.

Wildalmhütte – Gruber-Hirnkogel. Im Scharnitzgraben bei der Jagdhütte, 1420 m, nach dem Sommerweg zur Jaurishütte und am Forstweg zur Wildalmhütte, 1753 m. Nun ostwärts: Aus dem Gelände der Wildalm südseitig zum Gipfelkreuz, 2012 m; oder aus dem kleinen Sattel, 2000 m, direkt zum höchsten Punkt, 2080 m. Abfahrt wie Anstieg bzw. in beliebiger Variante.

Wildalmhütte – Jauriskampel. Wie beim Gruber-Hirnkogel zur Wildalm. Nun jedoch westwärts, dem Sommerweg in Richtung Kleinhansl folgend, bis in ca. 1950 m Höhe. Nordwärts auf jenen Rücken oberhalb vom Angstloch; demselben Rücken entlang einfach zum Gipfel. Abfahrt wie Anstieg; oder in Verbindung mit Kleinhansl.

Wildalmhütte – Kleinhansl. Wie beim Gruber-Hirnkogel zur Wildalmhütte. Westwärts, dem Sommerweg folgend, in den großen

Karboden. Aus diesem entweder direkt oder, leicht rechtshaltend und über einen Rücken, zum Gipfel. Abfahrt wie Anstieg.

Scharnitzalm – (Stallertörl –) Scharnitzfeld. Auf Forstwegen bis zur Gabelung vor der Scharnitzhütte, 1724 m. Nun rechtshaltend in den Hochtalkessel. Evtl. direkt in der breiten, steilen Südostflanke bergan. Oder über gut gestufte Hänge in das Stallertörl, 2090 m. Ab hier in mitunter heikler Querung auf den Gratrücken, darüber einfach zur flachen Gipfelkuppe, das Scharnitz-Hochfeld. Unweit davon, bei einer Felsgruppe, schöne Rastplätze.
Abfahrt direkt zur Scharnitzalm. Oder, extra lohnend, für eine Rundtour – mit Übergang zum Großhansl – durch das Weittal.

Die südostseitige Abfahrt am Scharnitzfeld

TOUR 72

Hohenwart *2363 m*

Die hohe Warte im Tauern-Hauptkamm

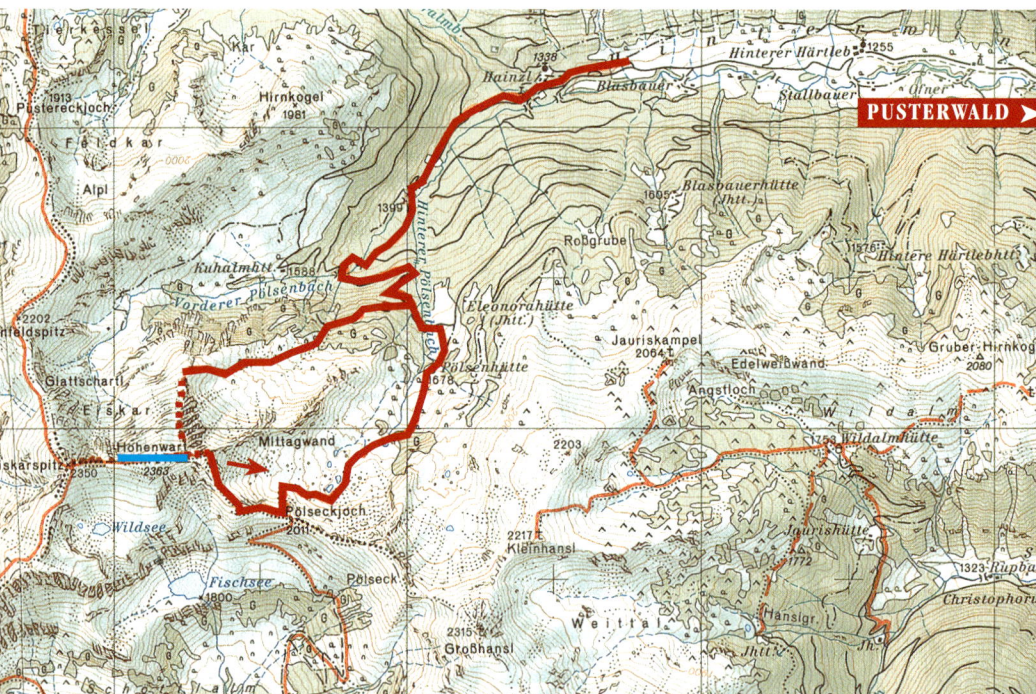

Talort und Informationen

8764 Pusterwald, 1073 m;
Familie Kogler vlg. Hinterer Härtleb,
Tel. 03574/2224.

Reise

Auto: B 114 Tauern-Bundesstraße; aus
Richtung Trieben oder St. Peter ob Judenburg nach Möderbrugg.
Von Möderbrugg über Pusterwald zum
Gehöft Kogler vlg. Hinterer Härtleb, 1255
m, 19 km; je nach Schneelage bis zu 2 km
weiter talein.

Ausgangspunkt

In Pusterwald-Hinterwinkel,
Parkraum nächst Blasbauer, ca. 1300 m.

Einkehrstätten und Stützpunkte

In Pusterwald:

Jagawirt, Gasthof, an der Ortseinfahrt ; Markus Pojer,
Tel. 03574/2233. E-Mail: pusterwaldgold.jagawirt@at.at

Vasold, Gasthof, gegenüber der Kirche.
Franko Vasold, Tel. 03574/2204.

Orientierung

FB-Wanderkarte 203; ÖK-Blätter 129 und 130.

194

DIE SCHITOUREN

Beste Zeit: Frühjahr.

Charakteristik III–IV

Für Schibergsteiger.
Anstieg über Pölsenhütte nordostseitig; Eiskar nordseitig.

Das Schmankerl

Die Steilabfahrt in das Pölsenkar.

Gehzeiten, Höhenunterschiede

• Hinterwinkel – Pölsenhütte – Hohenwart, 3–4 Std., 1070 Hm;
• Hinterwinkel – Eiskar – Hohenwart, 3–4 Std., 1070 Hm.

Anstiege und Abfahrten

Hinterwinkel – Pölsenhütte – Hohenwart. Auf einem
Forstweg am Hinteren Pölsenbach südwestwärts leicht bergan zum
P. 1399 und zur Abzweigung bei einer Brücke am Vorderen Pölsenbach, ca. 1500 m.
Am gegenüberliegenden Stockhang die Forststraße bergan. Oberhalb desselben Stockhanges linkshaltend, zuletzt über einen Almboden, zur Pölsenhütte, 1678 m. Von der Hütte aus ist der Gipfelhang gut zu erkennen.
Im Karboden südwestwärts bergan, durch Tälchen und Mulden zu
einem großen Block (geradeaus breiten sich jene Hänge aus, die
man abfährt).
Nach dem Block so weit linkshaltend, um aus dem Kar über jene
ostseitige Gratflanke ansteigen zu können, aus der man in wenigen
Kehren das Pölseckjoch, 2011 m, erreicht.

*Vom Großhansl über das Pölseck
und Pölseckjoch zum Hohenwart;
links davon der Eiskarspitz*

Aus dem Joch auf dem Gratrücken (oft abgeblasen) durch steiles Gelände in einen
kleinen Sattel, 2250 m, meist Schidepot. Der
markante südseitige Gipfel-Steilhang wird
zu Fuß erstiegen; darüber unschwierig zum
Gipfel. Falls der Gipfelhang von einer
Wächte abgeschlossen wird, erkläre man
den Sattel zum höchsten Punkt der Tour.
Hingegen bei idealen Verhältnissen auch
Übergang vom Hohenwart entlang des Grates zum Eiskarspitz.
Abfahrt Aus dem Sattel unterhalb vom Ho-
henwart-Gipfelhang direkt in das Pölsenkar
zum großen Block und weiter wie Anstieg.

Hinterwinkel – Eiskar – Hohenwart.

Anstieg wie in Richtung Pölsenhütte, sodann oberhalb des vorhin erwähnten Stockhanges rechtshaltend! (Somit wird die Kuhalm großräumig im Süden umgangen.)
Beim Eiskar an jenem Rücken bergan, der
das Kar östlich begrenzt. Schidepot je nach
Verhältnissen.
Abstieg und Abfahrt wie Anstieg.

TOUR 73

Breiteckkoppe *2144 m*
Kreuzkogel *2109 m*

Talorte und Toureninformationen

8786 Oppenberg, 1052 m;
Grobbauer, Tel. 03619/213; Tourismusbüro.
Pernhofer, Tel. 03619/212; Kirchenwirt.
8763 Bretstein-Gassen, 1048 m;
Familie Beren, Tel. 03576/205; Jägerheim.

Reise

Auto:

In den Bretsteingraben: B 114 Tauern-Bundesstraße; von Trieben oder St. Peter ob Judenburg nach Möderbrugg. Ab Möderbrugg
über Bretstein-Gassen (11 km) zum Parkraum bei der Bichlerhütte 18 km.
In die Gulling: A 9 Pyhrnautobahn, Ausfahrt
74/Rottenmann. Durch Strechau nach Oppenberg (8 km) und zum Jagdhaus 17 km.

Ausgangspunkte

• Bretsteingraben: Bichlerhütte, 1240 m.
• Gulling: Parkraum noch vor dem Jagdhaus Gulling, 1169 m.

Einkehrstätten und Stützpunkte

Oppenberg und Umgebung
Grobbauer, Gasthof und OeAV-Vertrags-
haus; Familie Grobbauer, Tel. 03619/213.
Kirchenwirt vlg. Schattner, „Gute Steiri-
sche Gaststätte". Keine Nächtigung.
Familie Pernhofer, Tel. 03619/212.
Pension Fini, Komfortwohnungen;
Josefine Schaffer, Tel. 03619/280.
Schafferwirt, Gasthaus in Oppenberg-
Winkel; Tel. 03619/208.
Bretstein und Umgebung
Jägerheim, Pension und Gasthof;
Familie Beren, Tel. 03576/205.
Schaffer, Gasthaus; Nächtigung nach
Voranmeldung; Tel. 03576/217.
Gossnerwirt, in Bretstein-Gassen;
Familie Schmalzmaier, Tel. 03576/212.

Aus der Großen Windlucken zum Kreuzkogel

Orientierung

FB-Wanderkarte 203; ÖK-Blätter 129, 130.

Wildschutzgebiet

In der Schwarzgulling: Der Forstweg zwischen P. 1239 und Moar im
Bichl wird rechts umgangen (bezeichnete Umleitung).

D I E   S C H I T O U R E N

Beste Zeit: Hochwinter und Frühjahr.

Charakteristik II–III

Aus der Gulling nordseitig, aus dem Bretsteingraben überwiegend
ostseitig. In beiden Tälern jeweils lange Zugänge (Schiwanderungen); Almgelände mäßig steil.

Das Schmankerl

Die Abfahrt am Kreuzkogel direkt durch die ostseitige Gipfelflanke.

Hainzl-Wasserkogel *2109 m*

Den Donnersbacher und Rottenmanner Tauern schrittweise allmählich näher kommen

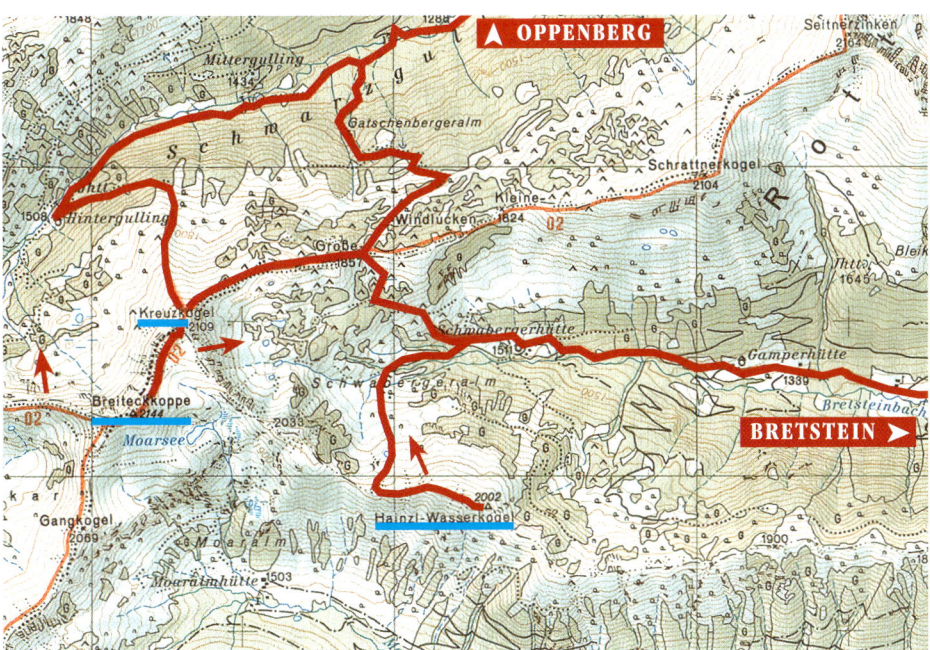

Gehzeiten, Höhenunterschiede

- Jagdhaus Gulling – Kreuzkogel, 3 Std. 30 Min., 940 Hm;
- Bichlerhütte – Kreuzkogel, 2 Std. 45 Min., 870 Hm;
- Kreuzkogel – Breiteckkoppe, 20 Min., 80 Hm;
- Bichlerhütte – Hainzl-Wasserkogel, 2 Std. 30 Min., 760 Hm.

Anstiege und Abfahrten

Gulling – Kreuzkogel. Die Schwarzgulling auf einem Forstweg talein bis kurz nach dem Moar im Bichl, 1288 m, und im nordseitigen Waldgürtel zur Gatschenbergeralm, 1650 m. Durch freie Hänge in die Große Windlucken, 1857 m, und den ostseitigen Rücken bergan zum Gipfelkreuz.
Abfahrt wie Anstieg. Oder in die Hintergulling, 1508 m; 6 km (leider nur wenig Gefälle) talaus zum Jagdhaus.

Gulling – Kreuzkogel – Breiteckkoppe. Auf einem Forstweg durch die Schwarzgulling bis in die Hintergulling, 1508 m. Aus dem kesselähnlichen Talschluß in den nordwestseitigen Hängen so bergan, daß man über den breiten Nordrücken auf den Kreuzkogel gelangt. Weiter auf die Breiteckkoppe: Südwärts durch einen Sattel.

Abfahrt wie Anstieg; von der Breiteckkoppe auch direkt in die Hintergulling.
Bichlerhütte – Kreuzkogel – Breiteckkoppe. Von der Bichlerhütte auf dem Almweg über die Gamperhütte zur Schwabergerhütte, 1511 m. Im sonnseitigen Almgelände bergan zur Großen Windlucken, 1857 m. Den ostseitigen Rücken bergan auf den Kreuzkogel. Weiter zur Breiteckkoppe: Südwärts, durch einen Sattel, 2060 m.
Abfahrt jeweils vom Kreuzkogel: Rechts vom Gipfel in ein Steilkar; evtl. auch direkt vom Kreuz. Ab der Schwabergerhütte wie Anstieg.
Bichlerhütte – Hainzl-Wasserkogel. Wie beim Kreuzkogel zur Schwabergerhütte. Nun südwärts (linkshaltend) über die Schwabergeralm in einem breiten Nordhang einfach zum Sattel. Am Westrücken entlang zum Gipfel. Abfahrt wie Anstieg.

TOUR 74

Blockfeldspitz 1929 m
Gumpeneck 2226 m

Talorte und Informationen
8961 Großsölk, 941 m;
8961 Stein an der Enns, 694 m;
Naturpark Sölktäler, Tel. 03685/23180.

Reise
Auto: B 320 Ennstal-Bundesstraße, nahe
St. Martin oder Gröbming abzweigen nach
Stein an der Enns; noch 5 km bis Großsölk.

Ausgangspunkte
• Gehöft Koller, 1080 m; Zufahrt 2 km;
• Gehöft Wachlinger, 1030 m; Zufahrt 1 km.

Einkehrstätte und Stützpunkt
Mauthaus zu Stein; Gasthof in Stein a.
d. Enns; Familie Steiner, Tel. 03685/22264.

Orientierung: FB-WK 203; ÖK-Blatt 128.

Wildruhezone: Im Bereich der Salzlecken; bitte Hinweis beachten!

Rechts: Das Ennstal bei Gröbming;
inmitten des Tauernkammes
das markant geformte Gumpeneck
Unten: Bei der Schönwetterhütte

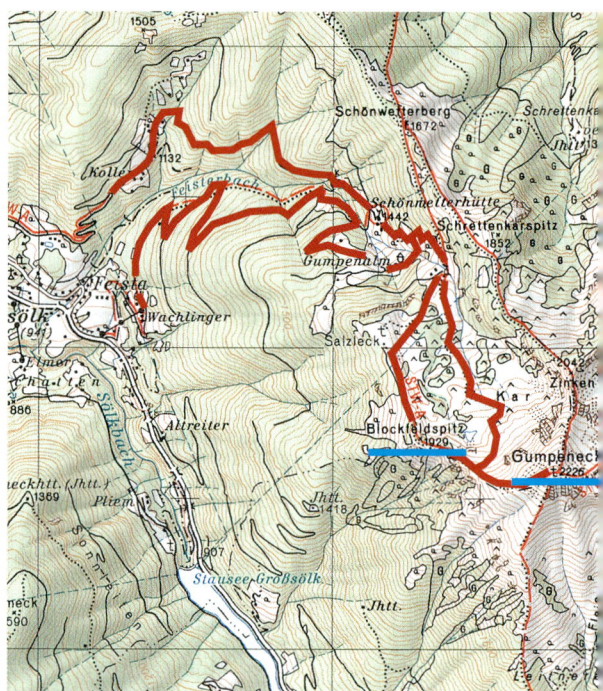

Zum formschönsten Berg auf leisen Sohlen: Beispielsweise entlang jenes Gratrückens am Blockfeldspitz

Beste Zeit: Frühjahr bzw. bei Schneelage bis zu den Parkplätzen.

Charakteristik II–III Bis zum Gumpenkar Schiwanderung; am Blockfeldspitz schmaler Schneegrat; ab dem Gumpenhals steiler Rücken; Vorsicht bei Harsch!
Die Nordflanke nur bei besten Verhältnissen (Firn) befahren.

Das Schmankerl: Die Abfahrt durch das Gumpenkar.

Gehzeiten, Höhenunterschiede
- Koller – Schönwetterhütte – Gumpeneck, 4 Std., bis 1150 Hm;
- Gehöft Wachlinger – Gumpeneck, 4 Std. 15 Min., 1200 Hm.

Anstiege und Abfahrten
Gehöft Koller – (Blockfeldspitz –) Gumpeneck. Auf dem Sommerweg, mehrere Gräben querend, zum Feisterbach; Wegweiser „15 Minuten Schönwetterhütte"; zunächst jedoch zur Adambauerhütte (Brunnen). Ab der Schönwetterhütte, 1442 m, und der benachbarten Kollerhütte über steile Almwiesen zur Schleinhütte, 1650 m. Nächst eines Hochsitzes weist ein Pfeil ins Gumpenkar. Jedoch zum Blockfeldspitz hält man sich südwestwärts und ersteigt bei der Salzleck einen Rücken. Ihm folgend südwärts. Die Felsen am Blockfeldspitz umgeht man karseitig (links). Ab dem Gumpenhals, 2000 m, den steilen westseitigen Bergrücken bergan zum Gipfelkreuz. Abfahrt wie Anstieg zum Gumpenhals; durch das Gumpenkar in Richtung Schleinhütte und weiter wie Anstieg.

Gehöft Wachlinger – (Blockfeldspitz –) Gumpeneck. Entweder durchwegs der Forststraße folgend oder abkürzend, am Sommerweg, zur Gumpenalm, 1530 m. Man quert die steilen Almwiesen. Weiter wie aus Richtung Schönwetterhütte. Abfahrt durch das Gumpenkar.

Hangofen 2056 m
Lämmertörlkopf 2046 m

Talort und Informationen
8960 Öblarn, 668 m;
Gemeindeamt, Tel. 03684/6029-13.

Tourenberatung, Alpine Auskünfte
Hans Stieg, Tel. 03684/2004, 0664/1956677.

Reise
Auto: B 320 Ennstal-Bundesstraße, von
St. Martin oder Gröbming nach Öblarn;
hier bis GH Zum Bergkreuz 6 km; noch 1,1
km zum Berghaus. Geräumt bis E-Werk.

Ausgangspunkt
Berghaus, 985 m.

Einkehrstätten und Stützpunkte
Berghaus, 985 m, OeAV; für Selbstversorger,
Anmeldungen: Familie Stieg, Tel. 03684/2004.
Zum Bergkreuz, Gasthof, 908 m; Fami-
lie Reichhart, Walchen 44, Tel. 03684/2119.

Orientierung: FB-WK 203; ÖK-Blatt 128.

Wildschutzgebiet: Im Neudegg; daher
nur über die Englitztalalm in das Ramertal.

Oben: Lämmertörl und Lämmertörlkopf
Unten: Zur Mößnascharte; siehe Tour 76

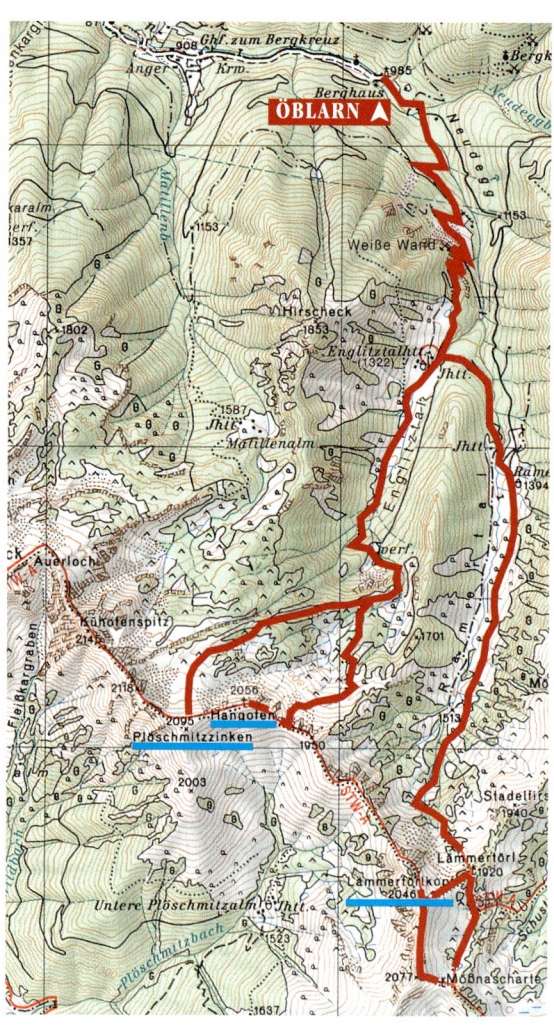

D I E   S C H I T O U R E N

Beste Zeit: Im Frühjahr bzw. wenn die das Englitztal und Ramertal begrenzenden Steilflanken gefahrlosen Zugang ermöglichen.

Charakteristik III Überwiegend nordseitig; ca. 500 m nach
dem GH Zum Bergkreuz ein Lawinengang aus Richtung Hirscheck.

Die Schmankerln: Die Abfahrten in das Englitz- und Ramertal.

Plöschmitzzinken 2095 m

Aus dem Englitztal oder Ramertal gipfelwärts – das ist die Frage

Gehzeiten, Höhenunterschiede, jeweils ab Berghaus

- Englitztal – Hangofen, 3 Std., 1070 Hm;
- Englitztal – Plöschmitzzinken, 3 Std. 15 Min., 1110 Hm;
- Englitztalalm – Ramertal – Lämmertörl – Lämmertörlkopf, 3 Std. 30 Min., 1060 Hm.

Anstiege und Abfahrten, jeweils ab/bis Berghaus

Englitztal – Hangofen.

Grundsätzlich entlang des Sommerweges. In 1600 m Höhe (Jagdhütte) nur bei guten Verhältnissen nach dem Sommerweg in den „Silbersattel"; ansonsten über den Plöschmitzzinken.
Abfahrt wie Anstieg; oder Übergang zum Plöschmitzzinken und dort nordseitig zur Anstiegsroute beim Jagdhütterl, 1600 m.

Englitztal – Plöschmitzzinken.

Wie zum Hangofen bis zur Jagdhütte, 1600 m. Nun rechtshaltend bzw. westwärts um die Nordseite des Hangofens herum. Den zunehmend steilen Hang aufwärts direkt zum Gipfel.
Abfahrt wie Anstieg; oder mit Übergang entlang des Grates zum Hangofen, dort ostseitig in den Silbersattel und aus diesem in das Englitztal.

Englitztalalm – Ramertal – Lämmertörlkopf.

Zugang am Sommerweg in das Lämmertörl, 1920 m. Nun 130 Hm an einem NO-Rücken zum Gipfelzeichen. Oder mit einer Schleife über die Mößnascharte.
Abfahrt in der Ostflanke, linkshaltend ins Lämmertörl.

201

Mit der Riesneralm-bahn auf Touren: Rund um die Mörsbach

TOUR 76

Großes Bärneck *2071 m*
Lämmertörlkopf *2046 m*

Bei der Mörsbachrunde durch das Silberkar

Talort und Informationen
8953 Donnersbachwald, 976 m; Tourismusbüro, Tel. 03680/201, 209.

Reise
Auto: B 320 Ennstal-Bundesstraße, nach Trautenfels.
Nach Donnersbachwald: B 75 Glattjoch-Bundesstraße, 18,5 km.
Bahn: ÖBB; IC-Bahnhof Stainach-Irdning.
Postbus/Schibus: Verbundlinie 941, Stainach – Donnersbachwald – Talstation.
Riesneralmbahn: 2 Vierersesselbahnen; Betriebszeit im Winter: 9–16.30 Uhr; Kassa Talstation, Tel. 03680/606-12.
Schnee & Wetter: Tel. 03680/606-5.

Ausgangspunkte
• Bergstation am Riesnerkrispen, 1820 m;
• Donnersbachwald, Hotel Stegerhof;
• Mörsbachhütte, 1303 m.

Einkehrstätten und Stützpunkte
Berghof Riesneralm, Gasthof und SB-Restaurant bei der Mittelstation; nur während des Schisaison. Tel. 03680/606-0.
Hochsitz, am Riesnerkrispen; Buffet und 360-Grad-Sonnenterrasse.
Mörsbachhütte, OeAV, 1300 m; Dezember bis Ostermontag und ab Pfingsten; Pächterin Ulrike Schiefer, Tel. 03680/240.
Mörsbachwirt „Auf zum Theo", Bewirtschaftungszeit wie Mörsbachhütte; Familie Dürr, Tel. 03680/211.
Stegerhof, Kinder-Wellness-Hotel; Familie Gürtler, Tel. 03680/287.
Zur Gams, Gasthof in Donnersbachwald; 20. Dezember bis Ostern und ab Pfingsten; Roland Rüscher, Tel. 03680/213.

Orientierung
FB-Wanderkarte 203; ÖK-Blätter 128, 129.

D I E   S C H I T O U R E N

Beste Zeit: Hochwinter und Frühjahr.

Charakteristik II–III
Im Bereich der Mörsbachalm nord- und ostseitig. Traditionelles Tourengebiet. Alle Schirouten sind mit Wintermarkierungen versehen.

Die Schmankerln
Die Abfahrt vom Großen Bärneck durch das Silberkar; die Abfahrten durch das Schwarzkar. Zum Ausgleich die Rodelpartien von der Mörsbachalm nach Donnersbachwald (Schlitten-Rücktransport).

Gehzeiten, Höhenunterschiede
• Donnersbachwald – Mörsbachhütte, 1 Std., 340 Hm;
• Mörsbachhütte – Großes Bärneck, 2 Std. 30 Min., 770 Hm;
• Mörsbachrunde, ab Mörsbachhütte 5–6 Std., jeweils 1100 Hm Anstiege und Abfahrten.

Anstiege und Abfahrten
Donnersbachwald – Mörsbachhütte. Die Strecke ist gut präpariert: Man folgt einer Ratrac-Spur. Da auf derselben Strecke auch gerodelt wird, ist besondere Vorsicht geboten.
Abfahrt wie Anstieg. Oder, nach einem Gegenanstieg über die Hintere Mörsbachalm, vom Riesnerkrispen.

Schwarzkarspitz 1996 m *Silberkarspitz* 2050 m
Sonntagskarspitz 1999 m

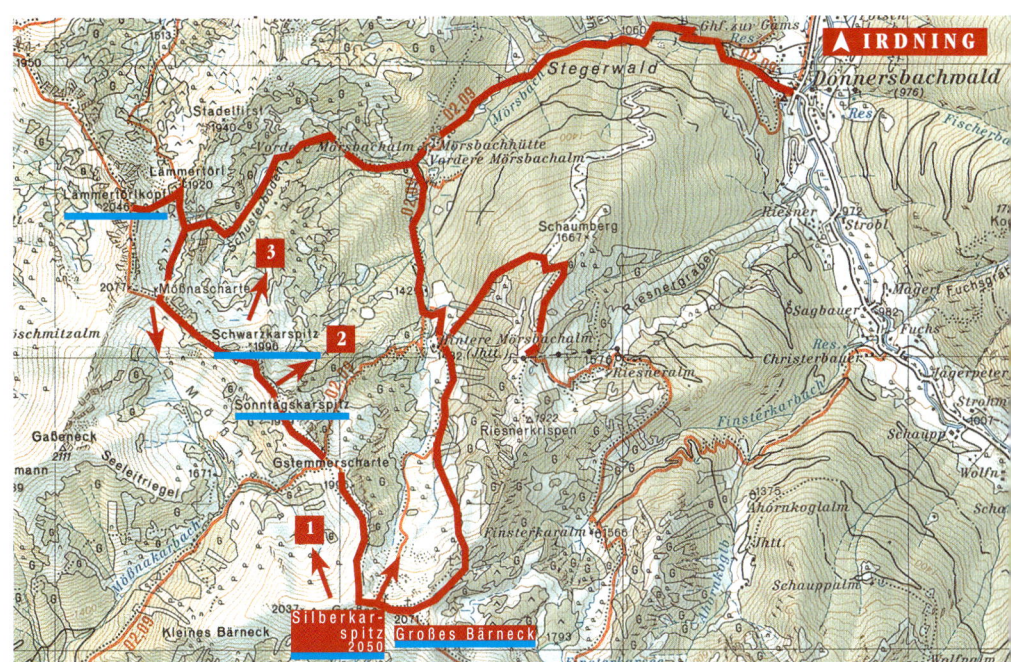

Riesneralm – Hintere Mörsbachalm – Mörsbachhütte.
Auffahrt mit Sesselbahn und Schlepplift auf den Riesnerkrispen.
Abfahrt im westseitigen Gelände nach der Schimarkierung zur Hinteren Mörsbachalm, 1482 m, und zur Mörsbachhütte. Oder man steigt auf der Hinteren Mörsbachalm zu den Touren in Richtung Silberkar und Bärneck ein.

Mörsbachhütte – Großes Bärneck – Silberkarspitz.
Diese viel begangene Standardtour ist nicht zu verfehlen; Spuren leiten geradewegs zur Hinteren Mörsbachalm und über gut begehbare Geländestufen zum „Gugelhupf", der letzten Anhöhe vor dem prächtigen Silberkar. Die Schiroute führt geradewegs über einen nordseitigen Rücken auf den Grat und westwärts auf das Bärneck. Bei entsprechend guten Verhältnissen kann auch, ähnlich nach dem Sommerweg, in Richtung Silberkarspitz zum Bärneck aufgestiegen werden. Abfahrt wie Anstieg.

Mörsbachrunde. Von der Mörsbachhütte durch das Silberkar auf das Große Bärneck. Übergang zum Silberkarspitz. Beginn des Höhenweges: Nordwärts abfahrend in die Gstemmerscharte, 1900 m. Exakt 99 Hm bergan zum Sonntagskarspitz, wiederum leicht bergab und in einem Gegenanstieg auf den Schwarzkarspitz. Weiter zur Mößnascharte, 1970 m, und von ihr fast eben in Richtung Lämmertörl, 1920 m; evtl. noch auf den Lämmertörlkopf.
Abfahrts-Varianten
(1) Vom Silberkarspitz in das Mößnakar; daraus ansteigend zur Mößnascharte.
(2) Vom Sonntagskarspitz oder Schwarzkarspitz durch das Schwarzkar direkt zur Hinteren Mörsbachalm.
(3) Von der Mößnascharte, vom Lämmertörl oder vom Lämmertörlkopf in den Schusterboden. Die anschließende Steilstufe ist im unteren Teil verwachsen; auf Reklamation wird vom AV gerodet.

203

Hühnereck 2035 m
Schoberspitze 2126 m

Talorte und Informationen

8953 Donnersbach, 713 m;
Tourismusbüro Donnersbach-Planneralm,
Tel. 03683/2206.
Wetterkamera: www.planneralm.at
8953 Donnersbachwald, 976 m;
Tourismusbüro, Tel. 03680/201, 209.

Tourenführungen, Alpine Auskünfte

Schischule Günter Reiter, Tel. 03683/8130.

Reise

Auto: B 320 Ennstal-Bundesstraße, nach
Trautenfels; B 75 nach Donnersbach.
<u>Von Donnersbach</u> nach Donnersbachwald
und auf die Planneralm jeweils 11 km.
<u>Von Donnersbachwald</u> auf die Premalm 6 km,
zur Mengbrücke (im Talschluß) 5 km.
Bahn: ÖBB; IC-Bahnhof Stainach-Irdning.
Postbus/Schibus: Verbundlinie 941,
Stainach – Donnersbach – Planneralm;
Verbundlinie 941 nach Donnersbachwald und
zur Talstation Riesneralmbahn.
Planneralmlifte: Betriebszeit 9–16 Uhr;
Tel. 03683/8128.
Schneetelefon: Tel. 03683/8128, von 9 bis
18 Uhr. Außerhalb dieser Zeit läuft ein Band.

Ausgangspunkte

• Planneralm, 1588 m, Lift-Hauptkassa.
• Donnersbachwald: Gehöft Meng, 1066 m;
  Premalm (Rudorfer), 1613 m.

Einkehrstätten und Stützpunkte

<u>Auf der Planneralm</u>
Dornbusch-Keller-Hütte, für Selbstver-
sorger; Familie Pilz, Tel. 03683/8181.
Ewishütte, *der „Treff"* inmitten der Alm;
Familie Heinz Lackner, Tel. 03683/8175.
Grimmingblick, Gasthof;
Familie Stieg, Tel. 03683/8105.
Gstemmerblick, Gasthof;
Familie Köberl, Tel. 03683/8193.

*Im Plannerkessel: Von der Karlspitze (links)
der Gratrücken in Richtung Schoberspitze*

Lackner, Jugend- und Familiengästehaus;
Familie Lackner, Tel. 03683/8175.
Landgut Plannerhof, Familien- und Jugendgästehaus;
Familie Papst, Tel. 03683/8119.
Plannerhütte, OeAV; Tel. 03683/8196; Pächerin Hildegard Leitner.
Reiter, Schischule und Sportpension; Tel. 03683/8130.
Tauernhaus, Gasthof; Familie Herdlicka, Tel. 03683/8110.

Orientierung

FB-Wanderkarte 203; ÖK-Blatt 129.

D I E   S C H I T O U R E N

Beste Zeit: Hochwinter und Frühjahr.

Charakteristik II–III

Die Zugänge: von der Planneralm nordostseitig; Premalm nordwestseitig; vom Gehöft Meng südseitig.

Schreinl 2154 m

*Alpine
Ost-West-Beziehungen
zwischen der Planneralm
und Donnersbachwald*

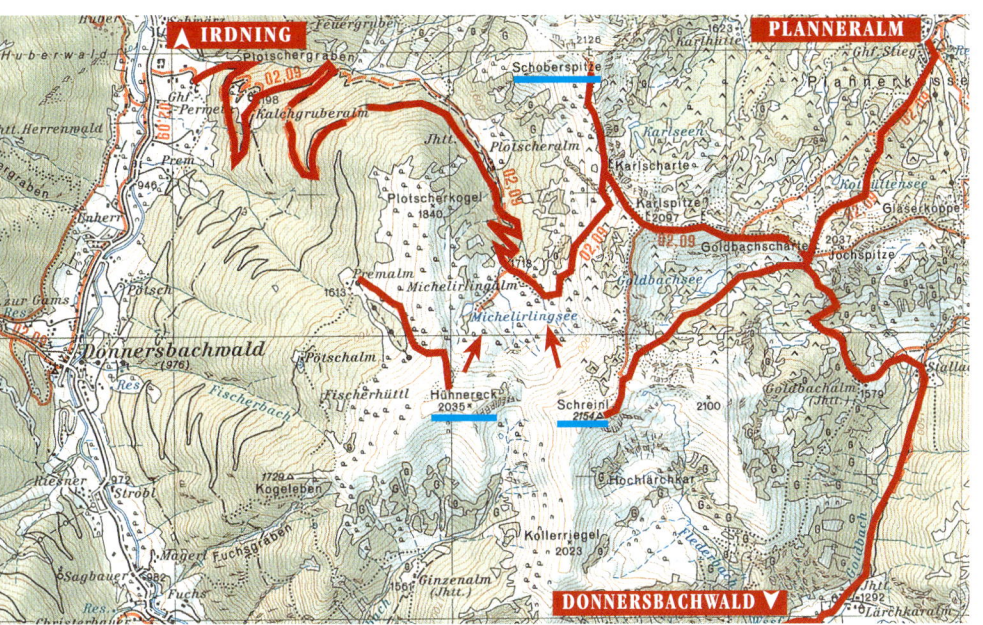

Die Schmankerln

Die Abfahrten am Hühnereck, an der Schoberspitze und am Schreinl.

Gehzeiten, Höhenunterschiede

- Planneralm – Goldbachscharte – Karlspitze – Schoberspitze, 1 Std. 45 Min., 540 Hm;
- Planneralm – Goldbachscharte – Schreinl, 2 Std., 570 Hm;
- Premalm – Hühnereck, 1 Std. 15 Min., bis 430 Hm;
- Gehöft Meng – Schreinl, 3–4 Std., 1090 Hm;
- GH Perwein – Plotscheralm – Schoberspitze oder Schreinl, jeweils 3–4 Std., bis 1180 Hm (Wegverlauf siehe Kärtchen).

Anstiege und Abfahrten

Planneralm – Karlspitze – Schoberspitze. Bei der Talstation des Gläserbodenliftes südwestwärts bergan zur Goldbachscharte, 1960 m. Westwärts zur Karlspitze, 2097 m, und am gut begehbaren südseitigen Rücken auf die Schoberspitze.
Abfahrt wie Anstieg; oder zum GH Perwein in Donnersbachwald.

Planneralm – Goldbachscharte – Schreinl. Aus der Goldbachscharte westwärts, durch die Karböden zum Goldbachsee.

Zwischen den Felsen und dem Gratrücken auf das Schreinl.
Abfahrt wie Anstieg;
oder nach Donnersbachwald.

Premalm – Hühnereck. Von der Premalm bzw. Schlepplift-Bergstation, ca. 1840 m, durch die nordwestseitigen gleichmäßigen Hänge gipfelwärts.
Abfahrt wie Anstieg; oder zur Michelirlingalm und über die Plotscheralm zum GH Perwein.

Gehöft Meng – Stalla-Alm – Schreinl. Auf einem Forstweg über die Lärchkaralm, 1292 m, zur Stalla-Alm, 1520 m. In den südostseitigen Hängen oberhalb der Goldbachalm in die Karböden beim Goldbachsee. Westwärts bergan auf das Schreinl.
Abfahrt wie Anstieg; oder mit Rückweg über die Planneralm.

TOUR 78

Plannerseekar-spitze *2072 m*

Talorte und Informationen

8953 Donnersbach, 713 m;
Tourismusbüro Donnersbach-Planneralm,
Tel. 03683/2206.
Wetterkamera: www.planneralm.at
8953 Donnersbachwald, 976 m;
Tourismusbüro, Tel. 03680/201, 209.

Tourenführungen, Alpine Auskünfte

Schischule Günter Reiter, Planneralm;
Tel. 03683/8130.

Reise

Auto: B 320 Ennstal-Bundesstraße, nach
Trautenfels; B 75 nach Donnersbach.
Von Donnersbach
auf die Planneralm 11 km.
Von Donnersbachwald
zur Mengbrücke (im Talschluß) 5 km.
Bahn: ÖBB; IC-Bahnhof Stainach-Irdning.
Postbus/Schibus: Verbundlinie 941,
Stainach – Donnersbach – Planneralm;
Verbundlinie 941 nach Donnersbachwald
und zur Talstation Riesneralmbahn.
Planneralmlifte: Betriebszeit 9–16 Uhr;
Tel. 03683/8128.
Schneetelefon: Tel. 03683/8128,
von 9 bis 18 Uhr;
außerhalb dieser Zeit läuft ein Band.

Ausgangspunkte

• Planneralm, 1588 m, Lift-Hauptkassa.
• Donnersbachwald: Mengbrücke, 1066 m.

Einkehrstätten und Stützpunkte

Donnersbachwald: Siehe Tour 66.
Planneralm: Siehe Tour 77.

Orientierung

FB-Wanderkarte 203; ÖK-Blatt 129.

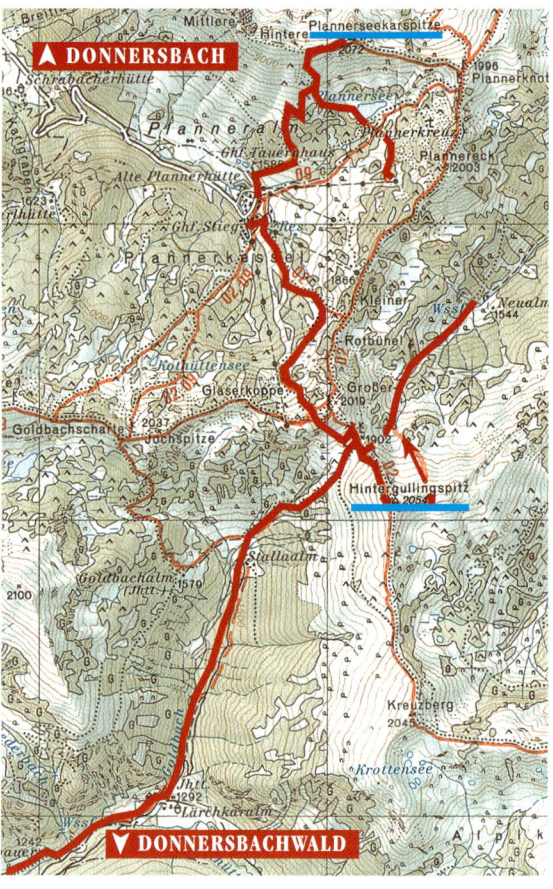

D I E   S C H I T O U R E N

Beste Zeit

Hochwinter und Frühjahr.

Charakteristik II

Jeweils sonnseitig und weite freie Hänge; am Hintergullingspitz
auch nordostseitig.

Die Schmankerln

Die sonnseitige Flanke an der Plannerseekarspitze; Firnspiegel und
Pulverschnee am Hintergullingspitz.

Hintergulling-spitz *2054 m*

Die Lift-Touren-Schaukel aus dem Plannerkessel

Gehzeiten, Höhenunterschiede

- Planneralm – Plannerseekarspitze, 1 Std. 30 Min., bis 520 Hm;
- Planneralm, Bergstation Gläserbodenlift – Plientensattel – Hintergullingspitz, 45 Min., 200 Hm;
- Lärchkaralm – Plientensattel – Rotbühel, 2 Std., 730 Hm;
- Donnersbachwald – Lärchkaralm – Hintergullingspitz, 3 Std., 1000 Hm.

Anstiege und Abfahrten

Planneralm – Plannerseekarspitze. Aus dem Almdorf nordostwärts in Richtung Plannersee. Den südseitigen Rücken geradewegs ansteigend zum Gipfel. Verkürzter Zugang: Auffahrt mit dem Herdlicka-Lift.
<u>Abfahrt</u> wie Anstieg.

Planneralm – Hintergullingspitz. Von der Bergstation des Gläserbodenliftes kurzer Anstieg in Richtung Großer Rotbühel, 2019 m. Abfahrt in den Plientensattel, 1902 m, und gegenüber geradewegs bergan über die gut begehbaren Hänge auf den Hintergullingspitz.

Am Großen Rotbühel:
Vom Hintergullingspitz führen die Spuren rechts in den Plientensattel, links in Richtung Neualm

<u>Abfahrt</u> wie Anstieg.
Oder westseitig zur Stalla-Alm bzw. nordseitig in die Plienten; jeweils mit Gegenanstiegen zurück in den Plientensattel und zum Großen Rotbühel.

Donnersbachwald – Hintergullingspitz. Vom Gehöft Meng auf einem Forstweg über die Lärchkaralm, 1292 m, zur Stalla-Alm, 1520 m. Nun in den Südwesthängen bergan zum Plientensattel und daraus von Norden her auf den Hintergullingspitz.
<u>Abfahrt</u> wie Anstieg.

Hintergulling-spitz 2054 m

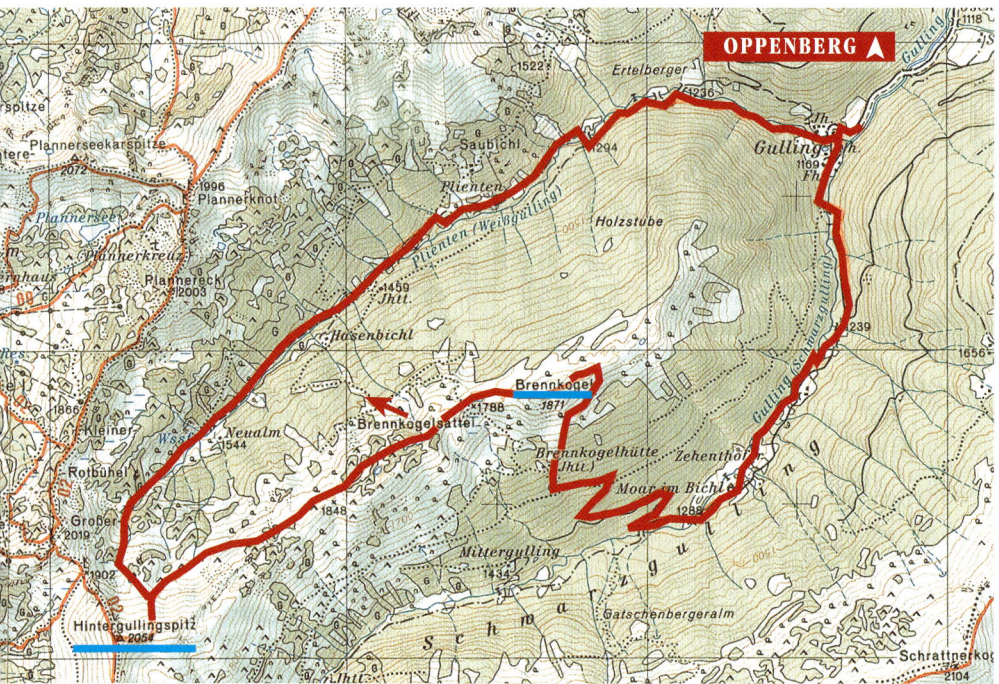

Talort und Informationen

8786 Oppenberg, 1052 m.

Tourenberatung, Alpine Auskünfte

Familie Grobbauer, Tel. 03619/213;
Familie Pernhofer, Tel. 03619/212.

Reise

Auto: Wie bei Tour 81. Von Oppenberg bis nahe dem Jagdhaus in der Gulling 9 km.

Ausgangspunkt

Nächst dem Jagdhaus Gulling, 1169 m.

Einkehrstätten und Stützpunkte

In Oppenberg; siehe Tour 81.

Orientierung

FB-Wanderkarte 203; ÖK-Blatt 129.

D I E   S C H I T O U R E N

Beste Zeit

Hochwinter und Frühjahr.

Charakteristik II–III

Aus der Schwarzgulling relativ steiler Anstieg durch Wald.
In Verbindung mit dem Übergang zum Hintergullingspitz eine ausgiebige Tagestour.

Das Schmankerl

Die nordseitige Abfahrt vom Brennkogel bei Pulver.

Gehzeiten, Höhenunterschiede

- Jagdhaus Gulling – Brennkogel, 2 Std. 30 Min., 700 Hm;
- Brennkogel – Hintergullingspitz, bis 2 Std. 30 Min., über 500 Hm samt Gegensteigungen.

Brennkogel 1871 m

Ein Kogel im Brennpunkt:
Ideal bei jedem Wetter
zum
Schitourenschnuppern

Anstiege und Abfahrten

Jagdhaus Gulling – Brennkogel. Auf einem Forstweg in die Schwarzgulling. Nach dem Moar im Bichl bei der zweiten Brücke, etwa 1310 m, rechts auf einer Forststraße bergan und nach der zweiten Kehre durch steiles Waldgelände bergwärts. An der Waldgrenze eher rechtshaltend auf den Höhenrücken und diesem entlang nach Südwesten auf die kleine Gipfelkuppe.
Abfahrt wie Anstieg.
Oder in die Plienten: In westlicher Richtung zum Brennkogelsattel, 1788 m; nun rechtshaltend, anfangs noch durch freies Gelände, dann durch eine Hochwaldstufe zum Hasenbichl. Entlang der Plienten talaus zum Saubichl, 1367 m, und auf einer Forststraße zurück zum Jagdhaus Gulling.

Brennkogel – Hintergullingspitz. Vom Gipfel kurz abfahrend in den Brennkogelsattel, 1788 m. Im weiteren leicht bergan, wobei man sich eher knapp rechts vom Höhenrücken hält. Vor einer größeren Felsgruppe, ca. 1900 m, nordwestseitig (mitsamt

Auf dem Brennkogel, beim Anstieg aus der Schwarzgulling

Fellen) in einen kleinen Karboden, ca. 1800 m, abfahren. Nun geradewegs den nordseitigen Hang ansteigend und zuletzt direkt auf dem Höhenrücken von Osten her auf den Gipfel.
Abfahrt anfangs wie Anstieg, jedoch den nordseitigen Hang bis in den Talschluß der Plienten. Von den vereinzelt stehenden Bäumen in das Grabengelände, zur Neualm, 1544 m, und auf einem Weg zum Hasenbichl, Saubichl und Jagdhaus Gulling.

Hochrettelstein *2220 m*

Inmitten der Gulling-Sonnseite

Talorte und Informationen

8786 Oppenberg, 1052 m;
8953 Donnersbach, 713 m;
Tourismusbüro Donnersbach-Planneralm,
Tel. 03683/2206;
Wetterkamera: www.planneralm.at

Tourenberatung, Alpine Auskünfte

In Oppenberg:
Familie Grobbauer, Tel. 03619/213;
Familie Pernhofer, Tel. 03619/212.

Reise

Auto: Wie bei Tour 81 nach Oppenberg
oder wie bei Tour 77 nach Donnersbach.
In die Gulling
Von Oppenberg zum Jagdhaus 9 km.
Auf die Planneralm
Von Donnersbach 11 km.
Planneralmlifte: Betriebszeit 9–16 Uhr,
im Frühjahr bis 16.30 Uhr;
Hauptkassa, Tel. 03683/8128.
Schneeberichte:
Tel. 03683/8128, von 9 bis 18 Uhr;
außerhalb dieser Zeit läuft ein Band.

Ausgangspunkte

• Gulling: Parkplatz vor dem Jagdhaus,
   1169 m;
• Planneralm: Hauptkassa, 1580 m;
• Planneralm: Herdlicka-Lift, Bergstation.

Einkehrstätten und Stützpunkte

In Oppenberg; siehe Tour 81.
Auf der Planneralm; siehe Tour 77.

Orientierung

FB-Wanderkarte 203; ÖK-Blatt 129.

Beste Zeit

Frühjahr; von der Planneralm auch im Hochwinter.

Charakteristik III

Aus der Gulling südseitig. Von der Planneralm entlang eines Gratrückens; dieselbe Tour lohnt insbesondere in Verbindung mit einer
Abfahrt in die Plienten und dem Rückweg über den Plientensattel.

Das Schmankerl

Die rassige Abfahrt durch die Südflanke.

Gehzeiten, Höhenunterschiede

• Jagdhaus Gulling – Hochrettelstein, 3 Std. 30 Min., 1050 Hm;
• Planneralm, Almdorf – Hochrettelstein, 1 Std. 45 Min., 650 Hm;
• Plienten – Saubichl – Plientensattel – Rotbühel, 2 Std., 650 Hm.

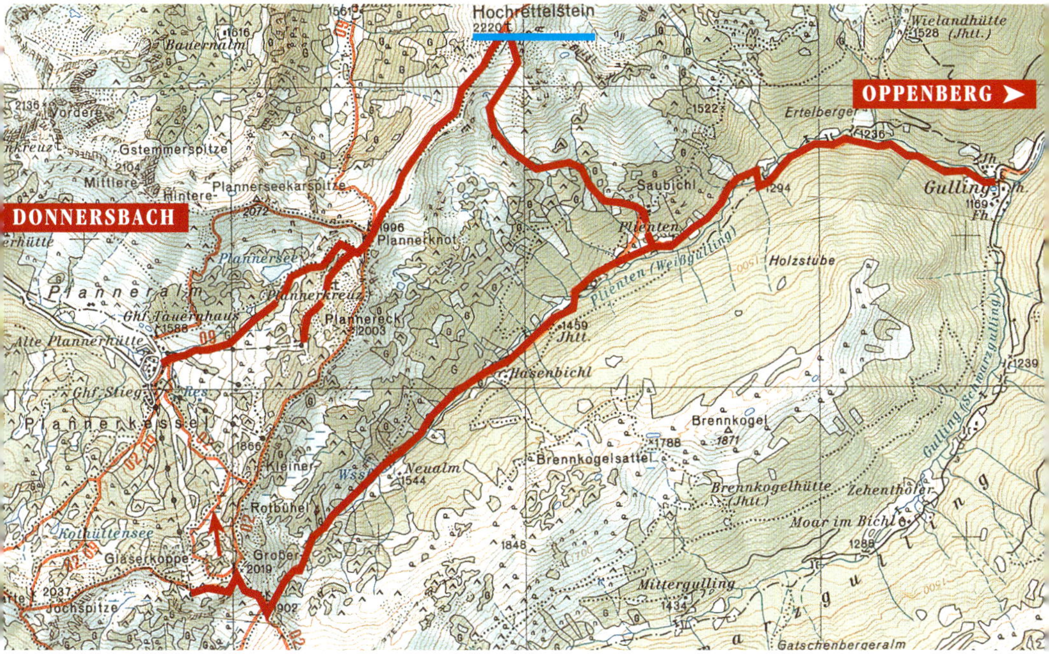

Map labels (from the topographic map):

Hochrettelstein 2220
Wielandhütte 1528 (Jhtt.)
1616
Bauernalm
OPPENBERG ▶
Erelberg 1236
1522
Gulling 1169
Saubichl 1294
DONNERSBACH
Gstemmerspitze
2136 Vorder...
Mittlere 2104
Hintere
Plannerseekarspitze 2072
1996 Plannerknot
Plienten (Weißgulling)
Holzstube
Plannersee
Planneralm
Ghf. Tauernhaus 1588
Plannerkreuz
Plannereck 2003
1459 Jhtt.
Hasenbichl
Brennkogel
1788 1871
Brennkogelsattel
Ghf. Stieg...
Plannerkessel
1866
Kleiner 1544 Neualm
Rotbühel
Brennkogelhütte (Jhtt.)
Zehentholer
Moar im Bichl 1288
Rothüttensee
Glaserkoppe 2037
Große 2019
1848
Gatschenbergeralm
Jochspitze
Mittergulling 1434
Gulling (Schwarzgulling)
1239

Vom Hochrettelstein in die Plienten

Anstiege und Abfahrten

Gulling – Hochrettelstein. Vom Jagdhaus auf einem Forstweg an der Weißgulling in die Plienten. Bei den Hütten am Saubichl, 1367 m, bergan durch Wald, und linkshaltend, einen Graben überquerend. Der weitere Anstieg erfolgt durch Mulden und in den weiten südseitigen Hängen geradewegs zum Gipfel. Abfahrt wie Anstieg.

Planneralm – Hochrettelstein – Plienten – Planneralm. Eine großzügige Rundtour; mit Hilfe des Herdlicka-Liftes verkürzter Anstieg. In jedem Fall zum Plannerknot, 1996 m. An jenem Südwestrücken, der zum Hochrettelstein reicht, anfangs an der nordseitigen Gratflanke bergan; Vorsicht bei Harsch! Geradewegs bergan auf den Gipfel. Abfahrt für die Rundtour: Durch die 850 m hohe Südflanke zum Saubichl und in die Plienten.
Anstieg aus der Plienten entlang der Weißgulling über den Hasenbichl und die Neualm, 1544 m, sodann durch Mulden bergan in den Plientensattel, 1902 m. In kurzem, steilem Anstieg zum Großen Rotbühel, 2019 m. Abfahrt in beliebigen Varianten zur Planneralm. (Siehe auch Foto auf Doppelseite 2/3.)

Seekoppe 2150 m

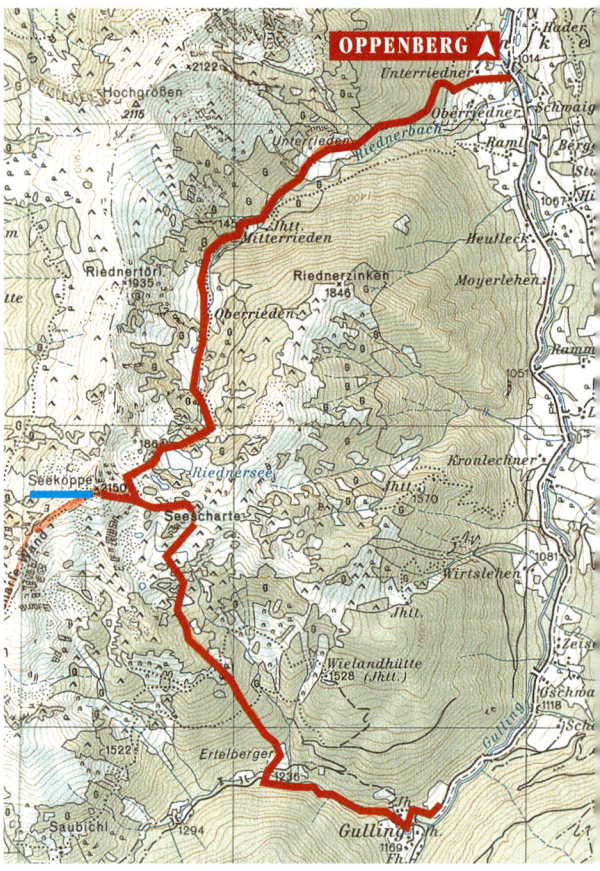

Talort und Informationen
8786 Oppenberg, 1052 m.

Tourenberatung, Alpine Auskünfte
Familie Grobbauer, Tel. 03619/213;
Familie Pernhofer, Tel. 03619/212.

Reise
Auto: A 9 Pyhrnautobahn,
Ausfahrt 74/Rottenmann.
Durch Strechau nach Oppenberg 8 km.
In die Gulling:
• Von Oppenberg zur Gullingbrücke in
  Winkel (Ausgangspunkt Rieden) 3,5 km.
• Zum Parkplatz vor dem Jagdhaus in der
  Gulling 9 km.

Ausgangspunkte
• Gulling:
  Parkplatz vor dem Jagdhaus 1169 m;
• Oppenberg-Winkel:
  Wegweiser und Parkraum nächst der
  Gullingbrücke, 1014 m.

Einkehrstätten und Stützpunkte
Grobbauer, Gasthof und OeAV-Vertrags-
haus; Familie Grobbauer, Tel. 03619/213.
Kirchenwirt vlg. Schattner, „Gute Steiri-
sche Gaststätte". Keine Nächtigung.
Familie Pernhofer, Tel. 03619/212.
Pension Fini, Komfortwohnungen;
Josefine Schaffer, Tel. 03619/280.
Schafferwirt, Gasthof in Winkel;
Tel. 03619/208.

Orientierung
FB-Wanderkarte 203; ÖK-Blatt 129.

D I E S C H I T O U R E N

Beste Zeit: Hochwinter und Frühjahr.

Charakteristik III
Durch die Rieden nordostseitig; aus der Plienten südseitig. In der
Rieden durch ein sehr schönes Hochtal; steiler Gipfelhang.

Das Schmankerl: Die Abfahrt durch die Kare in der Rieden.

Gehzeiten, Höhenunterschiede
• Jagdhaus Gulling – Ertlberger – Seekoppe, 3 Std. 30 Min., 980 Hm;
• Winkel – Rieden – Seekoppe, 3 Std. 30 Min., 1040 Hm.

Eine der Standardrouten im Oppenberger Tourengebiet: Aus der Gulling durch die Rieden gipfelwärts

Aus der Rieden auf die Seekoppe

Anstiege und Abfahrten

Jagdhaus Gulling – Seekoppe. Wie bei der Tour 80 zum Hochrettelstein: Zunächst auf dem Forstweg entlang der Weißgulling talein, jedoch nur 1 km, sodann über eine Brücke zum Ertelberger, 1236 m. Nun in einem steilen Waldgelände aufwärts. Nach der Waldstufe durch sonnseitige Hänge in die Seescharte. Aus diesem Sattel über den kurzen steilen Rücken auf den Gipfel. Abfahrt wie Anstieg.

Winkel – Rieden – Seekoppe. Von der Brücke zunächst über eine Wiese, dann durch Waldgelände, wobei auch eine Forststraße benutzt werden kann. Insgesamt hält man sich an den markierten Weg, der alsbald in ein baumfreies Gelände führt: Aus der Mitterrie-

den, 1455 m, durchquert man in südlicher Richtung das eindrucksvolle Hochtal. Es liegt die längere Zeit im Schatten, deshalb erfolgen Anstiege und Abfahrten in der Rieden zumeist im Pulverschnee. Südwärts bergansteigend, wird in 1600 m Höhe die Oberrieden erreicht und nach einer Geländestufe der Riedner See, 1864 m. Man gewinnt rasch an Höhe beim Anstieg zu jenem Rücken, der von der Seescharte heraufzieht. Zuletzt realtiv steil auf den Gipfel. Abfahrt wie Anstieg.

TOUR 82

Hochgrößen 2115 m

Talort und Informationen

8786 Oppenberg, 1052 m.

Tourenberatung, Alpine Auskünfte

Familie Grobbauer, Tel. 03619/213;
Familie Pernhofer, Tel. 03619/212.

Reise

Auto: A 9 Pyhrnautobahn, Ausfahrt
74/Rottenmann. Nach Oppenberg 8 km.
Für Anstieg durch die Rieden: Von Oppenberg zur Gullingbrücke in Winkel 3,5 km.

Ausgangspunkte

• Winkel: Gullingbrücke, 1014 m;
• Oppenberg: Kirchenwirt, 1040 m.

Einkehrstätten und Stützpunkte

Grobbauer, Gasthof und OeAV-Vertrags-
haus; Familie Grobbauer, Tel. 03619/213.
Kirchenwirt, Gasthof; keine Nächtigung;
Familie Pernhofer, Tel. 03619/212.
Pension Fini, Komfortwohnungen;
Josefine Schaffer, Tel. 03619/280.

Orientierung

FB-Wanderkarte 203; ÖK-Blatt 129.

Hochgrößen: Von der Schüttkogelroute

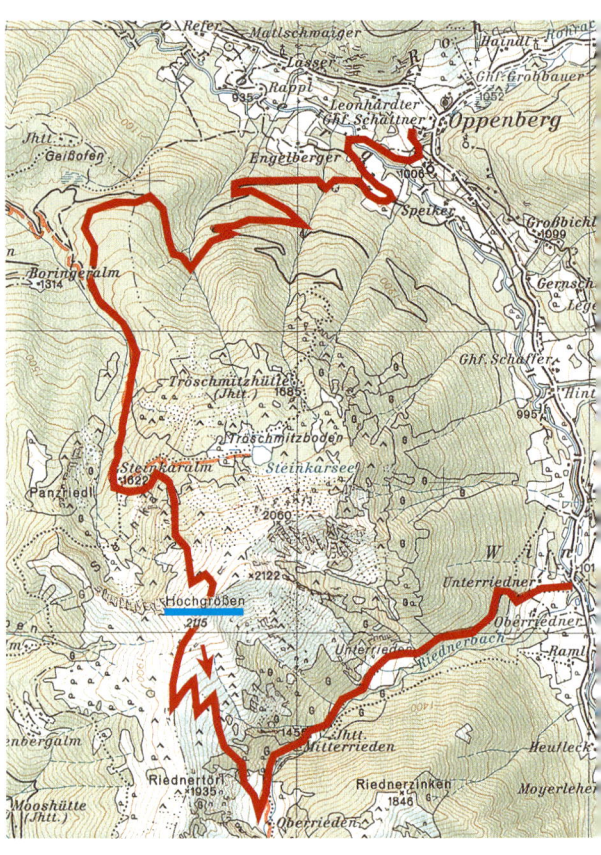

Beste Zeit

Hochwinter und Frühjahr.

Charakteristik II–III

Für Schibergsteiger. Von Oppenberg nordseitig; hoher Waldgürtel,
darüber Almgelände. Aus der Rieden: eine südostseitige Steilflanke;
nur bei Firn.

Das Schmankerl

Die Flanke in die Rieden.

Ein wirklich großer Schitourengipfel über Oppenberg – entsprechend großartig sind die Zugänge

Am Gipfelhang vom Hochgrößen, beim Anstieg von der Steinkaralm. In der Mitte des Hintergrundes die Hochhaide

Gehzeiten, Höhenunterschiede

- Oppenberg – Steinkaralm – Hochgrößen, 3–4 Std., 1170 Hm;
- Winkel – Rieden – Hochgrößen, 3 Std., 1100 Hm.

Anstiege und Abfahrten

Oppenberg – Steinkaralm – Hochgrößen.

Vom Kirchenwirt bergab zur Kirche und zur Gulling, 950 m, und über eine Brücke. Einen nordostseitigen Anger (mit einzelnem Baum) bergan zu einer Forststraße. Auf ihr im nordseitigen Waldgelände bergwärts. Aus der vierten Kehre, 1220 m, einem Stichweg folgend um den Waldrücken herum und über einen Graben. Vom Ende des Stichweges leicht bergauf querend zur nächsten Forststraße. Auf dieser bergan, um einen breiten bewaldeten Rücken herum zum markierten Weg; diesem folgend zur Steinkaralm, 1622 m. Aus dem Steinkar, z. T. über einen Rücken, die nordwestseitige Flanke aufwärts zur Gipfelkuppe. Abfahrt wie Anstieg.

Winkel – Rieden – Hochgrößen.

Nur bei Firn; für Schibergsteiger. Wie bei der Tour auf die Seekoppe in das Hochtal zwischen der Mitter- und Oberrieden (siehe Tour 81). Nun an der Sonnseite am Rande einer steilen Strauchzone in die südostseitige Flanke; darin auf den Südrücken; über diesen auf den Gipfel. Abfahrt wie Anstieg.

Ein erlebenswertes Quintett: Jeweils gut bei speziellen Verhältnissen

Grießkegerl *1800 m*
Gschieder *1729 m*

Auf dem Gschieder;
links Gschiederalpe und Gschiedereck,
rechts zu den Schafzähnen

Talort und Informationen

8786 Oppenberg, 1052 m;
alpengasthof.grobbauer@netway.at

Tourenberatung, Alpine Auskünfte

Familie Grobbauer, Tel. 03619/213;
Familie Pernhofer, Tel. 03619/212.

Reise

Auto: A 9 Pyhrnautobahn, Ausfahrt 74/Rottenmann.
Durch Strechau nach Oppenberg 8 km.

Zur Sandgrube
in Oppenberg vom Kirchenwirt 0,4 km Richtung Gulling zur Abzweigung: Beim Schild „Schüttkogel" zum Gehöft Großbichler.
Von der Abzweigung bis zur Sandgrube 1,1 km.

Ausgangspunkte

• Sandgrube, 1100 m (vom Gehöft Großbichler 0,3 km);
• GH Schaffer, 1000 m (von Oppenberg 2 km).

Einkehrstätten und Stützpunkte

Siehe Tour 81.

Orientierung

FB-Wanderkarte 203;
ÖK-Blatt 129.

Horninger Zinken *1989 m*
Schafzähne *1917 m* Schüttkogel *2049 m*

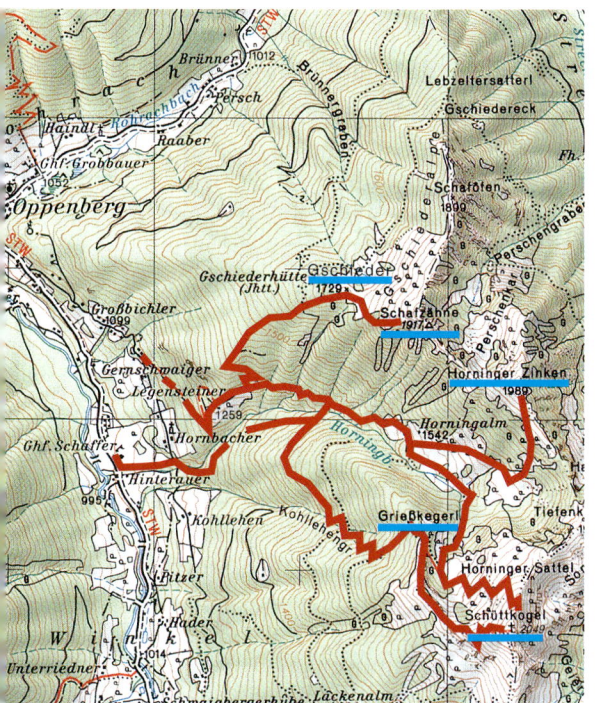

- Legenstein-Trempel – Horningalm – Horninger Zinken,
  2 Std. 15 Min., 890 Hm;
- Legenstein-Trempel – Horningalm – Schüttkogel, 3 Std. 950 m;
- Legenstein-Trempel – Kohllehengraben – Grießkegerl,
  2 Std. 30 Min., 700 Hm.

Ab GH Schaffer

- Kohllehengraben – Grießkegerl, 2 Std. 15 Min., 800 Hm;
- Kohllehengraben – Schüttkogel, 3 Std., 1050 Hm.

Anstiege und Abfahrten

Sandgrube – Gschieder – Schafzähne.

Vom Parkplatz weniger als 100 Schritte um einen Rücken herum; Wegtafel „Schüttkogel, 2 1/2 Stunden".

Vom weiß-grünen Schranken auf dem Forstweg zu einem Anger. An ihm aufwärts zum Legenstein-Trempel, 1259 m; von ihm noch 250 m dem Forstweg folgend; die Abzweigung erfolgt in 1300 m Höhe:

Links bergan. Einem Ziehweg folgend durch Hochwald an einen südwestseitigen Rücken; daran aufwärts zur baumfreien Kuppe am Gschieder. Bis hierher „bei jedem Wetter". Am südlichen bzw. rechten Rande der Gschiederalpe durch einen schönen Hang und dessen Kampfwaldzone zum Eckpunkt am Grat.

Abfahrt wie Anstieg.

Sandgrube – Horninger Zinken.

Wie beim Gschieder zunächst zum Legenstein-Trempel.

Der Forstweg leitet sonnseitig, daher über mitunter frühzeitig apere Stellen bis vor den Horningbach, 1330 m. Hier nicht über die

DIE SCHITOUREN

Beste Zeit

Hochwinter und Frühjahr.

Charakteristik II–III

Überwiegend nordseitig; hoher Waldgürtel; Zugang auf Forstweg; am Gschieder und Grießkegerl am besten bei hohem Pulver.

Die Schmankerln

Der schüttere Wald am Gschieder; der nordseitige Gipfelhang am Schüttkogel; die Südwestflanke am Horninger Zinken.

Gehzeiten, Höhenunterschiede

Jeweils ab Sandgrube

- Legenstein-Trempel – Gschieder, 1 Std. 45 Min, 630 Hm;
- Legenstein-Trempel – Schafzähne, 2 Std. 15 Min., 820 Hm;

Grießkegerl, 1800 m
Gschieder, 1729 m

Horninger Zinken, 1989 m
Schafzähne, 1917 m
Schüttkogel, 2049 m

Brrr, kalt: Auf dem Schüttkogel

Furt! Links vom Bach auf einem Ziehweg bergan, einen Tobel bzw. Lawinengang (!) querend, zu Almwiesen; links davon zur Horningalm, 1542 m. Je nach Verhältnissen, in jedem Fall besser tiefer um den Hangfuß in einer großen Linksschleife so herum, daß man schließlich entlang des südwestlichen Gratrückens den Gipfel erreicht.
<u>Abfahrt</u> wie Anstieg.

Sandgrube – Horningalm – Schüttkogel.
Wie beim Gschieder zum Legenstein-Trempel und wie beim Horninger Zinken in den Bereich der Horningalm. Auf den Almwiesen halbwegs unterhalb der Horningalmhütte durch einen Waldschopf in eine Hochtalmulde am Fuße es Horninger Zinken. Eher halbrechts haltend taleinwärts zu einer kleinen Geländekuppe, 1600 m; schöner Rastplatz.
Aus dem Quellgebiet des Horningbaches der Markierung folgend bzw. am grabenseitigen Rande dieser letzten Hochwaldstufe in jenes freie Gelände südlich vom Grießkegerl.
Bergan zu einzelstehenden Wetterfichten. Zwischen der Strauchzone und den Krüppelfichten in großen Kehren den mäßig steilen, nordostseitigen Hang aufwärts zum nördlichen Gratrücken. Diesem entlang auf die Gipfelkuppe; auf ihr steht ein großes Holzkreuz.
<u>Abfahrt</u> wie Anstieg.

Horninger Zinken, 1989 m
Schafzähne, 1917 m
Schüttkogel, 2049 m

Grießkegerl, 1800 m
Gschieder, 1729 m

Sandgrube – Grießkegerl – Schüttkogel.

Zugang wie beim Horninger Zinken bis zum Horningbach, 1330 m; hier über die Furt. Kurz danach erreicht man am Rande des Forstweges einen kleinen Jagdansitz. Den nordseitig verlaufenden Forstweg bergan bis in den oberen Kohllehengraben, 1440 m. Vom Ende des Forstweges über den Kohllehenbach. Rechts vom Bach in einer Schneise bzw. in einem lichten Hochwald steil bergan auf die dem Grießkegerl südlich vorgelagerte Kuppe, 1880 m. Nun, oberhalb der Baumgrenze, dem westseitigen Gratrücken folgend auf die Gipfelkuppe des Schüttkogels.

Abfahrt wie Anstieg; oder über die Horningalm.

GH Schaffer – Grießkegerl – Schüttkogel.

Hinter dem Wirtschaftsgebäude die Wiesen bergan zu einem Häuschen am Waldrand; hier rechts, den Horningbach überquerend, zu

Vom Schüttkogel in Richtung Horningalm

einer Weggabelung. Sogleich auf einem gut begehbaren Ziehweg bergan. Man bleibt stets rechts vom Horningbach und erreicht nach dieser ersten Steilstufe bei einem kleinen Jagdansitz jenen Forstweg, der zum Kohllehenbach leitet. Weiter wie vorhin beschrieben.

Abfahrt wie Anstieg; oder (beispielsweise für eine Rundtour um das Grießkegerl) über die Horningalm.

219

TOUR 84

Hochschwung 2196 m
Sommereck 2095 m

Talort und Informationen

8786 Oppenberg, 1052 m; für den
Bereich Strechen: Waldamt, Tel. 03614/2441.

Tourenberatung, Alpine Auskünfte

Karl Schnuderl, Vorsitzender der OeAV-
Sektion Rottenmann, Tel. 03614/2833.

Reise

Auto: A 9 Pyhrnautobahn, Ausfahrt
74/Rottenmann. Nach Oppenberg 8 km.
Gulling: Von Strechau über Oppenberg zur
Brücke in Winkel 14 km.
Strechenklamm: Allgemein freie Zufahrt;
nach der Galerie bzw. ab der Strechenbrücke
0,8 km zum Schranken; ab Strechau 4 km.
Strechen: Fahrerlaubnis laut Waldamt „nur
für Bürgerinnen und Bürger der Stadt Rottenmann"; auch zeitlich beschränkt.
Vom Schranken in der Strechenklamm bis
zur Maxhütte 9 km.

Ausgangspunkte

• Gulling: Brücke bei Punkt 1051 m.
• Strechen: Maxhütte, 1268 m.
• Strechenklamm: Parkplatz vor dem Weg-
  schranken, 890 m.

Einkehrstätten und Stützpunkte

Bäckerei-Konditorei und
Café Schnuderl, beide täglich geöffnet;
Hauptstraße 93, Rottenmann.
Gaststätten in Oppenberg; siehe Tour 81.

Orientierung

FB-WK 062 oder 203; ÖK-Blätter 129 und 130.

Wildschutzgebiete

Gulling: Im Bereich der Stillbachhütte eine
Wildfütterung. Umgehungsroute beachten!
Strechen: Gampergraben, Geierkar/Lang-
wiesen, Seitenstallgraben.

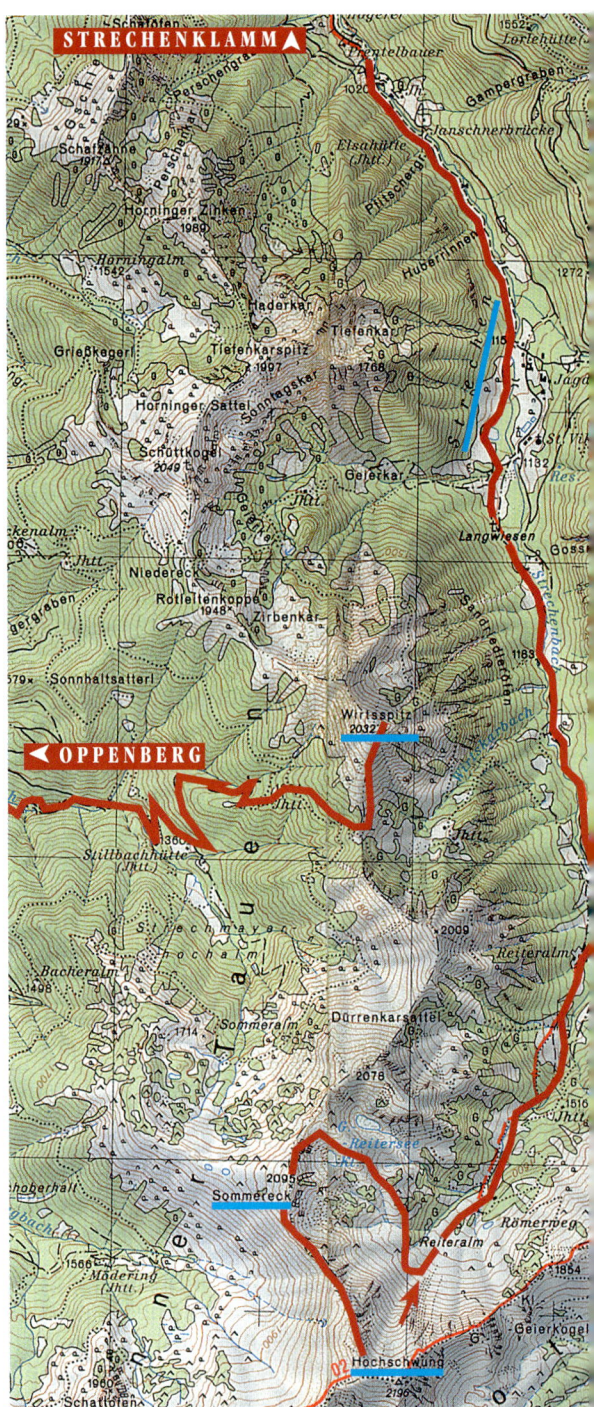

Strechen 800 m–1600 m
Wirtsspitz 2032 m

Vom Schüttkogel gegen das Sommereck; dahinter Hochschwung

D I E   S C H I T O U R E N

Beste Zeit: Hochwinter und Frühjahr.

Charakteristik II–III

Aus der Gulling westseitig; in der Strechen nord- und ostseitig.

Das Schmankerl: Das Zirbenkar.

Gehzeiten, Höhenunterschiede

- Gulling – Wirtsspitz, 3 Std. 30 Min., 980 Hm;
- Strechenklamm – Maxhütte, 2 Std. 15 Min., 380 Hm;
- Maxhütte – Hochschwung, 3 Std., 930 Hm.

Anstiege und Abfahrten

Gulling – Wirtsspitz. Von der Brücke zum Gehöft Ramml und am Stillbach auf einer Forststraße bergan, mehrmals den Stillbach querend, zur Stillbach-Jagdhütte, 1360 m; unweit davon eine Fütterung. Man folgt aber der Forststraße bis zur nächsten Jagdhütte, 1624 m. Im westseitigen Gelände bzw. rechtshaltend bergan zum Gipfel. Abfahrt wie Anstieg. Oder zuvor eine Schnupperabfahrt in das Zirbenkar, bis ca. 1750 m; im Gegenanstieg (50 Min.) zurück auf den Wirtsspitz.

Strechen – Geierkar – Wirtsspitz. Wegen des Wildschutzgebietes sollte diese Route nicht begangen werden. Es ist jedoch möglich, in das Zirbenkar abzufahren und zum Wirtsspitz wieder aufzusteigen.

Wo Tauern-Touren um Stunden länger dauern können – falls man die Wasserscheide übersieht

Strechenklamm – Maxhütte. Gegen Winter- bzw. Schiwanderungen entlang der seit einem Grundtausch nunmehr privaten Straße bestehen von seiten des Waldamtes keine Einwände; dies entspricht auch der allgemeinen Nutzung eines markierten Weges. **Maxhütte – Sommereck – Hochschwung.** Der Anstieg erfolgt aus dem Talschluß der Strechen, ca. 1600 m, durch ostseitige Hänge zu den Reiterseen. Darüber auf dem Höhenrücken zum Sommereck und dem Rücken entlang von Nordwesten her auf den Hochschwung. Abfahrt wie Anstieg. Für Spezialisten: Auch direkt vom Gipfel. Vom Hochschwung und Sommereck auch zur Mödering und in die Gulling (vorausgesetzt mit „Zubringer- und Abholdienst").

Eine komfortable „Notlösung": Rückanstieg aus dem Zirbenkar zum Wirtsspitz

Hochschwung 2196 m
Regenkarspitz 2112 m

Einkehrstätten und Stützpunkte

Gaststätten in Bretstein und Oppenberg; siehe Tour 73.

Orientierung

FB-Wanderkarte 203; ÖK-Blätter 129 und 130.
Neue Markierung: Schattnerlehen – Mödering – Hochschwung.

D I E   S C H I T O U R E N

Beste Zeit

Hochwinter und Frühjahr.

Charakteristik II–III

Aus der Gulling nordwestseitig; aus dem Bretsteingraben südseitig.

Das Schmankerl

Die Abfahrten vom Hochschwung sowie die Kombination Hochschwung/Regenkarspitz.

Gehzeiten, Höhenunterschiede

- Bretsteingraben – Hochschwung, 3 Std., rund 1000 Hm;
- Bretsteingraben – Regenkarspitz, 2 Std. 30 Min., über 920 Hm;
- Gulling – Hochschwung, 3 Std., 1060 Hm;
- Gulling – Schattnerzinken, 3 Std., 1020 Hm.

Anstiege und Abfahrten

Bretsteingraben – Hochschwung. Von der Grenimoar-Brücke gleich halbrechts über die Wiesen und den Seebach überquerend, sodann abkürzend zu einem Forstweg. Bei der Tubayhütte, 1456 m, über den Anger oder auf der Straße aufwärts und talein. Unterhalb von der Halterhütte nicht über den Bach, sondern geradewegs über einen Geländerücken bergan und über eine Steilstufe in das Tubaykar. Nun rechtshaltend bergauf zu einem Jagdhütterl. Über die Steilflanke an den Südgrat heran und an diesem direkt aufwärts zum Gipfelkreuz.
<u>Abfahrt</u> wie Anstieg.

Hochschwung – Regenkarspitz. Eine empfehlenswerte Gipfel-Kombination: Man fährt vom Hochschwung in den Karboden ab, ca. 1820 m, und steigt von Nordwesten her zum Regenkarspitz auf. Bei der Abfahrt in das Seebachtal (Tubaytal) hält man sich halbrechts, da die Halterhütte bereits im Wildschutzgebiet liegt.

Oben: Aus dem Bretsteingraben auf den Hochschwung
Rechts: Aus der Gulling zur Seiten – und daraus zum Seitnerzinken

Talorte

8763 Bretstein, 1036 m;
8786 Oppenberg, 1052 m.

Reise

Auto: Wie bei Tour 73 in den Bretsteingraben oder in die Gulling.

Ausgangspunkte

- <u>Im Bretsteingraben:</u> Unterhalb vom Gehöft Grenimoar, Brücke, ca. 1220 m.
- <u>In der Gulling:</u> Unterhalb vom Schattnerlehen; Gullingbrücke, 1118 m (knapp 1 km vor dem Jagdhaus Gulling).

Schattnerzinken 2156 m
Seitnerzinken 2164 m

Von Norden und Süden auf den Tauernhauptkamm

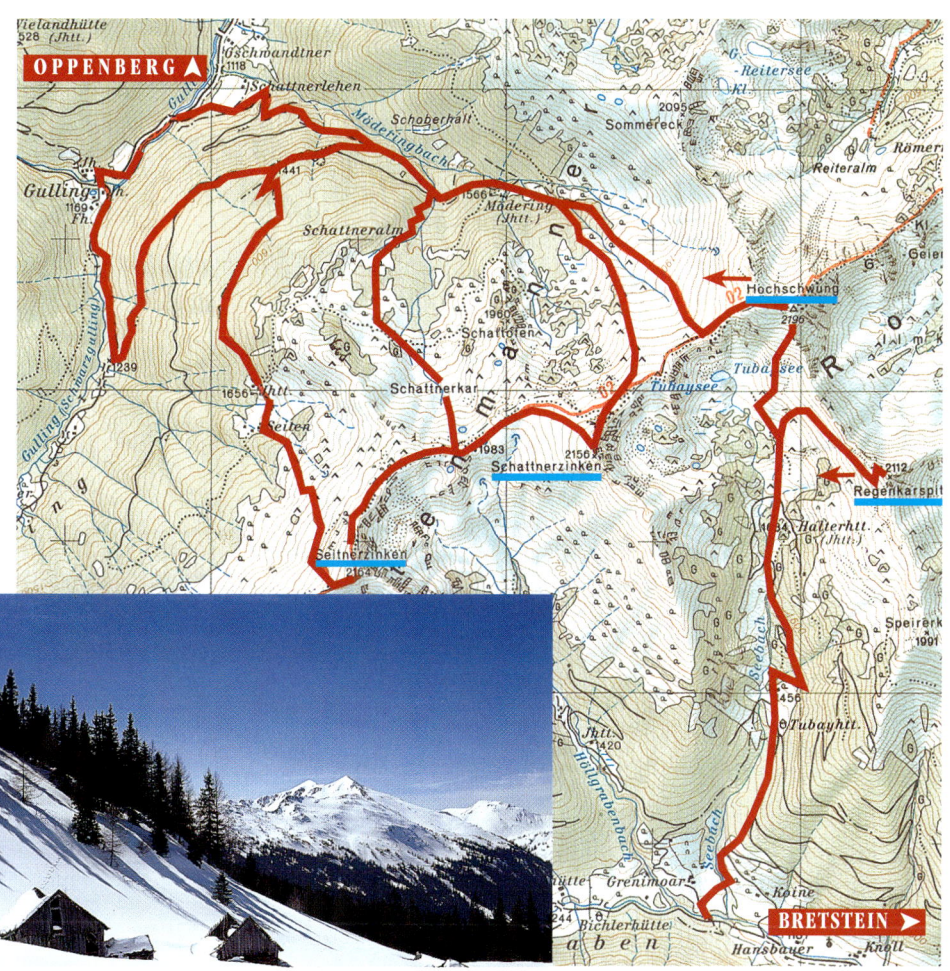

Gulling – Hochschwung. Route von der AV-Sektion Rottenmann neu markiert: Weg 942. Beim Schattnerlehen dessen Anger oder rechts davon den Forstweg bergan. Auf einem Ziehweg durch Hochwald zur Mödering, 1566 m (aufgelassene Alm). In weiträumigen Hängen einfacher Anstieg auf den Gratrücken des Tauern-Hauptkammes; linkshaltend zum Gipfel. <u>Abfahrt</u> wie Anstieg. Oder in Verbindung mit einem Übergang zum Schattnerzinken.

Gulling – Seitnerzinken. Auch in Verbindung mit Schrattnerkogel. Siehe Tour 86.

Gulling – Schattnerzinken. Wie bei der Hochschwungtour zur Mödering. Aus dem Almgelände jedoch rechtshaltend und über einen breiten, nordseitigen Bergrücken geradewegs bergan. Darüber unschwierig zum Gipfel.

<u>Abfahrt</u> wie Anstieg.
Oder in Verbindung mit einem Übergang zum Hochschwung.

223

Schrattnerkogel 2104 m
Seitnerzinken 2164 m

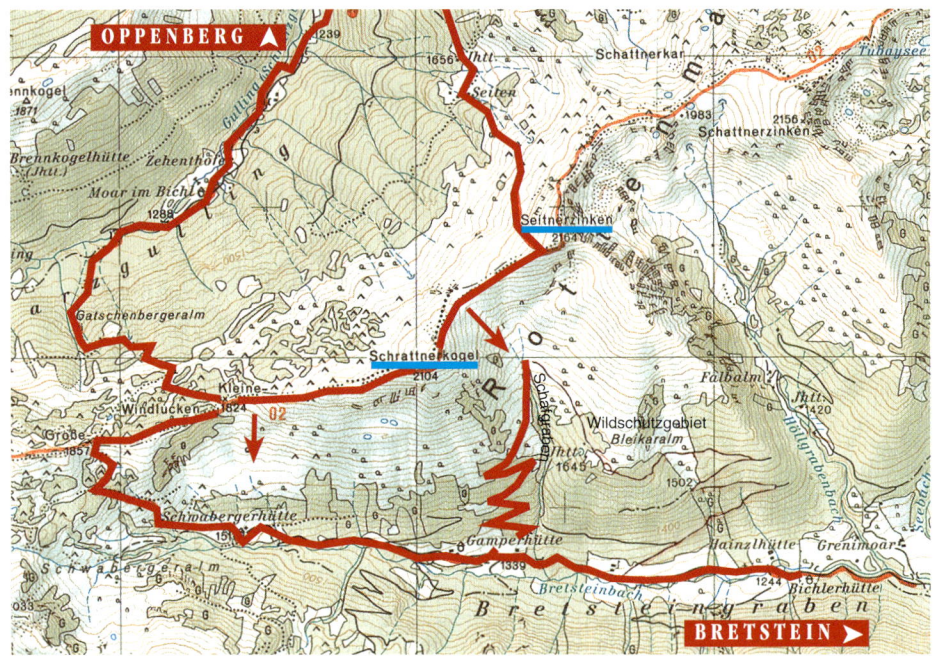

Talorte

8763 Bretstein, 1036 m;
8786 Oppenberg, 1052 m.

Reise

Auto: In den Bretsteingraben oder in die Gulling wie bei Tour 73.

Ausgangspunkte

• Bretsteingraben: Bichlerhütte, 1244 m.
• Gulling: Parkraum ca. 0,5 km vor dem Jagdhaus, 1169 m.

Einkehrstätten und Stützpunkte

Gaststätten in Bretstein und Oppenberg; siehe Tour 73.

Wildschutzgebiete

In der Schwarzgulling: Nahe Punkt 1239 – Graben zur Seitneralm (Seiten) – Wald-grenze am Seitnerzinken – Moar im Bichl – Forstweg zum P. 1239. Bezeichnete Umleitung zwischen P. 1239 und Moar im Bichl. Bretsteingraben: Das Bleikar, östlich vom Schafgraben. Am Weg Bichlerhütte – Gamperhütte informiert eine Tafel mit Karte über das Wildschutzgebiet.

Orientierung

FB-Wanderkarte 203; ÖK-Blatt 130.

D I E   S C H I T O U R E N

Beste Zeit

Frühjahr; aus der Gulling auch im Hochwinter.

Charakteristik II–III

Jeweils nord- oder südseitig.

Die Schmankerln

Die südseitigen Flanken zwischen dem Seitnerzinken und Schrattnerkogel.

Höher geht's nimmer:
Auf dem Schrattnerkogel

Welche der Touren-Kombinationen zeigt sich von der schönsten „Seiten"?

Gehzeiten, Höhenunterschiede

- Gulling – Seitneralm – Seitnerzinken, 3 Std., 1000 Hm;
- Gulling – Windlucken – Schrattnerkogel, 4 Std., bis 940 Hm;
- Schrattnerkogel – Seitnerzinken, 45 Min., ab/an 130/200 Hm;
- Bretsteingraben – Bleikarsattel – Schrattnerkogel, 3 Std., 870 Hm;
- Bretsteingraben – Windlucken – Schrattnerkogel, 4 Std., 900 Hm.

Anstiege und Abfahrten (siehe auch Karte bei Tour 85)

Gulling – Seitnerzinken. Auf dem Forstweg in die Schwarzgulling zum Beginn des Wildschutzgebietes. Davor, beim P. 1239, auf einem Forstweg, dann oberhalb vom P. 1441 auf einem Ziehweg zur Waldgrenze bei der Seitner-Jagdhütte, 1656 m. Über die Seitneralm an Nordwesthängen gipfelwärts. Abfahrt wie Anstieg.

Gulling – Schrattnerkogel – Seitnerzinken. In der Schwarzgulling nach dem Moar im Bichl über die Gatschenbergeralm zur Kleinen Windlucken, 1824 m. Am Höhenrücken auf den Schrattnerkogel. Nun abfahrend in den Bleikarsattel; 30 Min. Anstieg zum Seitnerzinken. Abfahrt über die Seitneralm in die Gulling.

Bretsteingraben – Bleikarsattel – Schrattnerkogel. Von der Bichlerhütte zur Gamperhütte, 1339 m. Hier sonnseitig bergan; auf einem Forstweg in den oberen Schafgraben. Aus der weiten Karmulde in den Bleikarsattel, 1980 m; großer Steinmann. Den breiten, ostseitigen Hangrücken aufwärts zum Vorgipfel; Schidepot. An der Gratschneide zum höchsten Punkt (siehe Bild). Abfahrt wie Anstieg. Bei Firn eventuell ostseitig direkt in den Schafgraben.

Bretsteingraben – Windlucken – Schrattnerkogel. Ab der Bichlerhütte über die Gamper- und Schwabergerhütte zur Großen Windlucken, 1857 m. Nun ostwärts, in die Kleine Windlucken. Am Höhenrücken gipfelwärts. Abfahrt am besten zum Bleikarsattel und südseitig zur Gamperhütte.

Neualm *1474 m*
Regenkarspitz *2112 m*

Talort und Informationen

8763 Bretstein, 1048 m;
Gemeindeamt, Tel. 03576/203.

Tourenberatung, Alpine Auskünfte

Bruno Beren, Jägerheim, Tel. 03576/205.

Reise und Ausgangspunkt

Wie bei Tour 88. Im Authal, nächst P. 1167.

Einkehrstätten und Stützpunkte

Gossnerwirt, Gasthaus in Bretstein-Gassen; Familie Schmalzmaier, Tel. 03576/212.
Jägerheim, Gasthof-Pension;
Familie Beren, Tel. 03576/205.
Schaffer, Gasthaus; Nächtigung voranmelden; Friederike Schaffer, Tel. 03576/217.

Orientierung

FB-Wanderkarte 203; ÖK-Blatt 130.

Wildschutzgebiet

An der Regenkarspitz Südwestseite.
Umgrenzung: Halterhütte – Regenkarspitz – Speirerkogel – Halterhütte.

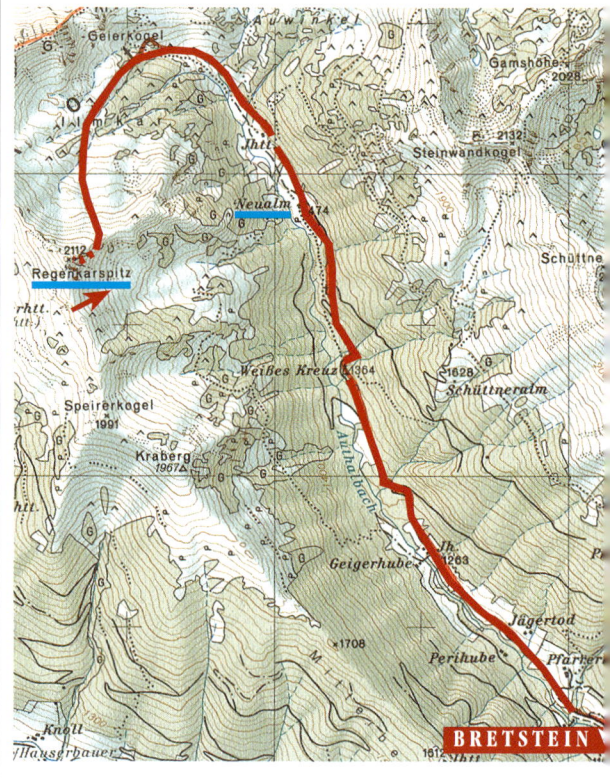

D I E   S C H I T O U R

Beste Zeit

Hochwinter und Frühjahr.

Charakteristik II–III

Zugang von Süden, Ilmkar nordostseitig.

Das Schmankerl

Die Abfahrt durch das Ilmkar.

Gehzeit, Höhenunterschied

Authal – Regenkarspitz, 3 Std. 30 Min., 950 Hm.

Derselbe Gipfel verdient vielmehr das Prädikat „Sonnenberg"

Anstieg und Abfahrt

Authal – Regenkarspitz. Zunächst folgt man demselben Weg wie zum Zinkenkogel (Tour 88) zur Neualm, 1474 m. Von der Jagdhütte geht man jedoch geradeaus weiter in den Talschluß und steigt unterhalb vom Kleinen Geierkogel in einem weiten Linksbogen in das Ilmkar auf.

Man durchquert das großräumige Kar südwärts und erreicht einen ostseitigen Gratrücken; evtl. Schidepot. Auf dem Grat über kurze Steilstufen zum Gipfel.

<u>Abfahrt</u> wie Anstieg.

Oder man steigt vom Gipfel südwärts ab und fährt durch das ostseitige Kar zur Neualm ab; weiter wie Anstieg.

Oben:
Aus dem Auwinkel über das weiträumige Ilmkar zu Regenkarspitz und Hochschwung (rechts)

Links:
Vom Hochschwung zum Regenkarspitz; bei Touren an der Südseite werden beide Gipfel gerne kombiniert

TOUR 88

Zinkenkogel 2233 m

Talort und Informationen

8763 Bretstein, 1036 m;
Gemeindeamt, Tel. 03576/203.

Tourenberatung, Alpine Auskünfte

Bruno Beren, Jägerheim, Tel. 03576/205.

Reise

Auto: B 114 Tauern-Bundesstraße,
nach Möderbrugg; siehe Tour 73.
In das Authal:
Von Möderbrugg über Zistl und Bretstein
nach Bretstein-Gassen, 1048 m; 11 km.
Beim Gossnerwirt in das Authal abzweigen
und bis zum Wegschranken vor der
Hofzufahrt zum Gehöft Faßhuber;
ab Gossnerwirt 3,2 km.

Taxi und Transfer

Fa. Scherkl, Möderbrugg, Tel. 03571/2800.

Ausgangspunkt

Authal: Wegschranken, nächst Punkt 1167.

Einkehrstätten und Stützpunkte

Gossnerwirt, Gasthaus in Bretstein-
Gassen; Familie Schmalzmaier,
Tel. 03576/212.
Jägerheim, Gasthof-Pension;
Familie Beren, Tel. 03576/205.
Schaffer, Gasthaus;
Nächtigung voranmelden;
Friederike Schaffer, Tel. 03576/217.

Orientierung

FB-Wanderkarte 203;
ÖK-Blatt 130.

Wildschutzgebiet

Im Bereich Schüttneralm – Steinwand-
kogel – Schüttnerkogel – Schüttneralm.

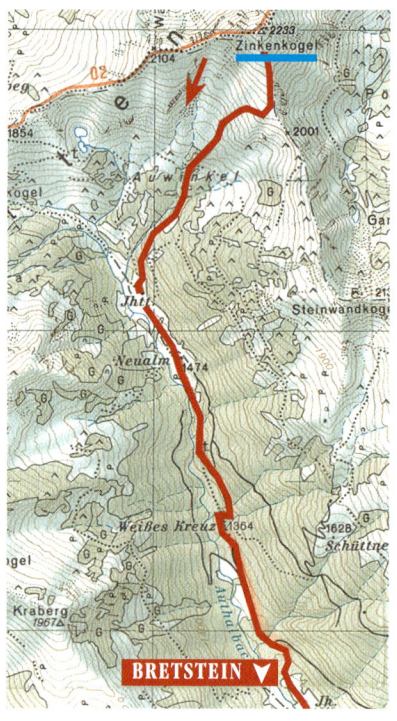

D I E   S C H I T O U R

Beste Zeit

Hochwinter und Frühjahr.

Charakteristik II–III

Südwestseitig; der Zugang ist zwar rund 5 km lang, zum gerechten
Ausgleich die Abfahrten rassig.

Das Schmankerl

Die sonnseitige Flanke in den Auwinkel.

Gehzeit, Höhenunterschied

Authal – Zinkenkogel, 4 Std., 1070 Hm.

Vom Authal auf den Zinken:
Eine komplette Tour von A bis Z

Anstieg und Abfahrt

Authal – Neualm – Zinkenkogel. Auf dem Forstweg 1,8 km talein zum Jagdhaus, 1263 m, und das Authal einwärts zum Weißen Kreuz, 1364 m. Im weiteren folgt man entweder der Straße oder den abkürzenden Spuren zur Neualm, 1474 m, und weiter zu einer Jagdhütte, 1520 m. Nun steigt man allmählich rechtshaltend bergan, überquert ein Bächlein und durch schütteren Wald wird der kesselähnliche Auwinkel erreicht. Durch die südwestseitigen prächtigen Karböden erfolgt der Anstieg zu jenem Höhenrücken, der vom Zinkenkogel südwärts zieht. Im obersten Teil des Anstieges benutzt man diesen Rücken und gelangt auf ihm zum Gipfel.

Abfahrt wie Anstieg.

Empfehlenswert in Kombination mit der Tour 87, Regenkarspitz.

Überblick vom Gratrücken
Hochschwung – Regenkarspitz
gegen Nordosten:
Das Ilmkar, der Auwinkel und darüber
das Tourengelände am Zinkenkogel;
links davon, im Hintergrund:
Kleiner und Großer Bösenstein

229

Bruderkogel *2299 m*
Schüttnerkogel *2170 m*

Talorte und Informationen

8765 St. Johann am Tauern, 1056 m;
Tourismusbüro, Tel. 03575/387 oder 265.
8785 Hohentauern, 1274 m;
Tourismusbüro, Tel. 03618/335.

Reise

Auto: Bundesstraße über Triebener Tauern.
Zum Parkplatz Pölsen an der B 114
• Ab GH Draxler 0,5 km;
• Hohentauern 3 km;
• Schizentrum Moscher 1,5 km;
• St. Johann am Tauern 8 km.
Zum Gehöft Stuhlpfarrer an der B 114
• Ab St. Johann am Tauern 4 km;
• Hohentauern 7 km.

Taxi und Transfer

E. Kandler, Draxlerhaus, Tel. 03618/215.

Ausgangspunkte

• Parkplatz Pölsen, 1250 m;
• Gehöft Stuhlpfarrer, 1152 m.

Einkehrstätte und Stützpunkt

Draxlerhaus, Gasthof-Pension, 1238 m;
Mitte Dezember bis Ende Oktober,
Ernelinde Kandler, Tel. 03618/215.

Orientierung: FB 062 oder 203; ÖK 130;
Wanderkarte Hohentauern/St. Johann.

Oben: Im Lackneralmsattel; sonnseitig zum Schüttnerkogel

Unten: Vom Schüttnerkogel direkt zur Lackneralm

D I E   S C H I T O U R E N

Beste Zeit

Hochwinter und Frühjahr.

Charakteristik II–III

Nord- und nordostseitig. Über der Waldstufe jeweils weite Kare und
freie Rücken.
Der Bruderkogel gilt auch als „Sturmecke"; deshalb wird der
Schüttnerkogel oft als Ausweichziel gewählt.

Die Schmankerln

Die Kar-Abfahrten; bei idealen Verhältnissen auch der Reslergraben.

Steinermandl *2192 m*

Der große, mitunter eiskalte Bruder über dem Pölsental hat zwei freundliche Nachbarn

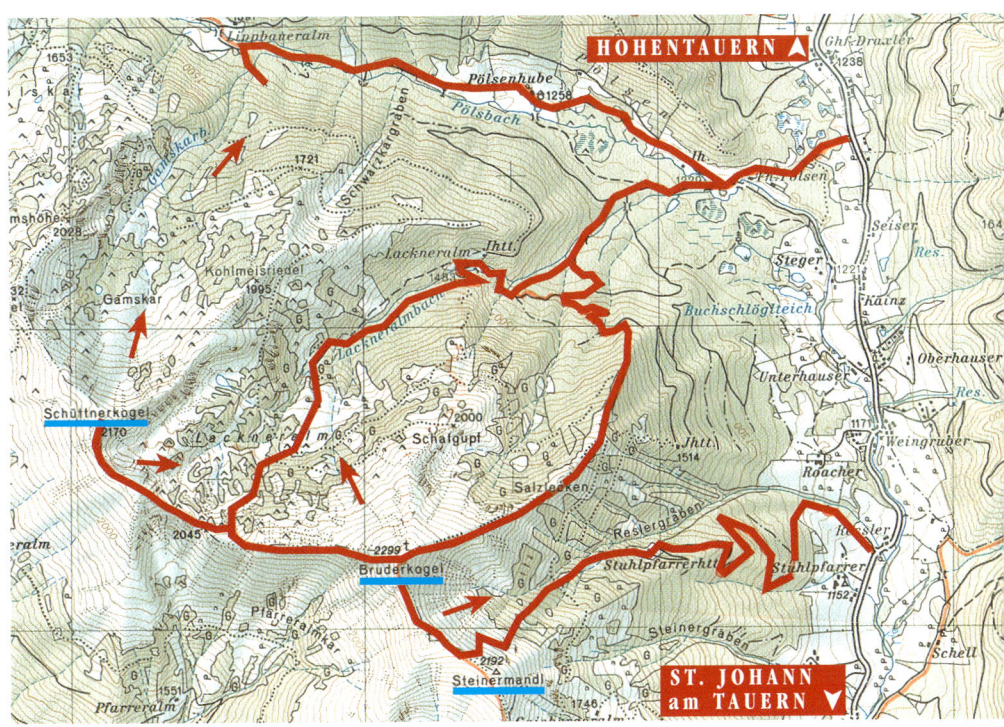

Gehzeiten, Höhenunterschiede

- Pölsen – Salzlecken – Bruderkogel, 3 Std., 1070 Hm;
- Pölsen – Lackneralm – Bruderkogel, 3 Std. 30 Min., 1070 Hm;
- Pölsen – Lackneralm – Schüttnerkogel, 3 Std. 30 Min., 950 Hm;
- Stuhlpfarrer – Steinermandl – Bruderkogel, 3–4 Std., 1100 Hm.

Anstiege und Abfahrten

Pölsen – Bruderkogel. Vom Parkplatz bergab zum Forsthaus Pölsen, 1233 m, danach dem markierten Weg folgend. Grundsätzlich wird über die Lackneralmhütten, 1483 m, angestiegen. (Die Route über die Salzlecken ist relativ steil.) Unterhalb der Hütten am Forstweg, zuletzt im Gelände in das weite Kar der Lackneralm. Aus dem Lackneralmsattel, 2045 m, am Westrücken gipfelwärts. Abfahrt in der NW-Flanke direkt zur Lackneralm.

Pölsen – Schüttnerkogel. Wie beim Bruderkogel in den Lackneralmsattel, 2045 m. Am südostseitigen Gratrücken zu Steinmännern und in einem leichten Rechtsbogen auf die Gipfelkuppe.

Abfahrten: Entweder rechts vom Gipfel im steilen Osthang direkt zur Lackneralm. Oder: Vom Gipfel nordseitig, durch das Gamskar, in die Pölsen und über die Pölsenhube wieder zum Forsthaus.

Stuhlpfarrer – Reslergraben – Steinermandl – Bruderkogel.

An der Forststraße zur Stuhlpfarreralm, 1500 m (Zufahrt auf Anfrage am Hof). Geradewegs zur Strauchzone; aus ihr rechtshaltend in den Grund des nun weiten Reslergrabens. In der Ostflanke zum Steinermandl. Am Höhenrücken zum Bruderkogel. Abfahrt wie Anstieg.

Bemerkenswert: Am Stuhlpfarrerhof steht das erste evangelische Bethaus der Steiermark; es wurde 1792–1794 errichtet.

Großer Bösenstein 2448 m
Kleiner Bösenstein 2395

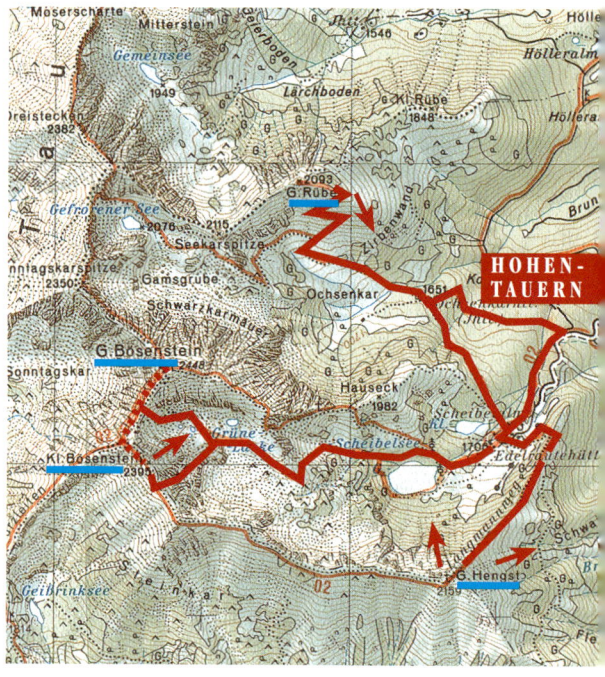

Talort und Informationen

8785 Hohentauern, 1274 m;
Tourismusbüro, Tel. 03618/335.

Reise

Auto:

Im Norden: A 9 Pyhrnautobahn, Ausfahrt
86/Trieben; B 114 Tauern-Bundesstraße;
ab Trieben nach Hohentauern 9 km.
Im Süden: S 36 Murtal-Schnellstraße, B 96
Murtal-Bundesstraße und B 114 Tauern-
Bundesstraße.
Von St. Peter ob Judenburg über St. Johann
am Tauern nach Hohentauern 40 km.

Schizentrum Moscher

5 Schlepplifte; Tel. 03618/289 (8–17 Uhr,
auch Schneeberichte).

Taxi und Transfer

Fa. Kandler, GH „Berghof", Hohentauern,
Tel. 03618/206.
Von Hohentauern zur Scheibelalm; Maut-
straße, 6 km.

Ausgangspunkt

Parkplatz auf der Scheibelalm, 1660 m;
bzw. Edelrautehütte, 1706 m.

Einkehrstätten und Stützpunkte

Edelrautehütte, OeAV, 1706 m;
25. Dezember bis Ostern und ab Mai;
Tel. 0663/9136670.
Berghof, Gasthof (Montag Ruhetag);
Familie Kandler, Tel. 03618/206.
Sporthotel Moscher, Mitte Dezember
bis Ende Oktober; auch Tourenseminare;
Erich Moscher, Tel. 03618/204.

Orientierung

Wanderkarte
Hohentauern/St. Johann (1:25.000);
FB-WK 062 oder 203; ÖK-Blatt 130.

DIE SCHITOUREN

Beste Zeit: Hochwinter und Frühjahr.

Charakteristik II–III

Großer und Kleiner Bösenstein ost- bis nordostseitig.
Großer Hengst nord- und ostseitig.
Große Rübe südseitig. Gut begehbare und befahrbare Kare und
Rücken.

Die Schmankerln

Am Großen Bösenstein die klassische Abfahrt; am Großen Hengst die
ostseitige Flanke; für Schibergsteiger der „Bösenstein-Expreß".

Gehzeiten, Höhenunterschiede

- Edelrautehütte – Großer Bösenstein, 2 Std. 30 Min., 750 Hm;
- Edelrautehütte – Großer Hengst, 1 Std. 30 Min., 450 Hm;
- Bösenstein-Expreß; 4–5 Std., 1300 Hm; insgesamt eine Tagestour;
- Edelrautehütte – Große Rübe, 2 Std., 450 Hm.

Großer Hengst *2159 m*
Große Rübe *2093 m*

Die vier Glücksbringer über den Scheibelseen

Edelrautehütte, Kleiner und Großer Bösenstein; ganz rechts das Hauseck

Anstiege und Abfahrten

Edelrautehütte – Großer Bösenstein. Westlich vom Großen Scheibelsee in einem weiten Rechtsbogen über Geländestufen in den oberen Karboden (mit Grüner Lacke). Aus dem Karboden einen ostseitigen Steilhang aufwärts in den Sattel zwischen Kleinem und Großem Bösenstein; meist Schidepot. Über Blockwerk unschwierig zum Gipfel.
Abstieg und Abfahrt wie Anstieg.

Edelrautehütte – Großer Hengst. Man folgt allgemein dem markierten Langmannweg (Weitwanderweg 02), anfangs durch eine steilere nordseitige Geländestufe, danach über den breiten ostseitigen Rücken zum Gipfel.
Abfahrt wie Anstieg; auch ostseitig oder nordseitig.

Bösenstein-Expreß. Die Tagestour beginnt am Großen Hengst, von wo man über die Ostflanke abfährt. Per Taxi oder Zweitauto zurück zur Scheibelalm. Nun auf den Großen Bösenstein, Übergang zum Kleinen Bösenstein und Abfahrt zur Edelrautehütte.

Wieder auf den Großen Hengst, jedoch dieses Mal mit einer nordseitigen Steilabfahrt durch eine Rinne in Richtung Scheibelsee und Edelrautehütte. Insgesamt über 2000 Hm Abfahrten!

Edelrautehüte – Große Rübe. Nächst dem Kleinen Scheibelsee unterhalb vom Hauseck in einer Querung zur Ochsenkar-Jagdhütte, 1651 m. Den steilen Rücken aufwärts zur Gipfelkuppe.
Abfahrt in das Ochsenkar; Rückweg wie Anstieg.

233

Diewaldgupf 2125 m
Hochhaide 2363 m

Talort
8786 Rottenmann, 681 m.

Alpine Beratung
Günther Schwendinger, Rottenmann-Boder, Tel. 03614/3230.

Reise
Auto: A 9 Pyhrn-Autobahn, Ausfahrt 74/Rottenmann. Aus dem Stadtzentrum durch die Burgtorsiedlung zum Stadtwaldlift. Eventuell auch folgend weiter:
Zur Talstation der Materialseilbahn Zufahrt grundsätzlich erlaubt, meist jedoch erst ab dem späten Frühjahr möglich.
Bahn: ÖBB; IC-Bahnhof Stadt Rottenmann.

Taxi und Transfer
Fa. Haiger, Rottenmann, Tel. 03614/2609.
Vom Bahnhof
• zum Stadtwaldlift 2 km;
• zur Materialseilbahn 5,5 km.

Ausgangspunkte
• Stadtwaldlift, ca. 800 m;
• Materialseilbahn-Talstation, ca. 1300 m.

Einkehrstätten und Stützpunkte
Bäckerei-Konditorei Schnuderl,
6–18 Uhr, an Sonntagen 9.30–18 Uhr; Hauptstraße 93, Tel. 03614/2242.
Rottenmanner Hütte, OeAV, 1649 m; von Weihnachten bis Neujahr und ab Pfingsten. Pächterfamilie Exenberger, Tel. 0663/9731817.
Winterraum: offen, beheizbar, 6 Lager.

Orientierung
FB-WK 062 oder 203; ÖK-Blätter 99, 130.
Wichtiger Hinweis: In der ÖK 130 muß die Höhe für die Hochhaide richtig heißen: 2363 m (anstatt 2663 m).

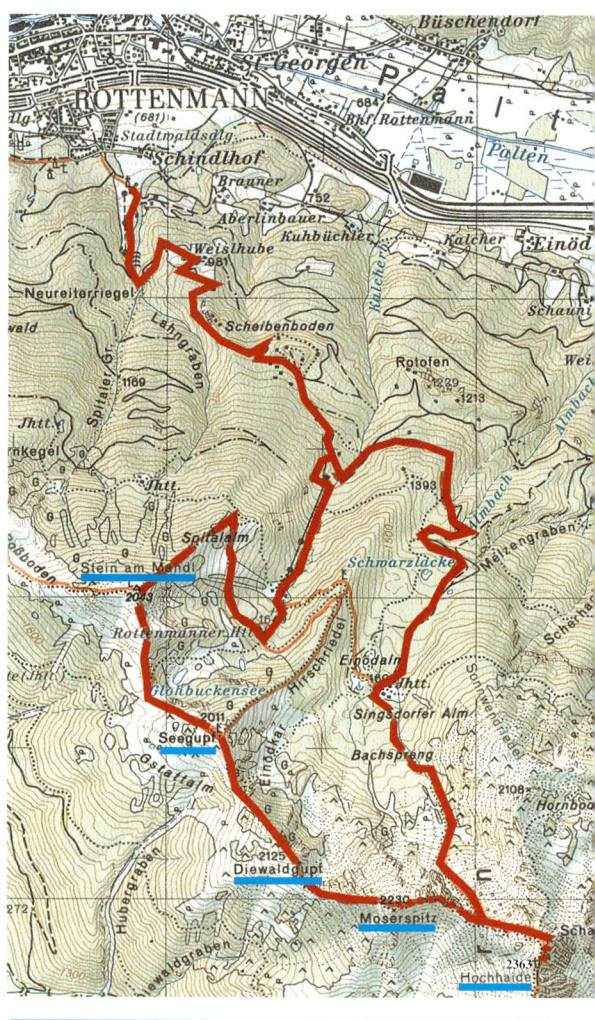

D I E   S C H I T O U R E N

Beste Zeit
Hochwinter und Frühjahr.

Charakteristik III
Normalanstieg nordseitig; in der Waldzone eine Forststraße; darüber ein Almgelände und ein 500 m hohes Kar.
Überschreitung: für Schibergsteiger.

Moserspitz 2230 m Seegupf 2011 m
Stein am Mandl 2043 m
Diese große alpine Rundtour bietet weit mehr als zwei Gupfe

Das Schmankerl: Die Abfahrt zur Singsdorfer Alm.

Von der Hochhaide in die Moserscharte

Gehzeiten, Höhenunterschiede

- Rottenmann, Stadtwald – Hochhaide, 4–5 Std., 1560 Hm;
- Stadtwald – Stein am Mandl, 3 Std. 30 Min., 1250 Hm;
- Stein am Mandl – Hochhaide, 3 Std., auf/ab 680/340 Hm.

Anstiege und Abfahrten

Rottenmann – Singsdorfer Alm – Hochhaide.

Man folgt vom Stadtwaldlift dem markierten Weg Richtung Rottenmanner Hütte. Über die Weislhube, 981 m, zum Scheibenboden,
1180 m, und auf demselben Fahrweg bis kurz vor die Talstation der
Materialseilbahn, ca. 1300 m. Nicht zur Hütte, sondern linkshaltend (Pfeil) auf einem Steig querend zum Kalcherbach und kurz
bergan zu einem Forstweg. Auf ihm in Richtung Schwarzlacke zur
Einödalm und Singsdorfer Alm, 1603 m. Aus dem Almgelände zur
Bachspreng an der Waldgrenze. Nun steiler bergan und das Kar
geradewegs aufwärts in die nördliche Moserscharte, 2180 m. Noch
200 Hm zum Schidepot. An einer kurzen Felsstufe zum Gipfel.
Abstieg und Abfahrt wie Anstieg.

Überschreitung:
Rottenmanner Hütte – Stein am
Mandl – Hochhaide.
Für Schibergstei-
ger; bei Firn. Von der Materialseilbahn-Talstation zur Hütte. Nun entweder über den
Glohbuckensee (Achtung, Steilstufe!) oder
über die Spitalalm und das Stein am Mandl
zum Glohbuckensattel, ca. 1900 m. Dem
nur anfangs breiten Rücken folgend über
den Seegupf und Diewaldgupf zum Moser-
spitz. In mitunter heikler Querung am Grat
entlang in die nördliche Moserscharte,
2180 m (hier der Einfahrtsbereich Richtung
Singsdorfer Alm). Aus der Scharte im ver-
blockten Gelände zum Schidepot. An einer
Felsstufe (Drahtseil) zum Gipfelkreuz.
Abfahrt über die Singsdorfer Alm.

Vöttleck 1888 m

Talorte und Informationen
8782 Treglwang, 745 m.
8784 Trieben, 709 m.
8785 Hohentauern, 1274 m;
Tourismusbüro, Tel. 03618/335.

Tourenberatung, Alpine Auskünfte
Familie Leitner, GH Braun, Triebental,
Tel. 03618/269.

Reise
Auto: A 9 Pyhrnautobahn.
Nach Tobeitsch: A 9, Ausfahrt 95/Treglwang;
die B 113 und Autobahn unterquerend zu
den Häusern in Tobeitsch.
In das Triebental: A 9, Ausfahrt 86/Trieben;
B 114 Tauern-Bundesstraße, bis zum GH
Brodjäger, Wegweiser. Ab Brodjäger 1,5 km
zur Triebenbachbrücke.
Bahn: ÖBB, IC-Bahnhof Trieben.

Taxi und Transfer
Fa. Kandler (GH „Berghof"), Hohentauern,
Tel. 03618/206.
Zur Triebenbachbrücke:
Ab Hohentauern 4 km, von Trieben 8 km.

Ausgangspunkte
• Treglwang: Tobeitsch, 730 m;
• Vorderes Triebental
  Triebenbachbrücke, 1066 m.

Einkehrstätten und Stützpunkte
Braun, Gasthof, im vorderen Triebental;
Familie Leitner, Tel. 03618/269.
Brodjäger, Gasthof;
an der Abzweigung in das Triebental;
Familie Lienbacher, Tel. 03618/280.
Treglwanger Hof, in Treglwang;
Familie Ploderer, Tel. 03617/2253.
Triebentalhütte, OeAV, 1004 m; Selbst-
versorgerhütte nächst dem

Auf der Eggeralm:
Im Hintergrund Himmeleck und Himmelkogel

GH Braun; Voranmeldung bei Margarethe Hartmann, in Graz,
Tel. 0316/682156 oder im Triebental, Tel. und Fax 03618/384;
Schlüssel bei Gertrude Schöttel, Triebental 15, Tel. 03618/268.

Orientierung
FB-Wanderkarte 062; ÖK-Blätter 130 und 131;
Wanderkarte Hohentauern/St. Johann (1:25.000).

D I E   S C H I T O U R E N

Beste Zeit: Hochwinter.

Charakteristik II
Nordost- und südwestseitig; überwiegend Waldgelände.

Hochwinterliche Einstimmungen auf die Tourenarena im Triebental

Die Schmankerln

Die idyllische Lage der Eggeralm; der lange Höhenrücken am Vöttleck.

Gehzeiten, Höhenunterschiede

- Treglwang – Vöttleck, 3 Std. 30 Min., 1160 Hm;
- Triebental – Vöttleck, 2 Std. 30 Min., 830 Hm.

Anstiege und Abfahrten

Treglwang – Vöttleck. Von der Brücke am Tobeitschbach auf der Forststraße in zahlreichen Kehren bergan durch den steilen Wald, anschließend über den bewaldeten Rücken in einen Sattel mit den Jagdhütten auf der Eggeralm, 1440 m. Nun entweder direkt, oder kurz auf der Forststraße, insgesamt dem ostseitigen Bergrücken folgend, relativ steil auf die Gipfelkuppe. Abfahrt wie Anstieg.

Vöttleck – Trieben. Anfangs Schiwanderung entlang des Gratrückens; nordwestwärts, dem 3 km langen Höhenrücken folgend. Abfahrt: Vom Schwarzkogel, 1735 m, am bewaldeten Bergrücken zur Hanslhütte, 1230 m. Zieh- und Forstwege in Richtung Tuschleitner, 780 m. 1,5 km zum Bf. Trieben.

Triebental – Vöttleck. Vom GH Braun 1 km talaus. Ab der Brücke dem markierten Weg folgend zur Wessenkarhütte, ca. 1600 m. Darüber ersteigt man einen steilen südseitigen Rücken. Auf dem Höhenrücken ostwärts zum Gipfel.
Abfahrt Vom Gipfel zunächst über den Südrücken, dann rechts in das Wessenkar; ab der Wessenkarhütte wie Anstieg.

Geierkogel *2231 m*
Kreuzkarschneid *1825 m*

Talorte und Informationen

8784 Trieben, 709 m.
8785 Hohentauern, 1274 m;
Tourismusbüro, Tel. 03618/335.

Reise

Auto: B 114 Tauern-Bundesstraße.
In das Triebental: Brodjäger – Braun 2,5 km.
Schizentrum Moscher: 5 Schlepplifte;
auch von der Paßhöhe auf den Wirtsgupf;
Familie Moscher, Tel. 03618/289.

Ausgangspunkte

• Hohentauern, Paßhöhe, 1274 m;
• Schizentrum Moscher, 1238 m;
• Triebental, GH Braun, 1100 m;
• Wirtsgupf, Bergstation, 1700 m.

Einkehrstätte und Stützpunkt

Braun, Gasthof, ganzjährig;
Familie Leitner, Tel. 03618/269.

Wildschutzgebiete

Im Bereich von Kreuzkarschneid (Durchfahrt in Richtung Wirtsgraben bzw. Hohentauern möglich) und Tierkogel (Grenze im Hasensattel) sowie zwischen Windloch und Triebenkogel.

Orientierung

FB-Wanderkarte 062;
Wanderkarte Hohentauern/ St. Johann (1:25.000);
ÖK-Blatt 130.

D I E   S C H I T O U R E N

Beste Zeit

Hochwinter und Frühjahr.

Charakteristik II–III

Großteils nord- bis ostseitig.

Die Schmankerln

Die Abfahrt vom Triebenkogel in das Braunkar. In Hohentauern
Lifte für Schitouren in Richtung Geierkogel.

Aus dem Braunkar zum Triebenkogel

Kreuzkogel *2027 m*
Triebenkogel *2055 m*

Zwischen dem Triebental und Schizentrum Moscher gern und oft auf Touren

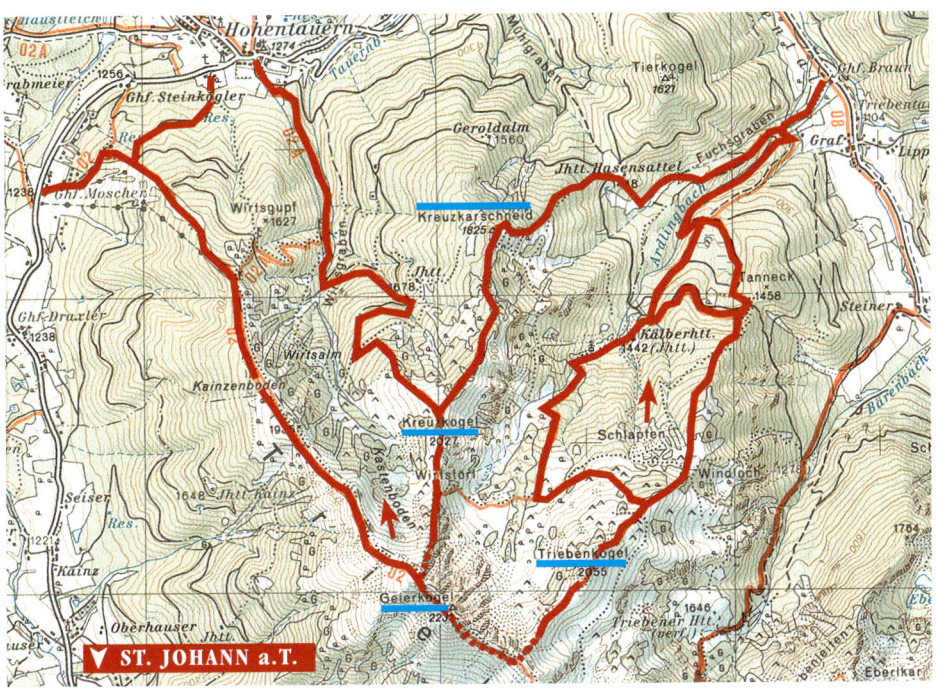

▼ **ST. JOHANN a.T.**

Gehzeiten, Höhenunterschiede

- Triebental – Triebenkogel, 2 Std. 30 Min., 950 Hm;
- Triebenkogel – Geierkogel, 1 Std., rund 200 Hm;
- Geierkogel – Kastenboden – Kreuzkogel, 1 Std., bis 330 Hm;
- Wirtsgupf – Geierkogel, 1 Std. 30 Min., 510 Hm.

Anstiege und Abfahrten

Triebental – Kälberhütte – Braunkar – Triebenkogel.
Vom GH Braun über die Wiesen zur Forststraße. Am Arlingbach den Graben einwärts zur Kälberhütte, 1442 m. Der Markierung folgend in das nordseitige Braunkar, daraus linkshaltend an den nordostseitigen Rücken heran und zum Gipfel.
Abfahrt wie Anstieg oder durch das Grabengelände der Schlapfen.

Kälberhütte – Tannecksattel – Triebenkogel.
Auf einer Forststraße Richtung Tanneck. Davor aus dem Sattel, 1420 m, einen bewaldeten Rücken bergan zur Baumgrenze, 1700 m. Über den nordostseitigen Rücken auf den Gipfel.
Abfahrt durch das Braunkar oder die Schlapfen.

Triebenkogel – Geierkogel – Kreuzkogel – Triebental.
Das alpine Kernstück bei einer Rundtour mit Start und Ziel beim GH Braun; für Schibergsteiger.
Übergang: Vom Triebenkogel an den Grat und diesem entlang zum Geierkogel; mitunter heikel.
Abfahrt: Vom Geierkogel in den Kastenboden, bis ca. 1700 m, wiederum Anstieg auf den Kreuzkogel, 2027 m. Im weiteren über die Kreuzkarschneid, 1825 m, und den Hasensattel, 1448 m, zum GH Braun.

Wirtsgupf – Geierkogel.
Von der Lift-Bergstation geradewegs dem Bergrücken folgend auf den Gipfel.
Abfahrt wie Anstieg.
Oder durch den Kastenboden und Wirtsgraben nach Hohentauern.

239

Großer Grießstein 2337 m
Sonntagskogel 2229 m

Talorte und Informationen

8765 St. Johann am Tauern, 1056 m;
Tourismusbüro, Tel. 03575/387 oder 265.
8785 Hohentauern, 1274 m;
Tourismusbüro, Tel. 03618/335.

Reise

Auto: Siehe Tour 92 bzw. 93.
In das Bärntal
Meist erst im späten Frühjahr;
ab GH Bruckenhauser ca. 5 km.
Nach St. Johann am Tauern
B 114 Tauern-Bundesstraße, von Trieben
oder St. Peter ob Judenburg.
Im Triebental
Vom GH Braun zu den Gehöften Seyfried
und Steiner 2 km.

Ausgangspunkte

- Bärntalalm, 1440 m;
- GH Bruckenhauser, 1111 m; 3 km nördlich von St. Johann am Tauern;
- Triebental: Gehöfte Seyfried und Steiner,
  1117 m.

Einkehrstätten und Stützpunkte

Braun, Gasthof im Triebental;
Familie Leitner, Tel. 03618/269.
Bruckenhauser, Gasthof, an der B 114;
Familie Fruhmann, Tel. 03575/235.
Kirchenwirt, Gasthof, St. Johann a. T.;
Familie Walcher, Tel. 03575/208.
Unterwirt, Gasthof, St. Johann a. T.;
Franz Selan, Tel. 03575/227.

Orientierung

FB-Wanderkarte 062;
Wanderkarte Hohentauern/St. Johann;
ÖK-Blatt 130.

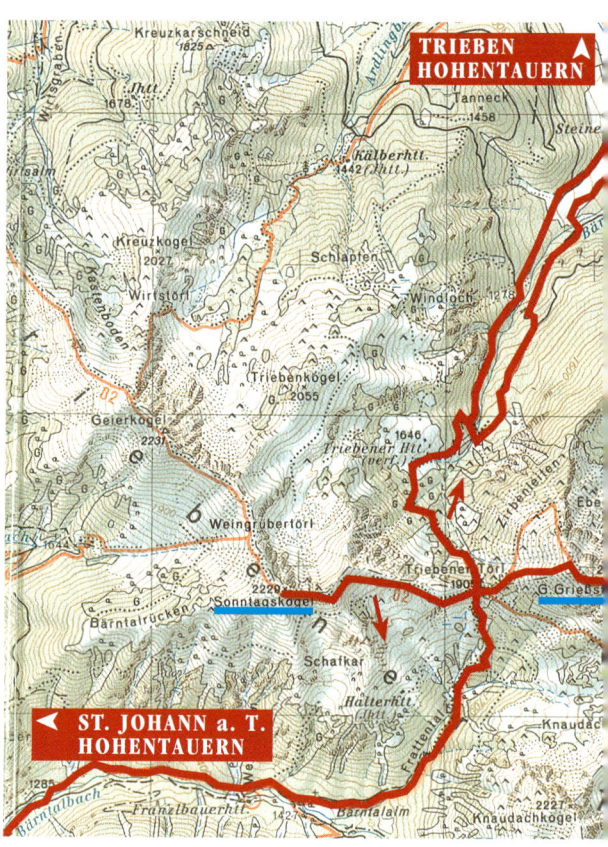

Beste Zeit: Frühjahr.

Charakteristik III

Am Grießstein eine westseitige Flanke; Anstieg auf den Sonntagskogel mitunter heikel.

Das Schmankerl

Die Abfahrt vom Großen Grießstein in das Triebener Törl.

Gehzeiten, Höhenunterschiede

- Triebental – Triebener Törl – Großer Grießstein, 4 Std., 1220 Hm;
- Triebener Törl – Sonntagskogel, 1 Std. 15 Min., 330 Hm;
- Bärntal – Triebener Törl – Großer Grießstein, 4 Std., 1230 Hm.

*Der Große Grießstein
überragt nicht nur das Triebental –
er garantiert auch Hochstimmung*

Anstiege und Abfahrten

Triebental – Triebener Törl – Großer Grießstein. Auf
dem markierten Weg zur Triebenalm (verf. Hütte, 1646 m) und
über eine Geländestufe in das Sonntagskar. Daraus südwärts,
zuletzt steil bergan in das Triebener Törl, 1905 m. In der 400 m
hohen Westflanke zum blockreichen Gipfelbereich.
Abfahrt wie Anstieg; unterhalb von der Triebenalm auch rechts vom
Bärenbach ins Tal (Wildbachsperre).

Triebener Törl – Sonntagskogel. Stets nahe vom Gratrücken
bergan; Schidepot je nach Schneelage.
Abfahrt wie Anstieg. Bei guten Verhältnissen (Firn) nordseitig in das
Sonntagskar.

*Großer Grießstein (links) und Triebener
Törl; dahinter das Knaudachtörl und die
Gamskögel*

**Bärntal – Triebener Törl – Großer
Grießstein.** Nahe von der Franzlbauer-
hütte bzw. Bärntalalm, 1440 m, gleichmäßig ansteigend westseitig durch das Frattenkar zum Triebener Törl und in der Westflanke auf den Großen Grießstein.
Abfahrt wie Anstieg. Evtl. in Kombination
mit dem Sonntagskogel; dabei (wenn Firn)
auch direkt in das Frattenkar.

Gamskögel-Westgipfel *2386 m*

Talorte und Informationen

8765 St. Johann am Tauern, 1056 m;
Tourismusbüro, Tel. 03575/387 oder 265.
8785 Hohentauern, 1274 m;
Tourismusbüro, Tel. 03618/335.

Reise

Auto: B 114 Tauern-Bundesstraße; von
Trieben oder St. Peter ob Judenburg.
<u>In das Bärntal:</u> Im späten Frühjahr;
ab GH Bruckenhauser ca. 5 km.
<u>Zum GH Bruckenhauser:</u> Von St. Johann am
Tauern 3 km, von Hohentauern 8 km.
<u>Zum GH Bergerhube im Triebental:</u>
Ab GH Braun 5 km, GH Brodjäger 7,5 km,
Hohentauern 10 km, St. Johann a. T. 21 km.

Ausgangspunkte

• Bärntalalm, 1440 m;
• GH Bergerhube, 1198 m;
• GH Bruckenhauser, 1111 m.

Einkehrstätten und Stützpunkte

Bergerhube, Gasthaus im hinteren Trie-
bental; Hubert Berger, Tel. 03618/382.
Braun, Gasthof im vorderen Triebental;
Familie Leitner, Tel. 03618/269.
Bruckenhauser, Gasthof, an der B 114;
Familie Fruhmann, Tel. 03575/235.
Kirchenwirt, Gasthof, St. Johann a. T.;
Familie Walcher, Tel. 03575/208.
Unterwirt, Gasthof, St. Johann a. T.;
Franz Selan, Tel. 03575/227.

Wildschutzgebiet

Im Bereich Bärntalalm – Felferalm; Durch-
gang auf dem markierten Weg gestattet.

Orientierung

FB-Wanderkarte 062;
Wanderkarte Hohentauern/St. Johann;
ÖK-Blatt 130.

Bei der Königin zur Gipfelrinne zwischen Gamskögel-Westgipfel (links) und Hochleitenspitze

D I E   S C H I T O U R E N

Beste Zeit

Frühjahr.

Charakteristik III

Für Schibergsteiger. Aus dem Triebental nordostseitig, eine Steilrinne
zum Gipfelgrat.
Von der Bärntalalm west-und südseitig.

Das Schmankerl

Der Hochtalkessel unterhalb vom Mödringer Törl.

Hochleiten-
spitze *2329 m*

**Zu den Parade-
Schitourenzielen
über dem
hinteren Triebental**

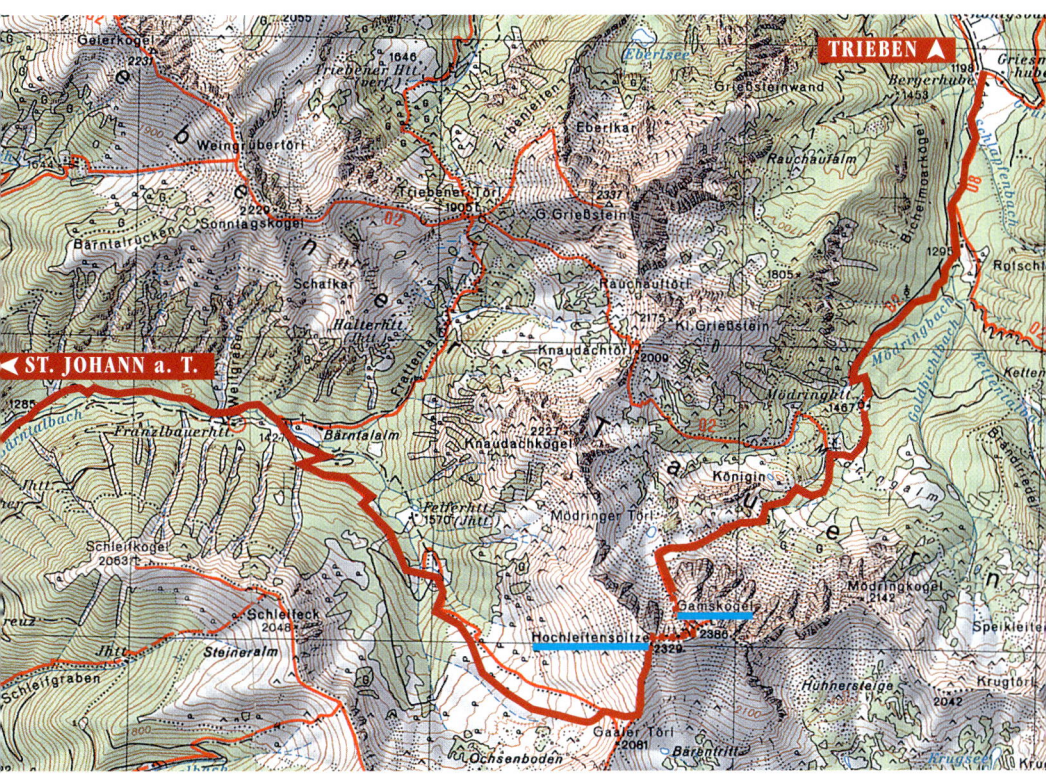

Gehzeiten, Höhenunterschiede

- Bergerhube – Gamskögel, 3 Std. 30 Min., 1200 Hm;
- Bärntalalm – Gaaler Törl – Gamskögel, 3 Std., 950 Hm.

Anstiege und Abfahrten

Triebental – Mödringalm – Gamskögel. Einfach *die* klassische Schitour über dem Hintertriebental. Von der Bergerhube auf
dem markierten Weg durch Waldgelände zur Mödringalm, 1467 m.
In südwestlicher Richtung über zwei Geländestufen in die Karlandschaft bei der Königin. Aus jenem Karboden, der unterhalb vom
Mödringer Törl liegt, zur nordseitigen Steilrinne; darin meist zu
Fuß aufwärts zur Scharte im Grat; rechts (westlich) von der Grat-
scharte die Hochleitenspitze; hingegen ostwärts über den Grat nur
wenige Minuten zum Gamskögel-Gipfelkreuz.
Abfahrt aus der Scharte wie Anstieg.

**Bärntal – Gaaler Törl – Hochleiten-
spitze – Gamskögel.** Lohnend, wenn
bis zur Bärntalalm zugefahren werden
kann. Man folgt im Wildschutzgebiet der
Forststraße zur Felferalm, 1570 m. Unterhalb der Hochleitenspitze, im Auslaufbe-
reich der Westflanke, eher inmitten des
Almgeländes südostwärts bergan in einen
weiten Sattel, das Gaaler Törl, 2081 m.
Den gleichmäßigen, 250 m hohen Bergrücken ansteigend direkt auf die Hochleitenspitze; Schidepot. Am Grat ostwärts zur
Scharte, darüber kurz bergan zum Gipfelkreuz.

Abstieg und Abfahrt wie Anstieg.

243

*Siehe auch Karte
bei Tour 107*

TOUR 96

Amachkogel 2312 m
Kesseleck 2308 m

Talorte und Informationen

8731 Gaal, 900 m;
Gemeindeamt, Tel. 03513/205-0.
8785 Hohentauern, 1274 m;
Tourismusbüro, Tel. 03618/335;
Familie Leitner (GH Braun), Tel. 03618/269.

Reise

Auto:

In das Triebental: B 114 Tauern-Bundes-
straße bis GH Brodjäger.
Zur Bergerhube: Ab dem GH Braun 5 km,
GH Brodjäger 7,5 km.
In die Gaal: S 36 Murtal-Schnellstraße,
Ausfahrt Knittelfeld-West. Landesstraße
über Bischoffeld und Ingering II nach Gaal
und zum GH Wachter vlg. Lasser.
In das Hintertal: Ab GH Wachter 3,5 km; ab
dem Ort Gaal 8,5 km.

Ausgangspunkte

• Im Triebental: GH Bergerhube, 1198 m.
• In der Gaal: Jagdhaus Hintertal, 1173 m.

Einkehrstätten und Stützpunkte

Bergerhube, Gasthaus im hinteren Trie-
bental; Hubert Berger, Tel. 03618/382.
Braun, Gasthof im vorderen Triebental;
Familie Leitner, Tel. 03618/269.
Sportzentrum Gaaler Hof, Gasthof in
Ingering II-Schattseiten;
Arnold Kravanja, Tel. 03513/8822.
Sonnleitnerhütte, OeAV, 1215 m;
Selbstversorgerhütte und Jugendheim; An-
meldung bei Kurt Hofer, Tel. 03512/72317;
Zufahrt vom GH Wachter bis zur Hütte.
Wachter vlg. Lasser, Gasthof, 1094 m;
Familie Wachter, Tel. 03513/222.

Orientierung

FB-Wanderkarte 212; ÖK-Blätter 130, 131.

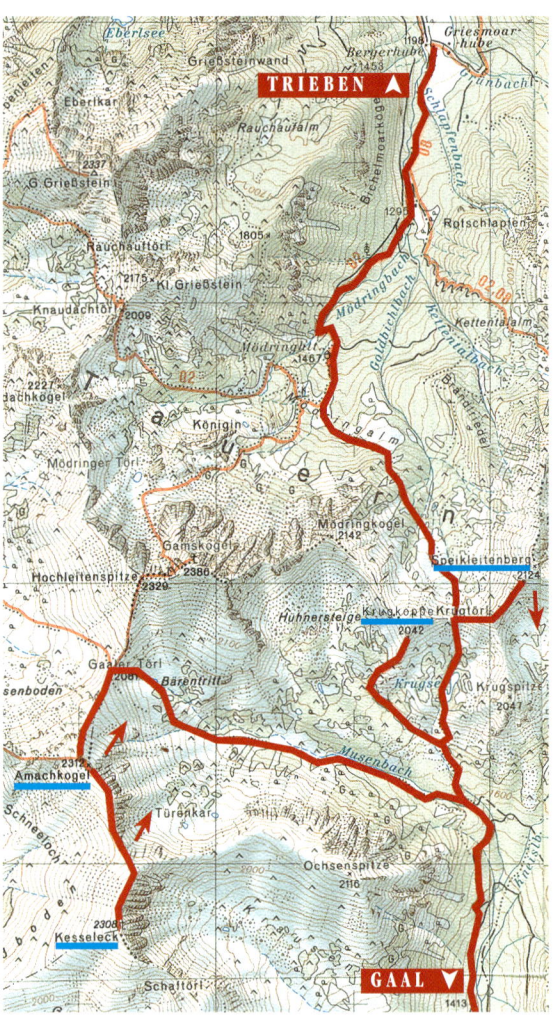

D I E   S C H I T O U R E N

Beste Zeit

Hochwinter und Frühjahr.

Charakteristik II–III

Krugkoppe und Speikleitenberg südseitig;
Amachkogel und Kesseleck nordostseitig.

Krugkoppe 2042 m
Speikleitenberg 2124 m

**Aus dem
Gaaler Hintertal
zu den Triebener
und Gaaler Tauern**

Die Schmankerln

Die Südflanke am Speikleitenberg; die Gipfelflanke am Kesseleck.

Gehzeiten, Höhenunterschiede

- Bergerhube – Speikleitenberg, 3 Std., 930 Hm;
- Hintertal – Amachkogel, 4 Std., 1140 Hm;
- Hintertal – Kesseleck, 4 Std. 30 Min., 1140 Hm;
- Hintertal – Krugkoppe, 3 Std., 870 Hm;
- Hintertal – Speikleitenberg, 3 Std. 30 Min., 950 Hm.

Anstiege und Abfahrten

Bergerhube – Speikleitenberg. Der Anstieg verläuft bis zur Mödringalm parallel zur Route in Richtung Gamskögel. Sodann hält man sich südwärts und steigt durch das Paradies zum Krugtörl an. Am Gratrücken ostwärts unschwierig zum Gipfel.
Abfahrt wie Anstieg; vom Gipfel auch direkt in das Paradies.

Hintertal – Amachkogel. Der Zugang in Richtung Bärentritt, einem weiträumigen Hochtal, öffnet zugleich den Eintritt in eine gar nicht so kleine Tourenarena. Am Fuße von Krugkoppe und Gamskögeln gelangt man westwärts in das Gaaler Törl und ersteigt gegen Süden den Amachkogel.

*Auf der Krugkoppe. Links davon Mödring-
kogel und Gamskögelgrat*

Abfahrt wie Anstieg; vom Gipfel auch direkt in den Bärentritt.

Hintertal – Kesseleck. Der längste Zugang – über das Gaaler Törl und den Amachkogel – führt ebenso zum größeren Erlebnis: Abfahrt vom Gipfel nordostwärts in den Bärentritt.

Hintertal – Krugkoppe. Vom Charakter her zwar eher eine Schnuppertour, doch der Zugang ist eindrucksvoll lang. Abfahrt wie Anstieg.

Hintertal – Speikleitenberg. Die Südflanke ist so begehrt, daß viele TourengeherInnen den langen Zugang auf sich nehmen, wobei der Anstieg über das Krugtörl erfolgt. Abfahrt direkt vom Gipfel durch die Südflanke.

*Karte gilt auch
für Tour 98*

TOUR 97

Kerschkern 2225 m
Schrimpfkogel 2207 m

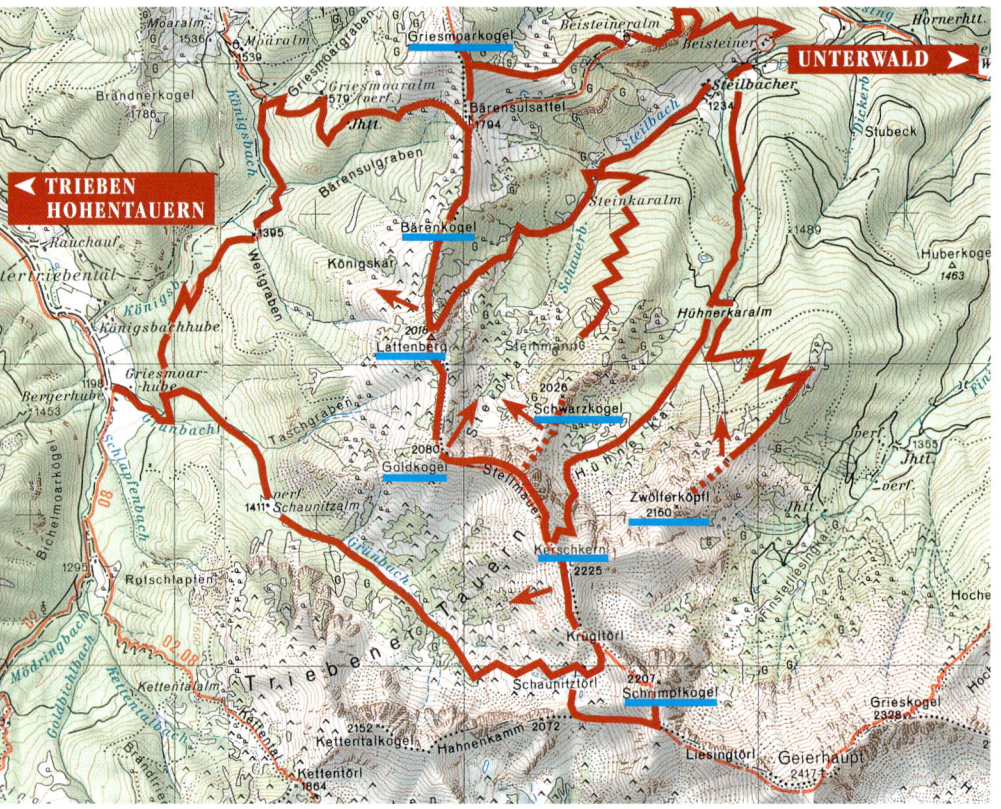

◄ TRIEBEN
HOHENTAUERN

UNTERWALD ►

Talorte und Toureninformationen

8781 Wald am Schoberpaß, 841 m;
Familie Jansenberger, GH, Tel. 03834/330.
8785 Hohentauern, 1274 m;
Familie Leitner, GH, Tel. 03618/269.

Reise: Siehe Tour 98.

Ausgangspunkte

• Liesing: Parkplatz Jansenberger, 1220 m.
• Triebental: GH Bergerhube, 1198 m.

Einkehrstätten und Stützpunkte

Siehe Tour 98.

D I E   S C H I T O U R E N

Beste Zeit: Hochwinter und Frühjahr.

Charakteristik III Kerschkern: Über dem Hühnerkar die gern
begangene Rinne. Auch das Zwölferköpfl ist alpin interessant. In der
Schaunitz: Das Gelände nicht unterschätzen.

Die Schmankerln: Die Abfahrten am Zwölferköpfl, die Kerschkernrinne ins Hühnerkar; die Steilflanken in die Schaunitz.

Gehzeiten, Höhenunterschiede

• Bergerhube – Schaunitz – Kerschkern,
  3 Std. 30 Min., 1030 Hm;
• Schaunitztörl – Schrimpfkogel, 50 Min., 280 Hm;
• Parkplatz Jansenberger – Kerschkern, 3 Std., rund 1000 Hm;
• Parkplatz Jansenberger – Zwölferköpfl, 2 Std., 900 Hm.

Zwölferköpfl *2160 m*

*Ein Kern, längst nicht so
hart wie Steinobst,
und dazu Schmankerln
als würdige Alternativen*

Anstiege und Abfahrten

**Bergerhube – Schaunitz (– Schrimpfkogel) – Kersch-
kern.** Insgesamt nahe am Grünbach zur Schaunitzalm, 1411 m.
Mäßig steil ansteigend in das V-förmige Hochtal der Schaunitz.
Darin aufwärts in das Schaunitztörl, 1930 m, einen kleinen Boden.
Ab hier eventuell auf den Schrimpfkogel und/oder über das Krügl-
törl, 2020 m, und den anschließenden südseitigen Gratrücken zum
Kerschkern. Allgemein werden aus dem Schaunitztörl sogleich jene
steilen Südhänge erstiegen, über die man einfach zum Gipfelkreuz
gelangt. Wichtiger Hinweis: Aus der Schaunitz nur bei besten Verhältnissen durch die Riesenflanke direkt auf den Kerschkern-Gipfel.
Abfahrt wie Anstieg; oder in den steilen Südwesthängen bzw. Rinnen rund 600 Hm direkt zur Schaunitzalm; weiter wie Anstieg.

Parkplatz Jansenberger – Hühnerkar – Kerschkern.
Zunächst über die Wiese südwärts, dann auf einem Forstweg. Anschließend aus einem engen Waldstück zur Hühnerkaralm, 1522
m. Durch Hochwald zum Hühnerkar und an den Fuß der Stellmäuer. Hier linkshaltend! In der steilen
„Kerschkernrinne" geradewegs anstapfend.
Im gut begehbaren Gelände darüber in Kehren zum Höhenrücken; unweit der Gipfel.
Abfahrt wie Anstieg.

**Parkplatz Jansenberger – Hühner-
kar – Zwölferköpfl.** Eine Alternative
bei jedem Wetter, insbesondere ein Erlebnis
bei frischem Pulver. Der Zugang erfolgt wie
zum Kerschkern. Jedoch im Wald nach der
Hühnerkaralm links aufwärts. Aus dem steilen Lärchenwald gelangt man auf einen ostseitigen Rücken; Schidepot an den Gipfelfelsen.
Abfahrt wie Anstieg; die auffallenden Rinnen
nur bei besten Verhältnissen befahren.

Bärenkogel 1910 m
Goldkogel 2080 m

Karte siehe Tour 97

Vom Griesmoarkogel zum Lattenberg

Talorte

8781 Wald am Schoberpaß, 841 m;
8785 Hohentauern, 1274 m;

Tourenberatung, Alpine Auskünfte

Familie Jansenberger, Tel. 03834/330.
Familie Leitner, Tel. 03618/269.

Reise

Auto: A 9 Pyhrnautobahn.
In die Liesing: A 9, Ausfahrt 109/Kalwang;
Bundesstraße 113, in Unterwald abzweigen:
Zum GH Jansenberger 6 km.
In das Triebental: A 9, Ausfahrt Trieben;
B 114 Tauern-Bundesstraße, beim
GH Brodjäger abzweigen:
• zum GH Braun 2,5 km;
• zum GH Bergerhube 7,5 km.

Ausgangspunkte

• GH Bergerhube, 1198 m;
• GH Jansenberger vlg. Beisteiner, 1220 m.

Einkehrstätten und Stützpunkte

Bergerhube, Gasthaus im hinteren Triebental; Tel. 03618/382.
Braun, Gasthof im vorderen Triebental; Tel. 03618/269.
Jansenberger, Gasthof (Montag Ruhetag); Tel. 03834/330.

Orientierung: FB-Wanderkarte 062; ÖK-Blätter 130, 131.

D I E   S C H I T O U R E N

Beste Zeit: Hochwinter und Frühjahr.

Charakteristik II–III Liesing ostseitig, Triebental westseitig.

Die Schmankerln: Die Abfahrten am Lattenberg.

Gehzeiten, Höhenunterschiede

• Jansenberger – Steinkaralm – Lattenberg, 2 Std. 30 Min., 800 Hm;
• Jansenberger – Griesmoarkogel – Bärenkogel – Lattenberg, 3 Std., 1000 Hm;
• Jansenberger – Steinkaralm – Stockhang – Steinmann am Schwarzkogel, 2 Std., 700 Hm;
• Lattenberg – Goldkogel, 20 Min., 100 Hm;
• Lattenberg – Goldkogel – Stellmäuer – Kerschkern, 1 Std. 30 Min., 130 Hm Abfahrten, 340 Hm Anstiege;
• Bergerhube – Bärenkogel – Lattenberg, 2 Std. 30 Min., 820 Hm.

Anstiege und Abfahrten

Jansenberger – Steinkaralm – Lattenberg.

Vom Parkplatz Jansenberger am Fahrweg Richtung Steilbacher und zur Steinkaralm, 1420 m. Aus der gut begehbaren Waldstufe zu einem Strauchgürtel. Aus einer Mulde zum markanten Hang und an ihm aufwärts in jenen Sattel, 1920 m, zwischen Bärenkogel und Lattenberg. An dessen nordseitigem Höhenrücken zum Gipfel.
Abfahrt wie Anstieg. Oder in Kombination mit dem Königskar: Nordwestseitig bis zur Waldgrenze bei ca. 1700 m abfahren; Rückanstieg zum Lattenbergsattel, 1920 m, nun die normale Lattenbergroute abfahrend in Richtung Steinkaralm.

Jansenberger – Griesmoarkogel – Bärenkogel – Lattenberg.

Zunächst zur Beisteineralm, 1620 m. Dem Höhenrücken folgend auf den Griesmoarkogel. Südseitig 200 Hm abfahrend in den Bärensulsattel, 1794 m. Über den Bärenkogel auf den Lattenberg. (Eventuell weiter in Richtung Goldkogel.)
Abfahrt über die Steinkaralm zum Steilbacher und Jansenberger.

Griesmoarkogel *2009 m* Lattenberg *2018 m*
Schwarzkogel *2026 m*   *Lauter bekannt schöne Touren*

Jansenberger – Steinkaralm – Steinmann am Schwarz-kogel. Zunächst wie zum Lattenberg. Bei der Steinkaralm über den Steilbach und den Stockhang aufwärts. Aus dem gut begehbaren Hochwald ab der Waldgrenze nur bis zum großen Steinmann, weil darüber eine Gamswild-Ruhezone. Abfahrt wie Anstieg.

Empfehlenswerte Tourenkombinationen

Lattenberg – Goldkogel – Kerschkern.
Großartige Panoramatour. Zunächst 40 Hm bergab in einen Sattel, sodann einfach, dem Höhenrücken folgend, zum benachbarten Goldkogel. Ca. 70 Hm bergab in einen Sattel, 2010 m; daraus 100 Hm auf die Stellmäuer; knapp 30 Hm bergab und zuletzt rund 150 Hm auf den Kerschkern.
Abfahrt z. B. durch die Kerschkernrinne ins Hühnerkar; s. Tour 97.

Goldkogel – Steinkar – Schwarzkogel – Steinkaralm.
Steilabfahrt: Östlich vom Gipfel 150 Hm in das Steinkar.
Anstieg zum Schwarzkogel: 120 Hm in den Steinkarsattel (Schidepot) und noch 60 Hm zum Gipfel.
Abfahrt durch das Steinkar zur Steinkaralm.

Auf der Beisteineralm

Goldkogel – Stellmäuer – Schwarz-kogel – Steinkar.
Abstieg: 130 Hm am NO-Grat in den Steinkarsattel, 1970 m; Schidepot.
Anstieg entlang des westseitigen Gratrückens; 60 Hm auf den Schwarzkogel.
Abfahrt: Vom Schidepot zur Steinkaralm.

Bergerhube – Bärenkogel – Lattenberg – Kerschkern.
Dem markierten Weg folgend in den Bärensulsattel. Nun auf dem nordseitigen Höhenrücken, dabei den Bärenkogel überschreitend, gipfelwärts.
Abfahrt wie Anstieg; oder durch das Königskar und vom Punkt 1395 weiter wie Anstieg.
Verlängerungen
Ab dem Lattenberg wie bei den Tourenkombinationen zum Kerschkern, mit Abfahrt durch die Schaunitz (siehe Tour 97).

Griesmoarkogel *2009 m*
Himmeleck *2096 m*

Talort
8781 Wald am Schoberpaß, 841 m.

Alpine Informationen
Familie Jansenberger, Tel. 03834/330.

Reise
Auto: A 9 Pyhrnautobahn, Ausfahrt 109/
Kalwang; B 113 Schoberpaß-Bundesstraße.
In die Liesing
In Unterwald von der B 113 abzweigen.
Jeweils 6 km zum GH Jansenberger oder
zum Parkplatz vor dem Reichenstaller.

Ausgangspunkte
• GH Jansenberger vlg. Beisteiner, 1220 m;
• Parkplatz Reichenstaller, 1140 m.

Einkehrstätte und Stützpunkt
Jansenberger, Gasthof (Montag Ruhetag); Tel. 03834/330.

Orientierung: FB-WK 062; ÖK-Blatt 131.

*Überaus beliebt: Von der Beisteineralm
zum Griesmoarkogel*

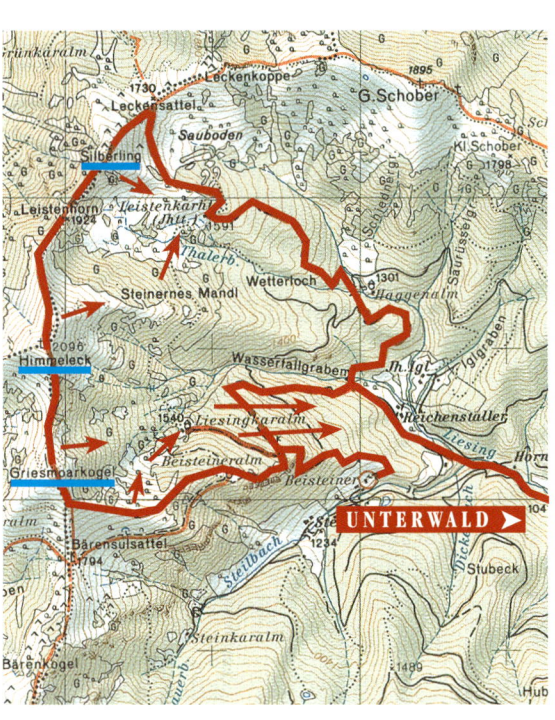

D I E   S C H I T O U R E N

Beste Zeit
Hochwinter und Frühjahr.

Charakteristik II–III
Süd- und ostseitig. Prächtige Hänge; gut vernetzbare Routen.

Das Schmankerl
Die Abfahrten vom Himmeleck und Griesmoarkogel ins Liesingkar.

Gehzeiten, Höhenunterschiede
• Jansenberger – Griesmoarkogel – Himmeleck,
   3 Std., bis 880 Hm;
• Reichenstaller – Griesmoarkogel – Himmeleck,
   3 Std., 960 Hm;
• Reichenstaller – Leistenkaralm – Silberling,
   2 Std. 30 Min., 800 Hm;
• Silberling – Himmeleck, 30 Min., 150 Hm.

Silberling 1930 m

Die Abfahrten in das Liesingkar sind echt himmlisch!

Anstiege und Abfahrten

Jansenberger – Griesmoarkogel – Himmeleck. Die Anstiegsroute leitet auf Ziehwegen zur Beisteineralm, 1620 m. Nun den gut begehbaren Rücken und anschließend steilen Hang aufwärts zum Griesmoarkogel. Nordseitig 80 Hm bergab in die Himmelscharte. Am südseitigen Rücken zum silbernen Gipfelkreuz. Abfahrt wie Anstieg; oder folgend jeweils für Rundtouren.

Himmelscharte und Liesingkar. Aufpassen! Die Einfahrt aus dem Sattel, 1930 m, erfolgt leeseitig. Es folgen traumhafte 400 Hm! Von den Liesingkarhütten, 1540 m, rechtshaltend in den Wald, darin leicht bergan querend zu großen Schlägen (s. Karte: große Pfeile). Bei entsprechender Schneelage exzellente Abfahrten zum Reichenstaller. 20 Minuten Anstieg zum GH Jansenberger.

Himmeleck-NO-Rücken: Vom Gipfel erst nord-, dann nordostwärts zunehmend steil den breiten Rücken abfahrend (siehe Bild oben) in Richtung Steinernes Mandl. Ab 1800 m Höhe linkshaltend, den Graben des Thalerbaches querend, zur Leistenkaralm, 1591 m. Im Hochwald zum Reichenstaller; Anstieg zum Jansenberger 20 Min.

An einem Valentinstag:
Vom Himmeleck zur Leistenkaralm

Reichenstaller – Griesmoarkogel – Himmeleck. Auf Ziehwegen zur Beisteineralm und wie vom Jansenberger auf das Himmeleck. Abfahrt am schönsten aus der Himmelscharte und durch das Liesingkar.

Reichenstaller – Leistenkaralm – Silberling (– Himmeleck). Auf der Forststraße zur Brücke vor dem Haggen-Anger. Im Hochwald zur Leistenkaralm, 1591 m. Erst nordwest-, dann nordwärts in den Leckensattel, 1730 m. Dem Grat folgend auf den Silberling. Bei guten Verhältnissen: Abfahrt direkt vom Gipfel. Extra lohnend die Rundtour vom Silberling auf das Himmeleck und über die Himmelscharte und das Liesingkar zurück zum Reichenstaller.

TOUR 100

Großer Schober 1895 m
Kleiner Schober 1798 m

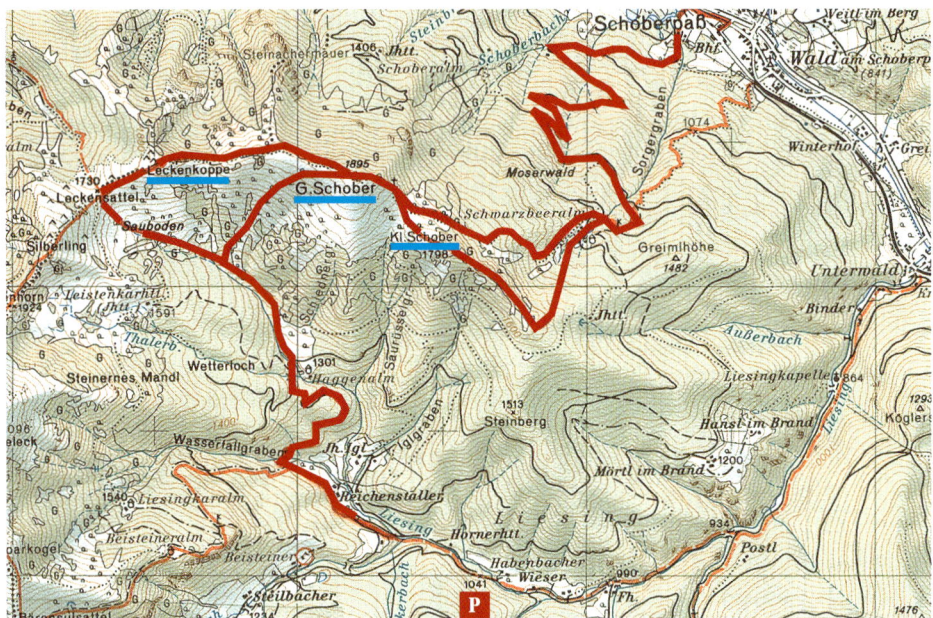

Talort
8781 Wald am Schoberpaß, 841 m.

Reise
Auto: A 9 Pyhrnautobahn, Ausfahrt Kalwang oder Treglwang; Bundesstraße B 113.
<u>Zufahrt in Wald:</u> Nördlich vom Bahnhof über die Überführung; kurz danach parken.
<u>In die Liesing:</u> Von Unterwald zum Parkplatz vor dem Reichenstaller 6 km.
Bahn und Bahnbus: ÖBB; Wald a. Sch.

Ausgangspunkte
• Liesing: Parkplatz Reichenstaller, 1140 m;
• Wald: Bahnüberführung zum Bad, 845 m.

Einkehrstätten und Stützpunkte
Fink, Gasthof in Wald; Tel. 03834/228.
Leitner, Gasthof in Wald; Tel. 03834/213.
Jansenberger, Gasthof in der Liesing; Montag Ruhetag; Tel. 03834/330.
Orientierung: FB-WK 062; ÖK-Blatt 131.

D I E   S C H I T O U R E N

Beste Zeit
Hochwinter.

Charakteristik II
Am Schoberpaß nordostseitig; in der Liesing am Schober südseitig.

Die Schmankerln
Die Abfahrten zur Schwarzbeeralm und zur Haggenalm.

Gehzeiten, Höhenunterschiede
• Wald am Schoberpaß – Kleiner und Großer Schober, 3 Std., 1050 Hm;
• Reichenstaller – Haggen – Schober, 2 Std. 30 Min., 760 Hm;
• Haggen – Leckenkoppe – Großer Schober, 1 Std., 430 Hm.

Anstiege und Abfahrten

Wald am Schoberpaß – Kleiner und Großer Schober.
Nördlich des Bahnhofes wie zum Freizeitsee über die Bahnüberführung. In der Hochwaldstufe auf einem Forstweg in mehreren Kehren zum Moserwald. Aus ihm durch schütteren Baumbestand

Leckenkoppe *1850 m*

Der Walder Hausberg-Doppelspaß über dem Schoberpaß

in das weite freie Gelände der Schwarzbeeralm, ca. 1420 m; hervorragender Überblick auf die Eisenerzer Alpen.

Ab der Schwarzbeeralm je nach Schneeverhältnissen weiter: Bei stabilen Bedingungen dem markierten Weg folgend durch eine steilere Waldstufe unterhalb vom Kleinen Schober in den Schobersattel. Im weiteren einfach und sicher auf den nahen Gipfel. Ansonsten von der Schwarzbeeralm an den Rücken des Kleinen Schobers heran und, dessen Gipfel überquerend, in den Schobersattel. Nun, wieder der markierten Route folgend, zum Gipfelkreuz. Abfahrt wie Anstieg. Oder, beispielsweise mit dem Ziel Jansenberger, zum Reichenstaller in der Liesing (siehe Tour 99).

Reichenstaller – Haggenalm – Leckenkoppe – Großer Schober.

Vom ehemaligen Gehöft Reichenstaller entlang einer Forststraße an den Thalerbach und über die Brücke zur Haggenalm, 1301 m, einem schönen Anger. Nun im Schiednergraben aufwärts. Da an der Westseite des Großen Schobers die Jungwaldflächen sich stark vergrößern, umgeht man diese Forstflächen nordwärts, Richtung Leckensattel, folgend: Von der Haggenalm zum Sauboden, daraus

in Richtung Leckensattel. Dem Gratrücken entlang über die Leckenkoppe auf den Großen Schober.
Abfahrt wie Anstieg.

Kombination mit dem Silberling.

Abfahrt vom Großen Schober in den Sauboden, ca. 1500 m.
Anstieg 430 Hm zum Silberling (siehe Tour 99). Von dessen Gipfel entweder
Abfahrt zur Leistenkaralm und zum Reichenstaller oder
Anstieg auf das Himmeleck (siehe Tour 99).

Auf der Schwarzbeeralm. Im Hintergrund v. l. n. r.: Leobner Törl, Lahnerleitenspitze, Hinkareck und Zeiritzkampel

TOUR 101

Geierhaupt 2417 m
Grieskogel 2328 m
Zum höchsten Gipfel der Seckauer Tauern

Talorte
8731 Gaal, 900 m;
8781 Wald am Schoberpaß, 841 m.

Tourenberatung, Alpine Auskünfte
DI Wolfgang Loidl, Forstdirektor bei der
Forstverwaltung Wasserberg in Ingering II,
Tel. 03513/8801-0 (Mo, Di, Mi 13–16 Uhr,
Do 7–16 Uhr, Fr 7–12 Uhr).

Reise
Auto:
In die Ingering: S 36 Murtal-Schnellstraße,
Ausfahrt Knittelfeld-West.
Landesstraße über Bischoffeld; in Ingering
II abzweigen.
Die Ingeringstraße wird bis ca. 1 km nach
dem Trafo geräumt, evtl. bis Asphaltende,
nächst der Brücke bei Punkt 1096.
Im besten Fall bis zum ehem. GH Ingering;
von Ingering II ca. 8 km.
In die Liesing: A 9, Ausfahrt 109/Kalwang;
Bundesstraße bis Unterwald. Zur Weggabe-
lung bzw. Liesingbachbrücke 3 km.

Ausgangspunkte
• Ingeringgraben: Brücke bei Punkt 1096
  oder ehem. GH Ingering, 1156 m;
• Liesing: Brücke bei Punkt 934 m.

Einkehrstätten und Stützpunkte
Jansenberger, Gasthof in der Liesing;
Montag Ruhetag; Tel. 03834/330.
Sportzentrum Gaaler Hof, Gasthof in
Ingering II-Schattseiten;
Arnold Kravanja, Tel. 03513/8822.
Trenk, Gasthaus in Ingering II; Montag
Ruhetag; Kaiser-Schleifer, Tel. 03513/215.

Wildschutzgebiet
In der Ingering zwischen dem Schmäh-
hausrücken und Hölltal.

Orientierung: FB-WK 212; ÖK-Blatt 131.

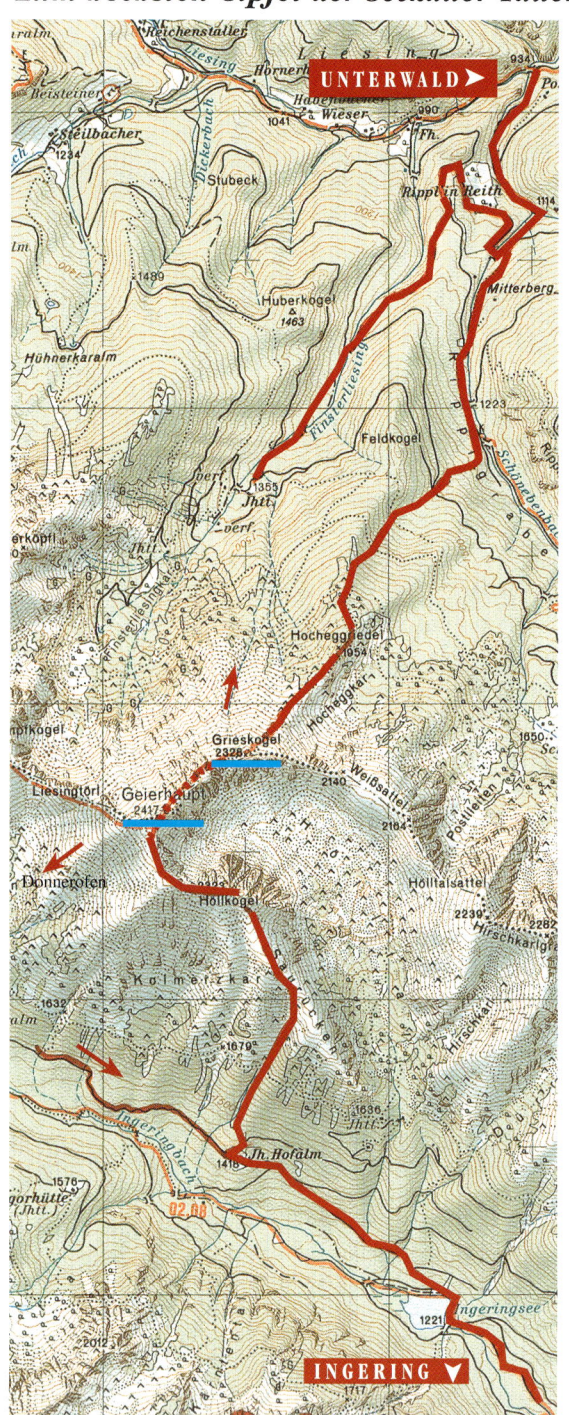

Grieskogel (links) und Geierhaupt. Am Grieskogel beginnt bei den großen Schneeflächen die von einem Rücken verdeckte Abfahrt

Beste Zeit: Frühjahr.

Charakteristik III

Gipfelrinne am Grieskogel **IV** Für Schibergsteiger.
Aus der Liesing nordostseitig, aus der Ingering südwestseitig.

Das Schmankerl

Die Abfahrt vom Geierhaupt durch den Donnerofen zur Hinteralm.

Gehzeiten, Höhenunterschiede

- Liesing – Grieskogel, 4 Std., 1400 Hm;
- Grieskogel – Geierhaupt, 30 Min., 100 Hm;
- Ingering – Geierhaupt, 4 Std., 1170 Hm.

Anstiege und Abfahrten

Liesing – Grieskogel – Geierhaupt. Von der Brücke an der Weggabelung südwärts in den Ripplgraben und durch diesen aufwärts bis zur Brücke, 300 m südlich von P. 1223. Nun durch steilen Wald entlang der Sommermarkierung bergan zum Hocheggriedel, 1954 m, und den gut zu begehenden Rücken steil aufwärts zum Grieskogel; am Grat zu Fuß hinüber zum höchsten Punkt auf dem Geierhaupt.
<u>Abstieg</u> und <u>Abfahrt</u> vom Grieskogel. Zunächst am Grat etwa 100 m in Richtung Geierhaupt und nordseitig über Felsen kurz absteigend; Beginn der Abfahrt. Man fährt die sehr steile, jedoch breite nordostseitige Rinne ab und gelangt direkt zur Jagdhütte, 1355 m. Auf der Forststraße die Finsterliesing talaus zum ehemaligen Gehöft Rippl in Reith. Unweit zur Brücke an der Liesing.

Ingering – Geierhaupt. Vom GH Ingering auf dem markierten Weg 2 km zum Ingeringsee, sodann rechtshaltend und auf Forststraßen zur Hofalm.
Linkshaltend aufwärts, durch eine steile Rinne auf den Saurücken. Im weiteren dem Gratrücken folgend auf den Gipfel.
<u>Abfahrt</u> vom Gipfel über die nordwestseitige Flanke in das mit Donnerofen bezeichnete karähnliche Gelände. Von der Hinteralm, 1518 m, entweder schon oberhalb der Jagdhütte einer Forststraße folgend oder von der Alm auf dem markierten Weg zurück zum Ingeringsee.

TOUR 102

Brandstätterkogel 2234 m
Feistererhorn 2081 m

Talorte und Informationen

8731 Gaal, 900 m;
Gemeindeamt, Tel. 03513/205-0.
8774 Mautern, 712 m;
TIC, TouristInformationsCenter A 9 bei Rast-
station „Iris", Kammern, Tel. 03844/8121.

Reise

Auto:

In das Hagenbachtal: A 9 Pyhrnautobahn,
Ausfahrt 115/Mautern oder 109/Kalwang;
auf der Bundesstraße bis 1 km nördlich
Liesingau, abzweigen: Vom Autohändler
zum Sägewerk; durch die Eisenbahn- und
Autobahn-Unterführungen zum Wegschranken. In jedem Fall davor parken.
In die Ingering: Von Ingering II eventuell
bis zum ehem. GH Ingering; siehe Tour 101.

Ausgangspunkte

• Hagenbachtal: Parkraum, ca. 760 m;
• Ingeringgraben: Brücke bei Punkt 1096
  oder ehem. GH Ingering, 1156 m.

Einkehrstätten und Stützpunkte

Familiengasthof, in Mautern; Freitag
Ruhetag; Gerhard Maier, Tel. 03845/2217-0.
Hochreichhart-Schutzhaus, ÖTK,
1483 m; Pfingsten bis Mitte Oktober an Wo-
chenenden (Freitag ab 15 Uhr bis Sonntag
abends); Rupert Pfleger, Tel. 03843/3067.
Winterraum: offen, unbeheizt; 2 Lager.
Lieber, Gasthof in Mautern, Josefiplatz;
Mittwoch Ruhetag;
Familie Scheiber, Tel. 03845/2232.
Liesingtaler Hof, Gasthof in Mautern,
Josefiplatz; Dienstag Ruhetag;
Familie Thewanger, Tel. 03845/2111.

Orientierung

FB-Wanderkarte 212; ÖK-Blatt 131.

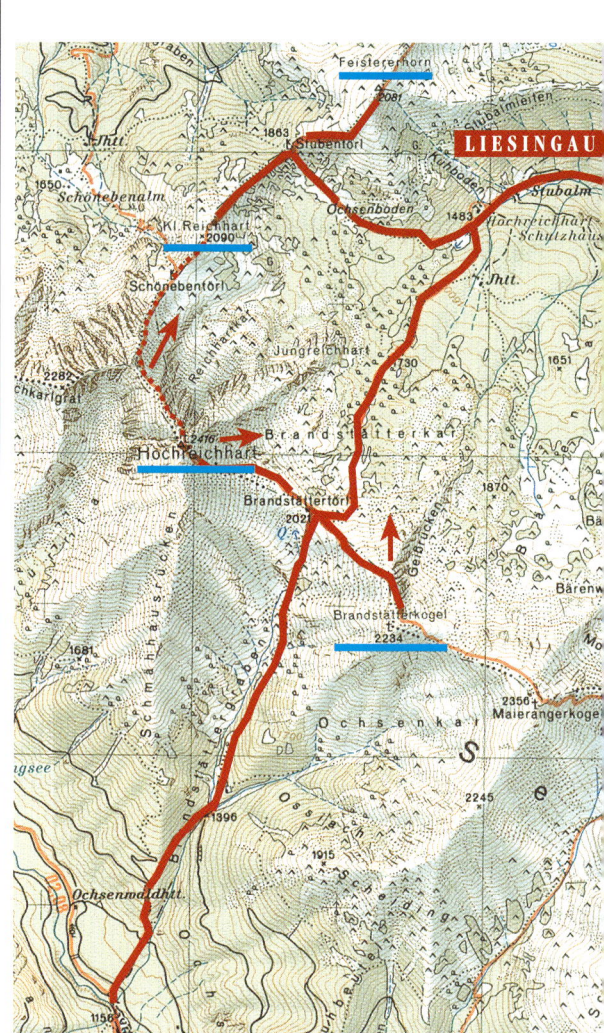

Beste Zeit: Frühjahr.

Charakteristik III

Für Schibergsteiger. Aus dem Liesingtal nordostseitig; bis zu
1650 Hm! Aus der Ingering südwestseitig.

Hochreichhart *2416 m*
Kleinreichhart *2090 m*

**Besonders reich –
in jedem Fall
an Höhenmetern**

Das Schmankerl

Die ostseitige Abfahrt durch das Brandstätterkar.

Gehzeiten, Höhenunterschiede

• Liesingau – Brandstättertörl – Hochreichhart, 5 Std., 1650 Hm;
• Brandstättertörl – Brandstätterkogel, 35 Min., 210 Hm;
• Hochreichharthütte – Kleinreichhart, 1 Std. 30 Min., 610 Hm;
• Hochreichharthütte – Feistererhorn, 1 Std. 30 Min., 600 Hm;
• Ingering – Hochreichhart, 4 Std., 1260 Hm.

Anstiege und Abfahrten

Liesingau – Hochreichhart. Im Hagenbachtal 3 km zum
Jagdhaus Fasching, 1000 m, und dem markierten Weg folgend zur
Hochreichharthütte, 1483 m. Aus dem nun schütteren Wald in das
Brandstätterkar und darin zum Brandstättertörl, 2021 m.
Am 400 m hohen Südostrücken mitunter zu Fuß zum Gipfel.
Abfahrt wie Anstieg.
Oder in die Karmulde vor dem Jungreichhart.

Brandstättertörl– Brandstätterkogel. Dem Gratrücken
folgend, mitunter zu Fuß, auf den Gipfel.

Abfahrt vom Gipfel direkt in das Brandstätterkar.

**Hochreichharthütte – Kleinreich-
hart (– Hochreichhart) oder Feistererhorn.** Den Ochsenboden ansteigend
in das Stubentörl, 1863 m; nun jeweils dem
Gratrücken folgend zu den Gipfeln.
Vom Kleinreichhart, für Schibergsteiger
relativ einfach, auf den Hochreichhart.
Abfahrten jeweils in Varianten zur Hochreichharthütte.

Ingering – Hochreichhart. Wie auf
dem markierten Weg zur Brücke bei P. 1396.
Nun im Brandstättergraben aufwärts; etwa
in 1900 m Höhe in die gleichmäßig steile
Flanke und darin bergan zum Gipfel.
Abfahrt wie Anstieg; nach dem P. 1396 evtl.
auch durch den unteren Brandstättergraben.

Das Hochreichhart-Schutzhaus

TOUR 103

Maierangerkogel 2356 m

Aus jeder Richtung weit und hoch

Talorte und Informationen

8731 Gaal, 900 m;
Gemeindeamt, Tel. 03513/205-0.
8774 Mautern, 712 m;
TIC, TouristInformationsCenter A 9 bei Rast-
station „Iris", Kammern, Tel. 03844/8121.

Reise

Auto:
In das Hagenbachtal: Siehe Tour 102.
In den Vorwitzgraben: S 36 Murtal-Schnell-
straße, Ausfahrt Knittelfeld-West. Landes-
straße über Sachendorf erst Richtung Gaal;
vor Bischoffeld (ÖK-Punkt 854) Richtung
Seckau abzweigen: Ca. 0,8 km zur näch-
sten Abzweigung: Gegenüber dem Gehöft
Sundl in den Vorwitzgraben, darin bis zur
Brücke, ca. 2,5 km.
Bahn: ÖBB; Bahnhöfe Kammern, Mau-
tern und Knittelfeld (IC).

Taxi und Transfer

Kammern: Fa. Dworschak, 03844/8100.
Knittelfeld: Fa. Steiner, Tel. 03512/1718.

Ausgangspunkte

• Hagenbachtal: Parkplatz, ca. 760 m.
• Vorwitzgraben: Parkplatz an der Brücke,
  ca. 1100 m.

Einkehrstätten und Stützpunkte

Sportzentrum Gaaler Hof, Gasthof in
Ingering II-Schattseiten;
Arnold Kravanja, Tel. 03513/8822.
Steinmühle, Gasthof (2,5 km westlich
von Seckau); kein Ruhetag, durchgehend
warme Küche;
Familie René Liebminger, Tel. 03514/20011.
Gaststätten in Mautern, s. Tour 102.

Orientierung

FB-Wanderkarte 212; ÖK-Blatt 131.

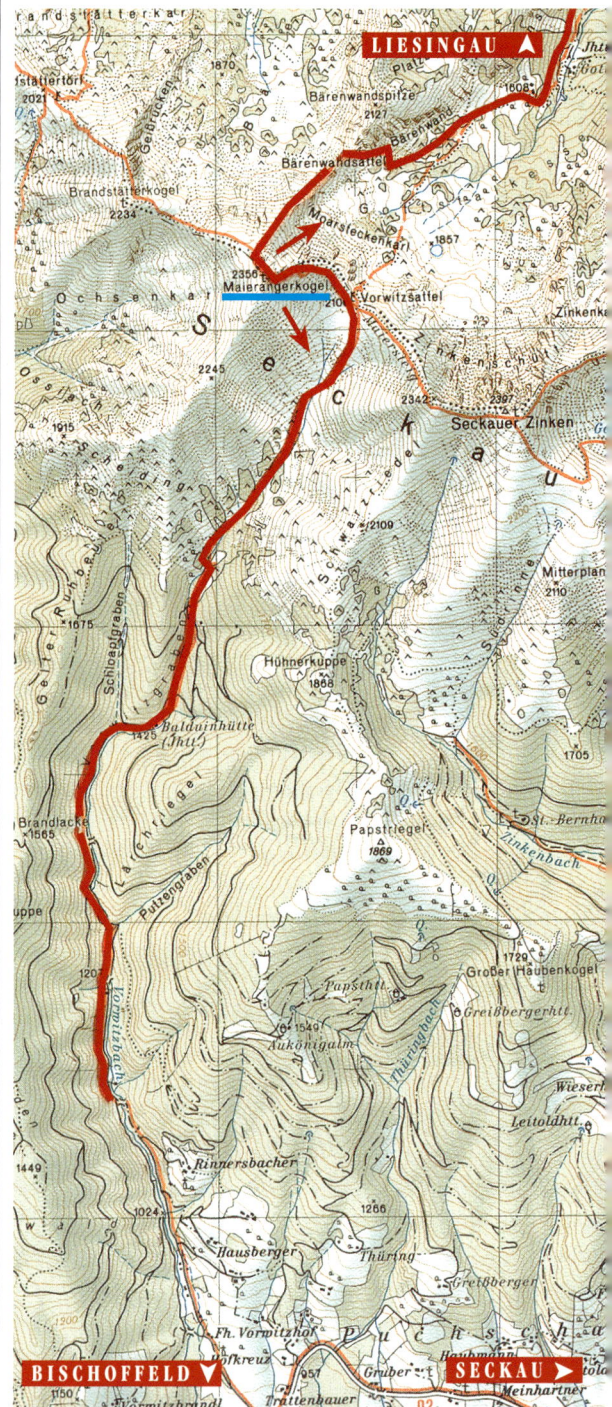

DIE SCHITOUREN

Beste Zeit

Frühjahr.

Charakteristik III

Für Schibergsteiger. Aus dem Liesingtal nordseitig, durch den Vorwitzgraben südseitig. Oberhalb der Waldstufen weiträumige Kare.

Das Schmankerl

Die nordseitige Abfahrt durch das Moarsteckenkarl.

Gehzeiten, Höhenunterschiede

• Liesingau – Maierangerkogel, 5 Std., 1600 Hm;
• Vorwitzgraben – Maierangerkogel, 4 Std., 1260 Hm.

Anstiege und Abfahrten

Liesingau – Maierangerkogel. Wie zum Hochreichhart (Tour 102) im Hagenbachtal zum Jagdhaus Fasching, 1000 m. Hier jedoch geradeaus, südwärts, auf dem markierten Weg taleinwärts und auf die Gottstalalm. Der weitere Anstieg ist gut einzusehen: Durch freies Gelände bergan, unterhalb der Bärenwand rechtshaltend steil bergan in den Bärenwandsattel. Den Bergrücken aufwärts zum Gipfel.
Abfahrt am schönsten direkt durch das rund 450 m hohe Moarsteckenkarl und weiter wie Anstieg.

Vom Maierangerkogel in das Moarsteckenkarl. Die Abfahrt begeistert dermaßen, daß mitunter nochmals zum Gipfel angestiegen wird, nach dem Motto: Doppelt hält besser

Vorwitzgraben – Maierangerkogel.
Dem markierten Fahrweg folgend 1 km zur Brücke bei P. 1207; den Graben einwärts zur Balduin-Jagdhütte, 1425 m. Nun das Kar aufwärts bis unter die Steilhänge. Darin bergan zum Gratrücken bzw. in den Vorwitzsattel, 2100 m, und westwärts zum Gipfel.
Abfahrt durch die südseitige Flanke in den oberen Karboden und weiter wie Anstieg.

TOUR 104

Hämmerkogel 2253 m
Papstriegel 1869 m

Talorte und Informationen

8715 Feistritz bei Knittelfeld, 647 m;
Gemeindeamt, Tel. 03515/4203-11.
8732 Seckau, 843 m;
Günther Hausknost, Tel. 03514/5645-0.

Reise

Auto: S 36 Murtal-Schnellstraße.
<u>Zum GH Steinmühle:</u> S 36, Ausfahrt Knit-
telfeld-Ost; nach Seckau (7 km). Vom Hofwirt 2,5 km westwärts. Von der Steinmühle
0,8 km in den Zinkengraben; Parkraum im
Bereich der Straßenkehre.
<u>In den Feistritzgraben:</u> S 36, Ausfahrt St.
Lorenzen; über Feistritz und Hof nach Wasserleith (4,5 km); grabeneinwärts je nach
Schneelage bzw. Straßenverhältnissen.
Bahn: ÖBB; IC-Bahnhof Knittelfeld.

Taxi und Transfer

Fa. Steiner, Knittelfeld, Tel. 03512/1718.

Ausgangspunkte

* Zum Hämmerkogel:
  Schloß Wasserleith, 769 m.
* Zu Schwaigerhöhe und Zinken:
  GH Steinmühle, 928 m.

Einkehrstätten und Stützpunkte

Hofwirt, Hotel-Restaurant, Seckau;
Montag Ruhetag;
Günther Hausknost, Tel. 03514/5645-0.
Steinmühle, Gasthof (2,5 km westlich
von Seckau); kein Ruhetag, durchgehend
warme Küche;
Familie René Liebminger, Tel. 03514/20011.
Zur Post, Gasthof in Seckau; Donnerstag
Ruhetag; Familie Puster-Feldbauer,
Tel. 03514/5247.

Orientierung

FB-Wanderkarte 212; ÖK-Blätter 131, 132.

*Auf dem Seckauer Zinken. Einer der großen Hausberge über
dem Aichfeld und Murboden*

D I E   S C H I T O U R E N

Beste Zeit: Hochwinter und Frühjahr.

Charakteristik II–III

An der Schwaigerhöhe und am Zinken südseitig; am Hämmerkogel
und Papstriegel nordostseitig.

Das Schmankerl

Die Abfahrten am Zinken durch die Südrinne und die Klamm.

Gehzeiten, Höhenunterschiede

* Zinkengraben – Papstriegel, 2 Std. 30 Min., 950 Hm;
* Zinkengraben – Seckauer Zinken, 4 Std. 30 Min., 1470 Hm;
* Schloß Wasserleith – Hämmerkogel, 4 Std. 30 Min., 1480 Hm;
* Steinmühle – Schwaigerhöhe, 4 Std., 1290 Hm.

Anstiege und Abfahrten

Zinkengraben – Papstriegel. Vom GH Steinmühle entlang der
Straße zur ersten Straßenkehre; kleiner Parkplatz. Im Zinkengraben
den markierten Weg talein und zur St.-Bernhardi-Hütte, ca. 1500 m.
Etwa 500 m danach, in ca. 1520 m Höhe, westwärts ansteigend
durch Waldgelände, bald über freie Flächen in einen Sattel und
kurz südwärts auf die Gipfelkuppe.
<u>Abfahrt</u> wie Anstieg.

Schwaigerhöhe *2214 m*
Seckauer Zinken *2397 m*

Die Zinken-Südrinne ist weithin bekannt – aber klammheimlich wird durch die „Klamm" abgefahren

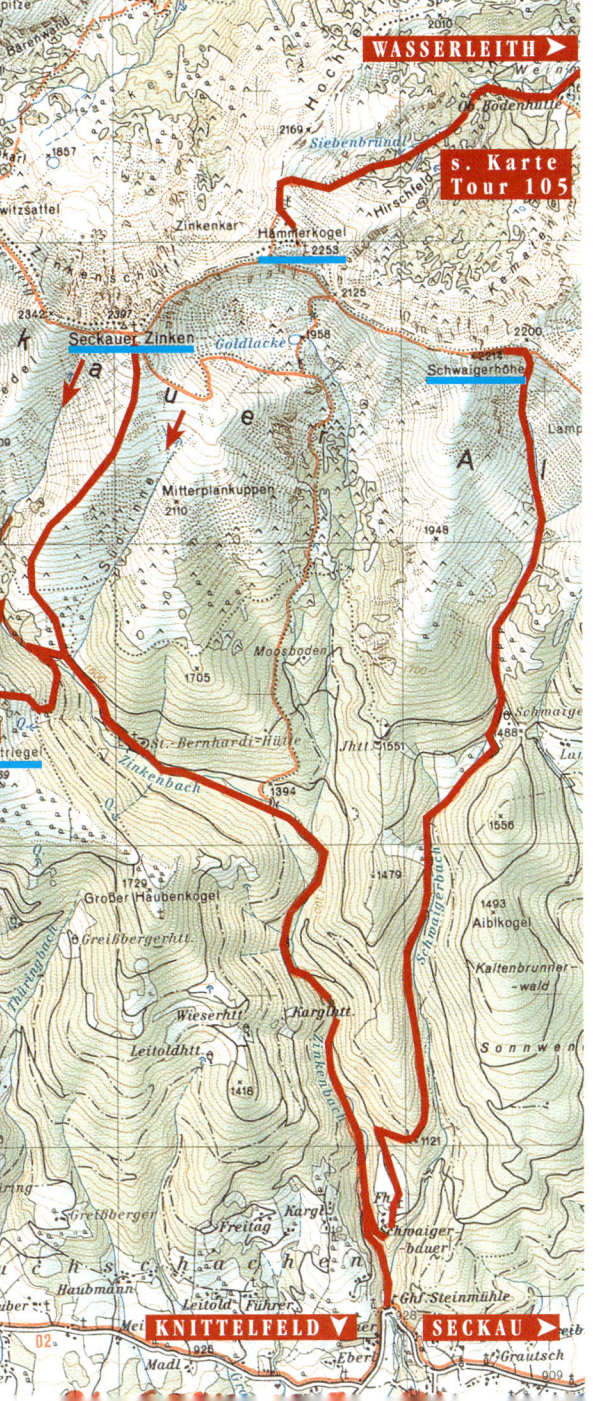

Zinkengraben – Seckauer Zinken.
Im Zinkengraben talein und zur Brücke, P. 1394. Nun allgemein über die St.-Bernhardi-Hütte weiter dem Zinkenbach entgegen und somit direkt zum Beginn der Südrinne. Je nach Verhältnissen direkt in der Rinne oder an ihrem westlichen Begrenzungsrücken zum Gipfelkreuz auf dem Zinken.
Oder von der Brücke, P. 1394, wie der Sommerweg nordwärts ansteigend, erst durch Wald, dann durch ein Kar bei der Goldlacke und westwärts auf den Seckauer Zinken. Abfahrt entweder durch die Südrinne oder, südwestlich vom Gipfel durch die als „Klamm" bezeichnete Rinne in Richtung Hühnerkuppe. Nach der Bernhardihütte besondere Vorsicht in den engen Passagen des Waldweges. Das Schlußstück im Zinkengraben kann auf einer Forststraße in Richtung Jagdhaus umfahren werden; zuvor allerdings eine Gegensteigung.

Wasserleith – Hämmerkogel. Die Tour beginnt und endet jeweils mit einem „Langlauf" durch den Feistritzgraben, falls man dieses Flachstück nicht befahren kann. Ab dem Weinmeisterboden ist das Tourengelände jedoch recht interessant. Insgesamt folgt man markierten Wegen. Abfahrt wie Anstieg.
Siehe auch Karte bei Tour 105.

Steinmühle – Schwaigerhöhe. Ein alternativer „heißer Tip" aus tourenbegeistertem Jägerherzen: Vom Forsthaus auf einer Forststraße geradewegs talein zur Schwaigeralm, 1488 m, und in den steilen südseitigen Hochtalkessel. Daraus bergan auf den Gratrücken und westwärts zum Gipfel.
Abfahrt wie Anstieg.

261

Kumpitzstein 1924 m
Maria Schnee 1822 m

Die Wallfahrtskirche wurde im Jahre 1660 erbaut

Talort
8732 Seckau, 843 m;

Touristische Informationen
Günther Hausknost, Tel. 03514/5645-0.

Reise
Auto: S 36 Murtal-Schnellstraße.
Zum Gehöft Kühberger
S 36, Ausfahrt Knittelfeld-Ost;
nach Seckau 7 km.
Vom Hofwirt in Richtung Sonnwenddorf;
ab Seckau ca. 4 km zum Kühberger.

Ausgangspunkt
Gehöft Kühberger, 1080 m.

Einkehrstätten und Stützpunkte
Hofwirt, Hotel-Restaurant;
Montag Ruhetag;
Günther Hausknost, Tel. 03514/5645-0.

Kühberger, Komfort-Urlaub am Bio-Bauernhof,
Familie Kargl, Tel. 03514/5346.
Zur Post, Gasthof in Seckau;
Donnerstag Ruhetag; Familie Feldbaumer, Tel. 03514/5247.

Orientierung
FB-Wanderkarte 212; ÖK-Blätter 131, 132.

Eine feine Spur hoch über dem
Aichfeld und Murboden:
Zur höchsten Wallfahrtskirche
in den Ostalpen

Von der Grafenalm nach Maria Schnee

Beste Zeit: Hochwinter.

Charakteristik II

Südseitig. Forstwege, Almböden und Bergrücken: Ein aussichtsreiches Gelände, wie geschaffen für eine Schnuppertour.

Die Schmankerln

Die umfassende Aussicht von der Hochalm; die Abfahrt zur Grafenalm; der schöne Platz beim Bio-Gehöft Kühberger.

Gehzeiten, Höhenunterschiede

- Gehöft Kühberger – Maria Schnee, 2 Std., 740 Hm;
- Maria Schnee – Kumpitzstein, 30 Min., 100 Hm.

Anstiege und Abfahrten

Kühberger – Maria Schnee.
Auf einem Forstweg grabeneinwärts zur Kühbergeralm, 1200 m, von wo man, rechtshaltend bergan, die Grafenalm erreicht; 1432 m.

Nun dem südseitigen Rücken folgend zur schmucken kleinen Wallfahrtskirche. Abfahrt wie Anstieg.

Maria Schnee – Hochalm – Kumpitzstein.
Diese beiden hervorragenden Aussichtspunkte zu ersteigen, sollte man sich nicht entgehen lassen. Man „spaziert" dem Höhenrücken entlang und erfaßt ein großartiges Schitouren-Panorama. Abfahrt wie Anstieg.

Feistritzgraben.
Von Wasserleith zum Hämmerkogel siehe Tour 104.

Amachkogel 2312 m
Kesseleck 2308 m

Talorte und Informationen

8765 St. Johann am Tauern, 1056 m;
Tourismusbüro, Tel. 03575/387 oder 265.
8785 Hohentauern, 1274 m;
Tourismusbüro, Tel. 03618/335.

Reise

Auto: B 114 Tauern-Bundesstraße;
Richtung Hohentauern und
St. Johann am Tauern.
Postbus: Verbundlinie 871, Judenburg –
Möderbrugg – Hohentauern – Trieben.

Taxi und Transfer

Hohentauern
• Ernelinde Kandler, Tel. 03618/215;
• Fa. Kandler (Berghof), Tel. 03618/206.

Ausgangspunkte

• Zum Schleifeck: Parkplatz nächst Volks-
  schule St. Johann am Tauern, 1056 m.
• Ins Bärntal: GH Bruckenhauser, 1111 m.
• In den Lerchgraben: Nächst der Bushaltestelle Mooswirt, 1018 m.

Einkehrstätten und Stützpunkte

In St. Johann am Tauern
Bruckenhauser, Gasthof, an der B 114;
Familie Fruhmann, Tel. 03575/235.
Kirchenwirt, Gasthof;
Familie Walcher, Tel. 03575/208.
Unterwirt, Gasthof;
Franz Selan, Tel. 03575/227.

Oben: Im Anstieg auf das Schleifeck; dahinter der Lärchkogel,
ganz links der Amachkogel (z. T. verdeckt)

Unten: Ausblick auf den Großen Grießstein und Knaudachkogel

Orientierung

FB-Wanderkarte 212;
Wanderkarte Hohentauern/St. Johann;
ÖK-Blatt 130.

Wildschutzgebiet

Im Bereich zwischen Bärntalalm und Felferalm.

Lärchkogel 2258 m
Schleifeck 2048 m

Das Gipfel-Quartett über dem Bergdorf St. Johann am Tauern

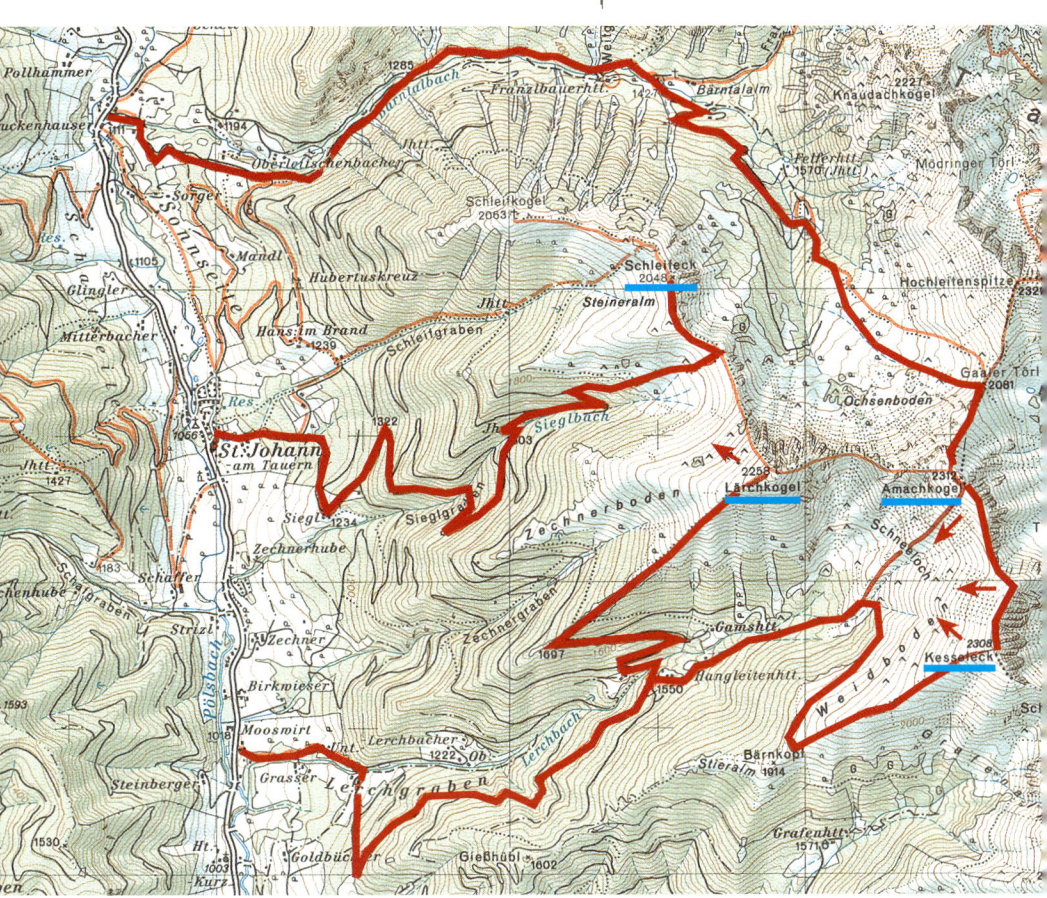

D I E   S C H I T O U R E N

Beste Zeit

Hochwinter und Frühjahr.

Charakteristik II

Überwiegend westseitig; aus dem Bärntal nordseitig.

Die Schmankerln

Der Gipfelhang am Schleifeck;
das Hochtal mit dem Ochsenboden; die Steilflanken am Kesseleck und Lärchkogel.

Gehzeiten, Höhenunterschiede

- Bärntal – Bärntalalm – Gaaler Törl – Amachkogel, 4–5 Std.; bis 1200 Hm;
- St. Johann am Tauern – Gehöft Siegl – Sieglalm – Schleifeck, 3 Std., 1000 Hm.
- Lerchgraben – Schneeloch – Amachkogel, 4 Std., 1300 Hm;
- Lerchgraben – Hangleitenhütte – Bärnkopf – Kesseleck, 4 Std., 1300 Hm;
- Lerchgraben – Gamshütte – Lärchkogel, 3 Std. 30 Min., 1240 Hm;

Amachkogel, 2312 m
Kesseleck, 2308 m
Lärchkogel, 2258 m
Schleifeck, 2048 m

Anstiege und Abfahrten

Bärntal – Amachkogel.

Am besten, wenn vom GH Bruckenhauser im fast 5 km langen Bärntal bis zur Bärntalalm, 1440 m,
zugefahren werden kann.
Von der Bärntalalm dem Forstweg folgend in den Ochsenboden, einen kesselähnlichen Talschluß. Eine Art Rampe führt linkshaltend hinaus an jenen Gratrücken, der Amachkogel und Hochleitenspitze verbindet. Aus dem Gaaler Törl, 2081 m, den nordseitigen Rücken bergan auf den Amachkogel.
<u>Abfahrt</u> wie Anstieg.

St. Johann a. T. – Schleifeck.

Dem markierten Weg bzw. einer Hofzufahrt folgend zum Gehöft Siegl, 1234 m, dann auf einer Forststraße zur Sieglalm, 1603 m. Man hält sich links vom Sieglbach talein und erreicht alsbald ein weiträumig freies Gelände. Darin bergan auf den Höhenrücken und auf diesem nordwärts, zuletzt mäßig steil auf die Gipfelkuppe.
<u>Abfahrt</u> Im südseitigen Gipfelhang geradewegs zur Sieglalm; weiter wie Anstieg.

Aus dem „Bärentritt",
wie dieses weite schöne Kar benannt ist,
rechts in das Gaaler Törl und
daraus links auf den Amachkogel

Amachkogel, 2312 m
Kesseleck, 2308 m
Lärchkogel, 2258 m
Schleifeck, 2048 m

Lerchgraben – Schneeloch – Amachkogel.

Von der Bushaltestelle Mooswirt auf einem Fahrweg bergan und nach dem Gehöft Unterer Lerchbacher über den Lerchbach. Von einem Anwesen der Forststraße folgend zur Hiasbauernhütte (ÖK: Hangleitenhütte), 1550 m. Den oberen Lerchgraben weiter einwärts an den südwestseitigen Geländerücken heran; daran bergan zum Schneeloch und über die SW-Flanke aufwärts zum Gipfel.

<u>Abfahrt</u> wie Anstieg.

Lerchgraben – Bärnkopf – Kesseleck.

Wie beim Anstieg in Richtung Amachkogel zunächst zur Hiasbauernhütte (identisch mit der Hangleitenhütte). Im oberen Lerchgraben jedoch rechtshaltend, südwestwärts, in den gleichmäßig geneigten Hängen des Weidbodens zu jenem breiten, 400 m hohen SW-Rücken, der vom Bärnkopf, 1914 m, auf das Kesseleck führt.

<u>Abfahrt</u> Vom Gipfel westwärts in den oberen Lerchgraben; weiter wie Anstieg.

Lerchgraben – Gamshütte – Lärchkogel.

Von der Hiasbauern- bzw. Hangleitenhütte linkshaltend, nordwärts, über den Lerchbach bis nahe zur Gamshütte, ca. 1640 m. Nun westwärts aus der Waldzone querend an den Südwestrücken heran, P. 1697, und auf den Lärchkogel.

<u>Abfahrt</u> wie Anstieg. Bei besten Verhältnissen evtl. den sehr steilen Gipfelhang direkt zur Gamshütte.

Oder nordwestwärts in den Sieglgraben.

TOUR 107

Glaneck 2262 m
Lahneck 2216 m

Talort und Informationen
8731 Gaal, 900 m;
Gemeindeamt, Tel. 03513/205-0.

Tourenberatung, Alpine Auskünfte
DI Wolfgang Loidl, Forstdirektor bei der
Forstverwaltung Wasserberg in Ingering II,
Tel. 03513/8801-0 (Mo, Di, Mi 13–16 Uhr,
Do 7–16 Uhr, Fr 7–12 Uhr).

Reise
Auto: S 36 Murtal-Schnellstraße.
In die Gaal: S 36, Ausfahrt Knittelfeld-West.
Landesstraße über Sachendorf – Bischoffeld
– Ingering II – Gaal zum GH Wachter vlg.
Lasser. Im Hintertal noch bis zum Jagdhaus;
ab GH Wachter ca. 3 km.
In Richtung Sommertörl wird nur die
Asphaltstraße geräumt; ab GH Wachter ca.
2,5 km.

Ausgangspunkte
• Jagdhaus Hintertal, 1173 m;
• Lanzalm, Gehöft Tuscher, 1254 m.

Einkehrstätten und Stützpunkte
Sportzentrum Gaaler Hof, Gasthof in
Ingering II-Schattseiten;
Arnold Kravanja, Tel. 03513/8822.
Sonnleitnerhütte, OeAV, 1215 m;
Selbstversorgerhütte und Jugendheim; An-
meldung bei Kurt Hofer, Tel. 03512/72317;
Zufahrt vom GH Wachter bis zur Hütte.
Wachter vgl. Lasser, Gasthof, 1094 m;
Familie Wachter, Tel. 03513/222.

Orientierung: FB-WK 212; ÖK-Blatt 131.

Wildschutzgebiete
Östlich von der Lorettokapelle sowie der ost-
seitige Bereich zwischen Geierriedel und
Ochsenspitze.

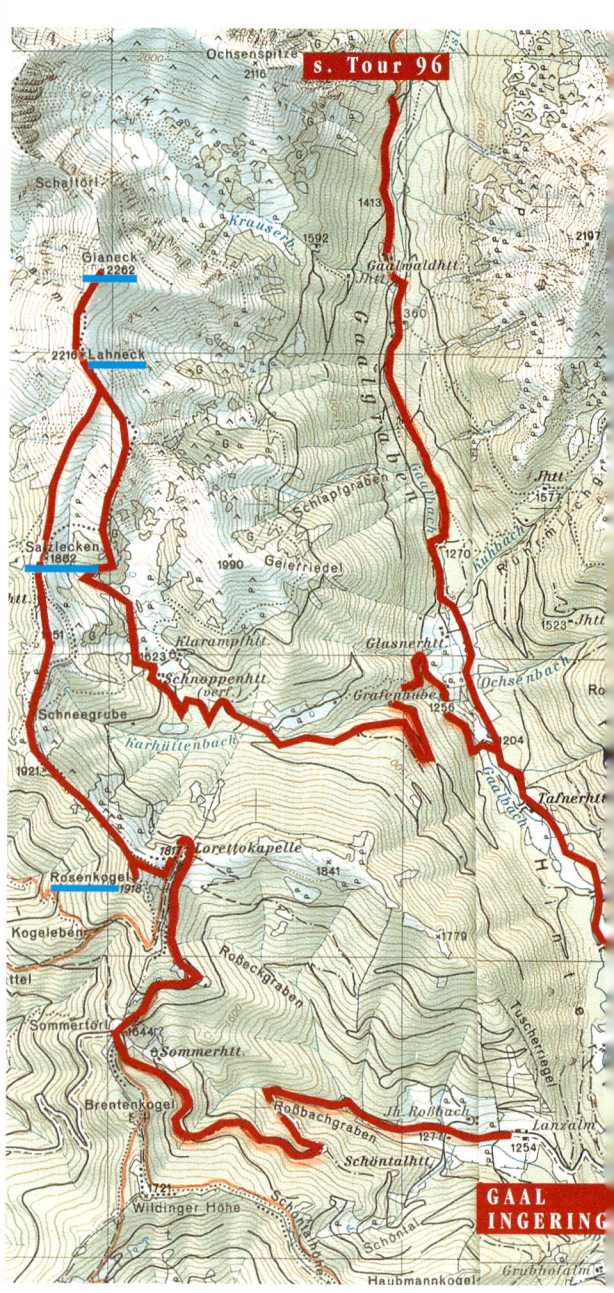

Rosenkogel *1918 m*
Salzlecken *1862 m*

Beste Zeit: Hochwinter und Frühjahr.

Charakteristik II–III Ost- und südseitig.

Das Schmankerl: Die Abfahrt vom Lahneck in das Hintertal.

Gehzeiten, Höhenunterschiede, Entfernungen
- Hintertal – Salzlecken – Lahneck – Glaneck,
  4 Std., 1100 Hm, 9 km;
- Sommertörl – Rosenkogel, 2 Std. 30 Min., 670 Hm, 7 km;
- Rosenkogel – Salzlecken – Lahneck – Glaneck,
  2 Std., 360 Hm, 5 km.

Anstiege und Abfahrten

Hintertal –Glaneck. Ein „Renner" während des ganzen Winters.
Der ebene Zugang in Richtung Grafenhube ist rund 1,5 km lang, sodann nutzt man einen Forstweg oder folgt abkürzenden Spuren zur Schnoppenhütte. Im südseitigen Gelände grundsätzlich so bergan, daß die linker Hand aus einem Höhenrücken aufragende Salzlecken nicht betreten werden muß. Demnach gelangt man direkt auf das Lahneck. Je nach Schneebeschaffenheit auch weiter auf das Glaneck.
Abfahrt wie Anstieg oder über die Salzlecken.

Sommertörl – Rosenkogel. Die „Allwettertour" zur Lorettokapelle läßt auch am Gaaler-Tauern-Höhenweg ausreichend Höhenluft schnuppern. Der Zugang in das Sommertörl erfolgt, so lange die Bergstraße nicht geräumt ist, auf derselben. Ab dem Sommertörl hält man sich an den nordwärts führenden Forstweg und gelangt zur Lorettokapelle; unweit davon erreicht man von Nordosten her die Gipfelkuppe des Rosenkogels.
Abfahrt wie Anstieg. Oder Übergang zum Glaneck.

Rosenkogel – Glaneck. Diese logische Anschlußtour führt auf dem Gaaler-Tauern-Höhenweg nicht nur zu Salzlecken und Lahneck, sondern kann beliebig ausgedehnt werden. Das heißt, vom Glaneck auch noch weiter in Richtung Kesseleck, Amachkogel und Gaaler Törl, womit sich besonders ausgiebige Rundtouren ergeben, bei denen man ebensfalls jeweils in das Hintertal zurückkehrt. (Siehe Tour 96.)
Abfahrt wie Anstieg.
Vom Lahneck oder von der Salzlecken auch in das Hintertal.

Vom Sommertörl zum Gaaler-Tauern-Höhenweg

Unser Wunsch für alle: Schwungvoll und sicher durch den Winter

TOUR 108

Pletzen 2345 m

Aus der Gaal oder Ingering auf den höchsten Gipfel der Gaaler Tauern

Talort und Informationen

8731 Gaal, 900 m;
Gemeindeamt, Tel. 03513/205-0.

Tourenberatung, Alpine Auskünfte

DI Wolfgang Loidl, Forstdirektor bei der Forstverwaltung Wasserberg in Ingering II, Tel. 03513/8801-0 (Mo, Di, Mi 13–16 Uhr, Do 7–16 Uhr, Fr 7–12 Uhr).

Reise

Auto: S 36 Murtal-Schnellstraße.
In die Ingering: S 36, Ausfahrt Knittelfeld-West. Landesstraße bis Ingering II, abzweigen: Bis zu 5,5 km in den Ingeringgraben.
In das Hintertal: Von Ingering II durch den Gaalgraben zum GH Wachter (6 km). Im Hintertal bis Jagdhaus; ab GH Wachter 3 km.

Ausgangspunkte

• Hintertal: Parkplatz nächst dem Jagdhaus, 1173 m;
• Ingeringgraben: Brücke bei Punkt 1096.

Einkehrstätten und Stützpunkte

Sportzentrum Gaaler Hof, Gasthof in Ingering II-Schattseiten; Arnold Kravanja, Tel. 03513/8822.
Sonnleitnerhütte, OeAV, 1215 m;
Selbstversorgerhütte und Jugendheim; Anmeldung bei Kurt Hofer, Tel. 03512/72317; Zufahrt vom GH Wachter bis zur Hütte.
Wachter vgl. Lasser, Gasthof, 1094 m; Familie Wachter, Tel. 03513/222.

Orientierung

FB-Wanderkarte 212; ÖK-Blatt 131.

Wild-Überwinterungsgebiete

Im Bereich zwischen Ochsenbach und Ruprechtstein.

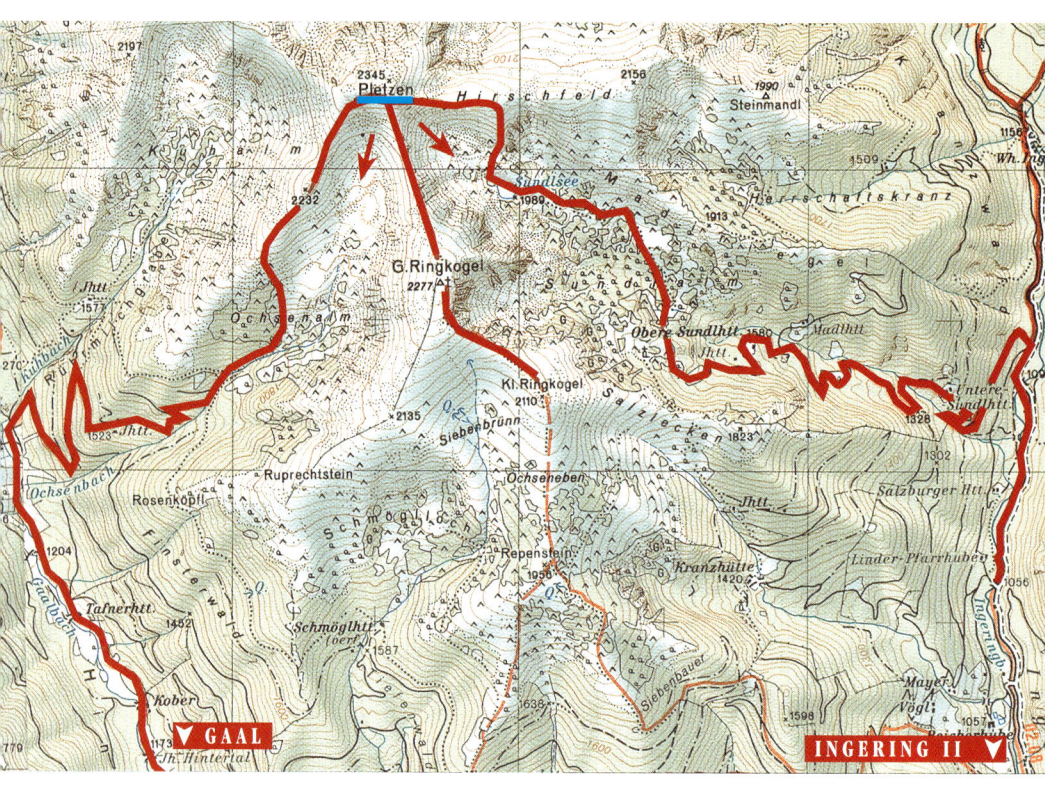

Beste Zeit

Hochwinter und Frühjahr.

Charakteristik II–III

Aus dem Ingeringgraben südostseitig, aus dem Hintertal südwestseitig.

Die Schmankerln

Die Hänge zum Sundlsee und zur Ochsenalm.

Gehzeiten, Höhenunterschiede

- Ingeringgraben – Pletzen, 4 Std., 1200 Hm;
- Hintertal – Pletzen, 4 Std., 1170 Hm.

Anstiege und Abfahrten

Ingeringgraben – Pletzen. Auf einem Forstweg zunächst zur Unteren Sundlhütte, ca. 1300 m. Sodann links vom Sundlbach bergan bzw. einer Forststraße folgend zur Oberen Sundlhütte, 1580 m. Der Anstieg führt allmählich aus dem Waldgelände heraus, und man gelangt in einem weiten Rechtsbogen in den Bereich der Sundlalm. In nordwestlicher Richtung und über einige Geländestufen bergansteigend, erreicht man den Sundlsee, 1989 m. Nun rechtshaltend, nordwärts, an einem steilen Hangrücken aufwärts zum Hirschfeld; zuletzt über den steilen ostseitigen Bergrücken auf den Gipfel.

Von der Gipfelkuppe der Pletzen (rechts) zur Sundlalm

<u>Abfahrt</u> wie Anstieg.
Oder durch den steilen Osthang direkt in Richtung Sundlsee; weiter wie Anstieg.

Hintertal – Pletzen. Vom Jagdhaus 2,5 km talein bis vor den Kuhbach. Davor auf der westseitigen Forststraße in weiten Kehren bergan zur Jagdhütte, 1523 m, und nahe an den Ochsenbach heran. An ihm aufwärts zur Ochsenalm, danach linkshaltend, nordwärts, einen südwestseitigen Rücken bergan, P. 2232, und demselben Rücken folgend auf die Gipfelkuppe.
<u>Abfahrt</u> wie Anstieg.
Oder vom Gipfel direkt in das südseitige Hochkar und zur Ochsenalm; weiter wie Anstieg.

Großer und Kleiner Ringkogel.
Übergänge und Abfahrten in Verbindung mit Tour 109.

271

TOUR 109

Großer Ringkogel *2277 m*
Kleiner Ringkogel *2110 m*
Im Reich der Steinhirsche

Das markante Relief gegenüber den Ringkogeln. V. l. n. r.: Hochreichhart, Brandstätterkogel, Maierangerkogel, Seckauer Zinken

Talort und Informationen

8731 Gaal, 900 m;
Gemeindeamt, Tel. 03513/205-0.

Tourenberatung, Alpine Auskünfte

DI Wolfgang Loidl, Forstdirektor bei der Forstverwaltung Wasserberg in Ingering II, Tel. 03513/8801-0 (Mo, Di, Mi 13–16 Uhr, Do 7–16 Uhr, Fr 7–12 Uhr).

Reise

Auto: S 36 Murtal-Schnellstraße, Ausfahrt Knittelfeld-West. Landesstraße bis Ingering.
Im Ingeringgraben
Zur Brücke bei P. 1056; Hofzufahrt zum Gehöft Mayer (Moar).
Gaalgraben-Sonnseite
Von Ingering II zum Gehöft Strasser (Punkt 1028; ab Gaal 3,5 km). Hofzufahrt zum Gehöft Marx; am Ende der Bergstraße das Gehöft Gaalmoser.

Ausgangspunkte

• Gaalgraben: Gaalmoser, ca. 1220 m; Sonnleitnerhütte, 1215 m;
• Ingering: Gehöft Mayer (Moar; Parkerlaubnis erbitten), 1150 m.

Einkehrstätten und Stützpunkte

Sonnleitnerhütte, OeAV; Anmelden bei K. Hofer, Tel. 03512/72317.
Sportzentrum Gaaler Hof, Arnold Kravanja, Tel. 03513/8822.
Wachter vlg. Lasser, Gasthof; Tel. 03513/222.

Orientierung: FB-Wanderkarte 212; ÖK-Blatt 131.

Wildschutz- und Überwinterungsgebiete

In den beiden Gipfelbereichen von Ruprechtstein und Repenstein.

272

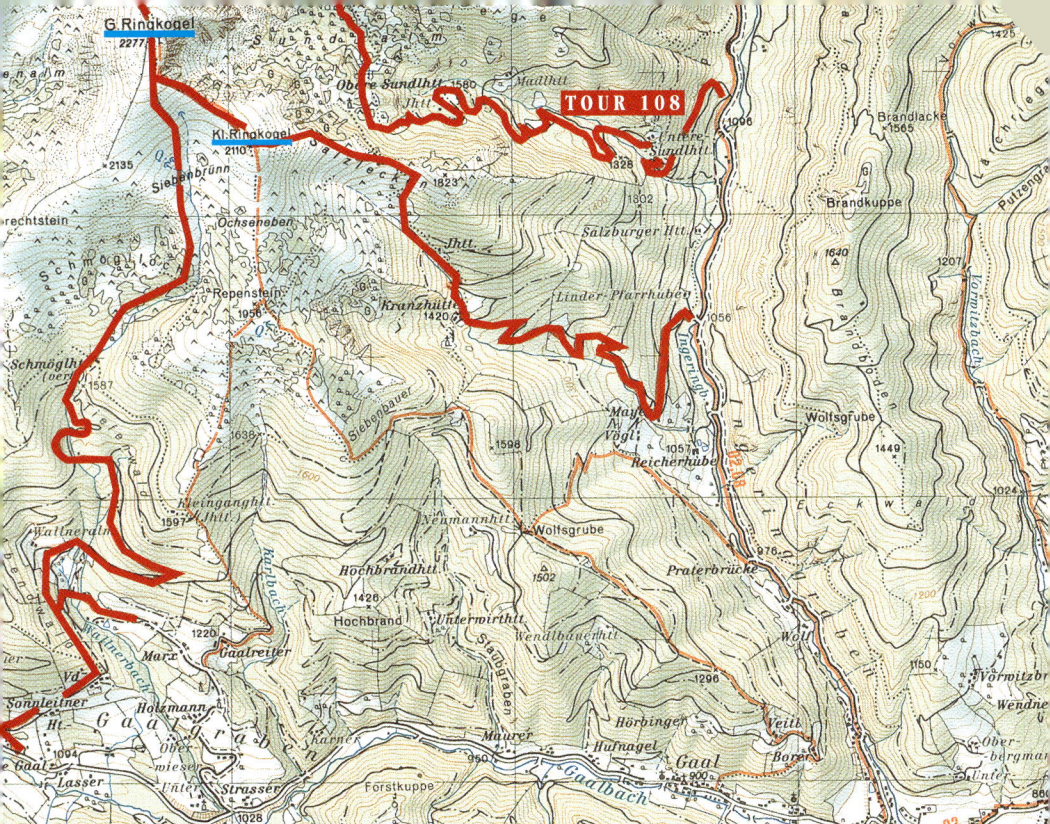

Beste Zeit

Hochwinter und Frühjahr.

Charakteristik II–III

Aus dem Ingeringgraben südostseitig, vom Gehöft Gaalmooser südseitig.

Die Schmankerln

Am Kleinen Ringkogel die Abfahrt zur Kranzhütte; vom Großen Ringkogel in das Schmöglloch.

Gehzeiten, Höhenunterschiede

- Ingeringgraben – Kleiner und Großer Ringkogel, 4 Std., 1300 Hm;
- Gaal – Schmöglloch – Großer Ringkogel, 3 Std. 30 Min., 1060 Hm;
- Großer Ringkogel – Pletzen, 30 Min., 150 Hm.

Anstiege und Abfahrten

Ingeringgraben – Kleiner und Großer Ringkogel.

Vom Gehöft Mayer auf einer Forststraße bergan zur Kranzhütte, 1420 m. Rechts vom Kranzbach entweder im Hochwald oder am Forstweg zu einer Jagdhütte, ca 1600 m; darüber in das freie Gelän-de der Salzlecken. Den ostseitigen breiten Bergrücken aufwärts zum Kleinen Ringkogel und mit einem kurzen Übergang zum Gipfelkreuz auf dem Großen Ringkogel. Abfahrt wie Anstieg.

Gaalgraben – Schmöglloch – Großer Ringkogel.

Vom Gehöft Gaalmoser bzw. von der Sonnleitnerhütte auf Forstwegen über die Wallneralm zum Tiefenwald und daraus am Wallnerbach zur Schmöglhütte, 1620 m. Im Grabengrund, unterhalb vom Schmöglloch bergan und durch das mit „Siebenbrünn" bezeichnete Kargelände geradewegs aufwärts zum Gipfel. Abfahrt wie Anstieg.

Großer Ringkogel – Pletzen.

Empfehlenswerter Übergang auf dem breiten Höhenrücken durch einen Sattel. Abfahrt wie Anstieg.

Oder in Verbindung mit der Pletzen (siehe Tour 108).

Dörfler Höhe 1987 m
Gstoder 2140 m

Talorte und Informationen

5580 Seetal, 1237 m.
8853 Seebach, 961 m;
8862 St. Ruprecht ob Murau, 900 m;
Urlaubsregion Murau, Tel. 03537/236.

Tourenberatung, Alpine Auskünfte

Familie Horn, Seebach, Tel. 03535/8290.
Fritz Hofer, St. Ruprecht, Tel. 03534/2260.

Reise: Auto

Nach Seebach: B 96, ab Murau 16 km.
Nach Seetal: B 96, ab Murau 22 km.
Nach St. Ruprecht: B 97, ab Murau 22 km.

Ausgangspunkte

- Seebach: GH Horn, 970 m;
- Seetal: Schwarzenbichl, 1220 m;
- St. Ruprecht: Gehöft Kargl vlg. Sittersberger, 1264 m (von St. Ruprecht 4 km).

Einkehrstätten und Stützpunkte

Anthofer, Gasthof, gegenüber dem Holzmuseum in St. Ruprecht; Ruhetag: Mittwoch und Donnerstag; Tel. 03534/2260.
Hornwirt, Gasthof, in Seebach, Tel. 03535/8290. Ruhetag: Donnerstag.

Orientierung: FB-WK 211; ÖK-Blatt 158.

DIE SCHITOUREN

Beste Zeit: Hochwinter.

Charakteristik II Nordseitig viel Waldgelände; südseitig mehr Almen.

Schmankerln: Für (fast) jedes Wetter.

Gehzeiten, Höhenunterschiede

- Seetal-Schwarzenbichl – Seetaler Hütten – Gstoder, 3 Std., 900 Hm, 7 km;
- Seebach, Hornwirt – Pernerhütte – Gstoder, 3.30 Std., 1170 Hm, 7 km;
- Gehöft Sittersberger – Dörfler Höhe – Gstoder, 2 Std. 30 Min., 880 Hm, 5 km.

Anstiege und Abfahrten

Seetal-Schwarzenbichl – Seetaler Hütten – Gstoder.

In diese an der Nordseite populärste, daher entsprechend viel genutzte Route wird meist bei der Schule in Seetal eingestiegen. Ab Schwarzenbichl hingegen dauert die Tour ein wenig länger, denn man folgt dem gesamten Sommerweg (Nr. 4). Er leitet auf Forstwegen zu den Seetaler Hütten, 1644 m (ÖK: Dorfer Hütte). Darüber liegen 500 Hm zunehmend freies Gelände.
Abfahrt wie Anstieg.

Hornwirt – Gstoder. Die Routen sind verschieden: Man steigt entlang von Weg 6 an; über die Schmiedgstoder-Jagdhütte, 1391 m,

Rechts:
An der Seetaler Seite wurden bereits vor über 25 Jahren solche Touren-Einstiegstafeln gesetzt.

Unten:
Ideales Gelände im Hochwinter

Dieser „Inselberg" hat drei unterschiedlich schöne Seiten

zur Pernerhütte, 1754 m. Am nordostseitigen Rücken ist im Steil-bereich (zwischen 1900 und 2000 m) erhöht Vorsicht geboten! Abfahrt wie Anstieg zur Pernerhütte. Weil im mittleren Teil des NO-Rücken die Freiflächen zugewachsen sind, benutzt man ab der Pernerhütte nur noch Forstwege. Über die Wirthütte ins Tal **Gehöft Sittersberger – Dörfler Höhe – Gstoder.** Diese mit Abstand schönere Route an der Südseite leitet entlang eines Forstweges zur Dörfler Alm. Aus dem ab der Jogaushütte nur noch schütteren Lärchenwald allmählich in das Almgelände der Dörfler Höhe. Wie beim Sommerweg zum Gipfel. Abfahrt wie Anstieg.

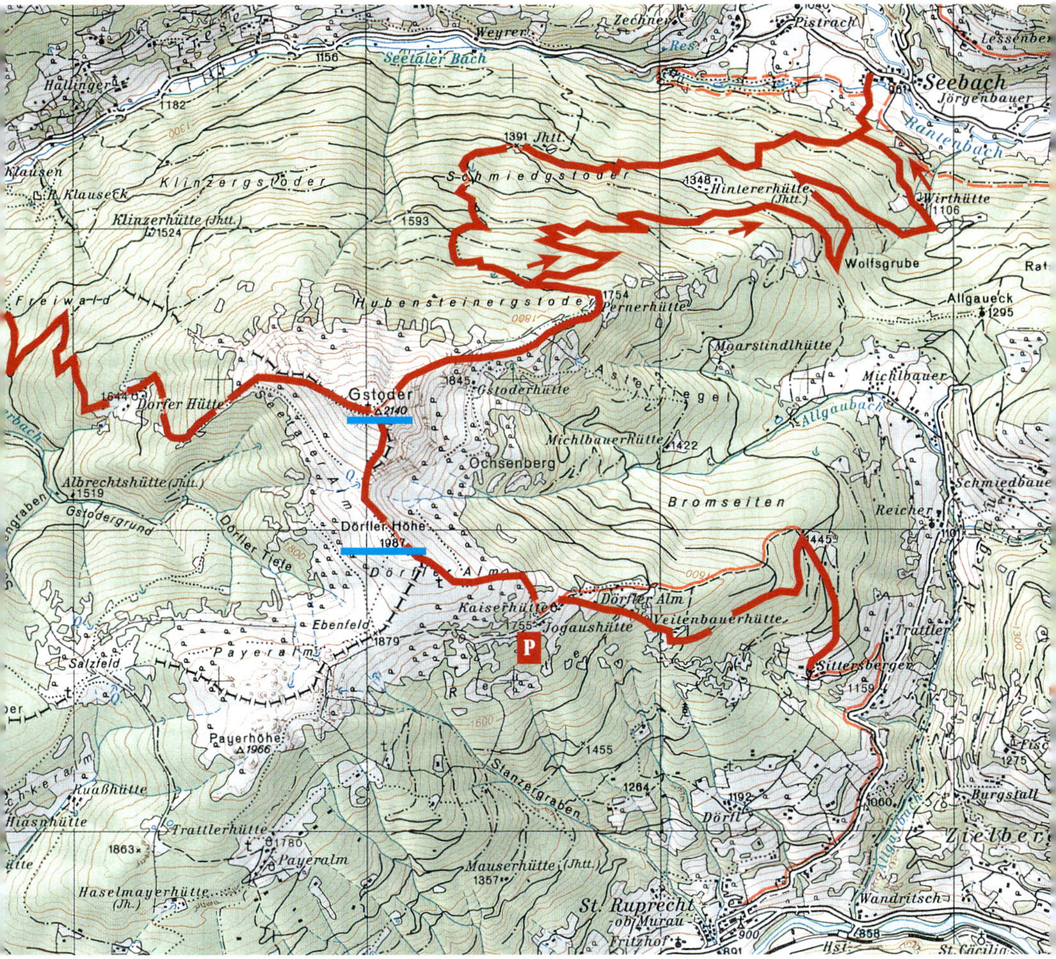

Grebenzen 1870 m

Talort und Informationen

8813 St. Lambrecht, 1028 m;
Tourismusbüro, Tel. 03585/2345.

Reise

Auto: Bundesstraße B 96;
in Murau oder Teufenbach abzweigen.
Nach St. Lambrecht: Ab Murau 17 km, ab
Teufenbach 11 km.

Schianlagen: 1 Vierer-Sesselbahn, 10 Lifte
(davon 4 für Kinder); Tel. 0664/2335700.

Ausgangspunkt: Hauptschule, 1030 m.

Einkehrstätten und Stützpunkte

Dreiwiesenhütte (Minihütte), 1770 m, Familie Kerschbaumer,
Tel. 03585/2411.
Grebenzen-Schutzhaus, 1648 m, ÖTK; ab 8. Dezember bis Ostern
und wieder ab Pfingsten. Pächterfamilie Mittelhofer, Tel. 03585/2510.

Orientierung: FB-Wanderkarte 211; ÖK-Blatt 159.

D I E   S C H I T O U R

Beste Zeit: Hochwinter bzw. bei Schneelage bis ins Tal.

Charakteristik: **I–II** Schiwandergelände; nordwestseitig.

Das Schmankerl: Gelände mit Pisten flott kombinierbar.

Kurz und bündig, zugleich fein und oho! Dazu bei jedem Wetter einen Test wert

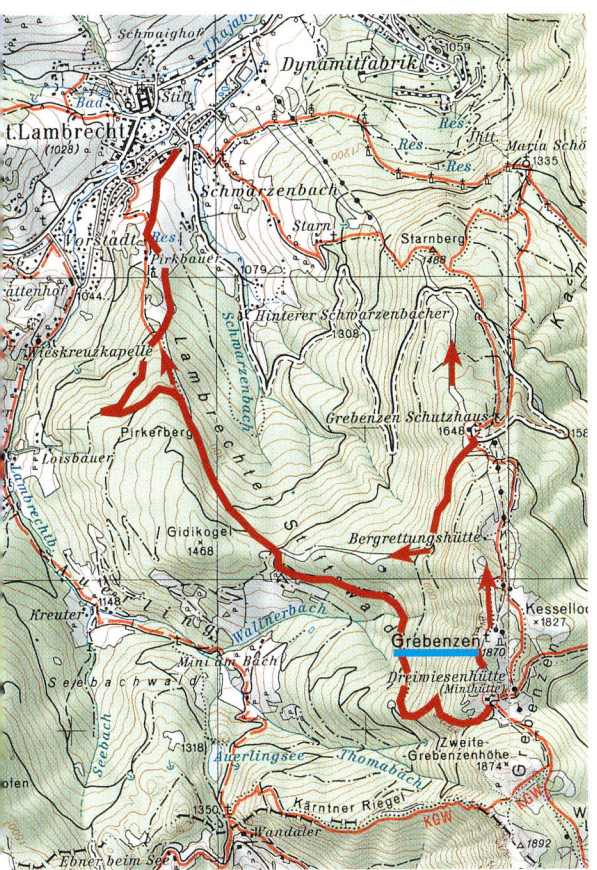

1500 m Höhe; Wegtafel. In ca. 1600 m Höhe erreicht man die Hüttenzufahrt (Straßenkehre), bleibt jedoch im freien Gelände. Nun steiler bergan zu jenem weiten Sattel mit der Dreiwiesenhütte; ein sehr schöner, jedoch dicht besuchter Rastplatz, weil sich hier viele Familien einfinden.

In kaum 20 Minuten über den südseitigen Hang zum Gipfelkreuz. Der benachbarte Gedenkstein erinnert an die anno 1890 erfolgte Gründung des WSV St. Lambrecht: "Ältester Wintersportverein der Welt."

Abfahrt: Auf der Piste Richtung Grebenzenhaus; gut 50 m davor linkshaltend (südwestwärts) zu einem Forstweg: Ab hier auf der präparierten, deshalb flotten „Familienabfahrt" zur Anstiegsroute im Stiftswald; weiter wie Anstieg.

Oder vom Grebenzenhaus auf Pisten zur Talstation. 10 Minuten Rückweg zum Ausgangspunkt bei der Hauptschule.

Unten: Aus der Zirbitzkogel-Westseite (siehe Tour 122) zum Naturpark Grebenzen

Links: Bei jedem Wetter ideal zum Tourenschnuppern

Gehzeit, Höhenunterschied, Entfernung

Hauptschule St. Lambrecht – Dreiwiesenhütte – Grebenzen, 2 Std. 50 Min., 850 Hm, 7 km.

Anstieg und Abfahrten

St. Lambrecht – Grebenzen. Von der Hauptschule die nordseitige Wiese bergan zu einem Durchlaß im Zaun. Links vom Gehöft Pirkbauer, 1130 m, zum Hochwald. Zwei Stipfel für den Weg 134 weisen bergwärts. Auf einem Forstweg durch den Lambrechter Stiftswald zur Einmündung der „Familienabfahrt". An dieser Gabelung, 1380 m, jedoch weiter in Richtung „Pfaffentritt". Oberhalb des Gehöftes Mini am Bach an der Sonnseite bis in

*Fürbitte um Schnee:
Die am Gipfel der Frauenalpe
stehende Kapelle ist der
heiligen Apollonia geweiht*

TOUR 112

Frauenalpe 1997 m
Oberberg 1794 m

Talorte und Informationen

8850 Murau, 829 m;
8861 St. Lorenzen, 856 m;
Urlaubsregion Murau, Tel. 03537/236.

Tourenberatung, Alpine Auskünfte

Adolf Siebenhofer, AV-Obmann, Murau;
Tel. 03532/2060 (Fa. Zeiringer, 2562-12).

Reise: Auto Ab Scheifling auf der B 96.
Zum Schigebiet Frauenalm
bzw. zur Murauer Hütte: Ab Murau 8 km.
In St. Lorenzen zum Gehöft Reiter: Von der
Infostelle am Bahnhof 1,6 km geradewegs
in den Lorenzengraben; links bzw. westseitig bergan zur Grazerhube. Beim Reiter unterhalb vom Hof bis in die Wegkurve; bitte
vor dem Fahrverbotsschild parken.
Schibus: Murau – Frauenalpe.

Ausgangspunkte

• Murauer Hütte, 1583 m;
• Gehöft Reiter, 1150 m.

Einkehrstätten und Stützpunkte

Murauer Hütte, 1583 m, OeAV; Dezember bis Saisonschluß und
wieder ab Pfingsten; Pächterfamilie Pernthaler, Tel. 03532/2733.
Bernhard-Fest-Hütte, 1970 m, OeAV; für Selbstversorger;
Anmeldungen: Norbert Krapfl, Tel. 03532/3160.

Orientierung: FB-Wanderkarte 211; ÖK-Blatt 159.

D I E S C H I T O U R E N

Beste Zeit: Hochwinter bzw. bei Schneelage bis ins Tal.

Charakteristik II Nordseitig; ab ca. 1600 m schütterer Wald;
darüber sanft geneigte, mitunter abgeblasene Almhänge.

Das Schmankerl: Die Gipfel-Vorschau in die Nockberge.

Gehzeiten, Höhenunterschiede

• Murauer Hütte – Oberberg – Frauenalpe, 1 Std. 30 Min., 420 Hm;
• Gehöft Reiter – Troghütte – Frauenalpe, 2 Std. 30 Min., 850 Hm.

Anstiege und Abfahrten

Murauer Hütte – Oberberg – Frauenalpe. Entlang den Pisten zur Bergrettungshütte und leicht linkshaltend zum freien
Höhenrücken auf den Oberberg. Südwestwärts demselben Rücken

Ein leichtfüßiges Verhältnis:
Für 1200 Meter Abfahrt
nur eine Stunde Anstieg –
dank Mithilfe von Schibus und Liften

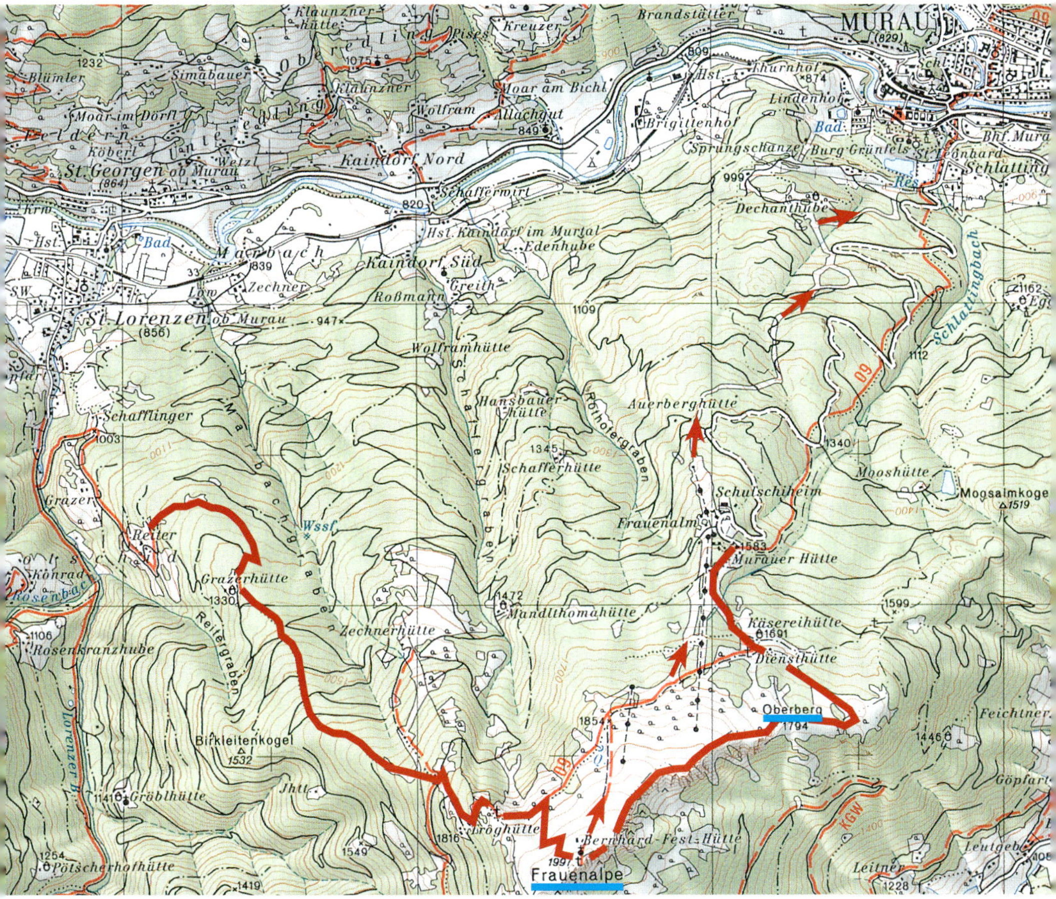

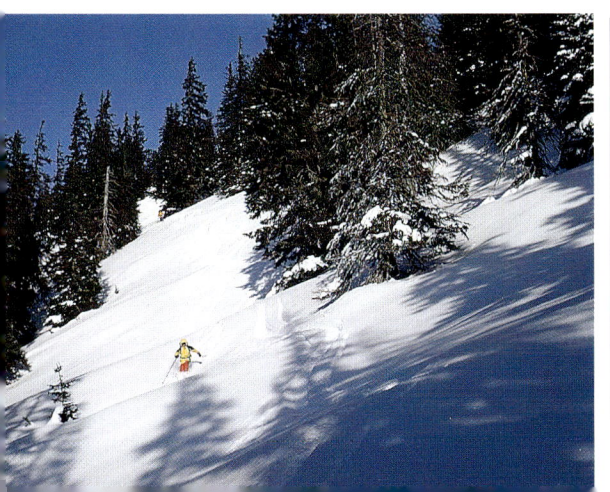

folgend zum Gipfelfelsen der Frauenalpe.
Unweit die Kapelle und Fest-Hütte.
<u>Abfahrt</u> nordostwärts zu den Liften; beliebig
zur Murauer Hütte bzw. auf der Talabfahrt
nach Murau.

St. Lorenzen – Gehöft Reiter –
Frauenalpe. Oberhalb vom Gehöft Feiel
vlg. Reiter auf einem Forstweg zur Grazer
Hütte. Am Waldrücken dem Steig folgend
zur Troghütte, 1816 m. Beliebig zum Gipfel.
<u>Abfahrt</u> wie Anstieg; oder auf dem Forstweg.

Goldachnock *2171 m*
Kirbisch *2140 m*

Talort und Informationen

8861 St. Lorenzen ob Murau, 856 m;
Urlaubsregion Murau, Tel. 03537/236.

Tourenberatung, Alpine Auskünfte

Adolf Siebenhofer, AV-Obmann, Murau;
Tel. 03532/2060 (Fa. Zeiringer, 2562-12).

Reise

Auto: Von Murau auf der B 97;
Abzweigung in St. Georgen.
Murtalbahn: Linie Unzmarkt – Murau –
Tamsweg; Züge und Busse; Tel. 03532/2231-0.
Kreischberg-Seilbahnen:
Tel. 03537/300.

Ausgangspunkte

Jeweils an der Bergstation
• Kreischberg, 2000 m;
• Rosenkranzhöhe, 2118 m.

Einkehrstätten und Stützpunkte

An der Kreischbergbahn-Bergstation, 1745 m:
Kreischbergalm, Tel. 03537/325.
Rieglerhütte, Albin Siebenhofer,
Tel. 03537/250.

Orientierung

FB-Wanderkarte 211; ÖK-Blatt 158.

DIE SCHITOUREN

Beste Zeit

Wenn die Hochflächen gut eingeschneit
sind.

Charakteristik I–II

Einfach begehbarer Höhenrücken; der
Rücken verläuft in Süd-Nord-Richtung.

Die Schmankerln

Auf die beliebig lange Höhenwanderung
folgen bis zu 1250 Hm lange Abfahrten.

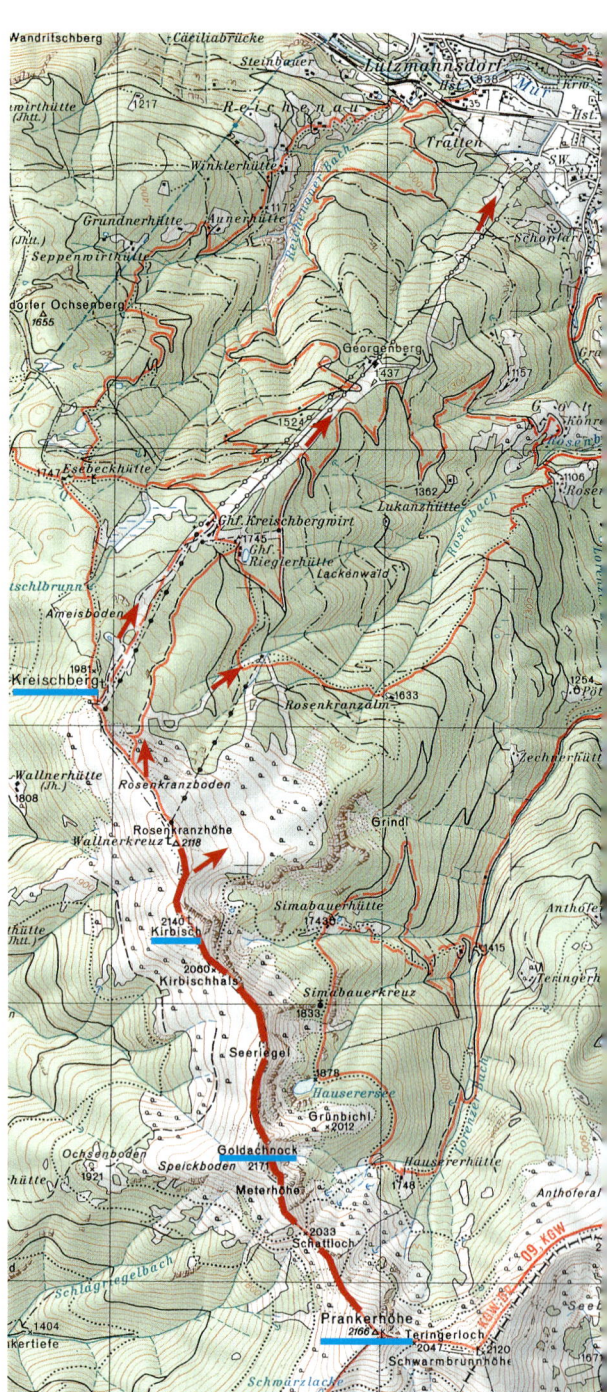

Kreischberg *1981 m*
Prankerhöhe *2166 m*

Eine „nockige" Höhenwanderung: Immer wieder auf und nieder

Gehzeiten, Höhenunterschiede, Entfernungen

- Kreischberg – Rosenkranzhöhe, 20 Min., 120 Hm, 1 km;
- Rosenkranzhöhe – Kirbisch – Goldachnock – Prankerhöhe; hin und zurück 4–5 Std. (je nach Schneebeschaffenheit); jeweils 600 Hm Anstiege und Abfahrten; Gesamtdistanz 10 km.

Anstiege und Abfahrten

Rosenkranzhöhe – Prankerhöhe.

Die gesamte Route ist zwar bezeichnet, jedoch ohne Stangenmarkierung. Deshalb erfordert diese Höhenwanderung gute Sicht – außerdem sollte es eher windstill sein.

Die Richtung ist gut wahrnehmbar: Man zieht über Almböden südwärts leicht bergab in einen Sattel und erreicht nach gut 40 Hm Anstieg den Kirbisch (Gipfelkreuz).

Nun „verliert" man – abfahrend – 140 Höhenmeter, und zwar beim Übergang zum Kirbischhals, 2060 m, bzw. bis zum Wieder-

Rund fünf Kilometer erstreckt sich der „nockige" Höhenrücken vom Kreischberg zur Prankerhöhe

anstieg: Ab einer Höhe von 2000 m am Seeriegel rund 200 Hm bergan auf das Goldachnock. Wiederum 140 Hm bergab und dabei über die Meterhöhe in das Schattloch, 2033 m. Es folgt der letzte Anstieg: Nach 140 Hm steht man auf der Prankerhöhe.

Rückweg zur Rosenkranzhöhe bzw. zum Kreischberg wie Anstieg.

Abfahrt nach St. Lorenzen entlang den Pisten bzw. teilweise im Gelände.

Sonntagskögerl 2210 m
Strannerhöhe 2116 m

Talorte und Informationen
8862 Stadl an der Mur, 884 m;
8863 Predlitz, 971 m;
Urlaubsregion Murau, Tel. 03537/236.

Reise
Auto: B 97 Murtal-Bundesstraße; Murau
nach Stadl 16 km, nach Predlitz 22 km.
Zur Paalbachbrücke
Richtung Kaltwasser, ab Stadl 8,2 km.
Zum Gehöft Kalsberger vlg. Löcker
Von Predlitz 3,4 km Richtung Turrach zur
Brücke, 993 m (Straßen-km 79,8), Wegwei-
ser „Tschaudinock"; Hofzufahrt über Steiber
in Richtung Bärentalgraben ca. 2,5 km.

Ausgangspunkte
• Kaltwasser, Paalbachbrücke, 1170 m;
• Bärentalgraben: Gehöft Löcker, 1100 m.

Einkehrstätten und Stützpunkte
Murtalerhof, Stadl, Tel. 03534/2237.
Gasthof Post, Predlitz, Tel. 03534/8315.
Orientierung: FB-WK 211; ÖK-Blatt 158.

Wildfütterungs- und Einstandsgebiet
Ab Grießnerhütte der Südost-Rücken auf das
Tanneck.

Unten: Vom Tanneck zur Strannerhöhe
Rechts: Beim Gehöft Löcker

Beste Zeit: Hochwinter und Frühjahr.

Charakteristik II–III Ziehwege, Forststraßen und Almen.

Die Schmankerln
Die schönen Kuppen und Hänge außerhalb der Hochwaldstufe.

Gehzeiten, Höhenunterschiede, Entfernungen
• Gehöft Löcker – Bärentalhütte – Bärentalscharte –
  Würflinghöhe – Tschaudinock, 3 Std. 45 Min., 1200 Hm, 9 km;
• Würflinghöhe – Sonntagskögerl, 20 Min., 35 Hm, 1 km;
• Paalbachbrücke – Tanneck – Bärentalscharte – Strannerhöhe,
  3 Std. 15 Min., 950 Hm, 5,5 km.

Anstiege und Abfahrten
Gehöft Löcker – Tschaudinock. Die spärlich rot-weiß markierte Route leitet auf Ziehwegen und Forststraßen zur Bärental-
Jagdhütte, 1754 m. Nun ostwärts zu einem Seitengraben. Aus ihm
wiederum westseitig bergan, somit aus dem schütteren Wald zu einer Felsgruppe; dahinter ein Sattel: die Bärentalscharte, 2050 m. Aus
ihr den nordseitigen breiten Hangrücken aufwärts zur Würflinghöhe. Westwärts, durch einen Sattel, 2150 m, zum Gipfelzeichen.
Abfahrt wie Anstieg. Oder in Kombination mit Sonntagskögerl
und/oder Strannerhöhe.

Paalbachbrücke – Strannerhöhe. Auf dem Forstweg (gelbes
Schild: "Beeren und Pilze sammeln verboten") in zwei großen Kehren gut 2 km zum Punkt 1421. Nach 1 km ein Hochsitz, 1540 m. Es
folgt ein ebenes Wegstück mit einer seichten Senke. Daraus dem
Forstweg noch ca. 500 m folgend. Vor einer Linkskurve bzw. genau
westlich vom Grießnermoos rechts abzweigen, 1580 m. Im gut
gangbaren Hochwald zu einem Ziehweg, 1640 m, und zu großen
Lichtungen; erste Zirbenbäume. Geradewegs ansteigend, vorbei an
einer großer Baumleiche, auf das Tanneck, 1804 m; erste Ausblicke
zu Sonntagskögerl, Würflinghöhe und Strannerhöhe. Dem Höhenrücken folgend und durch kleine Senken, z. T. nächst einem Zaun,
bergwärts. Prächtige, von Wind und Wetter zerzauste Bäume; ver-
blaßte Markierungen. Bei einem umgestürzten Baum rechtshaltend.
Aus dem schütteren Baumbestand nun direkt der Strannerhöhe entgegen. Aus einem flachen Boden linkshaltend zu den höchst stehenden jungen Zirben bei der Bärentalscharte. Den breiten südseitigen
Rücken zum hohen Holzkreuz. Abfahrt wie Anstieg. Oder in Kombination mit Würflinghöhe, Sonntagskögerl und/oder Tschaudinock.

Tschaudinock *2200 m*
Würflinghöhe *2198 m*

Einfach erreichbar
und dennoch behaftet
von jenem Hauch
„wie am Ende der Welt"

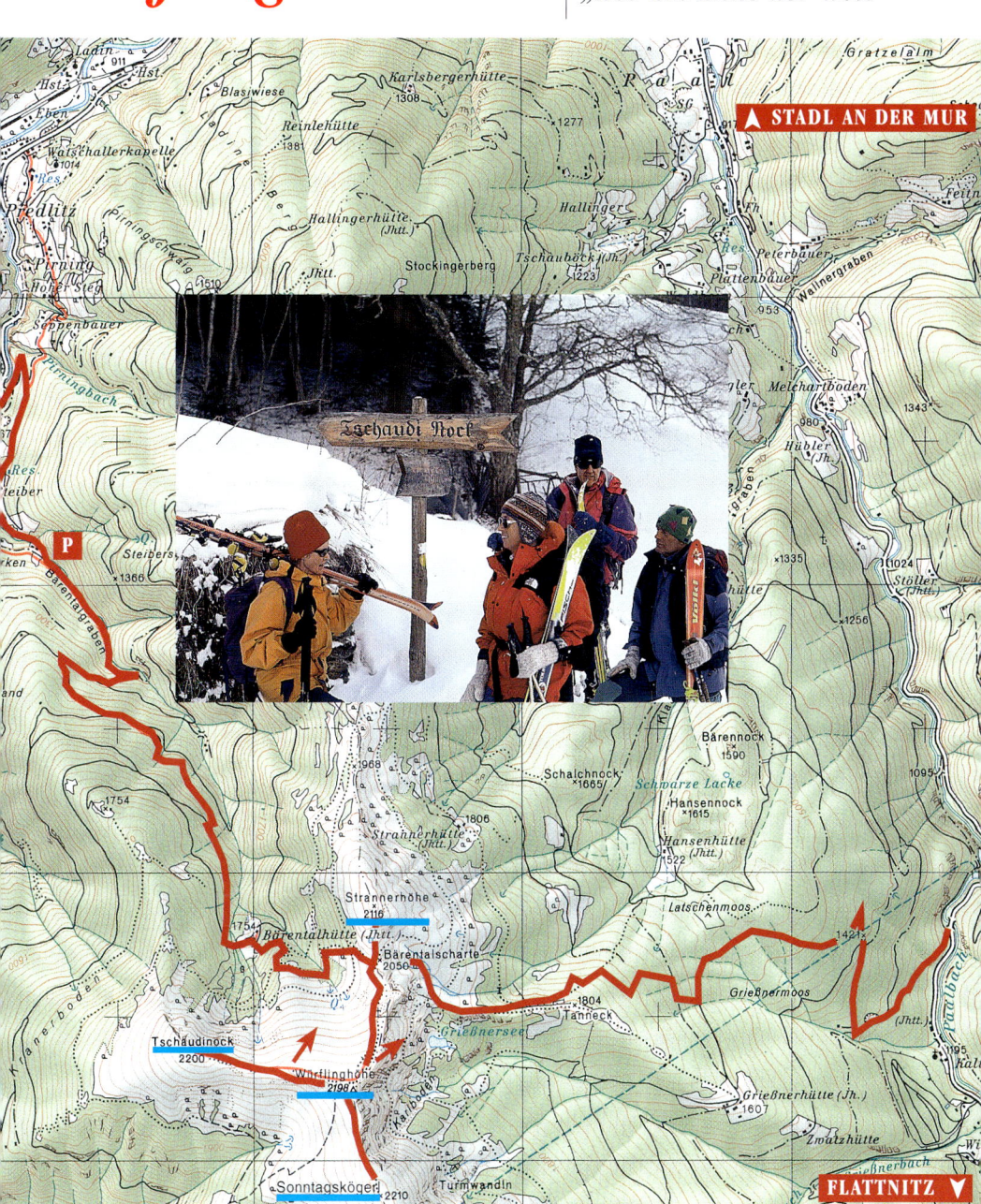

TOUR 115

Straßburger
Spitz *2404 m*

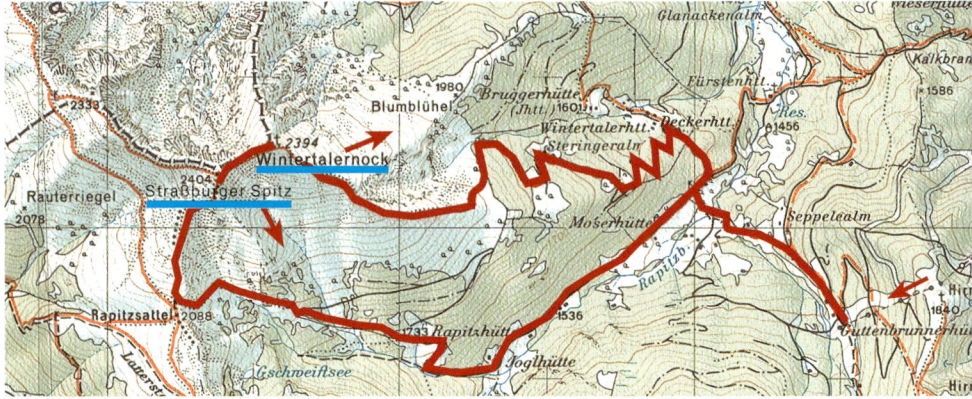

Talort und Informationen

9363 Flattnitz, 1400 m;
Gemeindeamt, Glödnitz, Tel. 04265/8222.

Tourenberatung, Alpine Auskünfte

Adolf Isopp, Alpengasthof in Flattnitz,
Tel. 04269/214-0.
Familie Ehgartner, Wintertalerhütte,
Tel. 0663/9746038.

Reise

Auto: S 36 Murtal-Schnellstraße, bis
Scheifling, abzweigen: B 96 nach Murau;
Nach Flattnitz: Auf der B 97 bis Stadl an der
Mur, abzweigen: Landesstraße in Richtung
Kaltwasser und über die Landesgrenze Stei-
ermark/Kärnten; ab Stadl 19 km.
Von Süden nach Flattnitz: B 93; aus Rich-
tung Feldkirchen und Gurk; von Glödnitz
13 km. Von Friesach auf der Landesstraße
durch das Metnitztal.
Zur Wintertalerhütte: Vom GH Isopp auf
steiler Forststraße über die Anhöhe am
Kalkbrand, 1520 m (Kalkofen); bergab zur
Fürstenhütte, 1440 m. Je nach Straßenzu-
stand weiter bergwärts zur Wintertalerhütte;
ab Flattnitz 5 km.

Schigebiet:

Doppelsesselbahn Flattnitz – Hirnkopf, 1840 m; und
zwei Schlepplifte. Die Anlagen sind gut kombinierbar mit dem
Zugang Flattnitz – Wintertalerhütte bzw. beim Rückweg am Gegenanstieg Guttenbrunnerhütten – Hirnkopf. Liftkassa, Tel. 04269/211.

Ausgangspunkte

• Flattnitz: Bergstation auf dem Hirnkopf, 1840 m;
• Guttenbrunnerhütten, 1620 m;
• Wintertalerhütte, 1530 m.

Einkehrstätten und Stützpunkte

Alpengasthof Isopp, in Flattnitz, 1380 m; Tel. 04269/214-0.
Wintertalerhütte, im Winter nach Vereinbarung geöffnet;
Familie Ehgartner, Friesach, Tel. 04268/3823, oder 0663/9746038.

Orientierung

FB-Wanderkarte 221; ÖK-Blatt 184.

D I E S C H I T O U R E N

Beste Zeit: Frühjahr.

Charakteristik II–III

Ost- bis südostseitig.
Im unteren Teil aufgelockerter Lärchenwald; darüber ein breiter
freier Rücken und weite Bergflanken; nach Norden und Süden jeweils Steilflanken.

Das Schmankerl: Der prächtige Südosthang zur Rapitzhütte.

Wintertalernock 2394 m

Im Frühjahr als Grenzgänger zu Berge

Auf dem Wintertalernock. In der Mitte Spielkogel, rechts der Rapitzsattel

Gehzeiten, Höhenunterschiede. Entfernungen

- Flattnitz – Kalkbrand – Wintertalerhütte (wie Zufahrt),
  1 Std. 30 Min., 210 Hm Anstiege, 70 Hm bergab; 5 km;
- Guttenbrunnerhütten – Wintertalerhütte,
  45 Min., 150 Hm bergab, 50 Hm Anstieg, 2,5 km;
- Wintertalerhütte – Wintertalernock, 2–3 Std., 1000 Hm;
- Wintertalernock – Straßburger Spitz,
  15 Min., 35 Hm bergab, 45 Hm Anstieg;
- Moserhütte – Rapitzhütte – Rapitzsattel – Straßburger Spitz,
  3 Std., 910 Hm, 5,5 km.

Anstiege und Abfahrten

Wintertalerhütte – Wintertalernock – Straßburger Spitz. Dem markierten Weg folgend durch aufgelockerten Baumbestand zu einem Forstweg und auf ihm zur Steringeralm, 1700 m. In einer Linksschleife zu einem Sattel, 1770 m, worin eine große schiefe Zirbe steht. Aus diesem Sattel leicht rechtshaltend, durch einen schmalen Waldsaum, in das baumfreie Gelände. Am Rücken zunächst rechts, dann links eines Weidezaunes bergan zum auffallenden Felskopf, ca. 2200 m. Südseitig bzw. links um den Felskopf herum zum Gipfelkreuz auf dem Wintertalernock.
Übergang entlang des Gratrückens, westwärts und durch einen weiten Gratsattel, 2360 m, und daraus ca. 45 Hm bergan zum Gipfelzeichen auf dem Straßburger Spitz.
Abfahrt wie Anstieg; unterhalb vom Felskopf auch durch das ostseitige Steilkar zur Steringeralm. Oder vom Wintertalernock den Nordostrücken zum Blumblühel und zur Bruggerhütte.

Moserhütte – Rapitzhütte – Straßburger Spitz. Von der Wintertalerhütte zur Moserhütte knapp 10 Min. bzw. 1 km. Der Markierung folgend in den Rapitzsattel, 2088 m; ab dem Gratrücken die Schi evtl. tragen.
Abfahrt: Richtung Wintertalernock (absteigend); aus dem Sattel, 2360 m, den SO-Hang hinunter zur Rapitzhütte; weiter wie Anstieg.

Eisenhut *2441 m*
Schoberriegel *2208 m*

Karte siehe Tour 117

Talorte und Informationen

8864 Turrach, 1269 m;
Gemeindeamt Predlitz, Tel. 03534/8021.
8864 Turracher Höhe, 1783 m;
Tourismusverband, Turracher Höhe Nr. 216;
Tel. 04275/8392-0.

Tourenführungen, Alpine Auskünfte

Schischule, Siegfried Brandstätter,
Tel. 04275/8257-704.

Reise

Auto: S 36, Murtal-Schnellstraße;
die B 96 nach Murau und B 97 bis Predlitz;
B 95 über die Turracher Höhe.
Nach Turrach
ab Predlitz 14 km.
Zur Turrachbahn-Talstation
1,5 km südlich Turrach von der Paßstraße
abzweigen: 2,5 km zur Talstation.
Zur Turracher Höhe
• ab Predlitz 20 km;
• ab Ebene Reichenau 8 km.
Schibus: Ebene Reichenau – Turracher
Höhe.
Turracher Bergbahnen: Insgesamt
vier Sesselbahnen und sechs Schlepplifte.
Auf der Paßhöhe und Umgebung
Kornockbahn (Sechser-Sesselbahn),
Panorama- und Sonnenbahn.
Im „schönsten Schigelände"
Turrachbahn (Sechser-Sesselbahn), aus
dem Turrachgraben auf die Mooseralpe.
Betriebszeiten: 9–16 Uhr.
Bergbahnbüro: Tel. 04275/8252.
Schnee- und **Wetterberichte:**
Tel. 04275/8392-0.

Ausgangspunkte

• Sonnenalm, Bergstationen, 1980 m;
• Turrachbahn, Talstation, 1390 m.

Oben: Schrittweise auf den Eisenhut
Rechts: Vom Eisenhut zum Nationalpark Nockberge

Einkehrstätten und Stützpunkte

Hochschober, Hotel, mit beheiztem Seebad; an der Paßhöhe;
Familie Leeb, Tel. 04275/8213, 8218.

Seehotel Jägerwirt, am Turracher See, 1780 m;
1. Dezember bis Sonntag nach Ostern und ab Mitte Juni.
Familie Brandstätter, Tel. 04275/8257-0.

Zum Bergmann, Gourmet-Gasthof inmitten des Ortes Turrach;
Montag und am Dienstagvormittag Ruhetag;
Georg Meier, „Haubenkoch", Tel. 03533/275.

Orientierung

FB-Wanderkarte 222; ÖK-Blatt 184.

In typisch steirischen Farben:
Weiße Gipfelhauben und Steilflanken
über grünen Zirbenhainen

D I E   S C H I T O U R E N

Beste Zeit: Hochwinter und Frühjahr.

Charakteristik II–III West- bis südwestseitig.

Das Schmankerl: Die Abfahrt vom Eisenhut.

Gehzeiten, Höhenunterschiede

• Turrachbahn, Talstation – Eisenhut, 3 Std. 30 Min., 1050 Hm;
• Sonnenalm, Bergstationen – Schoberriegel, 45 Min., 230 Hm.

Anstiege und Abfahrten

Turrachbahn Talstation – Eisenhut. Auf bezeichnetem Fahrweg am Geißeckbach taleinwärts zu einem kleinen Anger, 1452 m. Ein markierter Ziehweg leitet durch steiles Waldgelände zur Geißeckhütte, 1664 m. (Oder man geht vom Anger 1 km weiter taleinwärts; nun entweder dies- oder jenseits des Baches, der die Landesgrenze bildet, bergan zur Geißeckhütte.) Ab der Geißeckhütte nordwärts, durch einen Waldgürtel in das freie Gelände. Am breiten Rücken über den Punkt 2233 zu den Gipfelzeichen; dazu zählt auch ein spitzer Eisenhut. Abfahrt wie Anstieg.

Sonnenalm – Schoberriegel. Auffahrt mit der Sonnenbahn oder dem Weitentallift. Von den Bergstationen, 1980 m, am Gratrücken – die Schi tragend – gipfelwärts.

Abfahrten

• Südwestseitig zum Grünsee; entlang der Loipe zurück zur Paßhöhe.
• Nordseitig in Richtung Gesgeralm oder Schwarzsee; zurück zur Paßhöhe.

TOUR 117

Kornock *2193 m*
Rinsennock *2334 m*

*Ein für Nockberge
typisches Gelände*

Talorte und Informationen

8864 Turrach, 1269 m;
8864 Turracher Höhe, 1783 m;
Tourismusverband, Tel. 04275/8392-0.

Tourenführungen, Alpine Auskünfte
Schischule Siegfried Brandstätter,
Turracher Höhe, Tel. 04275/8257-704.

Reise
Auto: S 36 Murtal-Schnellstraße bis
Scheifling; über Murau bis Predlitz.
Nach Turrach ab Predlitz 14 km.
Auf die Turracher Höhe ab Predlitz 20 km;
ab Ebene Reichenau (Kärnten) 8 km.

Kornockbahn: Sechser-Sesselbahn; 9–16 Uhr, Tel. 04275/8252.
Schnee- und **Wetterberichte:** Tel. 04275/8392-0.

Ausgangspunkt: Kornockbahn, Bergstation, 2193 m.

Einkehrstätten und Stützpunkte: Siehe auch Tour 116.
Wildbachhütte, 1376 m; Familie Ebner, Tel. 03533/250.

Orientierung: FB-Wanderkarte 222; ÖK-Blatt 184.

D I E   S C H I T O U R E N

Beste Zeit: Hochwinter oder Frühjahr; je nach Gelände.

Charakteristik
Kornock – Winkleralm II Westseitig; Geländeabfahrt.
Kornock-Südseite, Rinsennock Ostflanke III–IV

Feudal, feudal!
Willkommene Anstiegs-Kombinationen
aus Sesselbahnfahrten
und eigenen Kräften

Karte gilt auch für Tour 116

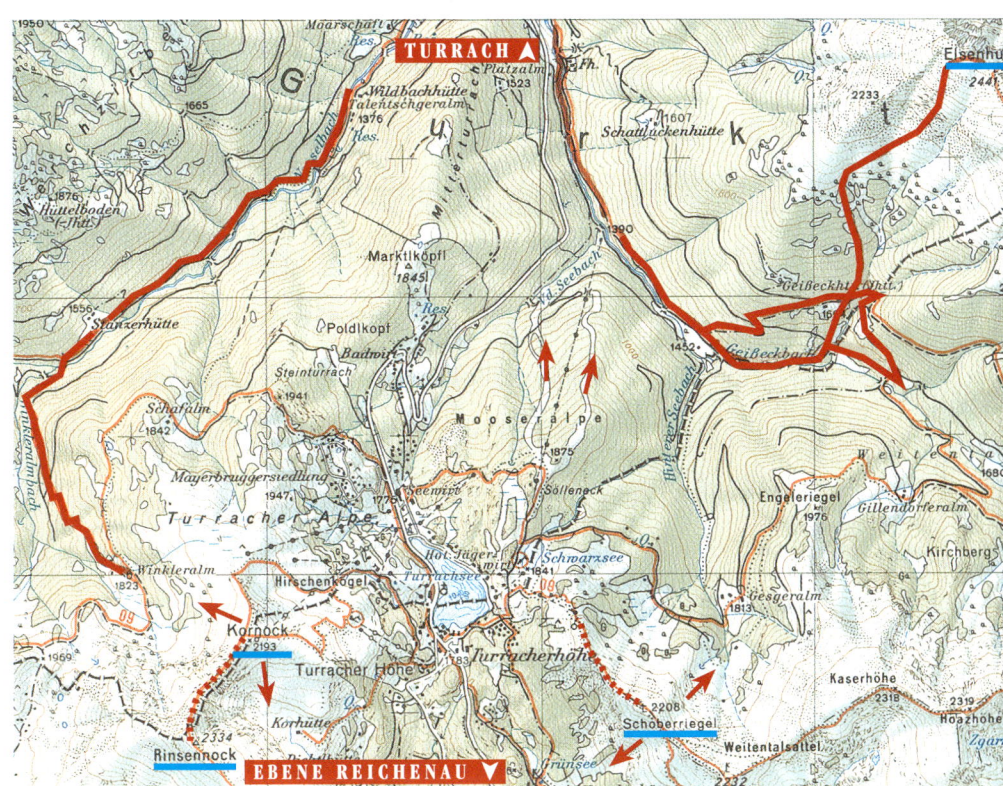

Die Schmankerln
Die Steilbfahrten am Rinsennock und Kornock.

Gehzeiten, Höhenunterschiede
• Kornock, Bergstation – Rinsennock, 30 Min., 140 Hm;
• Winkleralm – Bergstation Pauli-Schlepplift, 35 Min., 220 Hm.

Anstiege und Abfahrten
Kornock – Rinsennock-Ostflanke – Turracher Höhe.
Ab der Bergstation dem Grat folgend, die Schi tragend, gipfelwärts.
Steilabfahrt: 550 Hm. Nur bei Firn! Von der Dicktlhütte, 1800 m, nordwärts Richtung Paßstraße; von der obersten Kehre zum Paß.
Kornock – Korhütte – Turracher Höhe.
Steilabfahrt: 250 Hm. Südseitig, eher bei Firn! Ab der Korhütte, 1950 m, linkshaltend zur Paßhöhe.

Kornock – Winkleralm – Werch-zirbengraben – Wildbachhütte.
Beliebtes Gelände, nordwest- bis nordost-seitig. Ab Kornock-Bergstation insgesamt 8 km lange Geländeabfahrt; stellenweise bezeichnet.
Im Werchzirbengraben ab 1500 m Höhe auf 3,5 km nur 130 Hm Gefälle.
Rückanstieg: Winkleralm – Paulilift.
Rückfahrt: Ab Wildbachhütte (organisiert Taxi) zur Paßhöhe, 8 km.

Gregerlnock 2296 m
Simmerleck 2079 m

Vom Kornock über den inneren Werchzirbengraben gegen das Gregerlnock; links davon Prägatscharte und Simmerleck

Talort und Informationen
8864 Turrach, 1269 m;
Gemeindeamt Predlitz, Tel. 03534/8021.

Tourenberatung, Alpine Auskünfte
Elmar Ebner, Turrach, Tel. 03533/250.

Reise
Auto: S 36, Murtal-Schnellstraße;
die B 96 nach Murau und B 97 bis Predlitz.
Zur Wildbachhütte: Von Turrach 2,5 km.

Ausgangspunkt
Wildbachhütte, 1376 m.

Schneeberichte: Tel. 04275/8392-0.

Einkehrstätten und Stützpunkte: Siehe auch Tour 116.
Wildbachhütte, 1376 m, Familie Ebner, Tel. 03533/250.

Orientierung: FB-Wanderkarte 222; ÖK-Blatt 184.

D I E   S C H I T O U R E N

Beste Zeit: Wenn auch der Werchzirbengraben gut befahrbar ist.

Charakteristik II–III
Nordostseitig; eher abgelegenes Gelände, denn erst ab dem inneren Werchzirbengraben gewinnt man zügig an Höhe. Lohnend auch mit Einstieg ab Winkleralm; siehe Tour 117.

Im Nahbereich
des Nationalparks Nockberge

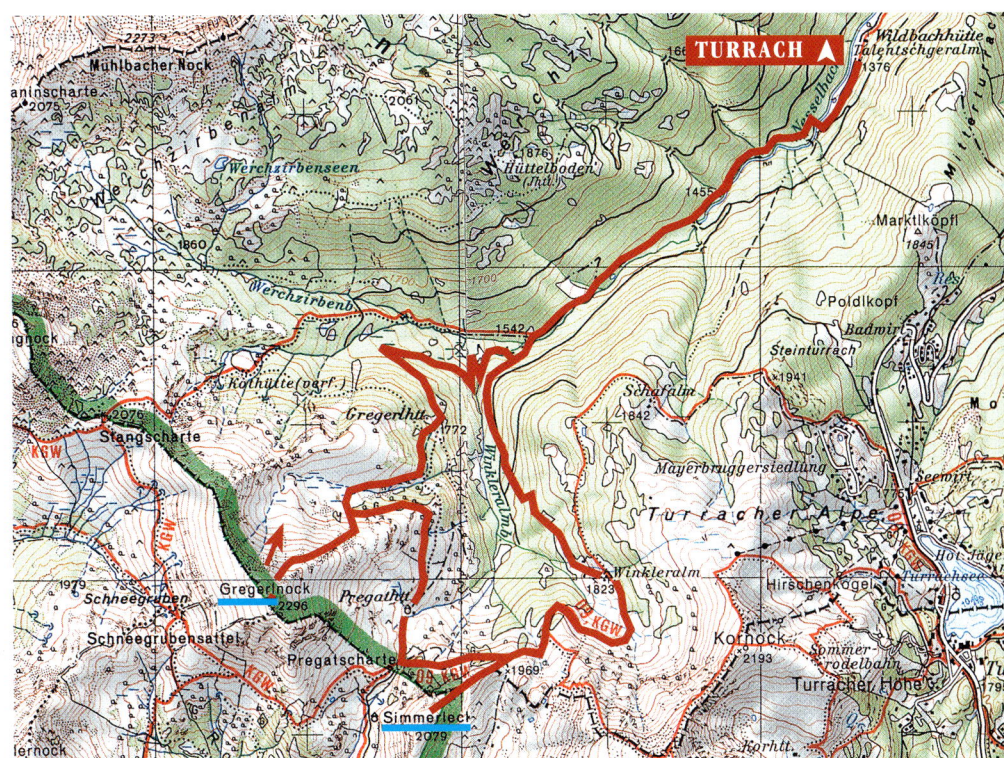

Das Schmankerl: Die großflächigen Hänge und Almen.

Gehzeiten, Höhenunterschiede, Entfernungen

- Wildbachhütte – Werchzirbengraben – Gregerlalm – Gregerlnock, 4 Std., 920 Hm, 10 km;
- Wildbachhütte – Werchzirbengraben – Winkleralm – Simmerleck, 3 Std. 30 Min., 710 Hm, 8 km;
- Winkleralm – Simmerleck, 1 Std., 250 Hm, 2,5 km;
- Gregerlalm – Pregatscharte – Simmerleck, 1 Std. 30 Min., 360 Hm, 4 km.

Anstiege und Abfahrten
Wildbachhütte – Gregerlalm – Gregerlnock.
Auf Forstwegen zur Gregerlalm, 1772 m. Rechtshaltend zu einem Graben. Darüber der NO-Rücken; daran gipfelwärts. Abfahrt evtl. direkt zur Gregerlalm; weiter wie Anstieg.

Wildbachhütte – Winkleralm – Simmerleck.
Auf dem Sommerweg zur Winkleralm, 1823 m, und westwärts Richtung Pregatscharte. Nächst P. 1969 zum Simmerleck. Abfahrt wie Anstieg; oder über die Gregerlalm.

Gregerlalm – Simmerleck.
In Richtung Gregerlnock evtl. bis auf ca. 1950 m, so daß man um den NO-Rücken herum zur Pregathütte abfahren kann. Vor der Pregatscharte ostwärts; nächst dem Punkt 1969 zum Simmerleck. Abfahrt wie Anstieg; oder über die Winkleralm.

Friesenhalshöhe 2246 m
Königstuhl 2336 m

Talorte und Informationen

5591 Thomatal, 1046 m.
9862 Innerkrems, 1480 m; Tourismus-
verein Lieser-Malta-Tal, Tel. 04732/2222.

Tourenberatung, Alpine Auskünfte

Familie Aschbacher, Tel. 04736/320.
Familie Mayrbrugger, Tel. 04736/218.

Reise

Auto:

Aus dem oberen Murtal: Von Scheifling auf
der B 96 über Murau nach Predlitz (Landesgrenze Steiermark/Salzburg); B 95 Turra-
cher Bundesstraße Richtung Tamsweg bis
Madling, abzweigen: Landesstraße über
Thomatal und Bundschuh. Ab Madling zur
Mehrlhütte 25 km, nach Innerkrems 31 km.
Über die A 10 Tauernautobahn: Ausfahrt
112/Rennweg oder 129/Gmünd; B 99 nach
Kremsbrücke, abzweigen: 10 km bis Inner-
krems, zur Mehrlhütte 16 km.
Schibus: Spittal an der Drau – Inner-
krems – Schönfeld/Mehrlhütte – Spittal.
Schischaukel: 2 Sesselbahnen; Inner-
krems – Grünleitennock und Innerkrems –
Blutige Alm; Schlepplifte. Tel. 04736/600.

Ausgangspunkte

• Bergstation Grünleitennock, 2140 m;
• Schönfeld: Dr.-Josef-Mehrl-Hütte, 1730 m.

Einkehrstätten und Stützpunkte

Dr.-Josef-Mehrl-Hütte, OeAV; in Schön-
feld; Weihnachten bis Ostermontag und ab
Anfang Juni bis Anfang Oktober;
Pächterfamilie Aschbacher, Tel. 04736/320.
Nationalpark-Schihotel, Innerkrems;
Anfang Dezember bis Ostermontag und ab
Pfingsten/Ende Mai bis Mitte Oktober;
Familie Mayrbrugger, Tel. 04736/218.

Orientierung: FB-WK 222; ÖK-Blatt 183.

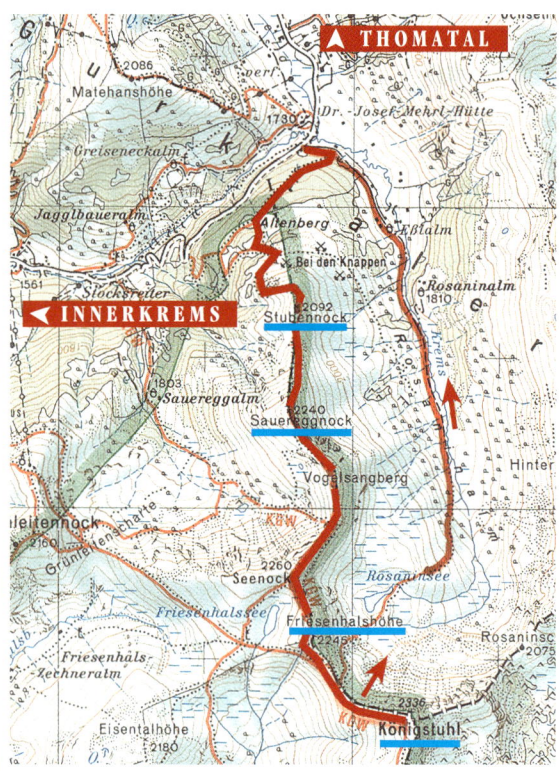

DIE SCHITOUREN

Beste Zeit: Hochwinter und Frühjahr.

Charakteristik II–III

Anstieg südseitig, Abfahrt z. T. nordostseitig. Überwiegend sanft geformtes und baumfreies Tourengelände, weite Hänge und Rücken.

Die Schmankerln

Die beschauliche Schiwanderung über die Nocke und die Steilein-
fahrt zur Rosaninalm.

Gehzeiten, Höhenunterschiede

• Mehrlhütte – Friesenhalshöhe – Königstuhl,
  2 Std. 30 Min., 600 Hm und mehrere Gegenanstiege;
• Grünleitennock, Bergstation – Friesenhalshöhe – Königstuhl,
  1 Std. 15 Min., 130 Hm bergab und 330 Hm Anstiege.

Sauereggnock 2240 m
Stubennock 2092 m

Anstiege und Abfahrten

Mehrlhütte – Seenock – Friesenhalshöhe – Königstuhl.
Südlich vis-à-vis von der Hütte auf Salzburger Boden nach der
Sommermarkierung durch Zirbenbestände bergan zum Altenberg
(Stollen-Schautafeln). Im freien Gelände parallel zur Landesgrenze
(nun auf Kärntner Boden) zunächst auf das Stubennock. Sodann,
nach kurzer Abfahrt, dem Höhenrücken südwärts folgend auf das
Sauereggnock. Nun zu einer felsigen Passage; die heikelste Stelle
am Grat! Darüber die Kuppe des Vogelsangberges (Gedenktafel).
Durch einen seichten Sattel zum Gipfelkreuz am Seenock, 2260 m,
und zur nahen Friesenhalshöhe. Bergab in die Königstuhlscharte,
2200 m. Mit dem nun letzten Anstieg auf den Königstuhl.
Abfahrt wie Anstieg; in diesem Falle wieder mit fünf, jedoch eher
kurzen Gegenanstiegen zurück zum Stubennock. Über den Alten-
berg schöne Abfahrt zur Mehlrhütte.
Für eine Rundtour empfiehlt sich die Abfahrt über die Rosaninalm:
Aus der Königstuhlscharte nordostseitig steile Einfahrt; aus dem
Kar gelangt man zum Rosaninsee, 2060 m, und zugleich in das
Ursprungsgebiet des Kremsbaches. Entlang der Loipe über die Bö-
den der Rosaninalm, 1810 m, zur Mehrlhütte in Schönfeld.

Auf das „Übernock" an der Dreiländergrenze Steiermark/Salzburg/ Kärnten

Grünleitennock – Friesenhalshöhe – Königstuhl.
Ideale Schnuppertour. Von der Bergstation
durch einen seichten Sattel auf das Grünleitennock, 2160 m.
Südostseitig in die Grünleitenscharte,
2050 m. Wie am Sommerweg zum Friesenhalssee. Nun jedoch westseitig auf die Friesenhalshöhe (weil am Sommerweg im Abschnitt Friesenhalssee – Königstuhlscharte
meist Lawinengefahr).
Von der Friesenhalshöhe den Gratrücken
abwärts in die Königstuhlscharte, 2200 m.
Daraus einfach zum Königstuhl-Gipfelkreuz
auf der „Dreiländerecke" Kärnten/Salz-
burg/Steiermark.
Abfahrt und Rückweg wie Anstieg.

*Von der Mehrlhütte am Altenberg
in Richtung Stubennock*

TOUR 120

Kilnprein *2408 m*
Vorderhütteneck *2204 m*
Große weiße Berge über der Rosatin

Talort und Informationen

8864 Turrach, 1269 m;
Gemeindeamt Predlitz, Tel. 03534/8021.

Tourenberatung, Alpine Auskünfte

Adolf Siebenhofer, AV-Obmann, Murau;
Tel. 03532/2060; 2562-12 (Fa. Zeiringer).

Reise

Auto: S 36 bis Scheifling; auf der B 96
und B 97 über Murau nach Predlitz.
Nach Turrach: Ab Predlitz 14 km; von Ebene Reichenau (Kärnten) über die Turracher
Höhe 14 km.

Ausgangspunkte

• Tour Kilnprein: Steinbachbrücke, im Ort Turrach, 1269 m;
• Tour Vorderhütteneck: Kaiserkeusche, 1200 m (an der B 95,
  ab Turrach 2,2 km).

Einkehrstätten und Stützpunkte

Wildbachhütte, 1376 m, kleiner Gasthof im Werchzirbengraben;
Familie Ebner, Tel. 03533/250. Zufahrt von Turrach 1,6 km.
Zum Bergmann, Gourmet-Gasthof inmitten des Ortes Turrach;
Montag und am Dienstagvormittag Ruhetag;
Georg Meier, „Haubenkoch", Tel. 03533/275.

Orientierung

FB-Wanderkarte 221 oder 222; ÖK-Blatt 184.

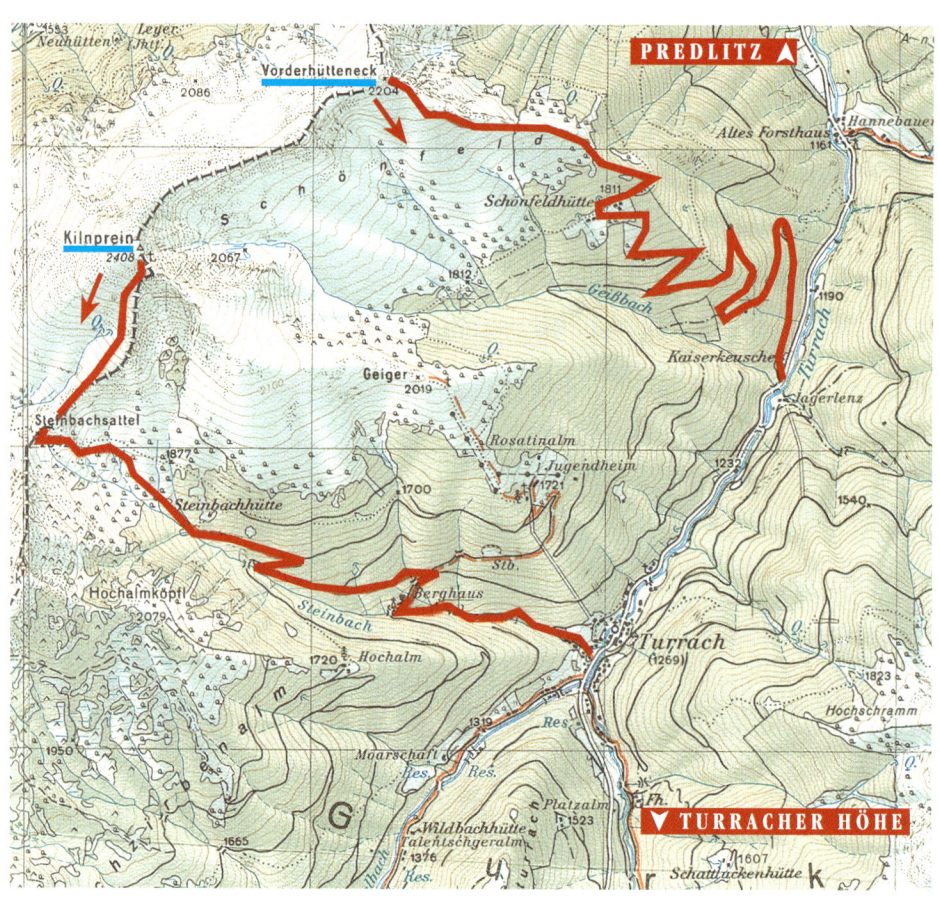

Beste Zeit

Hochwinter und Frühjahr.

Charakteristik II

Süd- bis südostseitig.
Forststraßen im Waldbereich; darüber weite Hänge.

Das Schmankerl

Abfahrten über weite, gleichmäßige Gipfelhänge.

Gehzeiten, Höhenunterschiede

- Turrach – Kilnprein, 3–4 Std., 1140 Hm;
- Turrachtal – Vorderhütteneck, 3 Std., 1000 Hm.

Anstiege und Abfahrten

Turrach – Kilnprein. Am Steinbach die schmale Straße bergan zum Berghaus, 1490 m; falls aper, evtl. bis hierher zufahren. Derselben Straße weiter folgend zu einer Brücke am Steinbach, 1630 m, und rechts vom Steinbach aus dem Waldgelände ansteigend zur Steinbachhütte, ca. 1650 m.
Aus dem karähnlichen Almgebiet über den steilen ostseitigen Hang in den Steinbachsattel, 2042 m. Aus dem Sattel, durch den die Landesgrenze verläuft, nun auf Salzburger Boden fast 400 Höhenmeter nordostwärts bergan auf den Gipfel.

Im Gipfelbereich am Kilnprein:
Über dem Steinbachsattel das Reißeck;
links das Kornock und Rinsennock
(siehe Tour 117)

Abfahrt vom Kilnprein auch tiefer als der Steinbachsattel; mit Rückanstieg.
Weiter wie Anstieg.

Turrachtal – Vorderhütteneck. Eine alternative, weil kürzere Tour. Man folgt von der Bundesstraße (2,2 km nördlich von Turrach) einem Forstweg, der mit zahlreichen Kehren in das Almgelände führt. Von der Schönfeldhütte, 1811 m, quert man zum ostseitigen Bergrücken; auf diesem Rücken direkt zum Gipfel.
Abfahrt wie Anstieg.

TOUR 121

Brandriegel 1721 m
Hohe Ranach 1981 m

*Karte gilt auch
für Tour 122*

Talort und Informationen
8750 Judenburg, 737 m;
TV Steirisches Zirbenland, Tel. 03578/3406.

Tourenberatung, Alpine Auskünfte
Alfred Sponer, Tel. 03578/8210.

Reise
Auto: S 36 Murtal-Schnellstraße,
Ausfahrt Judenburg-West (Grünhübel).
Auf die Schmelz: Ab Judenburg 15 km.

Ausgangspunkt: Schmelz, 1550 m.

Einkehrstätten und Stützpunkte
Schmelz, Gasthaus, Tel. 03578/8287.
Winterleitenhütte, Naturfreunde;
Dezember bis Oktober; Tel. 03578/8210.

Orientierung: FB 212; ÖK 160, 161.

Truppenübungsplatz
Beachte Sperrzeiten und Sperrbereiche im
TÜPl-Gebiet! (Siehe auch Tour 122.)

Zum Zirbitzkogel von Südosten

D I E   S C H I T O U R E N

Beste Zeit: Hochwinter und Frühjahr..

Charakteristik II–III Rundtour auf Höhenrücken.

Das Schmankerl: Die Abfahrt vom Kreiskogel zur Schmelz.

Gehzeiten, Höhenunterschiede, Entfernungen
• Schmelz – Brandriegel – Hohe Ranach,
  1 Std. 20 Min., 430 Hm, 4 km;
• Ranach – Erslstand – Wenzelalpe – Kreiskogel,
  2 Std., auf/ab 500/170 Hm, 5,5 km;
• Kreiskogel – Winterleitenhütte – Schmelz; 860 Hm Abfahrt.

Anstiege und Abfahrten
Schmelz – Brandriegel – Hohe Ranach. Von der Granitzen-
bachbrücke an der TÜPl-Grenze (Schilder) entlang der Forststraße
zum Brandriegel. Nun nordwestwärts. In einer Schleife zum südostseitigen Rücken; an ihm auf die Hohe Ranach.
Abfahrt wie Anstieg; oder weiter Richtung Wenzelalpe.

Hohe Ranach – Wenzelalpe – Kreiskogel. Westwärts zum
Erslstand, 2124 m. Nun stets dem Höhenrücken folgend: Ab der
Wenzelalpe mehrmals auf und ab zum Kreiskogel; Orientierungs-
tafel. (Evtl. weiter in Richtung Scharfes Eck; siehe Tour 122.)
Kreiskogel – Winterleitenhütte – Schmelz.
Abfahrt: Nordostseitig zum Speikkogel, 1927 m; über die Winterlei-
tenhütte und durch das Sterngassl (Stromleitung) zur Schmelz.

Wenzelalpe 2151 m

Rund um den Truppenübungsplatz friedvoll auf Touren

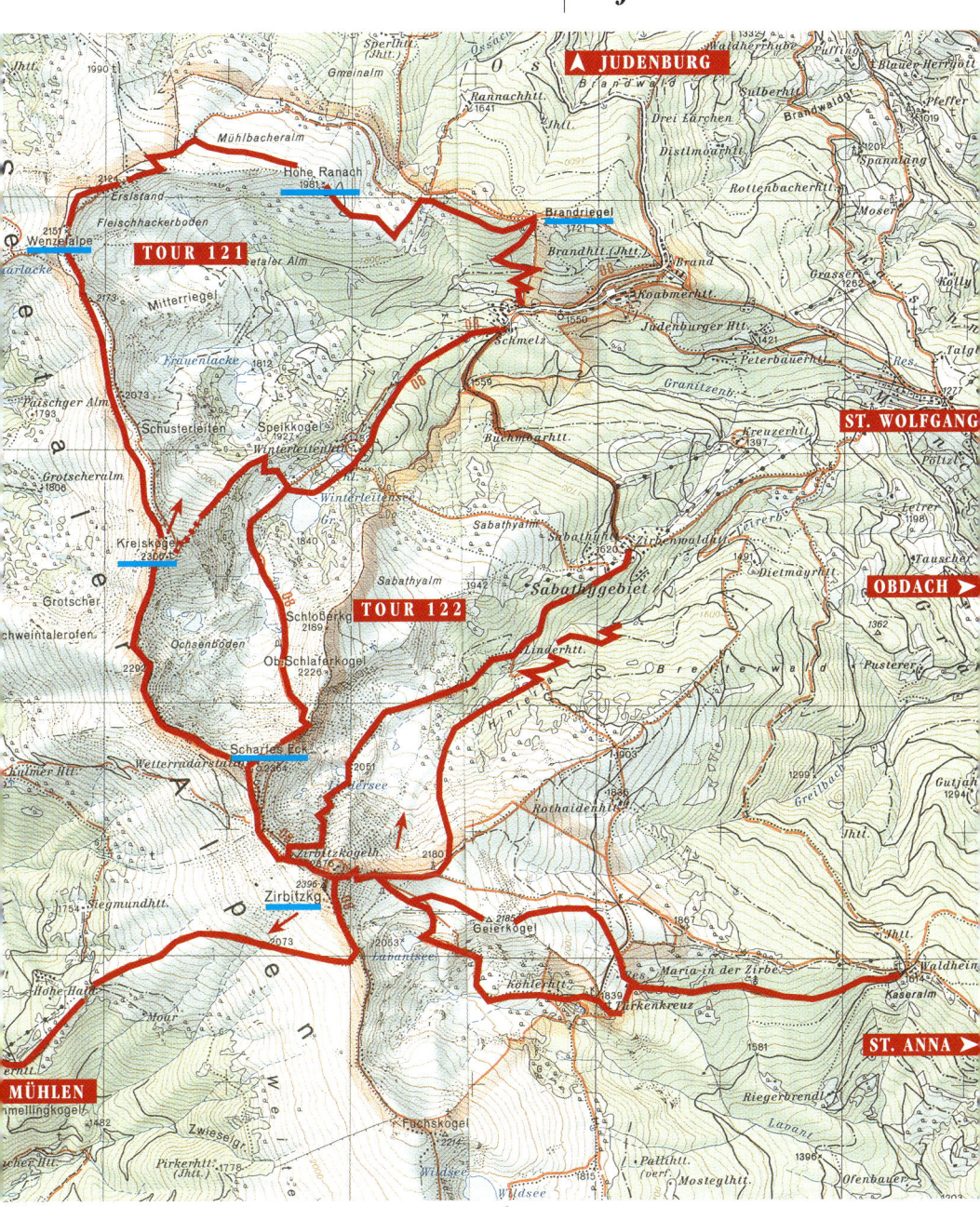

Die markante Gipfelkette im Steirischen Zirbenland

TOUR 122

Kreiskogel *2306m*
Scharfes Eck *2364 m*
Zirbitzkogel *2396 m*

Talorte und Informationen

8742 Obdach, 877 m;
TV Steirisches Zirbenland, Tel. 03578/3406.
8820 Neumarkt, 847 m;
Naturparkbüro, Tel. 03584/2005.

Tourenberatung, Alpine Auskünfte

Familie Ferner, Tel. 03584/3250;
Familie Grillitsch, Tel. 03578/8205.

Reise

Auto: S 36 Murtal-Schnellstraße.
Zur Sabathyhütte: Ausfahrt Zeltweg-West;
von Obdach über St. Wolfgang 11 km.
Auf die Schmelz: Siehe Tour 121.
Zur Tonnerhütte: Von St. Marein bei Neu-
markt nach Mühlen, nun 5,5 km zur Hütte.
Zur Waldheimhütte: Ausfahrt Zeltweg-West;
vom Obdacher Sattel über St. Anna 10 km.
Bahn: ÖBB; Bahnhöfe Judenburg (IC),
Neumarkt in Steiermark.

Taxi und Transfer

Fam. Ferner, Tonnerhütte, Tel. 03584/3250.

Ausgangspunkte

Sabathyhütte, 1620 m; Schmelz, 1550 m;
Tonnerhütte, 1594 m; Waldheimhütte,
1614 m; Winterleitenhütte, 1782 m.

*Steiermarkweit die älteste
und höchststehende Schutzhütte:
Das Zirbitzkogelhaus, 2376 m*

Einkehrstätten und Stützpunkte

Reiterbauer, 1180 m, Gasthof und Bauernhof, an der Straße zur
Schmelz; Familie Rainer, Tel. 03572/82330.
Sabathyhütte, Gasthof; 1. Dezember bis Samstag nach Ostern und
ab 1. Mai; Familie Hörmann, Tel. 03578/8230.
Tonnerhütte, Gasthof; Weihnachten bis Ostern und ab 10. Mai;
Familie Ferner, Tel. 03584/3250.
Waldheimhütte, Gasthof; Familie Grillitsch, Tel. 03578/8205.
Winterleitenhütte, Naturfreunde; Dezember bis Oktober;
Pächter Alfred Sponer, Tel. 03578/8210.
Zirbitzkogelhaus, ÖTK, 2376 m; in den Ferienzeiten sowie ab
Februar an Wochenenden; Familie Grillitsch, Tel. 0663/9140283.

Truppenübungsplatz (TüPl) Seetaler Alpe

Die Grenzen sind in der ÖK rot schraffiert eingetragen. Signale und
Warnungen beachten: Im Gelände wird auch scharf geschossen!

D I E   S C H I T O U R E N

Beste Zeit: Hochwinter und Frühjahr.

Charakteristik II–III

Ost- und westseitig; die Touren beginnen nahe an der Baumgrenze.
Mit „Schitourenschaukeln" aus eigener Kraft, indem man jeweils eine ost- und westseitige Tour gegengleich verbindet.

Die Schmankerln

Die Lindertalabfahrt; die weitläufigen Zirbenwälder.

Gehzeiten, Höhenunterschiede

• Sabathyhütte – Lindertal – Zirbitzkogel, 2 Std., 780 Hm;
• Sabathyhütte – Winterleitenhütte oder Schmelz, 45 Min.;
• Schmelz – Winterleitenhütte – Scharfes Eck – Zirbitzkogel,
  2 Std. 30 Min., 850 Hm;
• Tonnerhütte – Zirbitzkogel, 2 Std., 800 Hm;
• Waldheimhütte – Zirbitzkogel, 2 Std. 30 Min., 780 Hm;
• Zirbitzkogel – Scharfes Eck – Kreiskogel, 1 Std. 30 Min., 300 Hm.

Anstiege und Abfahrten

Sabathyhütte – Lindertal – Zirbitzkogel. Auf bezeichnetem
Weg beim Schlepplift in das Lindertal zur Linderhütte, 1730 m, und
über eine Geländestufe an die Waldgrenze. Nur mäßig steil zum Lin-
dersee, 2051 m. (In Höhe vom See eine rote Tonne, darin ein Akja.)

Die aus dem Kar hochziehende Steilstufe ist gut begehbar, sie kann auch auf dem meist abgewehten Nordostrücken umgangen werden. Zuletzt fast eben zum Schutzhaus; von der Sturmglocke 20 Hm zum Gipfelkreuz. Abfahrt wie Anstieg.
Oder durch das nordostseitige Steilkar in Richtung Hintertal.

Sabathyhütte – Schmelz.
3 km lange Forststraße. Fast ebener Übergang; z. B. in Verbindung mit Rundtour über den Zirbitzkogel.

Sabathyhütte – Winterleitenhütte.
Inmitten des Lifthanges wie beim „Dschungelweg" (Saumpfad, Weg 32) nordwärts zur Sabathyalm und nun eher westwärts zur Winterleitenhütte.

Schmelz – Winterleitenhütte – Scharfes Eck – Zirbitzkogel.
Der Straße folgend oder durch das „Sterngassl", entlang der Stromleitung, zur Winterleitenhütte. (Bis hierher auch Zufahrt erlaubt.) Am Kleinen Winterleitensee zu einer Waldstufe und aus ihr zum Großen Winterleitensee, 1840 m. Nun in den Ochsenboden. Man folgt der Wintermarkierung bzw. den Stangen. Je nach Verhältnissen auch am Sommerweg zum Gratrücken und daran – die Schi tragend – zum Sender auf dem Scharfen Eck. Auf dem einfach begehbaren Höhenrücken südwärts zum Schutzhaus und Zirbitzkogel. Abfahrt Vom Scharfen Eck nordseitig bzw. nach der Wintermarkierung zum Ochsenboden; weiter wie Anstieg.

Tonnerhütte – Zirbitzkogel.
Eventuell Auffahrt mit dem Schlepplift zur Waldgrenze. Sonst an der Piste bergan. Über die freien, jedoch mitunter windverblasenen Flächen der Hohen Hald wie beim Sommerweg zum südseitigen

Am Zirbitzkogel: Die klassische Abfahrt durch das Lindertal

Höhenrücken; an ihm geradewegs zum Gipfel; 20 Hm darunter steht das Schutzhaus. Abfahrt durch die südwestseitigen Gipfelhänge direkt zur Hohen Hald; weiter wie Anstieg.

Waldheimhütte – Zirbitzkogel.
Auf einem Forstweg zum Bildbaum „Maria in der Zirbe". Bereits außerhalb des Waldes zum Türkenkreuz, 1839 m. Nun entweder westwärts zur Köhlerhütte und in jenes Kar beim Lavantsee. Oder vom Türkenkreuz über den Geierkogel, 2185 m. Beide Routen vereinen sich am Osthang. Auf dem Hüttenversorgungsweg zum Zirbitzkogelhaus bzw. Gipfelkreuz. Abfahrt wie Anstieg.

Zirbitzkogel – Scharfes Eck – Kreiskogel.
Eine Gratwanderung entlang der Bezirksgrenze Murau/Judenburg über die drei markanten Gipfel.
Abfahrt vom Kreiskogel nordostseitig zum Speikkogel und zur Winterleitenhütte und Schmelz (siehe Tour 121).

Karte siehe Tour 121

TOUR 123

Größenberg *2154 m*

Der große Eckpfeiler über dem Aichfeld und Murboden

Talort und Informationen

8741 Eppenstein, 689 m;
Gemeindeamt, Tel. 03577/81450.

Reise

Auto: S 36 Murtal-Schnellstraße, Ausfahrt Zeltweg-West.
Oder A 2 Südautobahn, Ausfahrt 214/St. Leonhard im Lavanttal.
B 78 Obdacher Bundesstraße nach Eppenstein.
Bahn/Bahnbus: ÖBB; Eppenstein.

Ausgangspunkt

Bahnhof Eppenstein, 722 m.

Einkehrstätte und Stützpunkt

Eppensteiner Hof, Gasthaus; Mittwoch Ruhetag; Mitte Oktober bis Ende Juli und ab Mitte Juli. Keine Nächtigung. Familie Fellisch-Grillitsch, Tel. 03577/81642.

Orientierung

FB-Wanderkarten 132, 212; ÖK-Blatt 161.

Wildfütterungen

Die Schiroute bzw. markierten Wege bitte nicht verlassen.

Anfang Mai nach einem Wettersturz: Zum Jauchzen schön! Aus dem Gipfelgelände des Größenberges in das Kickerloch

D I E   S C H I T O U R

Beste Zeit

Hochwinter und Frühjahr bzw. bei Schneelage bis ins Tal.

Charakteristik II

Nordseitig.
Überwiegend Anstieg auf Forststraßen; am Wetterkopf fotogene Felsgruppen, sogenannte „Öfen".

Das Schmankerl

Die Abfahrt in das Kickerloch.

Gehzeit, Höhenunterschied

Eppenstein – Kickerlochhütte – Größenberg, 4 Std. 30 Min., 1430 Hm.

Anstieg und Abfahrt

Eppenstein – Kickerlochhütte – Größenberg. Insgesamt rund 8 km Anstieg auf Forstwegen.

Gegenüber vom Burgfelsen durch die Bahnunterführung und auf einer Hofzufahrt bzw. über eine Wiese in Richtung Waldrand zu einem kleinen Anger (P. 918). Auf dem markierten Weg und nahe am Bach im Granitzgraben bergan zur Granitzhütte, zweimal über den Bach und zu einer markanten Kehre. Wieder über den Bach und am Bromachriegel auf dem Forstweg in den Bromachsattel, ca. 1420 m.

Die obere Forststraße führt rechts und fast eben zum verfallenen Eichdorfer Trempel; nun links, beim Schranken, zur Kickerlochhütte, 1517 m. Auf einem Forstweg westwärts bis zu einem nordwestseitigen Höhenrücken.

Bei P. 1629 den Rücken bergan zu fotogenen Felsgruppen und auf den Wetterkopf, 1900 m. Am Nordrücken weiter zu einem Rettungs-schlittendepot. Im oberen Teil des großen Schlußhanges linkshaltend aufwärts zum Gipfelkreuz.

Abfahrt Vom Gipfel zunächst rund 150 Hm über den Nordosthang, dann linkshaltend, zwischen Wetterkopf und Planriegel, durch eine gut befahrbare steile Mulde (Kickerloch) zur Kickerlochhütte. Auf dem Fahrweg zum Eichdorfer Trempel. Hier links dem markierten Weg nach durch Wald zur Kehre am Granitzbach; weiter wie Anstieg.

Ameringkogel 2187 m
Gernkogel 1856 m

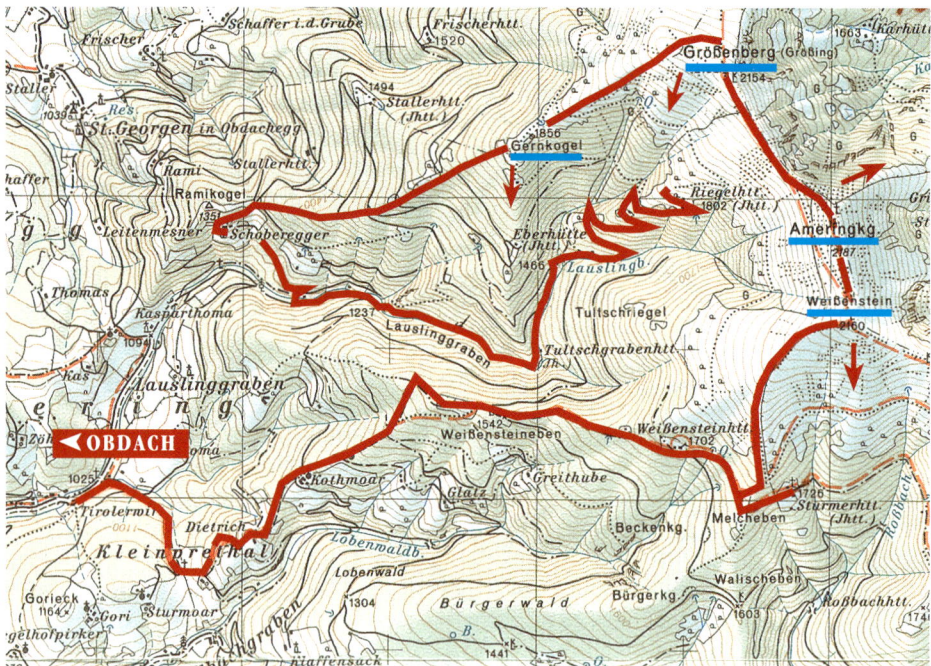

Talort und Informationen
8742 Obdach, 877 m;
TV Steirisches Zirbenland, Tel. 03578/3406.

Reise
Auto: S 36 Murtal-Schnellstraße, Ausfahrt Zeltweg-West; oder A 2 Südautobahn, Ausfahrt 214/St. Leonhard im Lavanttal; Bundesstraße B 78 nach Obdach.
Zum Tirolerwirt: Ca. 2 km südlich von Obdach von der B 78 abzweigen; Wegschild.
In den hinteren Lauslinggraben: Vom Tirolerwirt ca. 2 km zur Brücke vor dem Wegschranken (Hofzufahrt zum Schoberegger).

Ausgangspunkte
• Lauslinggraben: Brücke, 1180 m (vor dem Wegschranken);
• Tirolerwirt, 1000 m (ab Obdach 4,5 km).

Einkehrstätte und Stützpunkt
Tirolerwirt, Gasthof; Donnerstag Ruhetag; Familie Zarfl, Tel. 03578/2540.

Orientierung: FB-Wanderkarte 212; ÖK-Blatt 161.

DIE SCHITOUREN

Beste Zeit: Hochwinter und Frühjahr.

Charakteristik II
Südwestseitig. Im Lauslinggraben und zur Weißensteinhütte Forstwege; oberhalb der Waldstufen breite Rücken und weite Hänge.

Das Schmankerl
Die südseitige Abfahrt vom Weißenstein zur Sturmerhütte.

Auf dem „Dach der Stubalpe":
Vom Ameringkogel zum Größenberg

Größenberg 2154 m
Weißenstein 2160 m

Sonnseitig mit einem Streich auf vier Berge und zugleich auf den höchsten Gipfel dieses Randgebirges

Gehzeiten, Höhenunterschiede

- Tirolerwirt – Weißenstein – Ameringkogel, 3.30 Std., 1190 Hm;
- Ameringkogel – Größenberg, 25 Min., ab/an 100/70 Hm;
- Lauslinggraben – Gernkogel – Größenberg, 3 Std., 980 Hm.

Anstiege und Abfahrten

Tirolerwirt – Weißenstein – Ameringkogel – Größenberg.

Auf bezeichnetem Fahrweg zum Gehöft Schlacher in Kleinprethal (hierher auch Zufahrt). Ab dem Wegkreuz den südwestseitigen Wiesenrücken bergan zum Gehöft Dietrich und am Fahrweg, durch Wald, zum Gehöft Kothmoar. An zwei Kapellen zum nächsten Waldstück und zum Wegkreuz in der Weißenstein-eben, 1542 m; guter Überblick auf Ameringkogel und Größenberg. Am Fahrweg zur Weißensteinhütte, 1702 m.

Ab der Hütte (auch linkshaltend) durch die Kampfwaldzone an den breiten südwestseitigen Hangrücken des Weißensteins. Vom Gipfel 500 m fast ebener Übergang zum Ameringkogel; evtl. auch Übergang zum Größenberg.

Rückwege und Abfahrten wie Anstieg; oder folgend:

Größenberg: Abfahrt zur Riegelhütte und durch den Lauslinggraben zum Tirolerwirt. Nur bei entsprechender Schneelage!

Ameringkogel: Abfahrt ostseitig zur Griesmoarhütte, 1630 m; Rückanstieg ca. 1 Std. bzw. rund 350 Hm.

Weißenstein: Abfahrt südseitig zur Sturmerhütte, 1726 m, und am Fahrweg (kurzer Gegenanstieg) über die Melcheben zur Weißensteinhütte.

Lauslinggraben – Gernkogel – Größenberg.

Von der Brücke, 1180 m, auf der Hofzufahrt zum Gehöft Schoberegger. Vor dem Ramikogel rechtshaltend: Den bewaldeten westseitigen Bergrücken aufwärts, mehrmals Forstwege querend auf den Gernkogel. Am nun freien Bergrücken direkt zum Gipfel des Größenberges.

Abfahrt wie Anstieg zum Gernkogel; nun Richtung Eberhütte in den Lauslinggraben. Oder vom Größenberg südwärts zur Riegelhütte und in den hinteren Lauslinggraben; darin auf Forstwege zur Brücke (Parkraum).

TOUR 125

Lenzmoarkogel *1991 m*
Speikkogel *1988 m*

Talorte und Informationen

8124 Neuhof, 726 m.
8124 Übelbach, 570 m;
Marktgemeindeamt, Tel. 03125/2261-0.

Reise

Auto: A 9 Pyhrnautobahn, Ausfahrt
157/Übelbach; auf der Landesstraße über
Neuhof in den Übelbachgraben.
Zum GH Krautwasch: Ab Neuhof 5 km.
Zum Parkplatz Hoyer: Ab Neuhof 4,5 km.

Ausgangspunkte

• GH Krautwasch, 1126 m;
• Parkplatz Hoyer, 843 m.

Einkehrstätten und Stützpunkte

Gleinalpen-Schutzhaus, 1586 m;
im Winter geschlossen. Selbsversorger- bzw.
Winterraum: offen, gut eingerichtet, mehrere Schlafplätze. Mit Notruf-Funkstelle.

*Vom Roßbachkogel gegen den Höhenzug
Lenzmoarkogel – Speikkogel:
Tourengeherhnnen danken dem Adriatief
für solch reichen weißen Segen!*

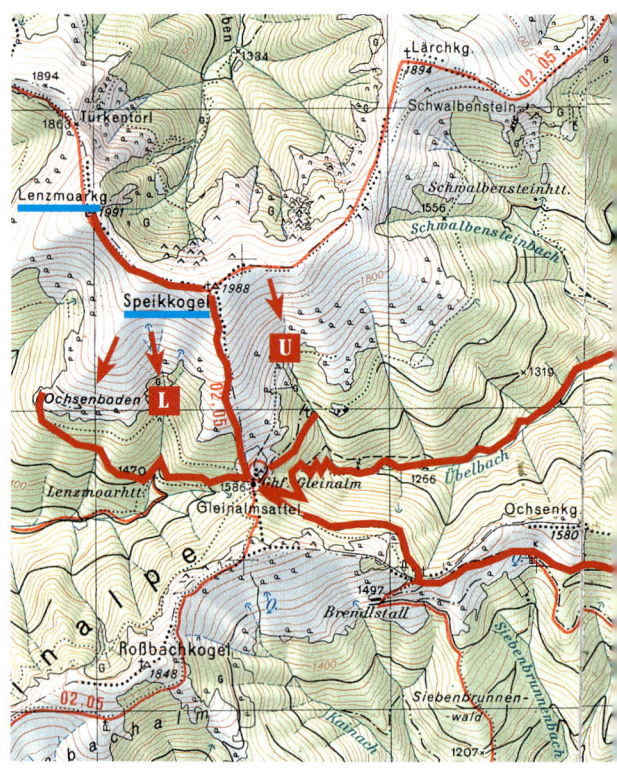

*Im Nahbereich
der Landeshauptstadt Graz und
dennoch über lange Zeiten
wie exotisch fern*

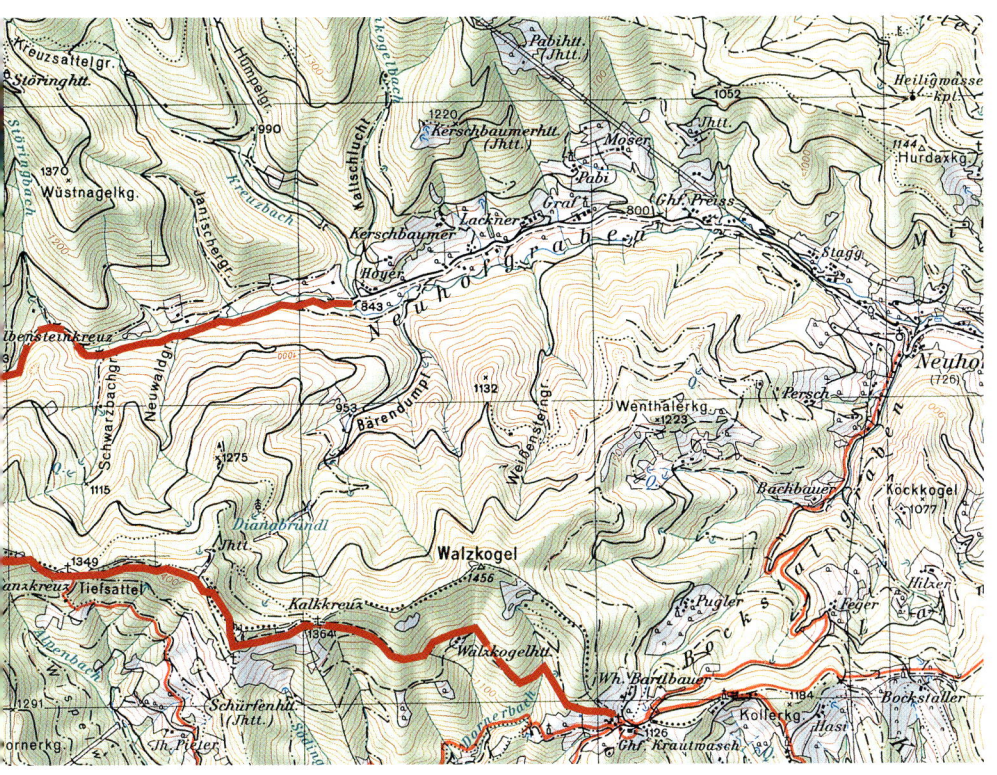

Krautwasch, Gasthof, 1126 m; Tel. 03149/2221.
Preiss, Gasthaus im Übelbachgraben, Tel. 03125/2570.

Orientierung: FB-Wanderkarte 132; ÖK-Blätter 162 und 163.

DIE SCHITOUREN

Beste Zeit: Hochwinter und Frühjahr.

Charakteristik II Schiwandergelände; ab der Gleinalm alpin.

Die Schmankerln: Der Höhenweg vom Krautwasch; die Rinnen.

Gehzeiten, Höhenunterschiede, Entfernungen

- Krautwasch – Gleinalmsattel, 2 Std. 45 Min., 500 Hm, 8,5 km;
- Parkplatz Hoyer – Gleinalmsattel, 2 Std. 15 Min., 750 Hm, 7 km;
- Gleinalmsattel – Speikkogel, 1 Std., 400 Hm; 1,5 km;
- Speikkogel – Lenzmoarkogel, 15 Min., ab/an je 50 Hm, 1,1 km.

Anstiege und Abfahrten

Krautwasch – Speikkogel. Man folgt dem gut markierten Weg 535 in den Gleinalmsattel. Aufgestellte Steine erleichtern die Orientierung am Anstieg zum Gipfel. Abfahrt und Rückweg wie Anstieg.

Hoyer – Speikkogel. Rund 6 km entlang der Forststraße; zuletzt nach dem Sommerweg direkt in den Gleinalmsattel und wie am WW 05 zum Gipfelkreuz. Abfahrt und Rückweg wie Anstieg.

L Lenzmoarrinne. 500 Hm vom Gipfel zur Lenzmoarhütte; 100 Hm Rückanstieg.

U Ursprungrinne. Vorsicht! Sicherer ist es, am nahen Rücken abzufahren.

Auf den
hohen Almen
im Reich
der Lipizzaner

Roßbachkogel 1848 m
Terenbachkogel 1734 m

Talorte und Informationen

8573 Gallmannsegg, 544 m;
Gemeindeamt, Tel. 03148/236-0.
8593 Graden bei Köflach, 697 m;
Gemeindeamt, Tel. 03144/8212.
8721 Glein, 794 m;
8721 Rachau, 760 m;
Tourismusverband Gleinalm, Tel. 03512/44599.

Reise: Auto

- S 36 Murtal-Schnellstraße; Ausfahrt
  Knittelfeld-Ost; nach St. Margarethen.
<u>In den Gleingraben:</u> Bis zum Wegkreuz und
Schranken nächst der Stangl-Holzknecht-
hütte; ab Glein 5 km.

- A 2 Südautobahn, Abfahrt Mooskirchen.
<u>Zur Gehöft Ulz vlg. Köchl:</u> Im Kainachtal
nach Gallmannsegg, ab Pongritzwirt 5 km
Hofzufahrt; um Parkerlaubnis bitten.
<u>Zum Oskar-Schauer-Sattelhaus:</u> B 77 Gaberl-
Bundesstraße bis Krenhof, abzweigen: Über
Graden zum Jägerwirt; 6 km zum Sattelhaus.

Ausgangspunkte

- Wegkreuz im Gleingraben, 1032 m;
- Gehöft Köchl, 1019 m;
- Sattelhaus, 1394 m.

Einkehrstätten und Stützpunkte

Jägerwirt, Gasthof bei Graden, 1230 m;
im Winter Donnerstag Ruhetag;
Familie Wipfler, Tel. 03144/8213.
Oskar-Schauer-Sattelhaus, Natur-
freunde; im Winter bei guten Verhältnissen
sowie ab Mitte März; Renate Blümel,
Tel. 03144/8291 oder 0676/6408188.
Pongritzwirt, Gallmannsegg;
Familie Bärnthaler, Tel. 03148/292.
Schmalzmüllerhof, Gasthof in Glein;
Dienstag und Mittwoch Ruhetag;
Familie Kamper, Tel. 03512/85440.

Orientierung: FB 132; ÖK 162, 163.

Am Roßbachkogel: Tourenglück vor Grazer Haustüren

DIE SCHITOUREN

Beste Zeit: Hochwinter.

Charakteristik II

Aus dem Gleingraben nordwestseitig, aus dem Kainachtal südostseitig; vom Sattelhaus südwestseitig; Forstwege und Almgelände.

Das Schmankerl: Die weiträumigen Almenlandschaften.

Gehzeiten, Höhenunterschiede, Entfernungen

- Gleingraben – Gleinalm – Roßbachkogel, 3 Std., 820 Hm, 10 km;
- Köchl – Gstierlkreuz – Roßbachkogel, 3 Std., 830 Hm, 12 km;
- Sattelhaus – Roßbachkogel, 2 Std. 30 Min., 500 Hm, 9 km.

Anstiege und Abfahrten

Gleingraben – Gleinalmsattel – Roßbachkogel.

Markierten Wegen folgend in den Gleinalmsattel, 1586 m, und ostwärts in das Almgelände beim Brendlstall, 1497 m. Beliebig, nordostseitig, zum Höhenrücken und an diesem gipfelwärts.
<u>Abfahrt</u> wie Anstieg. Oder 3,5 km zum Roßbachalmsattel, 1550 m
(Stangl-Gedenktafel). Am markierten Weg bzw. an der Forststraße
nächst dem Poiersbach in den Gleingraben.

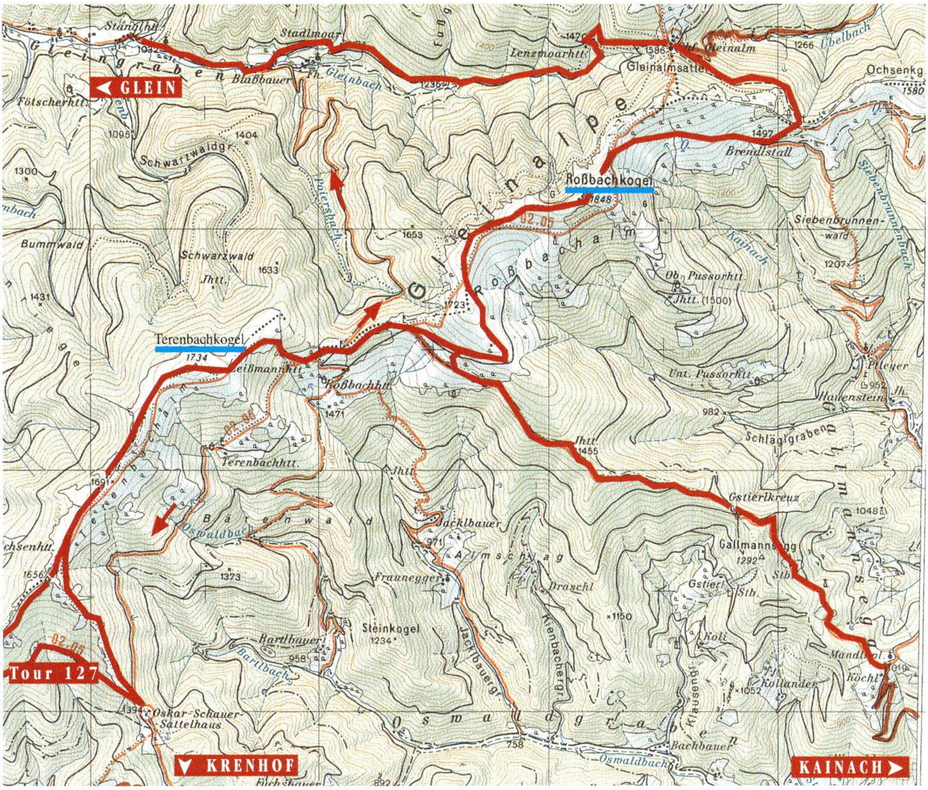

Gehöft Köchl – Gstierlkreuz – Roßbachkogel. Von der Mandlkapelle westwärts. Am Waldrand, bei einem Gatterl, folgt man dem rechten Weg. Er leitet zu einem verlassenen Haus (Hössel), dann zu einem Hubertus-Bildstock und schließlich zu einem Steinbruch. An der Forststraße zur Linkskurve. Am markierten Steig in einen Sattel; zwei Wegschranken; rechts vom grünen Schranken steht das Gstierlkreuz. Derselbe Steig und die anschließende Forststraße leiten zur Waldgrenze und zum „Schneeloch". Nun südseitig zur Felsgruppe mit dem Ansitz. Den breiten Höhenrücken entlang zum Gipfelkreuz.
Abfahrt wie Anstieg.

Sattelhaus – Terenbachkogel – Roßbachkogel. Den mäßig steilen und eher baumfreien Bergrücken aufwärts zur Blümelhöhe, 1656 m (siehe Karte bei der Tour 127). Auf dem breiten Höhenrücken nordwärts. Von der höchsten Erhebung 150 Hm abfahrend zur Zeißmannhütte, 1580 m. Bei der Stangl-Gedenktafel in das weite Gelände der Roßbachalm. Den Almzaun bergan auf den Roßbachkogel.
Abfahrt wie Anstieg. Oder ab der Terenbachhütte auf ebenem Forstweg.

Unglaublich winterlich: Der Roßbachkogel

TOUR 127

*Siehe auch
Karte Tour 126*

Steinplan 1670 m
Turneralm 1500 m

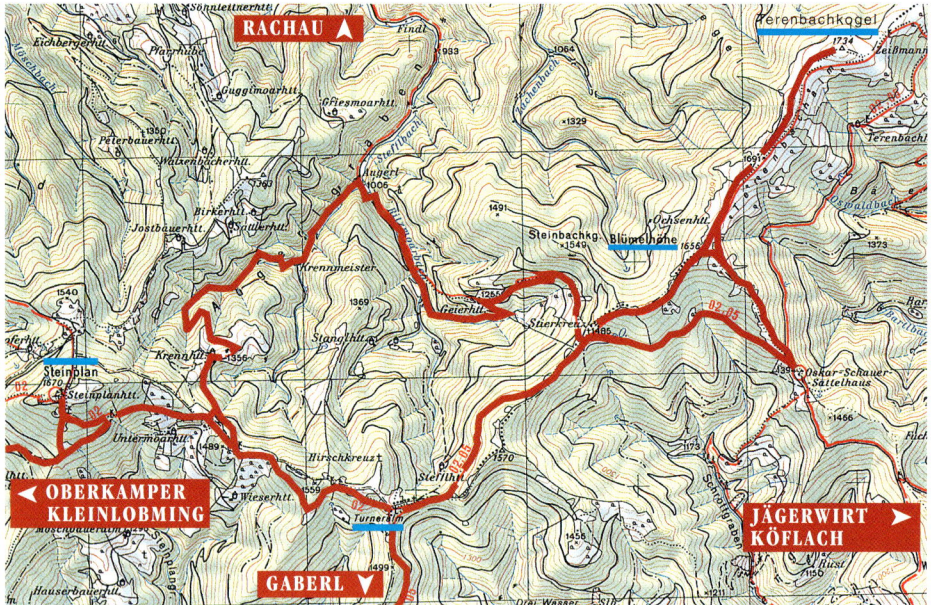

Talorte und Informationen

8593 Graden bei Köflach, 697 m;
Gemeindeamt, Tel. 03144/8212.
8721 Rachau, 760 m;
Tourismusverband Gleinalm, Tel. 03512/44599.

Reise: Auto

• S 36 Murtal-Schnellstraße; Ausfahrt
  Knittelfeld-Ost.
Zum Augerl über St. Margarethen;
ab Rachau 6 km; bis zum Jostbauer bzw.
Asphaltende stets geräumt.
Zum Gehöft Oberkamper über Großlobming;
ab Kleinlobming 5 km.

• A 2 Südautobahn, Ausfahrt Mooskirchen.
Auf das Gaberl ab Köflach 22 km.
Zum Sattelhaus ab Krenhof 14 km.

Ausgangspunkte

Augerl, 1006 m; Gaberl, 1547 m;
Oberkamper, 1200 m; Sattelhaus, 1394 m.

Einkehrstätten und Stützpunkte: Siehe auch Tour 126.
Gaberlhaus, Gasthof auf der Paßhöhe, 1547 m;
Familie Lipp, Tel. 03147/233.
Hubmann, Gasthof in Kleinlobming, Dienstag Ruhetag;
Familie Hubmann, Tel. 03516/2238.
Oskar-Schauer-Satttelhaus, im Winter bei guten Verhältnissen
sowie ab Mitte März; Renate Blümel, Tel. 03144/8291, 0676/6408188.
Steinplan-Schutzhütte, 1670 m, Naturfreunde, Öffnungszeiten
auf Anfrage; Geschäftsstelle in Knittelfeld, Tel. 03512/72646.

Orientierung: FB-Wanderkarte 132, 212; ÖK-Blatt 162.

DIE SCHITOUREN

Beste Zeit: Hochwinter.

Charakteristik II Schiwandergelände; überwiegend Wald.

Die Schmankerln: Der Steinplan und die Terenbachalm.

Von der Roßbachalm zu Zeißmannhütte und Terenbachkogel

Blümelhöhe 1656 m
Terenbachkogel 1734 m

Stern-Schitouren an zwei bekannten Weitwanderwegen

Gehzeiten, Höhenunterschiede, Entfernungen

- Augerl – Geierhütte – Stierkreuz – Sattelhaus, 2 Std. 15 Min., 480 Hm; 7 km;
- Augerl – Krennhütte – Turneralm – Stierkreuz, 3 Std., 600 Hm, 9 km;
- Gaberl – Turneralm – Stierkreuz – Sattelhaus, 3 Std. 30 Min., bis 200 Hm, 12 km;
- Oberkamper – Steinplan – Turneralm – Stierkreuz – Sattelhaus, 3 Std., 550 Hm, 11 km;
- Sattelhaus – Stierkreuz, 35 Min., 90 Hm, 2,5 km;
- Sattelhaus – Blümelhöhe – Terenbachkogel, 1 Std. 15 Min., 350 Hm, 4 km.

Anstiege und Abfahrten

Augerl – Stierkreuz – Blümelhöhe – Sattelhaus. Der Markierung folgend, auf einem Forstweg den Ritzmoarbach aufwärts Richtung Geierhütte, 1255 m. Je nach Schneelage bzw. Spur dem markierten Steig entlang oder auf Forstwegen in den Sattel beim Stierkreuz, 1485 m. Südwestseitig, am Waldrücken, zur südlichsten Kuppe auf der Terenbachalm, 1656 m: Zu Ehren der Sattelhauswirtin „Blümelhöhe" benannt.
Abfahrt: Südostseitig zum Sattelhaus; Rückweg am WW 02/05 direkt zum Stierkreuz; weitere Abfahrt wie Anstieg.

Augerl – Turneralm – Stierkreuz. Den Augerlgraben einwärts zur Krennhütte, 1356 m. Am Forstweg zum Höhenrücken: Nun am WW 02 über die Turneralm, 1500 m, zum Stierkreuz. Abfahrt über Geierhütte zum Augerl.

Gaberl – Turneralm – Sattelhaus. Von der Paßhöhe am WW 05 zum Plankogel und über den Scherzberg, 1624 m, zur Turneralm. Nun zum Stierkreuz und leicht bergab zum Sattelhaus.
Rückweg evtl. über die Blümelhöhe.

Oberkamper – Steinplan – Turneralm – Sattelhaus. Über die schönen Bergwiesen zum Hochwald; darin auf den Steinplan zu Schutzhaus und Gipfelkreuz. Am WW 02 über die Turneralm und das Stierkreuz zum Sattelhaus.
Rückweg: Evtl. auf die Terenbachalm; ansonsten wie Anstieg.

Sattelhaus – Blümelhöhe – Terenbachkogel. Den mäßig steilen und eher baumfreien Bergücken aufwärts zur Blümelhöhe, 1656 m. Auf dem breiten Höhenrücken nordwärts zur höchsten Erhebung. Abfahrt wie Anstieg.

Großer Speikkogel 2140 m
Kleiner Speikkogel 2117

Talorte und Informationen

8530 Deutschlandsberg, 368 m;
Tourismusverband, 03462/4518.
8541 Schwanberg, 404 m;
Region Sulmtal-Koralpe, Tel. 03467/8484.

Tourenberatung, Alpine Auskünfte

Wolfgang Nadrag, Tel. 04357/2210.

Reise: Auto

• A 2 Südautobahn, Ausfahrt 194/Lieboch;
  B 76 nach Deutschlandsberg.
Gregormichlalm: Ab Schwanberg über Ga-
ranas zur Goslitzbachbrücke 15 km.
Grünangerhütte: Ab Deutschlandsberg über
Trahütten – Glashütten 15 km.
Liechtensteinsäge: Ab Schwanberg über St.
Anna zum Parkplatz 12 km.
Weinebene: Ab Deutschlandsberg über
Trahütten – Glashütten 19 km.

• A 2, Ausfahrt 252/Wolfsberg Nord,
  255/Wolfsberg Süd oder 264/St. Andrä.
Godinger Alm: Von St. Andrä über
Eitweg; ab St. Ulrich 11 km.
Hipfelhütte: Von Wolfsberg-Süd;
ab St. Stefan über die Waldrast 16 km.
Kärntner Brandl: Von St. Andrä über
St. Paul; ab St. Georgen 12 km.
Weinebene: Von Wolfsberg-Nord über
Frantschach; ab St. Gertraud 13 km.

Schiregion Südautobahn:

Im Bereich der Koralpe zehn Schlepplifte.
Auf der Weinebene fünf Schlepplifte und
ein Babylift. Betriebszeiten 9–16 Uhr.

Schnee- und Wetterberichte:

• Koralpe, Tel. 04352/35228;
• Weinebene, Tel. 04352/71200-4.

Steirisch-kärntnerische Schnuppertour:
Am Weinofen, 1726 m,
in Richtung Großer Speikkogel

Ausgangspunkte

• Zur Brendlhütte: Parkplatz Liechtensteinsäge, 1190 m.
• Zur Grünangerhütte: Glashütten, 1274 m; oder Parkplatz
  Weinebenstraße, 1274 m.
• Zum Gehöft Gregormichl: Goslitzbachbrücke 1090 m.
• Richtung Koralpe: Hipfelhütte, 1627 m;
  GH Kärntner Brandl, 1400 m; Weinebene, 1668 m.

Einkehrstätten und Stützpunkte

Alpengasthof Glashütten, 1274 m; Dezember bis Ostern und ab
Pfingsten; Dienstag Ruhetag; Familie Lipp, Tel. 03461/230.

Göslerhütte, Gasthof auf der Weinebene; Anfang Dezember bis
Ende März und ab Mitte Mai; Familie Lenz, Tel. 04352/71200.

Grünangerhütte, OeAV, 1575 m; im Winter an Wochenenden, jedoch vom 26. Dezember bis 6. Jänner und wieder ab Anfang Mai
durchgehend; für Selbstversorger (ab 10 Personen) auch nach Vereinbarung; Anmeldungen bei Margarete Lipp, Tel. 0676/9364317
oder 03466/42642; Hüttenwart Gerhard Patsch, Tel. 03462/4606.

Hipfelhütte, 1627 m, Gasthaus nächst den Koralmliften; zur Schisaison und ab Pfingsten; Familie Frühberger, Tel. 04362/30611.

Kärntner Brandl, Gasthof, 1400 m; ganzjährig;
Familie Kronthaler, Tel. 04357/3245.

Koralpenhaus, OeAV, 1966 m; bew. ab Weihnachten bis Ende
März und ab Juni; Tel. 04357/2210.

Waldrast, Alpengasthof, geöffnet von Weihnachten bis Ostern und
Pfingsten bis Anfang Oktober; Familie Traußnig, Tel. 04352/2277.

Orientierung

FB-Wanderkarten 237 und 411; ÖK-Blätter 188, 189, 205.

Seespitz 2066 m

*Höhenspaziergänge
zu den Goldhauben:
Die wachsamen Ohren
am Nato-Himmel*

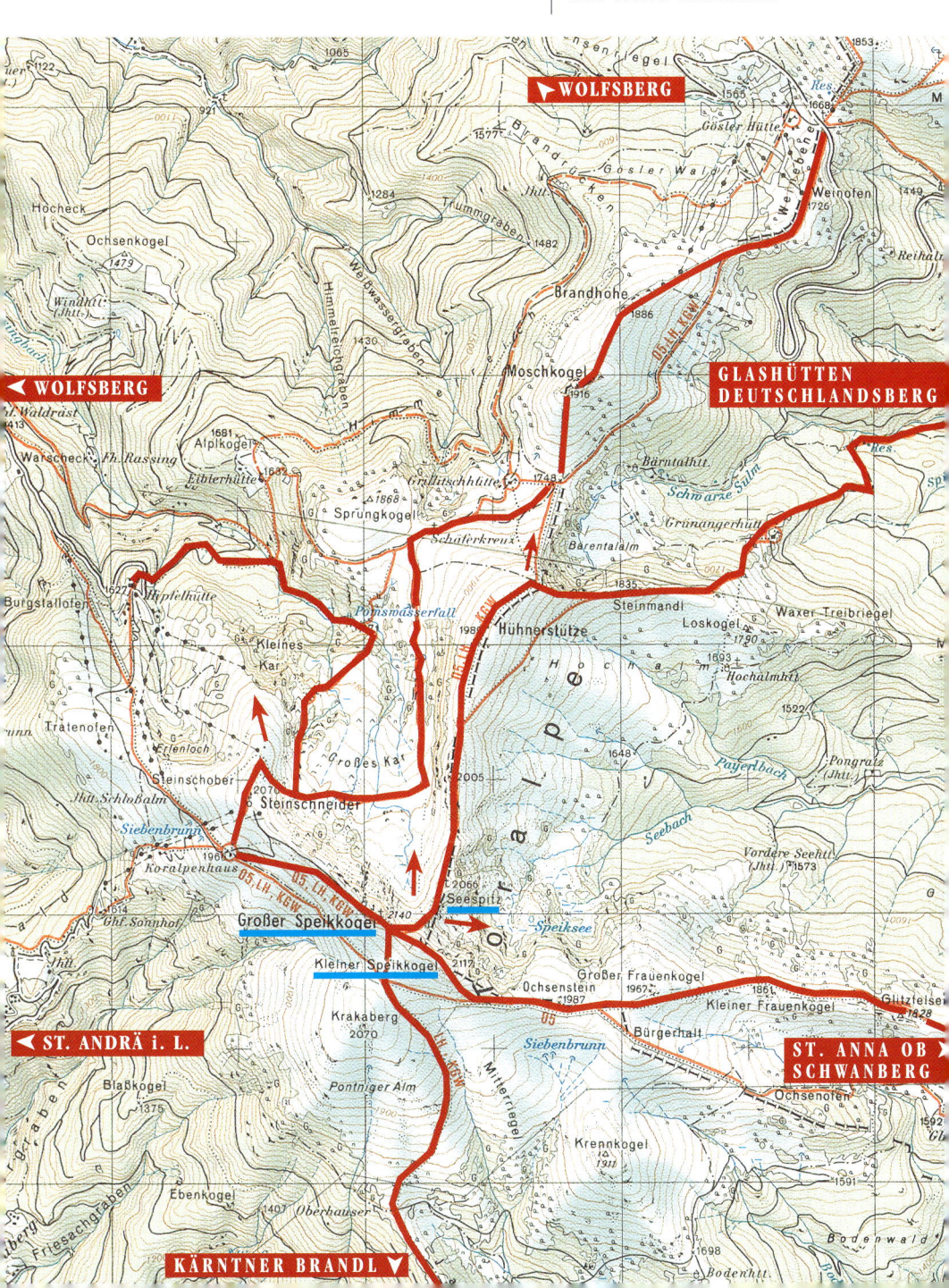

DIE SCHITOUREN

Beste Zeit

Hochwinter und Frühjahr.

Charakteristik II

Nord- und südostseitiges Schiwandergelände.

Das Schmankerl

Die weiten Almen und Bergrücken.

Gehzeiten, Höhenunterschiede

- Weinebene – Grillitschhütte – Großer
  Speikkogel, 3 Std., 640 Hm;
- Glashütten – Grünangerhütte – Großer
  Speikkogel, 4–5 Std., bis 1000 Hm;
- Gregormichlalm – Glitzfelsen – Großer
  Speikkogel – Seespitz, 3 Std., 1050 Hm;
- Liechtensteinsäge – Brendlhütte –
  Großer Speikkogel, 4 Std., 1100 Hm;
- Hipfelhütte – Großer Speikkogel,
  1 Std. 30 Min., 510 Hm;
- Kärntner Brandl – Großer Speikkogel,
  3–4 Std., 740 Hm.

*Zur Eröffnung der Tourensaison im Bereich der Weinebene
und dem Großen Speikkogel: Von der Brandhöhe zum Moschkogel*

*Die „Goldhauben"
auf dem Großen Speikkogel*

Anstiege und Abfahrten

Weinebene – Großer Speikkogel. Von der Paßhöhe geradewegs leicht bergan zum Weinofen und an der Piste zu den Lift-Berg-
stationen auf der Brandhöhe, 1886 m. Bergab und bergauf, nächst
einem Weidezaun, der die Landesgrenze markiert, zum Moschkogel,
1916 m. Fast 200 Hm abfahrend in einen Sattel, 1748 m, und vor
der Grillitschhütte bergan zum Schäferkreuz, 1800 m. Südwärts in
das Große Kar, daraus westwärts bergan zum Steinschneider, 2070 m
(Sender). Entweder über das Koralpenhaus oder direkt bergan zur
Radarstation und auf den Gipfel.
<u>Abfahrt</u> Rechts vom Gipfel in das Große Kar; weiter wie Anstieg.

Glashütten – Grünangerhütte – Großer Speikkogel. Auf bezeichneten Forstwegen durch das Bärental zur Grünangerhütte; hierher auch vom Parkplatz an der Weinebenstraße. Von der Grünangerhütte entweder über den Looskogel oder direkt zum Steinmandl, 1835 m. Dem Bergrücken an der Hühnerstütze folgend zum Weitwanderweg. Am Seespitz entlang, zuletzt über Blockwerk zum Gipfel. Das Holzkreuz mit der Inschrift „Bleib Deiner Heimat treu" steht den Goldhauben unmittelbar gegenüber.
<u>Abfahrt</u> und Rückweg wie Anstieg.

Gregormichlalm – Glitzfelsen – Großer Speikkogel – Seespitz. Von den Parknischen im Bereich der Goslitzbrücke, 1090 m, auf einem Forstweg an der Goslitz aufwärts und, die Goslitz überquerend, durch den Hochwald in das freie Gelände bei der Gregormichlalm. Auf der alten Lifttrasse bergan. Im Bereich der

ehem. Bergstation, 1530 m, bei einer Felsgruppe, auf einem Forstweg links und nächst der Stromleitung bergan durch den Hochwald zur Garanashütte, 1631 m. Im ostseitigen Hang, rechts von der Leitung, bergan zu den Glitzfelsen, 1828 m. Auf dem Höhenrücken über den Kleinen und Großen Frauenkogel, 1967 m, in den Speiksattel und zur Radarstation.
<u>Abfahrt</u> Vom Großen Speikkogel zunächst zum Seespitz; nun in den ostseitigen Hängen in den Karboden beim Speiksee und bis an den Waldrand, ca. 1700 m. Im Gegenanstieg auf einen der beiden Frauenkogel; Richtung Gregormichlalm wie Anstieg.

Liechtensteinsäge – Brendlhütte – Großer Speikkogel. Auf dem markierten Weg zur Hütte, 1566 m. Nun halbwegs eben, durch Wald, zu einem Bildstock („Kramerin"). Im freien Gelände bergan zu den Glitzfelsen und wie beim Anstieg von der Gregormichlalm zum Gipfel.
<u>Abfahrt</u> wie Anstieg.
Oder mit der Variante über den Seespitz.

Hipfelhütte – Großer Speikkogel. Vom Parkplatz ostwärts in Richtung Wasserfall und von der Pomseben, 1671 m, durch das Große Kar auf den Steinschneider, 2070 m; kurzer Übergang zum Speikkogel.
<u>Abfahrt</u> auf den Pisten.

Kärntner Brandl – Großer Speikkogel. Aus dem Sattel am Brandl der Markierung folgend auf einem Forstweg an der Westseite vom Kleinalpl in den Jauksattel, 1611 m. Am kegelförmigen Krakaberg den Hangrücken aufwärts in den Speiksattel, 2050 m, und von Süden her auf den Gipfel.
<u>Abfahrt</u> wie Anstieg.

**Das
Schiwandergelände
für
Einsamkeitsucher**

TOUR 129

Dreieckkogel *1528 m*
Großer Speikkogel *2140 m*

Talort und Informationen

8554 Soboth, 1065 m;
Familie Maritschnegg, Tel. 03460/209.

Reise

Auto: A 2 Südautobahn, Ausfahrt 194/
Lieboch; Bundesstraße B 76 nach Wies.
A 9 Pyhrnautobahn; Ausfahrt 214/Leibnitz
oder 222/Vogau;
Bundesstraße B 69 oder B 74 nach Wies.
Nach Soboth
Bundesstraße B 69;
ab Eibiswald 20 km, ab Lavamünd 22 km.
Zum GH Lindner
Vom Ort Soboth 1 km.

Ausgangspunkt

GH Lindner, ca. 1130 m.

Einkehrstätten und Stützpunkte

Alpengasthof Meßner, OeAV-Vertrags-
haus; Familie Maritschnegg, Tel. 03460/209.
Gasthof Mörth („Zum deutschen Grenz-
land"); Montag Ruhetag;
November bis Mai und ab Juni;
Familie Mörth, Tel. 03460/208.
Lindner, Gasthaus, keine Nächtigung;
Familie Lindner, Tel. 03460/205.

Orientierung

FB-Wanderkarte 411; ÖK-Blatt 205.

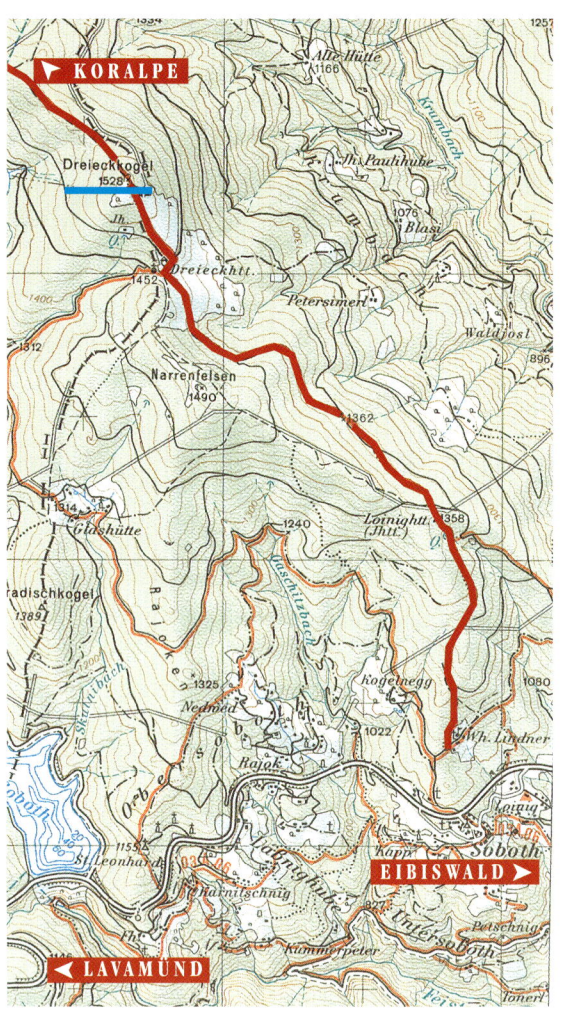

*All jene, die im Sommer hierher kommen, erstaunen:
Die Dreieckhütte ist ein kleines Schmuckstück*

Beste Zeit

Hochwinter bzw. wenn die Hochflächen gut eingeschneit sind.

Charakteristik II

Süd- bis südostseitig.
Überwiegend Waldwege und Forststraßen. Im Bereich der Dreieck-hütte die freie Gipfelkuppe.

Das Schmankerl

Die einsame Schiwanderung im Grenzland gewährt weiten Ausblick in das südweststeirische Weinland.

Gehzeiten, Höhenunterschiede

• Soboth – Dreieckkogel, 2 Std. 30 Min., bis 460 Hm;
• Dreieckkogel – Großer Speikkogel, 3–4 Std., 850 Hm.

Anstiege und Abfahrten

Soboth – Dreieckkogel.

Vom GH Lindner, beim Wegkreuz, über die Wiese nordwärts an den Waldrand. Auf dem markierten Ziehweg, nach einer Pipelinetrasse in einem Hohlweg zur Loinig-Jagdhütte, 1358 m. Nun nochmals eine Pipelinetrasse querend und geradeaus (!) zu einem Forstweg nächst von P. 1362. Diesem Weg nordwestwärts folgend, gelangt man allmählich aus dem Wald zu den Almwiesen bei der Dreieck-hütte, 1452 m.

Auf dem Kleinalpl: Eine verlängerte Dreiecktour führt bis zu den Goldhauben auf dem Großen Speikkogel

Aus dem Sattel, parallel zur Landesgrenze, auf der steirischen Seite den nur mäßig steilen Hang bergan auf die kleine Gipfel-kuppe.
Abfahrt wie Anstieg; vor der Loinighütte jedoch besser zunächst linkshaltend auf der Forststraße, dann rechts, evtl. nach Loipen-spuren, auf einem Ziehweg zum GH Lindner.

Dreieckkogel – Großer Speikkogel.

Der markierte Weg führt zur Handhab, 1499 m, und man gelangt über den Kleinschnei-derkogel, 1663 m, am Kleinalpl ostseitig entlang in den Jauksattel, 1611 m.
Weiter wie vom Kärntner Brandl auf den Speikkogel; siehe Tour 128.
Abfahrt wie Anstieg.
Oder als 2-Tage-Rundtour mit Rückweg vom Großen Speikkogel zum Kärntner Brandl und über das Kleinalpl zurück nach Soboth. Siehe auch Karte bei Tour 128.

TOUR 130

Reinischkogel *1463 m*
Rosenkogel *1362 m*

Winteridylle auf gut steirisch:
Vom Grandlwirt
zum Rosenkogel

Talorte und Informationen

8524 Bad Gams, 406 m;
Tourismusbüro, Tel.03463/3738.
8510 Stainz, 374 m;
Tourismusbüro, Tel.03463/4616;
Schilcherland-Tourismus, Tel. 03463/4518.

Reise

Auto: A 2 Südautobahn, Ausfahrt 194/
Lieboch. Auf der Bundesstraße B 76 nach
Stainz, Bad Gams oder Frauental.
<u>Zum Absetzwirt:</u> Von Stainz über Marhof
und Rachling (GH Höllerhansl) 16 km.
<u>Auf der Bad Gamser Panoramastraße</u>
von Stainz zum Grandlwirt 12 km,
Reinischwirt 22 km.
<u>Zum Reinischwirt</u> auch über Frauental
oder Deutschlandsberg; ab St. Oswald im
Freiland-Kloster 7 km.

Ausgangspunkte

- Absetzwirt, 1240 m;
- Grandlwirt (lt. ÖK Granlwirt), 858 m;
- Reinischwirt, 1160 m.

Einkehrstätten und Stützpunkte

Absetzwirt, Gasthof;
Familie Kalthuber, Tel. 03463/3330.
Grandlwirt, Gasthof;
Familie Lichtenegger, Tel. 03463/2450.
Reinischwirt, Gasthaus, keine Nächti-
gung; Montag Ruhetag;
Familie Lueger, Tel. 03469/531.

Orientierung

FB-Wanderkarte 411;
ÖK-Blatt 189.

DIE SCHITOUREN

Beste Zeit

Hochwinter; am besten nach ausgiebigen Schneefällen.
Sehenswert auch bei dichtem Rauhreif.

Charakteristik I–II

Überwiegend südseitig.
Waldwege und Forststraßen; am Reinischkogel eine Gipfelwiese.

Das Schmankerl: Die winterstille Landschaft.

Gehzeiten, Höhenunterschiede

- Absetzwirt – Reinischkogel, 1 Std. 30 Min., 220 Hm;
- Grandlwirt – Rosenkogel – Absetzwirt, 2 Std. 15 Min., 500 Hm;
- Absetzwirt – Höllbauerntoni – Grandlwirt, 2 Std., 400 Hm bergab;
- Reinischwirt – Reinischkogel, 1 Std., 300 Hm.

Anstiege und Abfahrten bzw. Rückwege

Absetzwirt – Reinischkogel.
Vom Parkplatz auf dem Alten Kohlweg bergan durch den Stainzer
Wald und Kaltenbrunner Wald, zuletzt über eine Bergwiese zur Hu-
bertuskapelle; auf dem Gipfelfelsen ein Kreuz.
<u>Abfahrt</u> bzw. <u>Rückweg</u> wie Anstieg.

Grandlwirt – Rosenkogel – Absetzwirt – Grandlwirt.

Auf markierten Wegen fast rund um den Rosenkogel, wobei die
Mendlalpe, 1078 m, jeweils ostseitig umgangen wird. Man gelangt

Am Ziel unserer Berg-Reise vom Gletscher zum Wein: Schneestapfen und Schiwandern im Schilcherland

auch zur Kogelschilling-Jagdhütte, die auf einer idyllischen Lichtung steht. Am Rosenkogel steigt man allmählich steiler bergan zu den im Wald verborgenen Gipfelfelsen; Mauerreste zeugen von einer einstigen Kapelle, die jüngere Amreichkapelle steht am Zugang zum hohen Kreuz auf den Felsblöcken.

Man gelangt nordseitig auf Waldwegen zu den Almwiesen beim Absetzwirt im Mothiltor.

Rückweg mit Abfahrt Am Parkplatz eine Orientierungstafel und viele Wegweiser. Auf Forstwegen und Steigen am Rosenkogel westseitig herum zum ehemaligen Gehöft Höllbauerntoni, 1136 m. Auf einer Forststraße bergab, dann in leichter Gegensteigung zur Mendlalpe; weiter wie beim Anstieg.

Reinischwirt – Reinischkogel.

Auf dem Alten Kohlweg bergan zu einer Forststraße, dann linkshaltend zur Bergwiese und Gipfelkuppe.

Abfahrt bzw. Rückweg wie Anstieg.

Stichwortverzeichnis

Die Zahlen beziehen sich auf die Nummer der Tour